계약사와 영성으로 이야기하는

사도행전 & 바울서신

(행1:1~16:5 & 갈라디아서)

①

길동무 저

케노시스영성원
Κένωσις Spiritual House

저자 소개

감리교신학대학교 신학과 졸업
감리교신학대학교 대학원 졸업
케노시스영성원 원장
감리교회 목사

계약사와 영성으로 이야기하는

사도행전 & 바울서신

(행1:1~16:5 & 갈라디아서)

길동무 저

케노시스영성원

Κένωσις Spiritual House

계약사와 영성으로 이야기하는

사도행전과 바울서신①

초판인쇄 | 2021년 8월 15일
펴낸곳 | 케노시스 영성원
경기도 군포시 둔대로 11번길 16(둔대동 433-2)
0502-111-1937, 010-3311-1937
Homepage www.kenosis.or.kr/ www.kenosis.kr
Email kenosis@hanmail.net

등록번호
ISBN 979-11-87682-11-0 03230
printed in Korea

값 20,000원

CONTENTS

제 2 부 〈 갈라디아서 〉

2

머리글

만일 사도행전이 없었다면,

우리는 예수님께서 승천하신 후 제자들이 어디서 어떻게 교회를 시작했으며, 또 교회에서 무슨 일이 일어났으며, 복음이 어떻게 확산되었는 지에 대하여 깜깜이가 되었을 것이다. 만일 초기 교회에 대하여 아무 것도 모른다면 오늘 우리가 교회 생활을 하면서 무엇을 어떻게 해야 할지, 그 방향을 가늠하지 못하고 소경처럼 더듬었을 것이다.

따라서 기독교 신앙에 진지한 관심을 가지는 이들에게 사도행전의 중요성은 아무리 강조해도 지나치지 않을 만큼 중요하다고 할 수 있다. 사도행전은 어떤 사람이 썼으며, 그는 왜, 어떻게 초기 교회의 역사를 쓸 생각을 했을까? 도대체 그는 누구일까?

이방인 누가

놀랍게도 그는 생전의 예수님을 본 적도 없었을 뿐만 아니라 유대인이 아닌 이방인이었다. 당시 유대인들에게 이방인은 사람 취급을 받지 못했으며 지옥의 땔감에 불과했다. 그런데 그런 이방인이 왜 복음서와 사도행전을 썼으며, 또 어떻게 그것이 성경으로 받아들여졌을까? 누가는 사도행전을 쓰면서 복음에서 시작하고 있다. 아니 어쩌면 복음서를 쓰면서 사도행전까지 썼다고 해야 할지도 모른다. 어쨌든 누가복음과 사도행전은 그 분량에서는 물론이고 그 내용에서도 신약성경에서 차지하는 비중이 대단히 크다. 우리는 누가가 남긴 글을 통하여 이방인의 눈에 비친 예수님과 교회를 만나게 된다.

이방인이었던 누가, 그는 도대체 어떻게 감히 복음서와 사도행전을 쓸 생각을 했고 또 써 놓았을까? 이방인인 그에게는 복음과 교회가 어떤 의미로 다가왔을까?

계약법

누가는 당대 최고의 지성인으로 알려져 있다. 그런 그가 교인이 되었을 뿐만 아니라 평생을 복음 사역에 헌신했다. 아마도 그 이유는 복음이 그에게 일생일대의 큰 충격으로 다가왔기 때문일 것이다. 복음의 무엇 때문에 그런 충격을 받고 평생을 복음에 헌신했을까? 누가는 복음에서 가장 큰 것, 즉 온 세상을 구원할 만고의 진리, 영원한 진리, 평생을 헌신할 만한 진리를 만났음에 틀림없다. 달리는 설명이 되지 않기 때문이다.

누가는 평생을 헌신하기에 앞서 복음에 대하여 좀 더 자세히 알 필요가 있다고 느꼈다. 지성인이었던 누가는 사도들을 비롯한 목격자들이 전해주는 증언에 만족하지 않고 직접 복음의 근원을 탐색하는 길고도 험한 여정을 마다하지 않았다.[1] 언어와 문화와 종교의 장벽, 자료의 한계 등을 극복해야 했다.

이런 과정을 통해서 누가는 복음의 뿌리가 구약성경의 계약법에 있음을 알게 되었고, 예수님을 계약법, 특히 희년의 법을 완성하러 오신 분으로 다시 만날 수 있었다.[2] 이런 사실은 누가복음을 마태복음이나 마가복음과 비교해 보면 명확해진다. 누가복음에서는 갈릴리 사역이 아닌 갈릴리에서 예루살렘으로 가는 과정의 이야기에 가장 큰 비중을 두고 있는데, 그 핵심은 경제의 문제이다. 누가가 소개하는 예수님은 이스라엘이 계약을 위반하자 그들과 맺은 옛계약을 파기하고 새로운 계약을 체결하러 오신 분이시다. 새계약은 옛

1) 누가는 이런 사실을 누가복음 서문(1:1~4)에서 명확하게 밝히고 있다.

2) 눅 4:18~19.

계약의 폐지가 아니라 완성이다. 이 땅에서 계약법의 핵심인 희년의 삶, 즉 경제정의를 실현하는 사람들에게 영원한 구원이 주어진다.[3)]

누가는 복음의 뿌리이자 핵심이 계약법이며, 계약법이 만고의 진리이자 영생에 이르는 길이라는 결론에 도달했다. 예수님을 믿는 사람들은 새계약공동체인 교회에서 새계약법을 실천하여 이 땅에서 하나님 나라를 확장해나가는 사람들이었다. 누가는 예루살렘의 신생 교회에서 교인들이 어떻게 사도들의 가르침을 받아 서로 물건을 통용하고 재산을 공유하는 삶, 즉 계약법을 실천하는지를 생생하게 기록해 놓았다. 누가는 이들이 구원받은 사람들이라고 말하고 있다. 그들은 예루살렘 주민들로부터 칭송을 받았으며, 이들을 보고 계약법을 실천하는 삶에 동참하여 구원받는 사람들이 날마다 늘어났다.[4)]

누가 역시 교인들의 이런 구원받은 삶에 큰 충격을 받아 교인이 되었으며, 이 계약법이 영원한 진리이자 영생의 방법이라고 확신했다. 그리고 이를 널리 알리기 위하여 누가복음과 사도행전을 기록해 놓았다고 생각된다.

사도 바울

누가가 본 초대교회의 가장 큰 위기는 무엇이었을까? 박해도 위기였지만 오히려 복음이 예루살렘에서 사마리아와 유대와 이방지역으로 확산되는 기회가 되었다. 박해보다 더 무서운 위기는 교회가 유대교에 흡수되어 사라질 위기였다. 당시 교회에서 이 위험성을 명확하게 파악한 유일한 지도자가 사도 바울이었다. 누가가 사도행전 후반부를 바울 위주로 다룬 이유는 어떻게 교회가 그 위기를 극복하고 땅끝 곧 로마까지 이르렀는가를 알려주기 위함이었다. 사도 바울, 그는 어떻게 이런 위업을 달성해냈을까?

---

3) 졸저 「누가복음」은 이에 대하여 상세하게 다루었다.

4) 행 2:42~47, 4:32~35, 5:13~14, 6:7.

바울이 한 역할은 대단히 크고 또 그가 남긴 서신이 방대하고 난해해서 바울을 정확하게 이해하기가 생각보다 쉽지 않다. 사실 오늘 우리는 바울을 단편적으로 알거나 혹은 많은 부분에서 오해하고 있다. 바울을 이해하려면 무엇보다도 그의 서신에 담긴 사상과 의도를 바르게 이해해야 한다. 바울의 서신들은 선교 과정에서 어떤 필요때문에 쓰여졌다. 따라서 그의 서신을 해석하려면 선교행적을 따라가며 서신이 쓰여지는 상황과 배경 속에서 쓰여진 순서대로 서신을 해석해야 한다. 다시 말하면 사도행전과 바울서신을 분리하지 말고 사도행전 속에서 바울서신을 해석해야 한다. 이런 이유로 이 책의 첫 번째에서는 1차 선교여행 이후 예루살렘 총회를 마치고 2차 선교여행을 시작하는 시점에서 갈라디아서를 해석했다. 이어질 두 번째 책에서는 2차 선교 과정을 다루면서 데살로니가 전·후서를 해석하고 3차 선교 여행 즉, 에베소에 머무는 과정에서 고린도 전·후서를 해석할 예정이다. 세 번째 책에서는 3차 선교 여행을 마치고 고린도에서 쓴 로마서와 그 이후의 행적을 다루면서 옥중서신 등을 해석하고자 한다.

세계 선교

예수님께서는 부활 승천하신 후 교회를 박해하던 바울을 특별히 부르셔서 이방인의 사도로 삼으셨다는 사실을 우리는 잘 알고 있다. 예수님께서는 왜 바울을 특별히 부르셨고, 그가 한 이방인 선교는 역사적으로 어떤 의미를 지닐까? 이를 이해하기 위해서는 먼저 유대교를 생각해 볼 필요가 있다. 유대인들은 율법을 지나치게 유대교적으로 해석하고 적용하여 이방인들은 도무지 접근할 수가 없었다. 즉 율법은 자신들에게만 주어졌기 때문에 이방인이 율법을 받아들이려면 먼저 할례를 받고 유대교로 개종해야 한다고 주장했다. 바울은 유대인 중의 유대인이요, 당시 최고의 랍비 가말리엘 문하생의 바리새인이었다. 그런 바울의 가장 큰 업적은 유대인들만 인정하며 믿을 수 있는 율법, 즉 유대교 진리를 세계의 모든 사람들이 믿을 수 있는 세계적인 복음으로 재해석한 일이다. 이를 위해서 바울은 유대교의 주요 교리를 다음과 같이 다시 해석했다.

•아브라함의 후손

유대인들은 하나님께서 선택하신 아브라함의 혈통을 지닌 자신들만이 아브라함의 후손이라고 생각했다. 그런데 바울은 아브라함의 생물학적 혈통이 아닌 아브라함이 하나님을 믿었던 믿음을 가진 사람이 진정한 아브라함의 후손이라고 재해석했다. 따라서 이방인들도 아브라함과 같은 믿음을 가지기만 하면 누구나 아브라함의 후손이 될 수 있다고 했다.(롬4:13~18) 바울이 믿음으로 구원받는다고 한 말에는 이런 의미가 바탕에 깔려 있다. 바울이 강조하는 믿음과 이신칭의를 이해하려면 먼저 바울이 왜 그런 말을 했으며 무슨 뜻이 었는지를 먼저 알아야 한다.

•율법

유대인들은 시내산에서 하나님과 맺은 계약법은 자신들에게만 주어졌다고 해석했다. 그런데 바울은 율법은 하나님께서 세상을 만드신 창조 원리이자 이치이며, 그 원리와 이치가 만물에 들어있어서 만물을 보면 누구나 하나님을 알 수 있다고 했다.(롬1:19~20) 또 모든 사람에게 주어진 양심이 곧 율법이므로(롬2:13~15) 율법은 누구에게나 이미 주어져 있다고 보았다. 유대인에게 주어진 시내산 율법은 무슨 특권이 아니라 더 큰 책임이라고 해석했다.

•할례

유대인들은 자신들만 아브라함의 혈통을 지닌 후손이며, 자신들에게만 율법이 주어졌다는 독특한 선민의식을 가졌고, 할례를 그 징표라고 생각했다. 육체의 할례는 유대인의 정체성과 직결되었다. 그런데 바울은 할례를 육체가 아닌 마음에 받아야 한다고 다시 해석했다.(롬2:28~29) 진정한 할례는 마음의 할례이며, 표면적 유대인이 아니라 이면적인 유대인이 되어야 한다고 강조했다. 바울의 이런 해석에 의하면 누구나 육체의 할례를 받지 않고도 믿음으로 하나님께 나아갈 수가 있었다.

이와 같은 재해석을 통하여 바울은 유대인과 이방인 사이에 놓여 있던 담을 헐어버리고 유대인과 이방인을 동일시했다.

갈라디아서

바울의 이런 신학과 사상은 초기의 서신인 갈라디아서에 잘 나타나고 있다. 갈라디아서가 '기독교 독립선언서'로 평가되는 이유는 그 서신에서 유대교와 기독교의 차이점을 명확히 선언하고 있기 때문이다. 바울이 안디옥교회에서 일 년을 가르친 후 비로소 '그리스도인'이라고 불렸는데, 그 이전에는 유대교인과 기독교인이 구분되지 않았다는 뜻이다.

바울에 의해서 기독교는 유대교의 울타리에서 벗어날 수가 있었으며, 그의 이런 신학은 갈라디아서에서 처음으로 천명되었다. 갈라디아서는 후일 루터 종교개혁에 지대한 영향을 주었다.

바울에 의해 유대교를 재해석한 기독교 신학의 기초가 확립되었는데, 이런 재해석은 역사적으로 어떤 의미를 지닐까?

세계적 진리

바울은 계약법을, 계약법의 완성인 복음을 유대교의 영역에서 이방인의 영역으로 확장시켰다. 다시 말하면 유대인들만 믿을 수 있었던 유대교 진리를 세계적인 진리로 탈바꿈해 놓았다. 바울이 이방인 선교를 했다는 것은 단순히 복음을 이방인에게 전했다는 뜻이 아니다. 복음으로 세상을 구원하려면 선교하기에 앞서 먼저 세상의 모든 사람이 복음을 듣고 진리라고 인정할 수 있도록 세계적인 진리로 해석해야 한다. 바울은 다메섹 도상에서 회심한 후 14년 동안 칩거하며 유대인들만 믿을 수 있는 유대교 진리를 세상 모든 사람들이 믿을 수 있는 세계적인 진리로 재해석했다.[5] 바울의 가장 큰 업적은 유대교에서 기독교 신학의 기초를 놓고 기독교를 유대교에서 독립시켰으며, 또 세계선교의 길을 열어 놓았다는 데에 있다.

기독교 진리

바울이 유대교를 재해석한 복음은 모든 사람이 진리라고 인정하고 믿을 수 있는 세계적인 진리였다. 그런데 사도시대 이후에 등장한 교부들은 헬라철학에는 익숙했지만 구약의 계약법과 히브리전통에는 낯설어서, 계약전통이 사라지고 그 자리를 구속사적인 해석이 차지했다. 특히 교리논쟁을 거치면서 세계적인 진리인 복음이 기독교인들만 인정하고 믿을 수 있는 기독교 진리 즉 기독교 교리로 국한되었다. 교회사에서 빚은 가장 큰 오류는 여기에 있다.

그 후 중세기로 접어들면서 세계적 진리인 복음은 계약법 전통이 사라진 기독교, 헬라철학의 옷을 입은 기독교, 기독교인들만 동의하고 믿을 수 있는 기독교 진리로 전락하고 말았다. 그나마 기독교 국가 내에서도 기독교 교리에 반발하는 인문주의자들이 등장하여 중세기독교 왕국을 해체시키고 말았다. 근대 이후 유럽의 선진국들이 전 세계를 돌아다니며 식민지를 건설했는데, 교회는 그 여세에 편승하여 세계선교를 추진해서 기독교, 특히 개신교가 가장 큰 세력이 되었다. 그러나 현대 이후를 맞으면서 기독교는 급속히 쇠락하고 있으며 심각한 위기를 맞았다. 그 근본 원인이 무엇일까?

구속사와 계약사

앞에서 지적한 바와 같이 계약전통이 사라지고 구속사 일변도로 치우쳤기 때문이다. 구속사와 계약사는 그 관점에서 판이하게 차이가 난다. 주요 주제를 비교하며 두 관점의 차이를 살펴보면 다음과 같다.

5) 바울은 갈1~2장에서 이 과정에 대하여 설명하고 있다.

•기독론

가장 두드러진 차이는 기독론 즉 예수님에 대한 이해에 있다. 구속사에서는 예수님께서 인간을 구원하려고 인간으로 오셔서 인간의 죄를 용서하기 위하여 인간의 죄를 짊어지시고 대신 죽으셨다고 이해한다. 예수님의 십자가와 죽으심은 용서와 대속을 위함이다. 인간이 할 일은 예수님의 대속을 믿어 죄 용서함을 받고 구원에 이르는 것이다.

그러나 계약사에 의하면 예수님께서 인간으로 오신 이유와 목적은 옛계약을 폐지하고 새로운 계약을 체결하기 위함이다. 하나님께서 인간을 구원하시는 방법이 계약법인데, 옛계약의 당사자인 이스라엘이 계약을 어겨 계약이 파기되면 이제 인간은 구원받을 길이 사라지고 만다. 이에 하나님께서는 친히 인간으로 오셔서 이스라엘이 계약을 지키지 못한 죄를 책망하시고 계약파기를 경고하셨지만 그들은 끝내 듣지 않았다. 이에 예수님은 이스라엘이 계약을 지키지 않아 파기된 형벌을 대신 받고 죽으심으로 새로운 계약을 체결할 길이 열렸다. 따라서 십자가와 죽으심은 새로운 계약을 체결하기 위함이다. 이제 인간은 예수님으로 말미암아 체결된 새로운 계약공동체인 교회에서 새로운 계약법을 지킴으로써 구원에 이르게 된다.

이와 같이 구속사와 계약사는 기독론에서 크게 다르다. 무엇이 더 성경에 가까울까? 계약사이다. 그 근거는 성경의 이름이 계약을 말하고 있기 때문이다. 구약은 옛계약을, 신약은 새계약을 뜻한다. 달리 더 물을 필요도 없다.[6]

•구원론

구속사에 의하면 구원의 대상은 인간에 국한되며 그마저도 영혼과 내세에 치우치게 된다. 죄의 지배를 받는 이 세상과 구원받지 못한 사람들은 심판과 파멸의 대상이며, 구원받은 사람들은 종말에 천

6) 졸저들은 계약의 관점으로 성경과 역사와 신학을 해석했다.

국에서 영원한 삶을 누린다고 이해한다.

그러나 계약사에 의하면 구원의 대상과 개념이 전혀 다르다. 구원의 대상은 인간을 포함한 이 세상의 만물이며, 죄의 지배를 받는 이 세상을 하나님께서 본래 만드셨던 세상으로 회복시키는 데에 있다. 하나님께서는 계약공동체를 통하여 그 일을 하신다. 계약공동체는 이 땅에서 하나님 나라의 모형을 만들어서 보여주어 다른 사람들이 보고 구원받게 해야 하며, 천국이 이 땅에 임하게 해야 한다. 구원받은 삶은 내세에서 시작되는 게 아니라 지금 여기의 계약공동체에서 시작된다. 교인들은 교회에서 계약법을 실천함으로써 구원에 참여하며, 구원의 완성을 향하여 나아가게 된다. 계약공동체가 시작한 하나님 나라는 인간에 의해서가 아니라 하나님에 의해 완성된다. 그 시기를 종말이라 하며, 종말에 파멸되는 대상은 세상 자체가 아니라 세상을 지배하던 죄이다. 세상은 심판과 파멸의 대상이 아니라 구원과 완성의 대상이다.

●교회론

구속사에 의하면 교회는 구원의 확신을 가진 구원받은 사람들이 모여서 아직 구원받지 못한 사람들을 구원하기 위한 선교 공동체이다. 구원의 대상은 인간의 영혼이며 세상 자체가 아니다. 구원받은 삶은 죽은 이후 천국에서 시작된다.

그러나 계약사에 의하면 교회는 새로운 계약공동체이며, 구원받은 삶은 교회에서 계약을 실천하는 삶을 통하여 구체적으로 시작된다. 그 삶을 거룩한 삶이라 하는데 신분, 지위, 빈부 등의 격차가 없는 삶을 말한다. 이런 거룩한 삶을 세상 사람들에게 보여주고 그 삶에 동참하게 하는 보여주는 선교를 시도한다. 구원의 대상은 인간을 포함하는 세상 만물이다.

•인간론

구속사에서는 인간이 하나님의 용서와 구원과 사랑의 대상일 뿐이다. 구원받은 인간은 하나님의 무한 은총에 감사하고 하나님의 말씀에 순종하며, 아직 구원받지 못한 사람들에게 구원의 복음을 전하며 사랑을 실천해야 한다. 하나님께서는 계획과 섭리, 선택과 예정, 사람이 측량할 수 없는 지혜 등으로 세상을 다스리시며 역사를 주관하신다.

계약사에 의하면 인간은 하나님과의 계약의 대상이며, 계약법 실천을 통하여 하나님의 뜻을 대행한다. 하나님께서는 계약공동체를 통하여 세상을 다스리시고 역사를 주관하시기 때문이다. 이런 이유로 구약의 포로기 이전 예언자들은 메소포타미아의 앗수르와 바벨론의 등장은 계약법을 지키지 않는 이스라엘을 징계하기 위함이며, 이스라엘의 계약준수 여부에 따라 앗수르와 바벨론의 운명이 결정된다고 해석했다. 하나님의 뜻과 계약은 이미 계약법에 들어있으며, 하나님께서는 계약공동체의 기도에 응답하시는 방식으로 역사를 주관하신다. 인간은 단지 구원과 용서와 사랑의 대상이거나 하나님의 말씀대로 순종해야 하는 대상이 아니라 하나님의 대행자이며 자녀들이다. 계약법보다 인간을 더 크게 볼 수 있는 방법은 없다.

구속사 구원론은 기독교인만 인정할 수 있는 기독교 진리이지만 계약사 구원론은 모든 사람이 인정하지 않을 수 없는 세계적인 진리이다. 계약법은 만물의 존재 원리와 이치, 자명성과 당위성에 기초하기 때문이다.

기독교가 세계를 구원하려면 성경을 종교, 이념 등을 떠나 누구나 인정할 수 있는 진리로 해석해야 한다. 오늘 우리의 급선무는 기독교 교리를 세계적인 진리로 다시 환원시키는 일이다. 예수님과 사도들, 특히 바울의 성경해석은 온 세상을 구원할 수 있는 세계적인 진리였다. 그런데 서양기독교는 그 세계적인 진리를 기독교 진리로 전락시켰다. 오늘 우리 교회는 기독교 진리를 세계적인 진리로 다시 탈바꿈시킬 오늘의 바울을 기다리고 있다.

그런데 오늘 우리 시대는 교회에 무엇을 요구하고 있을까?

우주적인 진리

현대 이후 인간은 과학기술의 남용과 오용으로 말미암아 동식물의 생존 바탕인 생태계가 붕괴하여 이미 대멸종이 시작되었다. 그 징후는 누구나 피부로 느낄 만큼 가까이 와있으며, 지금 온 인류를 공포와 두려움으로 몰아넣은 코로나19 바이러스도 그 뚜렷한 징조 중 하나이다. 전문가들은 이미 때가 늦어서 인류의 멸종을 피할 수 없다고 입을 모으고 있다. 오늘 우리는 인류역사 이래 가장 심각한 위기를 맞았다. 이제 교회는 무얼 어떻게 해야 하나? 예수님이 오실 때가 가까이 왔다고 믿고 주님의 재림을 기다려야 할까? 많은 교인들이 그렇게 받아들이고 있다. 그러나 이는 성경에 대한 곡해이며, 시대착오적인 망상이자 착각일 뿐이다.

사람의 방법으로는 인류의 멸종을 막을 길이 없지만 하나님에게는 아직 가능하다. 그 방법은 무엇일까?

마가복음에서는 부활하신 주님께서 복음을 만물(萬物, πᾶς κτίσις)에게 전하라고 하셨으며, 바울은 만물이 하나님의 아들들이 나타나기를 고대한다고 했다.(롬8:19~20) 무슨 뜻일까? 우리가 믿는 하나님께서 창조주시면, 창조주와 피조물의 관계가 계약 관계이기 때문에, 계약공동체가 계약을 실천하는 신앙이 창조 질서에도 영향을 미칠 수 있다는 뜻이다. 성경의 초자연적인 사건들이 하나같이 계약공동체와 관련이 있는 이유는 여기에 있다.

인간이 망쳐놓은 생태계 붕괴는 이제 인간의 노력만으로는 회복시키기 어려운 지경에 이르고 말았다. 이제 남은 마지막 대안은 초자연적인 하나님의 도우심이다. 이를 위하여 우리는 무엇을 어떻게 해야 하나?

하나님께서는 말씀으로 세상을 만드셨다. 그런데 사도행전에서 누가는 사도들이 재해석해서 선포하는 설교를 하나님의 말씀이라고 했다. 하나님께서는 지금도 그 말씀을 통하여 세상 만물을 다스리시고 역사를 주관하신다. 교회가 계약공동체로 돌아가서 성경을 우주적인 진리로 해석하여 가르치고 설교하고 실천하게 해야 한다. 그 외에 다른 길은 없다.

대멸종의 위기를 맞은 오늘 우리 시대는 성경을 우주적인 진리로 해석하여 자연환경을 회복시켜 세상을 구원할 오늘의 바울을 기다리고 있다.

작은 것을 작다 하지 아니하고 강좌에 계속 참여하며 관심을 보여주신 분들 때문에 이런 해석과 이 책이 가능했습니다. 여러분들은 열의와 기도로 이 책을 같이 엮어냈습니다. 그분들과 더불어 교정, 기도 등에 큰 수고를 아끼지 않으신 분들에게 진심으로 감사를 드립니다.

2021년 8월 15일,

길 동 무

제1부 : 사도행전①(1:1~16:5)

물음 01~38

사도행전①

물음 01 창조, 계약, 구속, 서로 어떤 관계일까?[7]

- 성경이 말하려는 핵심은 무엇일까?
- 성경에서 말하는 구원은 어떤 것일까?
- 왜 예수님을 통해서만 구원받을 수 있을까?

잘 아는 것 같지만 대답이 쉽지 않은 질문들이다. 이에 대하여 창조와 계약과 구속(救贖)의 상호 관계를 통하여 간략히 설명하고자 한다.[8]

1. 창조

성경은 하나님께서 세상을 만드시는 이야기로 시작하고 있다. 하나님께서는 말씀으로 먼저 빛을 만드신 후 하늘과 땅, 바다와 육지를 비롯하여 만물을 만드시면서 각각의 위치와 역할을 정해 주셨다. 이로 인하여 우주 만물에는 질서와 조화가 깃들게 되었다. 만물의 질서와 조화를 다른 말로 하면 자연을 지배하는 법(法)이다. 만물은 하나님께서 만드신 법질서에 따라 각각 존재 양식을 가지게 되었다.

---

7) 〈물음01〉 창조, 계약, 구속, 서로 어떤 관계일까?〉와 〈물음02〉 복음서의 순서, 서로 어떤 연관성이 있을까? 이것은 복음서 이해에 있어서 기본이라고 생각되어 졸저 「마태복음」, 「마가복음」, 「누가복음」, 「요한복음」의 첫 시작에서 공통으로 다루었다.

8) 구속(救贖)은 대속과 관련이 있다. 대속(代贖)은 남의 죄를 대신하여 받는다는 의미인데, 예수님께서는 인간을 구원하기 위하여 죄를 대신 받으시고 십자가에 못 박혀 죽으셨다. 구속(救贖)은 예수님의 십자가 대속(代贖)을 통한 인간 구원을 말한다. 구속사(救贖史)는 예수님의 대속을 통한 인간 구원의 역사이다. 비슷한 의미로 쓰이는 속량(贖良)은 몸값을 받고 종을 자유인으로 놓아주는 것인데, 예수님께서 인류의 죄를 대신하여 십자가에 못 박혀 죽으심으로 대속하신 행위이다.

만물을 만드신 다음에 마지막으로 사람을 만드셨다. 사람을 마지막에 만드신 이유는 사람이 살아갈 환경이 필요했기 때문이다. 하나님께서는 하나님의 모양과 형상을 따라 사람을 만드셨는데, 이를 위해 직접 흙으로 육체를 빚으시고 코에 생기를 불어 넣으셨다. 최초의 인간을 '아담'(םדא)이라고 했는데 '사람'을 뜻한다. 즉 아담은 고유명사이자 보통명사이다.

하나님께서는 아담에게 동물들의 이름을 짓게 하시고, 하나님을 대신해서 만물을 관리하고 다스리게 하셨다. 인간과 자연환경의 관계에서 자연환경은 인간을 위해서 만들어졌고 인간의 관리를 받게 되었다. 이것이 본래의 창조 질서이다.

하나님께서는 사람 즉 아담을 에덴동산이라는 낙원에 살게 하셨는데, 그 동산 한가운데 선악을 알게 하는 나무를 만드시고 선악과(善惡果)만은 먹지 말라고 하셨다. 선악과는 문자 그대로 선과 악의 열매이며, 사람이 에덴동산에서 살아가면서 지켜야 할 법도를 말한다. 본능에 따라 살아가는 다른 피조물과는 달리 사람에게는 악을 멀리하며 선을 행해야 할 법, 즉 윤리와 도덕이 주어진 것이다. 선악과를 먹지 말라는 뜻은 사람에게 주어진 법을 지키라는 뜻이다.

그런데 아담(사람)은 선악과를 먹음으로써, 즉 지켜야 할 도리와 법을 지키지 않음으로 낙원에서 쫓겨났다. 그 후에는 온갖 고생을 하며 살다 죽은 후 다시 흙으로 돌아가게 되었다.

이상은 성경의 첫 책인 창세기 1~3장의 이야기를 간추린 것이다. 이런 창조 이야기는 계약과 어떤 관련이 있을까?

2. 계약 관계

'계약'(베리트 תירִב, 디아데케 διαθήκη)이라는 용어는 쌍방 관계를 표현하는 용어이다.[9] 창조주와 피조물의 관계, 그리고 구약성경과 신약성경은 계약이라는 용어로 설명해야 그 의미가 명확해지는 데 이에 대해 몇 가지로 나누어 설명하고자 한다.[10)]

❶ 세상과의 계약

창조 이야기에 의하면 하나님께서 세상 만물을 지으실 때 그들에게 존재하는 방법을 주시고 그 법대로 살게 하셨다. 따라서 하나님과 세상의 모든 피조물은 서로 계약 관계이며, 하나님도 창조의 법을 지키실 뿐만 아니라 법 자체이시다. 자유의지가 없이 본능으로 살아가는 생물과, 태양계와 지구와 산과 바다 등 주어진 법대로 존재하는 무생물들도 창조주 하나님과 계약 관계에 있다. 이들은 비록 비인격적이며 일방적인 계약 관계이지만 단순히 기계적인 관계가 아닌 창조주 하나님과 어떤 교감과 소통이 이루어지며 우주와 생태계도 일종의 생명체와 같은 기능을 가지고 있다. 인격과 자유의지가 없는 이런 피조물은 주어진 법대로 살아가기 때문에 계약파기란 있을 수가 없다.

❷ 사람과의 계약

그러나 사람의 경우는 다르다. 하나님께서는 사람을 하나님의 모양과 형상대로 만드시고 자유의지와 인격을 주셨다. 따라서 하나님과 사람의 관계는 특별한 관계이며, 인간에게만 주어진 선악과는 이런 특별한 계약 관계를 말해준다. 사람에게는 인격과 선택의 자유가 주어졌으므로 하나님과 사람의 계약은 서로 계약 조건을 이행할 책임을 지는 진정한 쌍방 계약이다.

---

9) 베리트(בְּרִית)는 '쪼개다'라는 뜻으로, 계약을 체결할 때 짐승을 쪼개 놓고 그 사이를 지나가면서 계약을 체결했는데, 계약을 어기면 짐승처럼 쪼개어 죽임을 당한다는 뜻을 담고 있다.

10) 아이히로트(Walther Eichrodt 1890~1978)는 계약의 관점에서 구약신학을 전개했다. 그의 대표적인 저서인 「구약성서 신학」 Theologie des Alten Testaments (2권, 1933~35)은 구약성서신학의 새로운 지평을 연 책으로 평가를 받고 있다. 그는 이 책을 3부로 나누어 1부에서는 하나님과 그의 백성, 2부는 하나님과 세계, 3부는 하나님과 인간 등 세 측면에서 계약을 다루고 있다.

계약파기

선악과는 계약을 말하는데, 아담이 선악과를 먹었다는 것은 계약을 지키지 않았다는 뜻이다. 인격에 기초한 쌍방 계약은 어느 한쪽이 계약을 어기면 당연히 파기되게 마련이다. 계약을 파기한 아담은 에덴동산에서 쫓겨났으며 모진 고생을 하다 죽어갈 운명에 처했다.

아담의 계약파기는 자연에도 영향을 주어 땅은 저주를 받았다. 아담의 계약파기가 자연환경에 영향을 준 이유는 자연환경이 본래 인간을 위하여 만들어졌고 아담은 동물의 이름을 지으며 관리하는 등 창조에 일정 부분 동참했기 때문이다. 창조 질서와 계약에 의하면 인간은 단순히 피조물이 아니라 창조의 동역자이고 피조물을 관리해야 할 하나님의 대리자이다. 그런데 계약파기로 인하여 사람은 죄의 지배를 받는 죄인으로 전락했으며, 또 자연환경을 바르게 관리하던 위치에서 반대로 자연의 지배를 받거나 자연을 파괴하다가 결국 흙이 되어 자연으로 돌아가게 되었다. 성경에 의하면 구원의 대상은 인간만이 아니라 인간을 위하여 지음 받은 자연환경도 포함된다.[11]

형벌

계약을 파기한 사람에게 주어진 형벌은 구체적으로 무엇일까? 이렇게 기록되어 있다.

> 아담에게 이르시되 … 땅은 너로 말미암아 저주를 받고 너는 네 평생에 수고하여야 그 소산을 먹으리라 땅이 네게 가시덤불과 엉겅퀴를 낼 것이라 … 네가 흙으로 돌아갈 때까지 얼굴에 땀을 흘려야 먹을 것을 먹으리니 네가 그것에서 취함을 입었음이라(창3:17~19)

---

11) 이에 대하여 사도 바울은 다음과 같이 말했다.

> 모든 피조물은 하나님의 자녀들이 나타나기를 애타게 기다리고 있습니다. 비록 모든 피조물이 허무한 데 굴복하고 말았지만, 그것은 스스로의 선택에 의해서가 아니라 그렇게 굴복하게 하신 분의 뜻에 따른 것입니다. 그러나 모든 피조물에게도 소망이 있는데, 그 소망은, 피조물 자신도 장차 썩어질 것의 종살이에서 해방되어, 하나님의 자녀가 누릴 영광스러운 자유에 함께 참여하는 것입니다. 그리하여 우리는, 모든 피조물이 지금까지 함께 신음하면서 함께 해산의 고통을 겪어왔다는 것을 알고 있습니다(롬8:19~22, 새번역)

사람에게 주어진 가장 큰 형벌은 양식을 얻기 위한 수고였다. 그 이유는 땅이 저주를 받아 이제는 더 이상 양식을 내어주지 않았기 때문이다. 육체는 양식을 매일 먹어야 하는데 이제 땅은 가시덤불과 엉겅퀴를 내며 양식을 주지 않아 땀 흘려 일을 해야 먹고 살게 되었다. 그러면 이런 형벌 이전에는 양식을 어떻게 얻었을까?

> 하나님이 이르시되 **내가 온 지면의 씨 맺는 모든 채소와 씨 가진 열매 맺는 모든 나무를 너희에게 주노니 너희의 먹을거리가 되리라**(창1:29)

이 말씀은 사람을 만드신 직후에 주신 말씀인데 타락 이전에는 여러 가지 곡식과 열매, 채소 등이 늘 먹거리로 주어져 있어 아무 때나 어디에서든지 먹고 싶은 것을 마음대로 먹을 수 있었다. 그런데 에덴동산에서 쫓겨난 이후에는 이런 자연적인 먹거리가 사라지고 땀 흘려 일해야 겨우 먹거리를 구할 수 있었다.

자연환경의 여러 문제에 시달리며 살다가 흙으로 돌아가야 하는 인간의 불행을 지켜보시던 하나님께서는 사람을 이런 불행에서 구해내실 계획을 세우셨다. 그 방법이 무엇일까?

구원의 방법과 계약 실천

아담이 계약을 지키지 않아 계약이 파기되어 불행이 왔으므로 그 불행을 근원적으로 해결하는 방법은 계약을 회복시키는 길뿐이다. 다른 방법은 있을 수 없다. 인간 구원과 계약 준수는 떼려야 뗄 수 없는 관계이다. 따라서 그 어떤 경우에도 계약을 지키지 않으면서 구원을 운운하는 것은 이치에 맞지 않다. 구원을 받기 위해서는 다시 계약으로 돌아가서 계약을 회복시켜야만 한다.

계약의 실현성

하지만 계약을 통해서만 구원을 받을 수 있다고 할 때 다음과 같은 의문이 생긴다.

첫째, 하나님께서는 인간이 계약을 지키지 못할 것을 다 아시면서 왜 계약을 맺으셨는가?

흔히 이런 질문을 한다. 미리 다 아시는 하나님께서 아담이 선악과 먹을 것을 아시면서 왜 만들어 놓았을까? 누구나 물을 수 있는 질문이다. 이 질문에 대답하려면 하나님의 인격에 대하여 먼저 이해해야 한다. 하나님은 우리 인간과 비슷한 수준이 아니라 완전하신 분이시다. 그 완전성 중의 하나가 인격이다. 완전하신 하나님의 완전한 인격은 어떤 것일까? 하나님의 완전성은 그 존재의 본성에서만이 아니라 다른 인격체인 사람과의 관계에서도 완전하시다. 불완전한 인격을 지닌 인간은 약속을 완전하게 지킬 수 없다. 아무리 지키려고 해도 지킬 수 없는 상황이 생길 수 있기 때문이다. 따라서 상대방을 완전하게 신뢰할 수 없다. 서로가 불완전하기 때문이다.

하지만 완전한 인격을 지니신 하나님은 사람을 완전하게 신뢰하신다. 따라서 아담과 계약을 맺으실 때 선악과를 먹을 것을 하나님께서 미리 아셨다는 말은 하나님에게는 성립되지 않는다. 그런 생각은 불완전한 인격을 지닌 사람의 의심에서 나오는 생각일 뿐이다. 하나님께서는 지금도 모든 사람을 완전하게 믿으시며 누구도 결코 의심하지 않으신다.

예수님과 가룟 유다와의 관계도 마찬가지이다. “유다가 배반할 것을 아시면서 왜 제자로 삼으셨는가?”라는 물음은 성립되지 않는다. 배반할 가능성은 유다만이 아니라 자유의지를 가진 인간 모두에게 동일하게 있다. 그런데 예수님께서는 인간에게서 실패하고 배반할 가능성이 아닌 완전해질 가능성만을 보신다. 비록 유다가 잘못된 길을 선택했을 때에도 끝까지 신뢰하시며, 안타까워하시며 마지막 순간까지 호소하고, 기다리시며, 믿으셨다. 유다만이 아니라 베드로를 비롯한 모든 제자들을 그렇게 대하셨다. 예수님께서는 지금도 모든 인간을 이렇게 대해 주신다.

하나님의 인격은 본성에서만이 아니라 사람과의 관계에서도 완전하셔서 인간의 인격을 완전히 믿으시기 때문에 인간과 계약을 맺으신다. 그리고 끝까지 인격으로 대해주신다. 완전하신 하나님에게 의심이란 있을 수 없다.

둘째, 불완전한 인간이 완전하신 하나님과 쌍방 계약을 맺는 것이 가능한가?

자유의지와 인격이 없는 동식물과는 쌍방 계약을 맺을 수 없다. 하나님의 법에 따라 주어진 본능대로 사는 일방 계약이 있을 뿐이다. 그러나 자유의지와 인격을 지닌 인간과의 관계는 쌍방 관계가 된다. 선택할 수 있는 자유의지와 인격이 있다는 말은 동시에 책임도 있다는 뜻이다. 따라서 해야 할 도리는 반드시 지켜야 한다. 계약관계에서 지키지 않은 것을 묵과할 수는 없으며 또 대신해 줄 수도 없다. 자기 일은 자신이 해야 한다. 인격체 사이의 관계는 곧 쌍방 관계이며, 관계의 유지는 곧 계약 실천에 있다. 따라서 하나님과 인간의 관계는 쌍방 계약 관계일 수밖에 없다.

셋째, 타락 이전의 아담도 지키지 못한 계약을 죄의 지배를 받는 우리가 어떻게 지킬 수 있는가?

하나님께서는 사람을 누구보다 잘 아신다. 완전하신 하나님께서 불완전한 인간에게 지키지 못할 조건을 요구하지 않으신다. 지킬 수 있는 것을 지키라고 하신다. 아담의 불순종 이후 비록 인간의 인격과 도덕성이 크게 손상되었지만 아직 자유의지와 합리적인 판단력이 어느 정도 남아있기 때문에 실천 가능한 범위에서 요구하신다. 모세에게 사명을 주실 때에 "네가 가진 것이 무엇이냐?"라고 물으셨으며, 모세가 가지고 있던 양치는 지팡이로 시작하게 하셨다. 후일 이스라엘에게 주신 계약법도 마음만 먹으면 지킬 수 있는 조항들이었다. 하나님께서는 사람에게 가능한 것을 할 수 있는 정도까지만 요구하신다. 그러면 사람이 한 일로 계약의 목적이 완성될 수 있는가? 전혀 아니다. 그러면 어떻게 되는가?

그 나머지는 다 하나님 몫이다. 인간이 할 수 없는 부분은 하나님께서 책임지고 완성시키신다. 또 인간의 몫도 계약을 지키려고 노력하면 지킬 수 있도록 도와주신다. 따라서 하나님께서 인간과 맺어주시는 쌍방 계약은 결국 은혜의 계약이다. 사람에게 할 수 있는 데까지를 요구하시고 도와주시며 나머지는 다 하나님께서 하시기 때문이다. 오병이어의 이야기를 보면 사람이 한 일은 가진 것의 전부인 보리떡 다섯 개, 물고기 두 마리를 드리는 것이었고, 예수님께서 축사하시고 돌려주신 다음에 사람들에게 나누어 주었을 뿐이다. 그 나머지는 예수님께서 남자만 오천 명 이상이 먹고도 열두 바구니나 남게 하셨다. 성경에 등장하는 초자연적인 기적의 이야기들은 하나님께서 계약을 지키시는 이야기들이다. 성경의 초자연적인 이야기들은 모두 계약과 관련이 있다.

하나님과 인간의 계약이 쌍방 관계이지만 인간에게 지킬 수 있는 데까지만 요구하실 뿐만 아니라 또 지킬 수 있도록 도와주시기 때문에 사실상 은혜로 맺어진 계약이다.

❸ 시내산 계약

하나님께서는 인간과 계약을 체결하심으로써 인간을 구원하신다. 그런데 누구와 어떻게 계약을 체결해야 하나? 계약이 잘 지켜질 수 있는 가장 현실적인 방법은 무엇일까?

한 사람 선택

계약 대상이 갖추어야 할 우선적인 조건은 그 계약 정신에 동의할 뿐만 아니라 기꺼이 실천하기를 원하는 사람이어야 한다. 하나님께서는 그런 사람을 찾고 또 찾으신다. 계약 정신은 이기적인 욕심을 버리고 모든 사람이 같이 잘 살게 하려는 마음이다. 성경에서는 이런 가치를 실천하려는 사람을 가리켜 '의인'이라고 한다.

세상 사람들을 지켜보시던 하나님께서는 드디어 한 사람을 찾으셨다. 그 사람이 누구일까? 아브라함이다. 이런 이유로 아브라함을 '믿음의 조상, 복의 근원'이라고 한다. 아브라함에게 "너와 네 후손을 통하여 모든 민족이 복을 받으리라."(창12:3)라고 말씀하신 이유는 그가 모든 사람이 복 받고 행복하게 살기를 누구보다도 더 원했기 때문이며, '네 후손을 통하여'라고 하신 이유는 아브라함의 그 큰 뜻을 그 후손들이 이어받았기 때문이다.[12)]

그 후손과 계약체결

아브라함의 후손인 이스라엘 사람들은 애굽에서 400년간 종살이를 하고 있었는데, 하나님께서는 약속대로 이스라엘을 해방시킨 후 시내산에서 그들과 세상 구원을 위한 계약을 체결하시고 계약법을 주셨다. 하나님께서는 그들에게 가나안에 들어가서 신분, 지위, 빈부의 격차가 없는 이상적인 나라를 만들라고 당부하셨다.

보여주는 선교

계약공동체가 할 일은 특별한 무엇이 아니라 가나안에서 공동체 구성원끼리 서로 도우며 이상적인 삶을 사는 것이다. 그러면 무슨 일이 일어나는가? 주변에 있는 다른 민족과 나라들이 보고 따라 배울 수밖에 없다. 지극히 단순한 방법이다.

이같이 하나님께서 이스라엘과 계약을 맺으심으로써 아담의 불순종으로 파기된 계약이 다시 회복되고 이 땅에 하나님 나라의 모형을 실현할 수 있는 길이 열렸다. 이스라엘과 하나님이 시내산에서 맺은 계약을 옛계약이라고 하며, 구약성경은 옛계약공동체에 관한 이야기이다.

---

12) 창조의 이야기와 선악과, 아브라함, 이삭, 야곱, 요셉 등에 대해서는 졸저 「창세기」에서 상세하게 설명했다.

❹ 계약 실현 방법

구약의 율법서는 계약공동체를 통하여 이 땅에 하나님 나라를 세우기 위한 계약법이다. 하나님과 인간이 맺은 이 계약은 인격과 자유의지에 기초한 쌍방 계약이다. 계약 이행은 무엇을 어떻게 하는 것일까?

계약공동체

하나님께서 사람과 맺으신 시내산 계약의 대상은 개인이 아니라 공동체다. 그 이유는 계약공동체가 이상적인 나라를 만들어 세상에 보여주는 방법이 가장 현실적이기 때문이다. 따라서 계약공동체의 실천 범위는 일차적으로 계약공동체 내에 국한된다. 세상 모든 사람을 향해서 이상적인 윤리를 실천한다는 것은 불가능하기 때문이다.

계약공동체가 만들어야 할 나라는 신분, 지위, 빈부의 격차가 없는 공평한 나라인데, 이런 나라를 구약성경에서는 '거룩한 나라'라고 한다. 구약의 율법은 이를 위한 계약법인데, 십계명을 비롯한 안식일, 안식년, 희년 등은 이런 거룩한 나라를 만들기 위한 실천 방법이다. 계약공동체 신앙의 특징은 특별히 구별된 성전에서 제사와 화려한 종교의식으로 하나님을 섬기는 데 있지 않고, 계약법을 똑바로 배우고 가르쳐서 공동체의 모든 사람들이 골고루 행복하게 잘 살게 하는 데에 있다. 예수님께서 말씀하신 이웃사랑은 계약공동체 내에서 실천해야 할 법이다.

계약공동체에 주어진 역할은 이런 거룩한 하나님 나라의 모형을 만들어 세상에 보여주어 세상으로 구원받게 하는 '보여주는 선교'이다.

하나님

하나님께서는 계약을 맺은 공동체가 이 땅에서 하나님 나라의 모형을 만들도록 구체적으로 도우신다. 우선 계약공동체가 계약을 실천하여 하나님 나라의 모형을 만들 수 있도록 땅을 주신다. 옛계약공동체인 이스라엘에게는 가나안을 주셨고, 새계약공동체인 교회에는 로마제국을 주셨다. 그러나 계약공동체가 이 땅에서 사람의 힘만으로 하나님 나라의 모형을 만드는 것은 불가능하다. 이런 사실을 잘 아시는 하나님께서는 필요할 때 초자연적인 방법으로 도우셔서 계약공동체에는 용기와 힘을 주시며, 세상 사람들에게는 살아계신 하나님께서 계약공동체와 함께하심을 알려 주신다.

계약과 경제정의

구약의 계약법인 율법서의 중심은 안식년과 희년이다. 예수님께서는 희년(주님의 은혜의 해)을 실현하러 오셨고(눅4:18~19), 복음의 대상은 가난한 자들이며(마11:5, 눅7:22), 예루살렘에서 교회가 시작되면서 재산 공유를 실천으로 옮겼다. 새계약에서도 경제 문제가 핵심이다. 계약법에서 경제 문제가 중심인 이유는 창세기에서 아담이 계약을 어겨 에덴동산에서 쫓겨날 때 받은 형벌과 관련이 있다. 아담에게 주어진 형벌은 먹거리 자력 해결이었으며,[13] 그 결과 경제 문제가 인간이 해결하기 가장 어려운 문제가 되었다. 이런 이유로 계약 회복을 시도하는 계약공동체에서는 먹거리 문제 해결이 일차적인 과제가 된다. 주기도문에서도 일용할 양식의 해결이 가장 중요한 기도이며, 구약 예언자들의 표어인 "공의가 강같이 흐르게 하라!"에서 공의는 경제정의를 말한다.

경제 문제 해결은 개인과 가정, 사회와 국가에서 기본이 되지만 해결하기 가장 어려운 문제이며, 인류 역사의 마지막 과제이기도 하다. 계약공동체에서 계약법 실천과 경제정의 실현은 뗄 수 없는 관계이며 가장 중요한 과제다. 국가도 해결하기 어려운 역사의 과제인 경제정의를 어떻게 실현해야 하나?

---

13) 아담에게 이르시되 … 땅은 너로 말미암아 저주를 받고 너는 **네 평생에 수고하여야 그 소산을 먹으리라** 땅이 네게 가시덤불과 엉겅퀴를 낼 것이라 … **네가 흙으로 돌아갈 때까지 얼굴에 땀을 흘려야 먹을 것을 먹으리니** 네가 그것에서 취함을 입었음이라(창3:17~19)

계약과 초자연

경제정의 실현은 사람의 힘만으로는 불가능하다는 것을 하나님께서 더 잘 아시기 때문에 하나님께서는 계약공동체와 함께하시며, 필요한 경우에는 초자연을 동원하셔서 그 일이 반드시 되게 하신다. 성경에 기록된 초자연의 이야기 모두가 계약체결이나 계약 실천과 관련된 이유는 여기에 있다. 자연을 대상으로 하는 기적들은 하나님께서 계약공동체로 하여금 계약을 실천해서 세상을 구원하도록 도우시는 구체적인 방법이다.

구약에는 이스라엘 민족이 애굽에서 탈출하여 계약의 땅인 가나안에 들어가는 과정에 많은 기적들이 있었다. 그 다음에는 계약대로 살도록 이끌어가는 사사와 선지자들의 활동 속에 기적의 사건들이 집중되어 있다. 신약에는 새로운 계약을 체결하시는 예수님의 활동과 예루살렘에서 교회가 탄생하여 로마제국으로 확산되는 과정에 많은 기적이 일어났다.

근대 이후 역사비평에서는 성경의 이적 이야기들을 신화로 취급하였고, 또 사실성보다는 비유처럼 그 의미에 초점을 맞추어 해석하고 있다. 현대에 이르러 성경 해석에서 가장 큰 논란의 대상은 늘 기적의 문제였다. 그런데 계약의 입장에서 보면 전혀 다르게 보인다. 성경의 초자연적인 사건들은 계약이 실현되도록 도우시는 하나님의 손길이며 방법이다.

계약과 자연환경

자연환경은 본래 인간을 위하여 먼저 만들어졌으며, 아담이 관리했지만 아담이 계약을 어김으로 인해 인간은 자연환경에 대한 통제력을 잃어버리고, 반대로 자연환경의 지배를 받게 되고 말았다. 그런데 이제라도 사람이 계약을 잘 지키면 본래의 질서가 회복되어 자연환경이 인간에게 적합한 환경으로 바뀌어질 수 있다. 예언자들은 동풍(더운 바람), 기근, 가뭄, 메뚜기, 황충 등을 하나님의 징계라고 했다. 또 예수님께서 풍랑이는 바다 등 자연환경을 다스리는 이적을 보여주신 이야기들도 계약의 맥락에서 보아야 명확하게 이해된다. 자연환경과 인간은 다 같이 하나님과 계약 관계에 있기 때문에 인간이 계약을 충실히 지키면 인간과 자연환경이 서로 공존하는 길이 열릴 수 있다.

❺ 옛계약(구약) 파기

옛계약공동체인 이스라엘은 가나안에 정착한 후 왕정기에 이르러 계약을 저버리고 말았다. 그 결과 BC 586년 나라가 멸망하고 포로로 끌려가 다시 노예로 전락했다. 그러나 신명기 예언자들의 헌신으로 유대인들[14]이 회개하고 다시 율법(계약법)을 지키려고 하자 하나님께서는 한 번 더 기회를 주셔서 BC 538년 귀환할 수 있었다. 귀환한 유대인들은 계약을 지키려고 했으나 안타깝게도 잘못된 방법으로 지켜 또 계약이 파기될 지경에 이르고 말았다. 포로기 이전의 왕정기에는 계약법을 소홀히 여기며 지키지 않다가 계약이 파기되었다. 반면에 포로기 이후에는 계약을 철저히 지키려고 했으나 잘못된 방법으로 지켜서 계약이 파기되었다. 오늘 우리는 유대인의 시행착오에서 무엇이 문제였는지를 배워야 한다.

계약법을 잘못 이해하여 잘못 지키던 유대인들이 결국 돌이키지 않음으로 인해 AD 70년에 옛계약은 파기되고 말았다. 유대인은 다시 로마제국에 나라가 멸망당하고 저항하던 사람들은 포로로 잡혀갔으며, 나머지는 쫓겨나 전 세계로 흩어지고 말았다.

이스라엘(유대인)의 실패는 이스라엘만의 문제가 아니라 이스라엘을 통한 세상 구원의 실패였다. 아담과 이스라엘의 불순종으로 말미

14) 솔로몬 이후 이스라엘은 북왕국 이스라엘과 남왕국 유다로 분열되었는데, 북 이스라엘은 BC 721년 앗수르에 멸망당했고, 남유다는 BC 586년 바벨론에 멸망당한 후 포로로 끌려갔다. 그 이후 바벨론 포로에서 귀환한 이스라엘 사람들을 유다인(유대인)이라 부른다.

암아 옛계약은 완전히 파기되었으며, 이제는 세상이 구원받을 길이 사라지고 말았다. 하나님께서 세상을 구원하시는 방법은 계약이며, 계약이 아니고서는 구원이 성립될 수 없기 때문이다.

아담의 불순종(계약위반)을 해결하기 위하여 아브라함의 후손 이스라엘과 맺었던 계약이 수포로 돌아감으로써 더 이상 계약을 추진할 수 없게 되었고, 동시에 세상 구원의 길도 사라졌다. 이 문제를 어떻게 풀어야 하나?

3. 예수님의 구속(救贖)

예수님의 구원 사역을 이해하려면 앞에서 설명한 구원과 계약의 관계를 먼저 이해해야 한다. 다시 말하지만 구원의 방법은 곧 계약 조건의 실천이며, 구원과 계약은 뗄 수 없는 관계이기 때문이다.

계약공동체인 이스라엘과 맺으셨던 계약이 이스라엘의 불순종으로 말미암아 파기되어 인간이 구원받을 길이 사라져 버리고 말았다. 그러자 하나님께서는 하실 수 있는 마지막 수단을 사용하셨다. 그 마지막 방법이 무엇일까?

❶ 인간으로 오심(成肉身)

계약의 한 축이던 하나님께서는 인간이 지키지 못한 계약파기의 책임을 떠안으시고 계약파기의 대가인 죽음을 대신하기로 하셨다. 달리 방법이 없기 때문이다. 이를 위해서는 하나님께서 인간의 죽음을 죽으셔야 하므로 먼저 인간으로 오셔서 인간과 똑같은 삶을 사셨다. 하나님께서 인간으로 태어나시는 방법이 동정녀를 통한 성령잉태였다. 성령잉태와 동정녀에게서의 탄생이 사도신경에 들어가 있는 이유는 이 교리가 인간의 구원과 직접 관련이 있기 때문이다. 이런 이유로 성경에서는 인간의 구원을 위하여 하나님께서 인간으로 태어나셨다고 말한다. 그분이 예수님이시다.

❷ 십자가의 대속(代贖)

하나님이시면서 인간으로 오신 예수님께서는 인간이 계약을 지키지 못한 죄를 위하여 대신 죽으시되 가장 고통스러운 죽음, 지옥의 형벌을 대신하는 죽음을 죽으셨다. 그 죽음이 십자가 형벌이었다. 십자가형은 로마제국에서 반역자를 가장 참혹하게 죽이는 방법이었다. 예수님께서는 십자가에서 인간이 계약을 지키지 못한 죄의 대가를 대신 치르셨다. 예수님의 십자가 대속은 옛계약공동체의 '계약파기 죄'를 대신 받으심이다. 예수님께서 십자가에서 대신 죽으심으로 계약과 상관없이 개개인의 죄들이 다 용서되고 구원이 완성된다는 뜻이 아니다. 이 부분에서 오해하지 말아야 한다.

❸ 새로운 계약의 길

예수님의 십자가 대속으로 말미암아 파기된 계약을 다시 체결할 길이 열렸다. 이에 대해서는 예수님께서 성만찬 예식사에서 분명하게 말씀하셨다. 공관복음에 기록된 본문을 보면 다음과 같다.[15]

> 이것은 죄 사함을 얻게 하려고 많은 사람을 위하여 흘리는 바 나의 피 곧 언약의 피니라(마26:28)
>
> 이것은 많은 사람을 위하여 흘리는 나의 피 곧 언약의 피니라(막14:24)
>
> 이 잔은 내 피로 세우는 새 언약이니 곧 너희를 위하여 붓는 것이라(눅22:20)

죽음을 앞두고 예수님께서는 대속의 죽으심이 계약체결을 위한 피 흘림이라고 하셨다. 누가복음의 기록과 같이 예수님의 대속의 죽으심으로 새로운 계약이 가능해졌으며, 예수님은 새로운 계약을 체결하기 위하여 피를 흘리셨다. 이스라엘과 맺은 옛계약이 파기되어 더 이상 구원받을 길이 없어졌는데, 이제 예수님의 대신 죽으심으로 새로운 계약, 즉 구원의 길이 열린 것이다. 계약과 상관없이 구원의 길이 열린 것이 아니다. 다시 말하건대 이 부분을 오해하지 말아야 한다.

---

15) 요한복음에는 성만찬 예식사가 제자들의 발을 씻기시는 이야기로 대신하고 있으며, 예식사는 6장의 오병이어 설교에 나오고 있다.

❹ 죄 사함의 방법

마태복음의 "죄 사함을 얻게 하려고 많은 사람을 위하여 흘리는 바"라는 구절은 십자가로 말미암아 개인의 죄가 무조건 용서받는다는 뜻이 아니라 이제 계약을 지킴으로 죄 용서함 받을 길이 열려졌다는 뜻이다. 성경에서 말하는 죄는 계약을 지키지 못한 죄이다. 복음서 어디에도 계약과 상관없이 십자가를 통해서 직접 죄 사함을 받는다고 말씀하신 구절이 단 한 곳도 없는 이유는 여기에 있다. 세례 요한은 예수님께서 사역을 시작하기도 전에 '죄 사함을 받게 하는 회개의 세례'를 주었다.[16] 요한이 시작한 세례는 계약을 지키지 못한 죄를 회개하고 새로운 계약공동체의 일원이 되는 의식이다. 예수님께서 말씀하신 죄 사함과 관련된 말씀을 열거해보면 다음과 같다.

> 우리가 우리에게 죄 지은 자를 사하여 준 것 같이 우리 죄를 사하여 주시옵고(마6:12)
>
> 너희가 사람의 잘못을 용서하면 너희 하늘 아버지께서도 너희 잘못을 용서하시려니와 너희가 사람의 잘못을 용서하지 아니하면 너희 아버지께서도 너희 잘못을 용서하지 아니하시리라(마6:14~15)
>
> 진실로 너희에게 이르노니 무엇이든지 너희가 땅에서 매면 하늘에서도 매일 것이요 무엇이든지 땅에서 풀면 하늘에서도 풀리리라(마18:18)
>
> 서서 기도할 때에 아무에게나 혐의가 있거든 용서하라 그리하여야 하늘에 계신 너희 아버지도 너희 허물을 사하여 주시리라 하셨더라(막11:25)
>
> 비판치 말라 그리하면 너희가 비판을 받지 않을 것이요 정죄하지 말라 그리하면 너희가 정죄를 받지 않을 것이요 용서하라 그리하면 너희가 용서를 받을 것이요(눅6:37)
>
> 너희는 스스로 조심하라 만일 네 형제가 죄를 범하거든 경계하고 회개하거든 용서하라 만일 하루 일곱 번이라도 네게 죄를 얻고 일곱 번 네게 돌아와 내가 회개하노라 하거든 너는 용서하라(눅17:3~4)
>
> 너희가 누구의 죄든지 사하면 사하여질 것이요 누구의 죄든지 그대로 두면 그대로 있으리라(요20:23)

16) 세례 요한이 광야에 이르러 죄 사함을 받게 하는 회개의 세례를 전파하니(막1:4, 눅3:3)

예수님께서 언급하신 죄 사함의 방법은 모두가 사람들과의 관계를 통한 용서다. 다시 말하면 계약공동체에서 사람들과의 관계와 죄의 용서는 직접 관련이 있다. 왜냐하면 사람이 짓는 죄의 대부분은 사람에게 지은 죄이기 때문이다. 사람에게 먼저 용서받고 용서하지 않으면서 하나님께만 용서받는다면 이는 모순이다. 다시 말하건대, 복음서에는 예수님의 십자가를 통하여 죄 사함을 받는다는 말씀이 단 한 구절도 없다는 사실을 명심해야 한다. 우리 기독교는 그동안 이 부분에서 큰 착오를 빚었다.

❺ 구원의 방법

한 율법사가 예수님을 찾아와서 "내가 무엇을 하여야 영생을 얻으리이까?"라고 물었다. 이 질문은 중요하기에 세 복음서(마19:16~26, 막10:17~27, 눅18:18~30)에서 상세하게 기록해 놓고 있는데 예수님께서는 뭐라고 대답하셨는가?

> **네가 생명에 들어가려면 계명들을 지키라** 이르되 어느 계명이오니이까 예수님께서 이르시되 살인하지 말라, 간음하지 말라, 도둑질하지 말라, 거짓 증언 하지 말라, 네 부모를 공경하라, 네 이웃을 네 자신과 같이 사랑하라 하신 것이니라(마19:18~19)

예수님께서는 영생에 이르는 길은 십계명, 즉 계약의 말씀을 지키는 데에 있다고 하셨다. 영생을 얻는 방법에 대해서는 더 이상 논란의 여지가 없을 만큼 명확하게 말씀하셨다. 그런데 왜 그동안 우리는 이에 대하여 침묵했을까? 기독교 역사 2천 년의 가장 큰 수수께끼는 여기에 있다. 이에 대하여 뭐라고 대답해야 하나?

4. 구속사와 계약사

구속사와 계약사의 관계는 대단히 중요하며, 또 기독교 역사에서 가장 큰 오류를 빚은 부분이므로 이를 다시 정리해보면 다음과 같다.

❶ 계약과 언약

성경에는 '계약'을 뜻하는 단어(베리트 ברית, 디아데케 διαθήκη)가 295회나 나온다. 이 단어를 라틴어로 번역할 때 유언을 뜻하는 '테스타멘툼'(Testamentum, 영어 Testament)으로 번역해서 그 이후 구약과 신약의 이름에 Testmantum이 사용되고 있다. 라틴어 Testamentum으로 번역한 이유는 예수님의 말씀과 죽으심을 구속사적인 측면에서 거룩한 약속으로 이해했기 때문이며, 우리 말 성경에는 주로 '언약'으로 번역되었다.17)

계약(契約)은 일정한 법률적 효과의 발생을 위해 쌍방의 합의로 이루어지는 법률 행위이지만, 언약(言約)은 문자 그대로 말로 한 약속이며 아무런 법적인 효력이 없다. 기독교 신학에서 계약보다 언약을 선호하는 이유는 하나님과 인간의 관계에서 하나님의 은혜와 약속을 중요하게 여기며 이에 대한 믿음을 강조하기 때문이다. 그러나 성경에서 본래 사용된 단어는 계약이다.

❷ 구속사(救贖史)

기독교 초기부터 구원론의 기초는 예수님의 십자가 대속 사건이었으며, 구속사를 중심으로 성경과 역사의 전반을 해석했다. 구속사로 성경을 보면서 구약성경의 사건들과 말씀들을 예수님에 대한 예표나 예언으로 해석했다. 즉 구약성경은 오실 예수님에 대한 예언과 언약의 책이며, 예수님의 오심과 십자가의 죽으심으로 구약의 모든 예표와 예언은 성취되고 구원은 완성되었다고 보고 있다.

구속사에서는 예수님께서 우리 모두의 죄를 대신 짊어지고 십자가에서 죽으셨다는 사실을 믿음으로 받아들이면 누구나 구원받은 것이며 이 믿음으로 세상을 살다가 죽은 다음 천국에 가게 된다. 십

---

17) 구약의 베리트(ברית)와 디아데케 (διαθήκη)를 계약으로 번역한 한글성경 역본은 현대어, 현대인의 성경, 공동번역, 가톨릭성경 등이고 나머지는 언약으로 번역했다. 영어성경은 대부분 covenant 로 번역했다.

자가를 통해서 값없이 주시는 은혜로 사죄(赦罪)와 구원이 주어지며, 어떤 행위로 구원을 받는 게 아니라고 한다.

교회는 이미 구원받은 사람들이 모인 친교와 선교 공동체이며, 교회가 해야 할 지상과제는 온 세상으로 나가 사람들에게 예수님을 영접시키는 영혼 구원을 위한 선교와 이웃을 사랑하는 사랑의 실천이다. 그리고 이 세상은 죄로 말미암아 심판받을 멸망의 대상으로 본다. 구속사에 기초한 이런 세계관 때문에 교회가 아무리 많아져도 세상은 변화되지 않았다. 세상의 변화는 고사하고 중세기독교 시대는 암흑기가 되었고 기독교 국가에서 계몽주의가 등장하는 모순이 벌어졌다. 역사의 교훈을 똑똑히 살펴보아야 한다.

구속사에서 보면 인간은 아담의 범죄로 말미암아 원죄를 지녔기 때문에 십자가를 통한 사죄와 구원의 대상이다. 또 인간을 무한히 사랑하시는 하나님께서는 인간을 구원하시기 위하여 예수님을 통해 한없는 용서의 은총을 베푸시고 죽음 이후에 천국으로 인도하셔서 영원한 삶과 복락을 누리게 하신다. 인간은 하나님에게 용서와 구원과 사랑의 대상에 불과하다.

그런데 계약사에서 보면 어떻게 보일까?

❸ 계약사(契約史)

앞에서 이미 본 바와 같이 계약사에서 보면 기존의 기독교 신학과 구원론이 전혀 다르게 보인다.

하나님의 창조 자체가 계약체결이었고, 아담의 타락은 계약위반이며, 하나님께서 죄의 지배 가운데 있는 인간을 구원하시는 방법은 계약을 지킬 기회를 주시는 것이었다. 구약성경의 아브라함과 그 후손 이스라엘의 이야기는 하나님께서 그들에게 계약을 지킬 기회를 주시고 그들을 통해서 세상을 구원하시는 이야기이다.

복음서에 의하면 예수님께서는 계약을 위반하여 파기 직전에 이른 이스라엘에게 마지막으로 경고하셨다. 그러나 이스라엘이 받아들이지 않았기 때문에 그들은 버림받았고, 인류 구원의 길은 사라지고 말았다. 이에 예수님께서는 계약위반의 형벌을 대신 받으시고 죽으심으로써 새로운 계약체결의 길을 열어 놓으셨다. 그리고 예수님의 대속으로 말미암아 새로운 계약공동체인 교회가 탄생되었다. 이제 교회를 통하여 계약을 지키는 사람들에게 구원이 주어진다.

교회가 할 일은 옛계약공동체인 이스라엘의 실패를 거울삼아, 하나님의 나라를 이 땅에 실현하기 위하여 최선을 다하는 것이다. 이 큰 일을 위하여 교인들은 누구나 자기를 부인하고 자기 십자가를 지고 죽기까지 예수님을 따라가야 한다. 사도들을 비롯한 초기 교인들은 복음을 위하여 순교의 길을 가거나 순교적인 삶을 살았다. 그 결과 AD 313년 로마제국이 계약 실천의 땅으로 주어졌다.

교회는 이 땅에 하나님 나라를 실현하기 위한 계약공동체이며, 하나님을 대신하여 역사와 세상을 이끌어가야 할 하나님의 대행 기관이다. "진실로 너희에게 이르노니 무엇이든지 너희가 땅에서 매면 하늘에서도 매일 것이요 무엇이든지 땅에서 풀면 하늘에서도 풀리리라."(마18:18)라는 예수님의 말씀은 이런 뜻이다. 하나님은 교회를 통해서, 교회의 기도를 통해서 세상과 역사를 이끌어 가신다.

구속사 시각으로 보면 인간은 구원과 사죄와 사랑의 대상에 불과하다. 그러나 계약사로 본다면 인간은 역사와 세계를 이끌어가는 하나님의 대행자이며 이 세상을 유업으로 이어받을 하나님의 아들과 딸이다.

❹ 계약사와 구속사의 관계

계약사는 예수님의 구속사를 배제하지 않는다. 단지 계약사 속에서 구속사를 해석할 뿐이다. 예수님의 구속사가 없으면 새계약이 불가능하기 때문에 대속의 사건은 가장 중요하다. 구속사 자체가 문제가 아니라 계약 실천과 상관없이 예수님의 십자가 대속으로 용서받아 구원에 이른다고 해석하는, 계약이 배제된 구속사가 문제일 뿐이다.

회심 경험과 계약사

구속사의 핵심에는 회심의 경험이 들어있다. 이 경험을 통해서 사죄의 경험과 구원의 확신이 주어진다. 계약사에서도 이 경험은 대단히 중요하다. 왜냐하면 이 경험을 통해서 비로소 계약공동체에 들어와 계약을 실천할 수 있기 때문이다. 이 경험없이 구원공동체가 형성된다면 신앙공동체가 아니라 사회운동 공동체로 흘러가게 된다.

지난 교회사에서 빚은 오류의 근본 원인은 계약이 배제된 구속사에 있었다. 이제 이것을 바로잡는 것이 우리의 시급한 과제다.

5. 창조와 계약과 구원의 원리

창조주 하나님과 모든 피조물의 관계는 계약 관계이며, 계약은 모든 피조물의 존재 원리이자 창조의 원리이다. 자연 만물에 들어있는 질서와 조화는 만물에 들어있는 존재 양식의 법 때문이며, 이 법이 곧 계약법이다. 계약이 파기되면 피조물은 존재할 수 없다. 죄는 계약이 파기된 상태를 말한다. 이런 계약파기의 죄는 자유의지를 지닌 인격체만 범할 수 있다. 인간이 피조물 중에서 최상위에 있는 이유는 자유의지와 인격 때문이다. 그런데 아담(사람)이 죄를 지으므로 계약이 파기되고 죄의 지배를 받으며 멸망에 이르게 되었다.

이런 인간이 구원을 받으려면 계약으로 돌아가서 계약을 지키는 길 뿐이다. 하나님께서 세상을 구원하기 위하여 먼저 이스라엘과 계약을 맺으셨으나 그들이 계약을 파기하여 인간이 구원받을 길이 사라지고 말았다. 이 문제를 해결하기 위하여 하나님께서 인간으로 오셔서 계약을 파기한 죄를 짊어지고 대신 죽으심으로 이제 마지막으로 계약이 한 번 더 체결되어 구원받을 길이 열렸다. 예수님으로만 구원받는다는 말씀은 예수님으로 말미암아 다시 한번 계약을 체결하게 되었다는 뜻이다.

구원의 법은 곧 계약 실천이며 계약 실천과 구원은 뗄 수 없다. 계약은 창조의 원리이자 만물의 존재 원리이며 구원 원리이다. 따라서 계약 실천을 제외하고 구원을 말하면 창조의 원리와 모순된다.

물음 02 누가복음과 사도행전, 어떤 관계일까?

누가복음과 사도행전의 관계는 다음 두 책의 서문을 보면 잘 나타난다.

> 우리 중에 이루어진 사실에 대하여 처음부터 목격자와 말씀의 일꾼 된 자들이 전하여 준 그대로 내력을 저술하려고 붓을 든 사람이 많은지라 그 모든 일을 근원부터 자세히 미루어 살핀 나도 데오빌로 각하에게 차례대로 써 보내는 것이 좋은 줄 알았노니 이는 각하가 알고 있는 바를 더 확실하게 하려 함이로라(눅1:1~4)

> 데오빌로여 내가 먼저 쓴 글에는 무릇 예수께서 행하시며 가르치시기를 시작하심부터 그가 택하신 사도들에게 성령으로 명하시고 승천하신 날까지의 일을 기록하였노라(행1:1~2)

사도행전은 "데오빌로여, 내가 먼저 쓴 글에는"이라는 구절로 시작한다. 이 구절에 의하면 먼저 쓴 글이 있음을 알게 되며, 이는 누가복음 서문과 연결된다. 두 구절 모두에서 '데오빌로'를 언급하기 때문에 우리는 누가복음과 사도행전은 한 사람에 의해 쓰여졌으며, 또 '먼저 쓴 글'이라는 구절을 통하여 누가복음과 사도행전은 한 사람이 쓴 두 책이 아니라 한 책의 제1부와 제2부라는 것을 알 수 있다. 이런 이유로 근래에는 '누가행전' 또는 '누가문서'라는 용어를 사용하기도 한다.[18)]

누군가에게 책을 바치는 헌정사는 신약성경의 다른 곳에서는 찾아볼 수 없다. 책의 서문에 쓰여지는 헌정사는 당시 그리스-로마 문학에서 흔히 쓰이던 방식이다. 그런데 누가복음과 사도행전은 왜 당시 이방 세계의 문학에서 사용되던 방식을 사용했을까? 이 물음은 저자와 관련이 있다. 헌정사는 누가-행전의 기록자가 이방인이라는 사실을 암시해주고 있다. 전승에 의하면 누가-행전의 기록자는 안디옥 출신의 이방인 누가라고 한다. 이 전승이 사실이라면 놀랍게도 신약성경의 저자 가운데에는 이방인도 들어있다. 당시 유대교인들은 이방인을 천시했을 뿐만 아니라 지옥의 땔감에 불과하다는 독특한 선민신앙을 가지고 있었으며, 예루살렘의 초기 교회 내에서도 이방인에게 복음을 전해도 되는가하는 문제가 심각한 논쟁의 대상이 되었던 점을 감안한다면(행11:1~18, 15:1~31), 성경의 저자 가운데 이방인이 들어있다는 사실은 참으로 놀라울 뿐이다.

바울서신과 사도행전에서도 누가는 의사였고 바울의 선교에 동참했다고 기록하고 있으며[19)], 대단히 박식했던 누가는 바울의 영향을 받아 누가복음을 기록했다고 전해져서[20)] 누가복음과 사도행전의 기록자는 누가라고 알려지고 있다. 그러나 현대에 이르러 진보적인 학자들은 이에 대하여 의문을 표시하지만 전승을 부정할만한 명확한

18) 캐드베리(H. Cadbury)가 1927년에 발간한 「누가-행전 이해하기」에서 누가복음과 사도행전을 동일 저자가 쓴 다른 두 개의 작품이 아니라, 두 권으로 된 하나의 책이라 말한 후 일반적으로 그렇게 보고 있다.

19) 골4:14, 몬1:24, 딤후4:11과 더불어 사도행전에서 세 번 언급되는 '우리'라는 주어로 시작하는 단락(16:10~17, 20:5~21:18, 27:1~28:16)이 그 증거이다.

20) 무라토리 경전 서문(Camon Muratori, 2세기 말 무렵 기록), 터툴리안(Tertullian. Adv. Marcian. 4.2), 오리겐(Origen, Eusebius, H. E., 6.25), 유세비우스(Eusebius, H. E. III, 4) 등이 이런 사실을 증언하고 있다.

증거는 제시하지 못하기 때문에[21] 일반적으로 누가가 저자로 받아들여지고 있다.

누가-행전은 신약성경에서 약 1/3에 해당되는 방대한 분량이다.[22] 또 예수님 사후에 사도들의 활동을 남겨 놓은 유일한 기록이므로 만일 사도행전이 없었다면 예수님 사후 사도들의 활동과 초기 교회의 상황을 전혀 알 수 없었을 것이다. 누가-행전의 중요성은 근래에 와서 재발견되었으며 현대 신약연구에서 '폭풍의 핵'으로 평가받고 있다.[23]

한 책의 두 부분인 누가복음과 사도행전의 관계를 그 내용을 중심으로 간략히 살피면 다음과 같다.

❶ 누가복음은 예수님께서 그리스도이심을 증거하고 있으며, 사도행전은 유대교에서 출발한 교회가 사도들, 특히 바울로 말미암아 어떻게 그리스도교로 발돋음했는가를 보여주고 있다.

❷ 누가복음에서는 예수님의 복음이 어떻게 갈릴리에서 출발하여 예루살렘까지 갔는가를 말하고 있으며, 사도행전에서는 예수님에 관한 복음이 사도들을 통하여 어떻게 예루살렘에서 로마까지 갔는가를 말해주고 있다. 전자는 예루살렘으로 가는 길이며, 후자는 로마로 가는 길이기 때문에 두 책 모두 선교여행 이야기가 중심을 이루고 있다.

❸ 누가복음은 예수님께서 오신 목적이 희년 실현이며(눅4:18~19), 희년을 실현하는 삶이 곧 구원에 이르는 길이라고 말하고 있다.[24] 사도행전에서는 초반부터 사도들의 가르침을 통하여 희년이 어떻게 실현되며, 그 복음이 어떻게 확산되고 있는가를 보여주고 있다.

---

21) 이들이 누가 저자설을 거부하는 주요 이유는 다음과 같다. 먼저 누가-행전에서 누가가 저자라는 기록을 찾아볼 수 없으며, 그다음으로는 바울서신의 신학과 누가-행전의 신학이 서로 다르기 때문이라고 한다. 바울서신은 율법을 거부하고 은혜를 강조하지만 누가-행전에는 이런 사상이 나타나지 않는다. 또 바울서신(갈1:18~24, 2:1~10, 고전16:1~4, 롬15:25)에 의하면 바울이 예루살렘을 세 번 방문하지만 사도행전(행9:26~30, 11:17~30, 15:1, 18:20, 21:15)에 의하면 다섯 번 방문했다. 그렇지만 누가가 쓰지 않았다는 증거는 제시하지 못한다..

22) 누가-행전은 헬라어로 137,490 단어이며, 이는 신약성경의 27.5% 에 해당되는 분량이다.

23) W.C. van Unnik "Luke - Acts. A Storm Center in Contemporary Scholarship," SLA. 15~32 1966.

24) 이에 대해서는 졸저 「누가행전」에서 상세히 다루었다.

물음 03 이방인 누가, 어떻게 성경을 쓸 생각을 했을까?

복음서와 사도행전 등 신약성경이 쓰여지던 시대는 사도들이 활동하던 시대였다. 예수님께서 직접 세우신 사도들은 예수님과 수년 동안 숙식을 같이하며 활동했고, 예수님의 부활을 직접 목격했으며 또 예수님을 대신하여 말씀을 선포하고 있었기 때문에 예수님의 권위로 여겨지고 있었다. 특히 예수님의 행적과 말씀이 담긴 복음서는 당연히 베드로, 요한, 마태 등 사도들이 써야 했다. 마가복음은 사실상 베드로의 복음서이다.[25] 그런데 누가는 사도가 아닐 뿐만 아니라 이방인이며, 생전의 예수님을 만난 적도 없었던 사람이다. 그런 누가가 어떻게 복음서를 비롯한 사도들의 행적을 쓸 생각을 했으며, 또 이방인 누가의 책들이 초기부터 교회에서 어떻게 성경으로 받아들여졌을까? 이는 참으로 놀라울 뿐만 아니라 이런 사실에는 중요한 의미가 담겨져 있다.

이 물음에 대해서는 누가가 누가-행전의 서문에서 어느 정도 밝히고 있지만 우리의 궁금증을 풀어주기에는 미흡하고, 서문 이외에 달리 자료나 단서가 없어서 그 이유를 추적하기도 어렵다. 그러나 단편적인 전승과 그가 쓴 누가-행전을 중심으로 추정해보고자 한다.

❶ 당대 최고의 지성인

전승에 의하면 바울은 누가를 만난 후 그의 지성에 놀랐다고 한다. 누가의 지성은 그가 남긴 문헌을 통해서도 엿볼 수 있다. 누가

25) Papias, Irenaeus, Clement of Alexandria 와 다른 교부들은 마가가 베드로의 통역이었고, 베드로의 설교를 기초로 마가복음을 썼다고 했다.(Eusebius, Ecclesiastical History ii. 15; iii. 39; v. 8; vi. 14.)

는 당대 최고 수준의 지성인이었다. 당시에는 어린 나이에 교육을 시작하여 고향에서 10여 년의 교육을 받고 해외의 유명한 도시나 교사를 찾아가 비슷한 기간 동안 유학하는 것이 통례였다. 교육비가 대단히 많이 들어서 귀족 수준이 아니면 이런 교육을 받을 수가 없었다. 따라서 누가는 상류계층에 속한 지성인이었다고 보여진다. 이런 사람이 뒤늦게 왜 기독교인이 되었을까?

❷ 2세대 이방인 교인

누가는 안디옥 출신의 이방인이라고 전해지므로 그는 안디옥교회를 통해서 교인이 되었을 가능성이 높다. 안디옥교회는 이방 지역에 세워진 최초의 가정교회였다. 그런데 상류 출신의 지성인 누가는 당시 교회의 어떤 모습 때문에 교인이 되었으며, 왜 평생을 복음에 헌신하는 사람이 되었을까? 물론 이에 대해서는 아무런 자료가 없다. 그러나 그가 남긴 누가-행전을 분석해보면 그 이유를 어느 정도 가늠해볼 수 있다.

❸ 충격 그 자체

누가는 안디옥에 세워진 신생 가정교회를 통하여 그 이후의 생애가 뒤바뀔만한 충격을 받았다. 무슨 충격이었을까? 교인들의 살아가는 모습 때문이었다. 교인들은 서로 양식을 나누어 먹을 뿐만 아니라 물건을 서로 통용하고 더 나아가 재산을 공유하고 있었다.[26]

---

26) 그들이 사도의 가르침을 받아 서로 교제하고 떡을 떼며 오로지 기도하기를 힘쓰니라 사람마다 두려워하는데 사도들로 말미암아 기사와 표적이 많이 나타나니 믿는 사람이 다 함께 있어 모든 물건을 서로 통용하고 또 재산과 소유를 팔아 각 사람의 필요를 따라 나눠 주며 날마다 마음을 같이하여 성전에 모이기를 힘쓰고 집에서 떡을 떼며 기쁨과 순전한 마음으로 음식을 먹고 하나님을 찬미하며 또 온 백성에게 칭송을 받으니 주께서 구원받는 사람을 날마다 더하게 하시니라(행2:42~47)
믿는 무리가 한마음과 한 뜻이 되어 모든 물건을 서로 통용하고 자기 재물을 조금이라도 자기 것이라 하는 이가 하나도 없더라 사도들이 큰 권능으로 주 예수의 부활을 증언하니 무리가 큰 은혜를 받아 그 중에 가난한 사람이 없으니 이는 밭과 집 있는 자는 팔아 그 판 것의 값을 가져다가 사도들의 발 앞에 두매 그들이 각 사람의 필요를 따라 나누어 줌이라(행4:32~35)
위의 문장에 사용된 동사는 미완료형이며, 이는 재산 공유가 한 번으로 끝나지 않고 새 사도행전에서 최초의 교인들이 기쁨에 넘쳐 자원하여 이런 삶을 살아간 모습을 상세하게 거듭 기록해 놓은 것은 결코 우연이 아니었다. 동서고금을 막론하고 이런 삶을 사는 조직은 찾아볼 수가 없었으며, 또 있을 수가 없다. 도대체 무엇이 교인들로 하여금 이런 삶을 살아가게 했을까? 충격을 받지 않을 수 없었던 지성인 누가는 예리한 통찰력을 가지고 그 원인을 추적하기 시작했다.

❹ 사도, 진정한 교사

누가는 그리스-로마의 교육계를 섭렵한 사람이다. 어떤 교사에 의해 어떤 교육이 어떻게 진행되는지를 누구보다 잘 알고 있었다. 그런데 교회에 와 보니 '사도'라고 불리는 교사들이 일련의 교육과정을 이끌어가고 있었는데, 사도들은 일반 교사와는 너무나 달랐다. 당시 그리스-로마의 필수교육인 수사학은 사람을 설득하는 방법을 가르치는 일종의 출세를 위한 교육이었으며, 교육은 지식을 팔고 사는 장사에 불과했다. 하지만 교회의 교육은 이와는 판이하게 달랐다. 사람의 인격을 변화시키고, 서로 재산을 공유하는 가장 고상한 삶을 살아가게 했다.

누가가 이렇게 생각했다는 사실은 누가-행전에서 사도들을 특별하게 다룬다는 데에서 찾아볼 수 있다. 누가복음의 사도상은 다른 복음서에 비해 높게 그려져 있으며, '사도'라는 칭호가 마태복음에 1회, 마가복음에서 2회만 사용되고 요한복음에는 없지만 누가복음에는 7회, 사도행전에는 55회나 사용되며 그것도 12사도에게만 이 호칭을 사용한다.[27] 이런 사실들은 누가가 사도들을 특별한 교사로 만났다는 것을 보여주고 있다.

도대체 교회의 교사들은 어떤 사람들일까? 어디서 이런 교육을 받았을까? 누가는 계속해서 묻지 않을 수 없었다.

로 교인이 된 사람들이 계속 실천했다는 뜻이다.

27) 예외로 바나바와 바울에 대하여 행14:2, 14에서 사용되고 있다.

❺ 역추적

누가복음 3:23~38에는 예수님의 족보가 나오고 있다. 그런데 이 족보는 내려오는 족보가 아니라 거슬러 올라가는 족보이다. 성경에는 많은 족보가 나오고 있지만 거슬러 올라가는 족보는 없다. 그런데 왜 누가는 거슬러 올라가는 족보를 기록했을까? 그 이유는 "예수님께서 가르치심을 시작하실 때에 삼십 세쯤 되시니라."라는 말로 족보를 시작하는 데에서 찾아볼 수 있다. 누가는 무엇보다도 예수님의 가르치심에 관심이 있었다. 누가는 교회에서 사도들의 가르침에 큰 충격을 받고 그 뿌리를 추적했는데, 그 결과 예수님의 가르치심을 만났다. 마태와 달리 이방인이었던 누가는 예수님의 족보를 왜 기록하려고 했을까? 예수님의 가르치심을 가능하게 한 뿌리를 거슬러 올라가자 아브라함을 거쳐 하나님에게까지 이어졌다. 결국 누가는 사도들이 교회에서 가르치는 가르치심의 뿌리를 거슬러 올라가면서 예수님과 아브라함, 그리고 하나님을 만나고 있다.

누가는 족보를 왜 하나님에게까지 거슬러 올라갈까?

❻ 살아계신 하나님

지성인이었던 누가는 그리스-로마세계의 수많은 종교와 신전의 면면을 잘 알고 있었다. 그들의 신앙은 미신에 불과했으며, 신전에는 사람이 만든 우상만 놓여있을 뿐 어디에서도 살아있는 신의 모습은 찾아볼 수가 없었다. 그런데 교회에 와 보니 여기에는 참 하나님이 살아계실 뿐만 아니라 성도들의 기도에 응답하셨다. 누가가 성령과 기도 등에 대하여 특별한 관심을 보이는 이유는 여기에 있다. 누가는 교회에서 교인들의 삶을 지켜보면서 살아계신 하나님을 만날 수 있었다. 그리고 그 자신도 교인이 되었다.

❼ 계약법

누가는 이런 과정을 통해서 복음의 뿌리가 계약법에 있다는 사실을 이해하게 되었다. 예수님께서는 계약법에 들어있는 희년을 실현하러 오셨으며, 이를 실천하는 것이 구원의 길이며, 제자들에게 이를 가르치고 훈련시키셨다. 예수님 사후에 제자들은 교회에서 이를 가르쳐 지키게 하였다. 이런 내용들은 누가-행전에서 골격을 이루고 있다.

지금까지 추정한 내용들은 누가-행전의 기록 목적과 직접 관련이 있다. 누가는 교회와 복음에 지대한 관심이 생겨서 복음 사역에 헌신하기로 작정했다. 그가 주로 관심을 가진 분야는 예수님께서 어떤 분이시며 무슨 일을 하셨는지와 유대교의 울타리 내에서 시작된 교회가 사도들을 통하여 어떻게 유대교를 넘어서서 기독교로 성장하여 로마제국 전역으로 확산되었는지 등에 관한 문제였다. 이를 위해서 그는 예수님을 직접 목격한 이들이 기록한 문서들을 먼저 읽었다. 그러나 그 문서들은 누가의 관심과 기대를 충족시키지 못했다. 이에 누가는 뒤늦게 직접 자료 수집에 나섰다. 누가복음 서문에는 이런 사실들이 잘 나타나 있다.

> 우리 중에 이루어진 사실에 대하여 처음부터 목격자와 말씀의 일꾼 된 자들이 전하여 준 그대로 내력을 저술하려고 붓을 든 사람이 많은지라 그 모든 일을 근원부터 자세히 미루어 살핀 나도 데오빌로 각하에게 차례대로 써 보내는 것이 좋은 줄 알았노니 이는 각하가 알고 있는 바를 더 확실하게 하려 함이로라(눅1 : 1~4)

누가는 이방인이며 지성인이었으며, 장년의 나이에 복음을 접했기에 그에게 더 크고 중요하게 보이는 부분들이 있었다. 누가가 관심을 가지고 정리한 내용은 다음과 같이 압축된다.

첫째, 교회에서 만날 수 있는 희년 실천운동의 뿌리는 구약의 계약법이며, 이는 온 세상에 전해질 만한 가치가 있다. 희년을 실천하는 삶이 곧 구원에 이르는 길이기 때문이다. 누가복음에서는 희년을 실천하겠다고 다짐하는 세리장 삭개오에게 “오늘 이 집에 구원이 이르렀다”라고 선언하며(눅19:9), 영생에 이르는 길을 묻는 자들에게 구약의 십계명 즉, 계약법을 지키라고 누차 강조하고 있다.(눅10:25~28, 18:18~30) 누가복음에 경제와 관련된 말씀들이 유독 많은 이유는 희년을 실천하는 삶이 구원의 길이기 때문이다. 사도행전에는 제자들을 통하여 희년을 실천하는 삶이 교회에서 어떻게 시작되었는가를 기록해 놓고 있다.

둘째, 예수님께서는 새로운 계약을 맺으러 오셨다. 성전이 돌 위에 돌 하나도 남지 않고 무너진다는 말씀은 이스라엘과 맺은 옛계약의 파기 선언이며, 예수님께서는 제자들과 마지막 식사를 하시면서 자신의 살과 피는 새계약을 위함이라고 명확하게 밝히셨다.(눅22:20) 예수님의 죽으심을 통해서만 구원받는 이유는 그 죽으심을 통해서 새계약이 체결되었기 때문이다. 누가복음을 비롯한 복음서에서는 예수님의 죽으심을 새로운 계약을 위한 죽으심이라고 말하고 있다.

셋째, 예수님 사후 사도들에 의해 세워진 교회는 유대교의 한계를 벗어나야 했다. 당시 유대교는 로마제국이 공식적으로 인정한 종교이며, 널리 알려져 있었다. 예루살렘교회가 유대교의 울타리를 벗어나기 위해서는 이방인 신학이 정립되어야 했는데, 이 역할을 해낸 사람이 바울이다. 사도행전 후반부가 바울의 활동을 중심으로 기록된 이유는 여기에 있다. 누가는 바울이 아니었으면 교회는 유대교의 한 분파로 머물 수밖에 없다고 보면서 이를 중요하게 여기며 기록으로 남겨 놓았다.

누가-행전의 기록 연대는 많은 관심사 중 하나다. 다양한 의견들이 제시되고 있으나 AD 70년 전후에서 80년 이전이 가장 가능성이 높다고 생각된다.

물음 04 부활 이후 40일, 무슨 일을 하셨는가?

본문 〈 1:3~11 〉

3 그가 고난 받으신 후에 또한 그들에게 확실한 많은 증거로 친히 살아
계심을 나타내사 사십 일 동안 그들에게 보이시며 하나님 나라의 일을
말씀하시니라
4 사도와 함께 모이사 그들에게 분부하여 이르시되 예루살렘을 떠나지
말고 내게서 들은 바 아버지께서 약속하신 것을 기다리라
5 요한은 물로 세례를 베풀었으나 너희는 몇 날이 못되어 성령으로 세례
를 받으리라 하셨느니라
6 그들이 모였을 때에 예수께 여쭈어 이르되 주께서 이스라엘 나라를 회
복하심이 이 때니이까 하니
7 이르시되 때와 시기는 아버지께서 자기의 권한에 두셨으니 너희가 알
바 아니요
8 오직 성령이 너희에게 임하시면 너희가 권능을 받고 예루살렘과 온 유
대와 사마리아와 땅 끝까지 이르러 내 증인이 되리라 하시니라
9 이 말씀을 마치시고 그들이 보는데 올려져 가시니 구름이 그를 가리어
보이지 않게 하더라
10 올라가실 때에 제자들이 자세히 하늘을 쳐다보고 있는데 흰 옷 입은
두 사람이 그들 곁에 서서
11 이르되 갈릴리 사람들아 어찌하여 서서 하늘을 쳐다보느냐 너희 가운
데서 하늘로 올려지신 이 예수는 하늘로 가심을 본 그대로 오시리라
하였느니라

누가-행전에는 예수님께서 부활하신 이후부터 승천하시기까지의 사역에 대하여 다른 복음서보다 더 상세하게 기록해 놓았다. 이런 사실은 누가가 자료 수집에 있어서 얼마나 심혈을 기울였는가를 잘 보여주고 있다. 이를 간략히 살펴보면 다음과 같다.

1. 부활 이후 40일 사역

위의 본문(3절)에 의하면 예수님께서 부활하신 이후 40일 동안 제자들과 함께 계셨다. 그동안 주로 무슨 일을 하셨을까?

❶ 그들에게 보이시며

【•】 3 그가 고난 받으신 후에 또한 그들에게 확실한 많은 증거로 친히 살아 계심을 나타내사 사십 일 동안 그들에게 보이시며…

예수님께서는 40일 동안 제자들에게 부활하셨음을 확인시켜 주셨다. 당시 유대인들에게는 부활에 대한 신앙이 없었다. 사두개인들은 부활을 거부했고, 바리새인들은 부활을 인정했지만 세상 종말 이후의 사건으로 여겼다. 이런 이유로 제자들은 예수님의 부활을 목격하고도 믿지 못했다. 부활하신 예수님께서 하신 주요 일은 제자들을 일일이 찾아다니시며 부활을 직접 확인시키고 믿게 하시는 일이었다.

❷ 하나님 나라

【•】 3 … 하나님 나라의 일을 말씀하시니라

사도행전에는 '하나님 나라'에 대한 언급이 7번 나오는데[28] 처음 시작(1:3)과 마지막(28:31)에서 하나님 나라에 대한 가르침을 언급하고 있다. 다시 말하면 사도행전은 하나님 나라에 대한 가르침으로 시작하여 하나님 나라에 대한 가르침으로 마치고 있다. 이런 사실은 누가는 하나님 나라를 가장 중요하게 여겼다는 뜻이다. 누가는 왜 이렇게 하나님 나라를 중요하게 생각했으며, 그가 생각한 하나님 나라는 어떤 나라일까?

계약법에 의하면 구원 사역은 이 세상에 하나님 나라의 모형을 만들어 보여주며 세상으로 하여금 그 삶을 따라 배우게 하는 것이다. 그런데 누가는 안디옥교회에서 그 모형을 보고 교인이 되었다.

28) 행1:3, 8:12, 14:22, 19:8, 20:25, 28:23, 31.

교회에서 누가가 발견한 가장 인상적인 모습은 교인들이 식량은 물론 재산을 공유하는 삶이었으며, 이에 대한 제자들의 가르침이었다. 누가는 교인들의 이런 삶이야말로 하나님 나라의 모형이라고 보았으며, 온 세상에 전파되어야 할 구원의 복음이라고 생각했다. 누가가 복음서에서 예수님의 사역을 희년과 그 가르침에 초점을 맞추고 사도행전에서 희년을 실천하는 교인들의 모습을 부각시키고 있는 이유는 여기에 있다.

2. 마지막 당부

승천하시면서 예수님께서 제자들에게 당부하신 마지막 말씀은 무엇일까?

❶ 예루살렘을 떠나지 말라

【•】 4 사도와 함께 모이사 그들에게 분부하여 이르시되 예루살렘을 떠나지 말고 … 이 성에 머물라 하시니라(눅24:49)

누가-행전에 의하면 예수님께서는 제자들에게 예루살렘을 떠나지 말라고 신신당부하셨다. 그 이유를 몇 가지로 생각해 볼 수 있다.

첫째, 구원 사역은 잘못된 신앙을 바로잡는 것이다. 예루살렘은 다윗왕 이후 신앙의 중심지였다. 유대교의 잘못된 신앙을 바로잡으려면 그 중심에서 시작해야 한다. 예루살렘에서 사역을 시작해야 할 우선적인 이유는 여기에 있다.

둘째, 회개하고 구원받을 기회를 주시기 위함이다. 유대인들의 잘못된 신앙은 예수님을 죽이고 말았다. 이를 주도한 사람들은 예루살렘에 있는 유대교 지도자들이었다. 비록 그들이 예수님을 오해하여 죽였지만 하나님께서는 그들에게 멸망하기 직전까지 회개하고 돌이킬 기회를 주셨다.

❷ 기다려라

【•】 4 내게서 들은 바 아버지께서 약속하신 것을 기다리라 …
너희는 위로부터 능력으로 입혀질 때까지 이 성에 머물라 하시니라(눅 24:49)

왜 예루살렘에 모여서 사역을 시작하지 말고 기다리라고 하셨을까?

첫째, 구원 사역은 하나님의 도우심이 아니고서는 불가능하기 때문이다. 당시 예루살렘은 지중해 세계 최고의 교육도시 중의 하나였으며, 유대교 서기관들은 당대 최고의 학자들이었다. 이에 반해 예수님의 사도들은 갈릴리 출신이며, 대부분 교육을 거의 받지 못했다. 그런 그들이 완고한 유대교 지도자들을 대상으로 가르친다는 것은 사실상 불가능했다. 그런데 하나님께서는 배움이 없는 제자들을 통하여 배움이 가장 많은 자들을 가르치시고 회개시키셨다. 어떻게 그런 일이 가능할까?

둘째, 하나님의 일은 하나님의 방식대로 해야 하기 때문이다. 대부분의 경우 하나님께서는 사람이 전혀 예상할 수 없는 방식으로 일하신다. 그 이유는 신앙에 있어서 가장 큰 적인 인간의 공로를 배제하고 현실의 장애물을 극복하기 위함이다. 불완전한 인간의 방법은 언제나 한계와 문제가 있게 마련이다. 하나님께서는 인간이 도무지 측량할 수 없는 방법으로 뜻을 실현하시며, 미련한 자를 통하여 스스로 지혜롭다고 생각하는 자들을 부끄럽게 하신다.[29] 하나님의 일을 하려면 먼저 하나님과 마음, 생각, 뜻이 하나가 되어야 한다. 하나님께서 어떤 사람에게 어떤 일을 맡기실 때에는 평소에 그 일에 대하여 많은 관심을 가지고 고민하며 씨름하다가 하나님과 마음, 생

29) 그러나 하나님께서 세상의 미련한 것들을 택하사 지혜 있는 자들을 부끄럽게 하려 하시고 세상의 약한 것들을 택하사 강한 것들을 부끄럽게 하려 하시며 하나님께서 세상의 천한 것들과 멸시 받는 것들과 없는 것들을 택하사 있는 것들을 폐하려 하시나니 이는 아무 육체도 하나님 앞에서 자랑하지 못하게 하려 하심이라(고전1:27~29)

각이 같아지는 사람을 찾으신다. 그다음으로는 그 일을 이루는 방법에서도 일치에 이르러야 한다. 하나님께서 일하시는 방법은 대단히 독특한데, 하나님과 마음이 일치된 사람에게 독특한 신앙 경험을 통하여 하나님의 방법을 충분하게 이해하게 하신다. 하나님의 일을 하는 데에는 마음의 일치와 방법의 일치가 선결 과제다. 속된 속담이어서 비유가 적절하지 않지만 "도둑질도 손발이 맞아야 해먹는다."라는 말이 있다. 인간이 하나님과 일을 하려면 하나님과 마음과 방법이 일치되어 있어야 한다.

셋째, 매사에는 가장 적절한 시간이 있기 때문이다. 그러나 사람은 그것을 알기가 쉽지 않다. 그러나 과거와 현재, 미래를 동시에 보시는 하나님께서는 가장 적절한 때에 적절한 방법으로 일을 실현하신다. "때가 찼고"라는 말씀은 이런 시기를 말한다.

❸ 증인이 되리라

【•】 8 오직 성령이 너희에게 임하시면 너희가 권능을 받고 예루살렘과 온 유대와 사마리아와 땅 끝까지 이르러 내 증인이 되리라 하시니라

또 그의 이름으로 죄 사함을 받게 하는 회개가 예루살렘에서 시작하여 모든 족속에게 전파될 것이 기록되었으니 너희는 이 모든 일의 증인이라(눅24:47~48)

인간을 누구보다도 잘 아시는 하나님께서는 인간에게 가능한 일을 하라고 하신다. 증인은 보고 들은 것을 있는 그대로 말하는 사람이다. 없는 것을, 어려운 것을 만들어 내는 게 아니다. 마음만 먹으면 누구나 가능하다. 예수님께서 제자들을 데리고 다니신 이유는 예수님께서 하시는 일을 보고 듣고 경험했다가 증인이 되게 하시기 위함이었다. 사도행전에 등장하는 120여 명의 사람들은 예수님의 사역을, 특히 부활을 직접 경험한 사람들이었다.

어떤 사람을 하나님께서는 증인이 되게 하실까? 앞에서 언급한 바와 같이 하나님께 마음과 방법이 일치될 준비가 된 사람들이다. 성경에서 말하는 선택, 예정은 이런 준비가 된 사람들을 말한다.

❹ 아직 아니

【•】 6 그들이 모였을 때에 예수께 여쭈어 이르되 주께서 이스라엘 나라를 회복하심이 이 때니이까 하니 7 이르시되 때와 시기는 아버지께서 자기의 권한에 두셨으니 너희가 알 바 아니요

예수님께서 승천하실 때에는 천사가 등장하는 등 무언가 특별한 장면이 연출되었다. 이를 지켜보던 어떤 제자는 예수님께서 이스라엘을 식민통치에서 구출하시리라 생각하고 '이스라엘의 회복' 이 지금 시작되는지에 대하여 물었다.

당시 유대인들에게는 수백여 년 지속된 메시아 신앙이 있었는데, 그 골격은 메시아는 이스라엘의 해방자라는 것이었다. 예수님의 제자들도 예수님에게 이런 메시아를 기대했다. 예수님의 죽으심과 부활을 경험하면서 유대교 메시아에 대한 이해가 바뀌기 시작했지만 예수님의 승천을 지켜보면서도 여전히 이스라엘의 해방을 꿈꾸고 있었음을 알 수 있다.

복음서에 의하면 유대인들의 잘못된 메시아 신앙은 예수님의 사역에 가장 큰 걸림돌이었다. 부활하신 후 예수님께서는 40일 동안 지상에 계시면서 제자들의 신앙을 교정하는 마무리 작업을 하셨다.

물음 05 예수님 승천 이후, 제자들은 무엇을 했을까?

본문 〈 1:12~15, 21~26 〉

12 제자들이 감람원이라 하는 산으로부터 예루살렘에 돌아오니 이 산은 예루살렘에서 가까워 안식일에 가기 알맞은 길이라
13 들어가 그들이 유하는 다락방으로 올라가니 베드로, 요한, 야고보, 안드레와 빌립, 도마와 바돌로매, 마태와 및 알패오의 아들 야고보, 셀롯인 시몬, 야고보의 아들 유다가 다 거기있어

14 여자들과 예수의 어머니 마리아와 예수의 아우들과 더불어 마음을 같이하여 오로지 기도에 힘쓰더라

15 모인 무리의 수가 약 백이십 명이나 되더라 그 때에 베드로가 그 형제들 가운데 일어서서 이르되

21 이러하므로 요한의 세례로부터 우리 가운데서 올려져 가신 날까지 주 예수께서 우리 가운데 출입하실 때에

22 항상 우리와 함께 다니던 사람 중에 하나를 세워 우리와 더불어 예수께서 부활하심을 증언할 사람이 되게 하여야 하리라 하거늘

23 그들이 두 사람을 내세우니 하나는 바사바라고도 하고 별명은 유스도라고 하는 요셉이요 하나는 맛디아라

24 그들이 기도하여 이르되 뭇 사람의 마음을 아시는 주여 이 두 사람 중에 누가 주님께 택하신 바 되어

25 봉사와 및 사도의 직무를 대신할 자인지를 보이시옵소서 유다는 이 직무를 버리고 제 곳으로 갔나이다 하고

26 제비 뽑아 맛디아를 얻으니 그가 열한 사도의 수에 들어가니라

예수님께서 감람산에서 승천하시는 모습을 지켜보던 제자들은 예루살렘으로 돌아와서 다락방에 함께 모였다. 아마도 이 다락방은 예수님께서 제자들과 마지막으로 식사를 하시고 또 제자들이 모여 있었던 마가의 다락방이었을 것이다. 이곳에서 제자들은 예수님의 당부대로 땅끝까지 이르러 증인이 될 준비를 했다. 무슨 준비를 했을까?

❶ 사도 맛디아 선출

【•】 26 제비 뽑아 맛디아를 얻으니 그가 열한 사도의 수에 들어가니라

제자들이 첫 번째 한 일은 가룟 유다를 대신할 사도를 선출하여 열두 사도 체제를 갖추는 것이었다. 왜 이 일을 가장 먼저 했을까? 두 측면에서 생각해볼 수 있다.

첫째, 본래 예수님께서 열두 사도를 세우셨는데, 가룟 유다의 배신으로 결원이 되었기 때문에 이를 보충하기 위해서였다. 사도의 수가 열둘인 이유는 이스라엘의 열두 지파를 염두에 두었을 것이다.

둘째, 예수님 사후에 사도들이 예수님께서 하시던 일을 대행했기 때문에 교회에서는 열두 사도의 역할이 그만큼 중요했다. 사도들의 권위는 곧 예수님의 권위와 일반이었다. 이런 이유로 사도를 선출하는 기준을 예수님의 사역 초기부터 내내 예수님과 동행한 사람으로 제한했다. 사도들이 한 일 중 가장 중요한 것은 성경해석과 설교였다. 이들의 설교는 곧 하나님의 말씀으로 받아들여졌다. 누가가 '사도'라는 칭호를 열두 사도에게만 사용하며 특별히 다루는 이유는 사도들이 예수님의 대행자이며 하나님의 말씀을 선포하는 사람들었기 때문이다.[30)]

사도행전에서 사도들의 설교를 하나님의 말씀처럼 다룬다는 사실은 설교의 분량이 사도행전 전체의 1/3에 해당될 만큼 많이 등장하고 있다는 데에서도 찾아볼 수 있다. 설교 횟수로 보면 베드로와 바울이 각각 9회, 스데반 1회, 야고보 1회이다.[31)]

❷ 끝까지 남은 자

【•】 14 여자들과 예수의 어머니 마리아와 예수의 아우들과 … 15 모인 무리의 수가 약 백이십 명이나 되더라 …

예수님께서 사역을 하실 때 주변에 얼마나 많은 사람들이 모였을까? 정확한 숫자를 가늠하기가 쉽지 않지만 추정할만한 단서는 남아있다. 예수님께서 군중을 피하여 광야로 가셨을 때 따라와서 오병이어의 기적을 경험한 사람들이 남자만 오천여 명이었고, 갈릴리 사역을 마치고 예루살렘을 향하여 올라가실 때 예수님 주변에 수만여 명이 모여들어 서로 밟힐 지경이였다.(눅12:1) 그렇다면 예수님께서 갈릴리 가버나움에 상주하시면서 갈릴리 바닷가에서 가르치실

30) 예외로 바나바와 바울에게 일시적으로 적용했다.(행14:2, 14)

31) 베드로의 설교(1:16~22, 2:14~39, 3:12~26, 4:9~12, 19~20, 5:29~32, 10:34~43, 11:5~17, 15:7~11), 바울의 설교(13:16~41, 14:15~17, 17:22~31, 20:18~35, 22:1~21, 24:10~21, 26:2~27, 27:21~27, 28:17~20), 스데반의 설교(7:2~53) 야고보의 설교(15:13~21) 등이며, 이외에도 가말리엘의 연설(5:35~39) 데메드리오의 연설(24:2~8), 총독 베스도의 연설(25:24~27)이 있다.

때는 최소한 이보다 몇 배 더 많은 사람들이 모였을 것이다. 예수님 당시 이스라엘의 인구는 대략 400만 명으로 추정되는데, 두로와 시돈, 요단강 저편 등, 주변 나라들에서도 수많은 사람들이 몰려와서(막3:8) 예수님께서는 식사하실 겨를도 없으셨다.(막3:20)

그런데 예수님께서 부활 승천하실 때 예수님 주변에 남아있던 사람들은 놀랍게도 120여 명에 불과했다. 이를 어떻게 이해해야 할까? 이해가 쉽지 않다. 그런데 더 놀라운 것은 하나님께서는 사람의 많은 숫자에 연연하지 않으시고, 끝까지 남은 사람을 통해서 일하신다는 점이다.(사10:20~22) 하나님께서는 똑같이 기회를 주시며 모두가 남은 자가 되기를 바라시며 지켜보신다. 그러나 대부분은 오랜 기다림과 무미건조함을 견디지 못하고, 또는 자기의 기대와 다르다는 이유로 실망하고 떠나가 버리고 만다. 끝까지 남은 사람을 가리켜 성경에서는 하나님께 선택되고 예정된 자라고 한다.

어떤 사람들이 끝까지 남을까? 무슨 초자연적인 기적과 신비경험을 한 사람들이 끝까지 남을 것 같지만 의외로 쉽게 떠나간다. 하나님의 말씀인 성경에서 하나님과 계약법을 가장 큰 진리로 만나고 이를 묵상하며 그 의미를 날마다 새롭게 발견하는 사람들이 하나님을 끝까지 신뢰하고 남은 자가 된다. 이들이 끝까지 남은 자가 되는 이유는 계약법의 말씀이 반드시 실현되리라는 확신 때문이다.

남은 자 중에는 여인들도 있었고 예수님의 어머니 마리아와 형제들도 있었는데[32], 이들은 예수님의 부활을 경험한 후에야 제자들이 되었다. 예수님께서는 이렇게 끝까지 남은 사람 120여 명을 데리고 새로운 계약공동체를 결성하셨는데, 이 120명은 결코 작은 숫자가 아니었다. 앞으로 보겠지만 이들을 통하여 세상이 변화되는 역사가 시작되었다. 하나님께서는 이들의 무엇을 통해서 어떻게 세상을 변화시키며 구원하셨을까?

32) 예수님의 형제들은 야고보, 요셉, 유다, 시몬이었다.(막6:3)

❸ 기도

【•】 14 … 오로지 기도에 힘쓰더라

기도를 가리켜 흔히 '영혼의 호흡' 또는 '하나님과의 대화'라고 한다. 맞는 말이다. 그러나 기도에는 그보다 훨씬 더 중요한 기능이 있다. 무엇일까? 하나님께서 세상을 이끌어 가시는 방법이다. 하나님께서는 계약공동체의 기도를 들으시고 그 기도를 통하여 세상 모든 역사를 주관하신다. 계약공동체는 하나님의 대행 기관이다. 하나님께서 계약공동체와 상관없이 혼자 일방적으로 또는 무슨 섭리와 계획대로 일하시지 않으시며, 계약공동체의 기도를 통해서 일하신다. 120여 명의 사람들이 기도에 힘쓸 때 오순절에 성령이 임하여 방언을 했으며(행2:1~4), 사도들의 가르침을 받고 기도할 때 사도들을 통하여 많은 표적이 일어나고 서로 재산을 공유하고 구원받는 사람들이 날마다 늘어났으며(행2:42~47), 베드로와 요한은 기도시간에 40년 된 앉은뱅이를 일으켰다.(행3:1~10) 이와 같은 기도와 응답의 이야기는 사도행전에서 계속 이어지며, 구약에서도 그 예를 얼마든지 찾아볼 수 있다.

누가가 복음서나 사도행전에서 유독 기도를 많이 강조하는 이유는 여기에 있다. 세상의 역사는 하나님의 일방적인 섭리와 계획에 따라 결정되지 않는다. 그런 결정론에는 인간이 비집고 들어갈 틈이 없으며, 결정론 그 자체가 모순이다. 점쟁이들은 무슨 운명, 숙명, 팔자 등을 들먹이며 점을 치는데, 이는 결정론이 빚어내는 모순과 거짓의 한 단면들에 불과하다.

계약공동체의 기도가 응답되기 위해서는 중요한 전제조건이 있다. 계약법을 제대로 알고 바르게 기도해야 한다. 하나님께서는 개인이나 계약공동체의 아무런 기도에나 다 응답하시는 게 아니다. 응답하실만한 기도에 응답하신다. 그렇다면 어떻게 기도를 해야 할까?

❹ 한 마음, 한 뜻

【•】 14 … 더불어 마음을 같이하여

하나님께서 응답하실만한 기도의 우선적인 조건은 계약법에 대한 전체적인 바른 이해와 직결되어 있지만 이를 열거하려면 많은 지면이 필요하므로 여기서 다루기는 어렵다. 단지 본문을 근거로 그 외형적인 형식을 한 마디로 지적하자면 “더불어 마음을 같이하여”라고 말할 수 있다. 계약공동체는 무엇보다도 한 마음과 한 뜻이 되어야 한다. 왜 한 마음과 한 뜻이 꼭 필요하며 또 어떻게 그것이 가능할까? 하나님께서 응답하실만한 기도의 가장 큰 걸림돌은 공동체의 내적인 분열이다. 계약법에 대한 가치를 바르게 이해하면 이를 실현하는 것이 모두에게 유익이 되며, 또 그 실현은 한 마음과 한 뜻이 될 때만 가능해진다는 것을 알게 되며, 또 여기에 하나님께서 함께 하셔서 도우시기 때문에 가능해진다.

120여 명의 사람들이 더불어 마음을 같이하여 오로지 기도에 힘쓰고 있었다. 그 결과 무슨 일이 어떻게 일어났는지를 살펴보면 좀 더 이해가 쉬울 것이다.

물음 06 하나님의 방법, 어떤 것일까?

본문 〈 2:1~13 〉

1 오순절 날이 이미 이르매 그들이 다같이 한 곳에 모였더니
2 홀연히 하늘로부터 급하고 강한 바람 같은 소리가 있어 그들이 앉은 온 집에 가득하며
3 마치 불의 혀처럼 갈라지는 것들이 그들에게 보여 각 사람 위에 하나씩 임하여 있더니
4 그들이 다 성령의 충만함을 받고 성령이 말하게 하심을 따라 다른 언

어들로 말하기를 시작하니라
5 그 때에 경건한 유대인들이 천하 각국으로부터 와서 예루살렘에 머물
러 있더니
6 이 소리가 나매 큰 무리가 모여 각각 자기의 방언으로 제자들이 말하
는 것을 듣고 소동하여
7 다 놀라 신기하게 여겨 이르되 보라 이 말하는 사람들이 다 갈릴리 사
람이 아니냐
8 우리가 우리 각 사람이 난 곳 방언으로 듣게 되는 것이 어찌 됨이냐
9 우리는 바대인과 메대인과 엘람인과 또 메소보다미아, 유대와 갑바도기
아, 본도와 아시아,
10 브루기아와 밤빌리아, 애굽과 및 구레네에 가까운 리비야 여러 지방
에 사는 사람들과 로마로부터 온 나그네 곧 유대인과 유대교에 들어온
사람들과
11 그레데인과 아라비아인들이라 우리가 다 우리의 각 언어로 하나님의
큰 일을 말함을 듣는도다 하고
12 다 놀라며 당황하여 서로 이르되 이 어찌 된 일이냐 하며
13 또 어떤 이들은 조롱하여 이르되 그들이 새 술에 취하였다 하더라

하나님께서는 하나님의 방식대로 당신의 뜻을 실현하신다. 성경에서 반드시 배워야 할 두 지침은 하나님의 뜻과 그 뜻을 실현하시는 하나님의 방법이다. 하나님의 뜻은 계약법(율법)에 드러나 있는데 세상 모든 사람들이 물질과 정신에서, 현세와 내세에서 행복하게 사는 것이다. 이를 가리켜 구원이라고 한다. 계약공동체와 계약을 맺으신 하나님께서는 공동체로 하여금 그 계약법을 실천할 수 있도록 다양한 방법으로 도우시는데, 많은 경우 초자연적인 방법을 동원하신다. 성경의 초자연적인 사건들은 하나같이 계약체결, 갱신 등과 관련이 있는 이유는 여기에 있다. 따라서 성경의 초자연적인 사건을 이해하려면 먼저 계약법에 대하여 알아야 한다. 본문에는 계약공동체로 하여금 계약을 실현하게 하시는 하나님의 방법이 잘 드러나 있다.

본문에서 이를 순서대로 살펴보면 다음과 같다.

❶ 오순절

【•】 1 오순절 날이 이미 이르매 …

오순절은 유월절 후 50일째 되는 날에 지켜서 오순절이라고 불렸다.(레23:15,16)[33] 포로기 이전에는 첫 열매를 성전에 바치는 의식이 거행되었으나 성전이 파괴된 이후부터는 하나님과 계약을 맺은 절기로 지키며 하나님과 시내산에서 계약을 맺은 내용이 기록된 출애굽기 19장을 읽는 전통이 생겨났다.

하나님께서 세상을 구원하시는 방법은 계약인데, 하나님과 계약을 맺은 이스라엘이 그 계약을 위반하여 계약이 파기되고 말았다. 이제 더 이상 계약을 통하여 인간을 구원할 길이 사라지자 마지막 방법으로 하나님께서 인간으로 오셔서 계약을 지키지 못한 죄를 대신 짊어지고 죽으심으로 새로운 계약체결의 길이 열렸다. 예수님의 십자가는 새로운 계약을 체결하기 위한 죽으심이었다.

120여 명은 새계약공동체 구성원이었으며, 이들에게 성령이 임하심으로 공식적으로 새계약공동체인 교회가 시작되었다. 그런데 그날이 옛계약을 체결했던 것을 기념하는 절기로 지키던 오순절이었다. 이는 결코 우연이 아니며 하나님의 섭리이자 계획이었다.

❷ 기도와 응답

【•】 1 … 그들이 다같이 한 곳에 모였더니

120여 명의 사람들이 오로지 기도에 전념했는데, 이는 예루살렘의 유대인들이 하루 세 번 성전에서 기도하던 시간을 철저히 지켰다는 뜻이다. 그들은 아침 기도시간인 9시에 성전에 모여 기도하고 있었다. 이들이 기도할 때 무슨 일이 일어났을까? 하나님께서는 계약공동체의 기도에 응답하시는 방식으로 일하신다. 무슨 응답을 어떻게 하셨을까?

---

33) 오순절은 첫 열매를 드리는 날(출 34:22)인 까닭에 초실절(민8:26, 출23:16), 또는, 칠칠절(출34:22, 신16:10)이라고도 했다.

❸ 성령강림

【•】 2 홀연히 하늘로부터 급하고 강한 바람 같은 소리가 있어 그들이 앉은 온 집에 가득하며 3 마치 불의 혀처럼 갈라지는 것들이 그들에게 보여 각 사람 위에 하나씩 임하여 있더니 4 그들이 다 성령의 충만함을 받고

한 곳에 모여 기도하던 이들에게 성령이 임했다. 그렇다면 이들이 모여서 성령이 임하기를 기도했을까? 그랬을 가능성이 있다. 예수님께서 생전에 또 부활하신 후에 누차 성령을 보내시리라고 약속하셨기 때문이다.[34] 그러나 성령이 언제 어떻게 임하리라는 것까지 상세하게 알고 기도하지는 않았을 것이다. 기도할 때에는 실천할 수 있는 것을 행하며 오직 하나님의 뜻만이 실현되기를 간곡히 구하는 자세가 가장 중요하다. 그러면 하나님께서는 우리의 중심을 보시고 가장 좋은 길로 인도해 주신다. 성령의 임재는 계약공동체에 하나님께서 함께하신다는 뜻인데, 그들이 기도하고 있을 때 하나님께서 성령으로 임하셨다. 공동체에 임하신 성령은 무슨 일을 하셨을까?

❹ 방언

【•】 4 그들이 다 성령의 충만함을 받고 성령이 말하게 하심을 따라 다른 언어들로 말하기를 시작하니라 5 그 때에 경건한 유대인들이 천하 각국으로부터 와서 예루살렘에 머물러 있더니 6 이 소리가 나매 큰 무리가 모여 각각 자기의 방언으로 제자들이 말하는 것을 듣고 소동하여 7 다 놀라 신기하게 여겨 이르되 보라 이 말하는 사람들이 다 갈릴리 사람이 아니냐 8 우리가 우리 각 사람이 난 곳 방언으로 듣게 되는 것이 어찌 됨이냐

우리의 형편과 사정을 잘 아시는 하나님께서는 이상적인 계약법의 실현이 현실적으로 가능하도록 도우시며 또 필요한 경우 초자연적인 방법을 동원하신다. 하나님께서 사용하시는 초자연적인 방법은 다양한데, 공동체가 당면한 현실적인 문제와 직결된다. 120여 명의 사람들 각자 위에 성령이 불의 혀와 같은 모양으로 임하면서

34) 요14:16, 16:7, 눅 24:49, 행 1:8 등.

그들 모두가 방언, 즉 다양한 외국어를 말하기 시작했다.

당시 유대인들은 본토보다 해외에 더 많이 살고 있었는데, 평생 한 번은 예루살렘의 유월절 행사에 참여하도록 독려했었다. 유대감과 일체감을 형성하기 위한 현실적인 이유 때문이었을 것이다. 유월절에 참여한 사람들 중에는 교포유대인(Diaspora)이 대다수였으며, 이들 중 대부분은 삼대 절기인 오순절까지 머물렀다. 이들은 조상때부터 해외에 흩어져 산 사람들이기 때문에 본토 유대인들이 사용하는 히브리어(아람어)가 서툴렀다.

120여 명의 교인들이 오순절을 맞아 기도시간에 성전에 모여 기도하고 있었는데, 갑자기 하늘로부터 강한 바람 소리가 나더니 한곳에 모여 있던 그들이 외국어를 알아듣고 말할 수 있게 되었다. 그들은 하나같이 갈릴리 사람들이며 먼 지역의 외국어는 물론이고 공용어인 헬라어도 제대로 구사하지 못하는 사람들이었다. 그런데 120명의 사람들은 교포들을 만나자 그들의 언어로 소통할 수 있었다. 한 사람이 한 언어만 구사하는게 아니라 로마제국 각지에서 온 다양한 사람들을 만날 때마다 동시에 그들의 언어로 대화를 하게 되었다.

이를 지켜본 사람들이 어떤 반응을 보였을지 능히 짐작이 되고도 남는다. 아마도 놀라도 크게 놀라지 않을 수 없었으리라. 하나님께서는 초기 교인들에게 왜 이런 방언의 능력을 주셨을까? 현실적인 이유와 필요성 때문이다.

유월절에는 250여 만 명의 사람들이 모였는데, 이들 중 대다수는 교포들이었고 오순절까지 머물러 있었다. 사도행전 2장에는 베드로의 설교만 기록되어 있는데, 베드로 혼자 그 많은 사람들에게 설교했다는 것은 전혀 현실에 맞지 않는다. 120여 명의 사람들이 만나는 사람들에게 베드로가 설교한 내용과 비슷하게 말을 하고 다녔다. 성령이 임한 시간이 오전 9시였는데 오후까지 내내 성전을 중심으로 예루살렘 거리에서 이런 현상이 이어지자 이들의 설교를 듣고 감동받은 사람들이 성전으로 모여들었다. 이들에게 베드로가 대표자로 나서서 다시 설교하며 결단을 촉구했다. 각지에서 모인 다양한 언어를 구사하는 사람들에게 베드로는 무슨 언어로 말을 했을까? 베드로는 아람어로 설교를 했지만 불의 혀 모양으로 임한 성령께서 동시통역을 해 주셔서 각자가 자기들의 언어로 알아들을 수가 있었다.

유대인들의 랍비전승에 의하면 시내산에서 계약을 맺을 때 세계 71개 나라의 언어로 계약법(율법)이 선포되었다고 한다. 그런데 오순절에 새로운 계약법이 처음으로 선포될 때 로마 각지의 수십 개 언어로 선포되었다. 사람으로서는 어느 누구도 이런 방법을 생각해내지도 못하며 할 수도 없다. 누가 감히 오순절에 다양한 외국어를 말하는 방법을 생각할 수 있을까? 하나님께서는 이와 같이 하나님의 방식으로 인도하시는데, 이는 계약공동체가 당면한 현실에 가장 적절한 방법이었다. 지금도 계약공동체가 계약법을 올바로 이해하고 그 법을 따르려고 하면 하나님께서는 이와 같은 방법으로 인도해 주신다.

오순절의 방언 사건으로 말미암아 어떤 결과가 있었을까?

물음 07 베드로, 무슨 설교를 했을까?

본문 〈 2:14~36 〉

14 베드로가 열한 사도와 함께 서서 소리를 높여 이르되 유대인들과 예루살렘에 사는 모든 사람들아 이 일을 너희로 알게 할 것이니 내 말에 귀를 기울이라

15 때가 제 삼 시니 너희 생각과 같이 이 사람들이 취한 것이 아니라

16 이는 곧 선지자 요엘을 통하여 말씀하신 것이니 일렀으되
17 하나님이 말씀하시기를 말세에 내가 내 영을 모든 육체에 부어 주리니 너희의 자녀들은 예언할 것이요 너희의 젊은이들은 환상을 보고 너희의 늙은이들은 꿈을 꾸리라
18 그 때에 내가 내 영을 내 남종과 여종들에게 부어 주리니 그들이 예언할 것이요
19 또 내가 위로 하늘에서는 기사를 아래로 땅에서는 징조를 베풀리니 곧 피와 불과 연기로다
20 주의 크고 영화로운 날이 이르기 전에 해가 변하여 어두워지고 달이 변하여 피가 되리라
21 누구든지 주의 이름을 부르는 자는 구원을 받으리라 하였느니라
22 이스라엘 사람들아 이 말을 들으라 너희도 아는 바와 같이 하나님께
서 나사렛 예수로 큰 권능과 기사와 표적을 너희 가운데서 베푸사 너
희 앞에서 그를 증언하셨느니라 23 그가 하나님께서 정하신 뜻과 미리
아신 대로 내준 바 되었거늘 너희가 법 없는 자들의 손을 빌려 못 박
아 죽였으나 24 하나님께서 그를 사망의 고통에서 풀어 살리셨으니 이
는 그가 사망에 매여 있을 수 없었음이라
25 다윗이 그를 가리켜 이르되 내가 항상 내 앞에 계신 주를 뵈었음이
여 나로 요동하지 않게 하기 위하여 그가 내 우편에 계시도다 26 그러
므로 내 마음이 기뻐하였고 내 혀도 즐거워하였으며 육체도 희망에 거
하리니 27 이는 내 영혼을 음부에 버리지 아니하시며 주의 거룩한 자
로 썩음을 당하지 않게 하실 것임이로다 28 주께서 생명의 길을 내게
보이셨으니 주 앞에서 내게 기쁨이 충만하게 하시리로다 하였으므로
29 형제들아 내가 조상 다윗에 대하여 담대히 말할 수 있노니 다윗이
죽어 장사되어 그 묘가 오늘까지 우리 중에 있도다
30 그는 선지자라 하나님이 이미 맹세하사 그 자손 중에서 한 사람을 그
위에 앉게 하리라 하심을 알고 31 미리 본 고로 그리스도의 부활을 말
하되 그가 음부에 버림이 되지 않고 그의 육신이 썩음을 당하지 아니
하시리라 하더니 32 이 예수를 하나님이 살리신지라 우리가 다 이 일
에 증인이로다
33 하나님이 오른손으로 예수를 높이시매 그가 약속하신 성령을 아버지께 받아서 너희가 보고 듣는 이것을 부어 주셨느니라
34 다윗은 하늘에 올라가지 못하였으나 친히 말하여 이르되 주께서 내
주에게 말씀하시기를 35 내가 네 원수로 네 발등상이 되게 하기까지
너는 내 우편에 앉아 있으라 하셨도다 하였으니
36 그런즉 이스라엘 온 집은 확실히 알지니 너희가 십자가에 못 박은 이 예수를 하나님이 주와 그리스도가 되게 하셨느니라 하니라

오순절 오후가 되자 120여 명의 사람들이 말하는 것을 들은 사람들 중에서 감동받은 사람들이 성전으로 모여들었다. 사도들은 이들에게 무슨 말을 했을까?

❶ 최초의 설교

【•】 14 베드로가 열한 사도와 함께 서서 소리를 높여 이르되 유대인들과 예루살렘에 사는 모든 사람들아 이 일을 너희로 알게 할 것이니 내 말에 귀를 기울이라

본문의 '열한 사도와 함께 서서'는 무엇을 말하는 것일까? 그들이 베드로 옆에 그냥 서 있었다는 뜻일까? 성전 경내에 모인 수많은 사람들에게 베드로가 아무리 크게 외쳐도 다 들을 수가 없다. 베드로를 중심으로 하여 열한 사도가 여기저기 서서 같이 설교했다는 뜻이다. 아마도 가운데서 베드로가 설교하고 좀 떨어진 곳에서 다른 사도들이 그 말을 받아 다시 전했을 수도 있다. 포로귀환 후 에스라도 이런 방식으로 설교했었다.(느8장)

교회 최초의 설교인 베드로의 설교, 대단히 중요한 비중을 차지할 수 밖에 없다. 무슨 내용이었을까?

❷ 구약성경 인용

【•】 16 이는 곧 선지자 요엘을 통하여 말씀하신 것이니 일렀으되 17 하나님이 말씀하시기를 말세에 내가 내 영을 모든 육체에 부어 주리니 너희의 자녀들은 예언할 것이요 너희의 젊은이들은 환상을 보고 너희의 늙은이들은 꿈을 꾸리라 … 21 누구든지 주의 이름을 부르는 자는 구원을 받으리라 하였느니라

베드로는 설교를 시작하면서 먼저 요엘서(2:28~32)를 인용했다. 그 이유는 방언 사건을 설명하기에 적절한 구절이었기 때문이다. 이어서 다윗의 시편 등 구약성경의 여러 곳을 인용하면서 구약의 율법서와 예언서, 시편에 예언된 말씀들이 지금 실현되고 있다고 설교했다. 복음서를 비롯한 사도행전에는 구약에 예언된 말씀들이 성취되었다고 말하는 구절들이 많이 있다. 그런데 이런 말씀들을 예언-성취의 도식으로 단순하게 이해하면 큰 오류에 빠진다.

그 이유는 예언-성취의 도식은 역사 결정론이라는 모순에 빠지기 때문이다. 흔히 인류의 역사는 하나님의 계획대로 된다고 말한다. 그러나 이는 모순이다. 아담이 선악과를 따 먹은 것도, 가룟 유다가 예수님을 배반한 것도 하나님의 계획이 되기 때문이다. 마귀는 역사 결정론에 기초하여 점성술 등으로 앞으로 일어날 일들을 점치며 미혹한다. 운명론, 팔자론 등은 다 결정론의 아류들이다. 자칫 예정론, 하나님의 선택 등도 결정론으로 해석할 수 있다. 그러나 성경은 결정론을 전적으로 배제한다. 개인의 미래와 역사의 종말시기 등은 결정되어 있지 않다. 계약공동체가 어떻게 하느냐에 따라 종말의 시기와 양상은 정해진다. 이는 마치 개인의 임종이 정해지지 않은 이치와 같다. 건강과 생활의 관리 여부에 따라 수명이 달라지기 때문이다.

예언-성취 = 새로운 해석

그렇다면 성경에 명시되어있는 예언-성취를 어떻게 이해해야 하는가? 새로운 해석으로 이해해야 한다. 본래 율법서나 예언서, 시편의 말씀들은 미래에 일어날 사건을 염두에 둔 말씀이 아니라 선포되던 당시의 상황에 주어진 말씀이다. 그런데 후일 그 말씀을 해석할 때는 과거에 선포되던 당시와 더불어 그 말씀이 가지는 해석 당시의 의미를 먼저 충분히 이해하고 말해야 한다. 성경을 해석할 때는 사건 당시와 기록 당시 그리고 해석 당시의 의미를 동시에 염두에 두어야 한다. 이해를 돕기 위하여 실례를 몇 가지 들어보고자 한다.

> 이 모든 일이 된 것은 주께서 선지자로 하신 말씀을 이루려 하심이니 이르시되 보라 처녀가 잉태하여 아들을 낳을 것이요 그의 이름은 임마누엘이라 하리라 하셨으니 이를 번역한즉 하나님이 우리와 함께 계시다 함이라(마1:22~23)

우리가 잘 알고 있는 이 말씀은 예수님께서 예언의 말씀대로 동정녀 마리아에게서 태어나셨다는 말씀이다. 그런데 원문인 이사야서(7:14)를 보면 전혀 다른 뜻으로 쓰이고 있다. BC 733년 아람이 유다를 침략하자 유다왕 아하스는 두려움에 떨며 어쩔 줄을 몰랐다. 이에 하나님께서는 이사야를 보내서 두려워하지 말라며 위로와 격려하신 말씀인데, 결혼하지 않고 처녀가 잉태하여 아들을 낳는 것과 같은 기적적인 방법으로 하나님께서 지켜주시리라는 뜻이다. 그런데 마태는 예수님의 동정녀 탄생을 기록하면서 이사야서의 사건 당시의 말씀을 기록 당시의 의미로 다시 해석했다. 하나만 더 다루고자 한다.

> 그가 도살자에게로 가는 양과 같이 끌려갔고 털 깎는 자 앞에 있는 어린 양이 조용함과 같이 그의 입을 열지 아니하였도다 그가 굴욕을 당했을 때 공정한 재판도 받지 못하였으니 누가 그의 세대를 말하리요 그의 생명이 땅에서 빼앗김이로다(행8:32~33)

이사야서(53:7~8)에 기록된 이 말씀은 포로기에 전쟁포로로 끌려가서 큰 고초를 당하면서도 항의의 말 한마디 못하고 있는 이스라엘 백성들의 상황을 말하는 말씀이다. 그런데 예수님의 십자가를 경험한 사도들이 이 말씀을 예수님의 수난으로 다시 해석했다. 성경은 사건 당시와 기록 당시, 해석 당시에 각기 다른 의미를 줄 수 있다. 사도들은 구약의 말씀들을 인용하면서 그 말씀이 오늘 이루어졌다고 독특하게 해석했다. 예언-성취, 선택, 예정 등은 하나님의 절대 주권을 인정하는 표현들이다. 이를 문자대로 해석하면 결정론의 함정에 빠지고 만다.

아직도 납득이 되지 않는다면 이어서 베드로가 인용하여 해석하는 말씀들을 유의 깊게 살펴볼 필요가 있다.

❸ 십자가, 부활 : 예수님께서 메시아이신 증거

> 【•】 22 이스라엘 사람들아 이 말을 들으라 너희도 아는 바와 같이 하나님께서 나사렛 예수로 큰 권능과 기사와 표적을 너희 가운데서 베푸사 너희 앞에서 그를 증언하셨느니라 23 그가 하나님께서 정하신 뜻과 미리 아신 대로 내준 바 되었거늘 너희가 법 없는 자들의 손을 빌려 못 박아 죽였으나 24 하나님께서 그를 사망의 고통에서 풀어 살리셨으니 이는 그가 사망에 매여 있을 수 없었음이라
>
> 25 다윗이 그를 가리켜 이르되 내가 항상 내 앞에 계신 주를 뵈었음이여 나로 요동하지 않게 하기 위하여 그가 내 우편에 계시도다 26 그러므로 내 마음이 기뻐하였고 내 혀도 즐거워하였으며 육체도 희망에 거

하리니 27 이는 내 영혼을 음부에 버리지 아니하시며 주의 거룩한 자
로 썩음을 당하지 않게 하실 것임이로다 28 주께서 생명의 길을 내게
보이셨으니 주 앞에서 내게 기쁨이 충만하게 하시리로다 하였으므로
29 형제들아 내가 조상 다윗에 대하여 담대히 말할 수 있노니 다윗이
죽어 장사되어 그 묘가 오늘까지 우리 중에 있도다

30 그는 선지자라 하나님이 이미 맹세하사 그 자손 중에서 한 사람을 그
위에 앉게 하리라 하심을 알고 31 미리 본 고로 그리스도의 부활을 말
하되 그가 음부에 버림이 되지 않고 그의 육신이 썩음을 당하지 아니
하시리라 하더니 32 이 예수를 하나님이 살리신지라 우리가 다 이 일
에 증인이로다

BC 721년 북왕국 이스라엘이 멸망하면서 시작된 포로기 이후 유대인들은 앗수르, 바벨론, 페르시아, 로마 등의 제국으로부터 수백여 년 동안 식민지배를 받고 있었다. 포로귀환을 경험하면서 유대인들은 여호와 하나님을 역사의 주관자로 다시 만났다. 그 이전에는 여호와 하나님을 애굽의 종살이로부터 해방시키신 하나님, 즉 이스라엘의 하나님이라고 믿고 있었다. 그런데 하나님께서 이스라엘의 하나님이시면서 동시에 세계역사를 주관하신다면 왜 이스라엘은 그토록 오랫동안 식민지배를 받아야 하는가? 그 이유를 명확히 설명하기는 어렵지만 하나님께서는 틀림없이 정해진 때가 되면 이스라엘을 해방시키실 뿐만 아니라 반대로 이스라엘로 하여금 전 세계를 다스리게 하시리라고 생각했으며, 그 일을 성취할 사람을 메시아라고 했다. 메시아는 초자연적인 능력을 행사하여 로마를 제압하고 이스라엘을 해방시키고 전세계를 다스리는 왕중의 왕이 된다고 생각했다. 예수님의 제자들도 예수님을 이런 메시아, 즉 유대인의 메시아로 생각했었다.

유대인들은 수백여 년 동안 이런 메시아를 기다리면서 성경에서 메시아를 예고하는 구절들을 찾아내는 연구를 열심히 했다. 유대인들은 예수님을 지켜보면서 혹시 그가 자신들이 기다리던 유대인의 메시아일 수 있다고 생각하기도 했었다. 그러나 예수님께서 십자가에서 돌아가시는 모습을 지켜보면서 그는 메시아가 아니라고 단정

지었다.(마27:39~42, 막15:29~31) 그 이유는 그들의 메시아 연구에 의하면 고난 당하는 메시아는 있을 수 없기 때문이다. 또 신명기에 의하면 십자가의 죽음은 저주받은 죽음이었다.[35] 다시 말하면 유대인들에게는 예수님의 수난과 십자가의 죽으심은 예수님께서 메시아가 아니라는 명백한 증거였다.

그런데 사도들은 이런 유대인들에게 성경을 다시 해석해 주면서 예수님의 수난과 십자가의 죽으심이 곧 메시아이신 증거라고 정반대로 해석했다. 예수님의 십자가가 저주받은 자의 죽으심이지만 죄가 없으신 예수님은 계약을 지키지 못하여 파기된 죄를 대신 짊어지시고 십자가에서 죽으시고 새로운 계약의 길을 열어놓으셨다고 해석했다. 유대인들과 사도들은 예수님의 수난과 죽으심에 대하여 서로 상반된 해석을 했다. 메시아가 수난의 길을 가리라고 예고된 성경이 이루어졌다는 말씀은 곧 메시아에 대한 새로운 해석이었으며, 동시에 유대인들의 잘못된 메시아 사상에 대한 교정이었다.

베드로는 이어서 예수님께서 메시아이신 증거로 다윗의 시편(16:8~11, 132:11, 16:10)이 메시아의 부활을 예언한 것이며, 예수님에게서 성취되었다고 해석했다. 유대인의 메시아 사상에는 메시아의 죽으심이 없기 때문에 부활도 당연히 없었다. 더구나 사두개인들은 부활 자체를 인정하지 않았다. 바리새인들은 부활을 인정했으나 세상의 종말에 있을 미래적인 사건으로 인정했을 뿐이다. 메시아이신 예수님의 부활도 구약에 예언되어 있었으며, 부활은 곧 메시아의 증거이며, 자신들은 부활의 증인이라고 베드로는 증거했다.

그런데 문제는 예수님의 부활은 제자들만 목격했을뿐 일반 유대인들은 전혀 경험하지 못했다는 점이다. 그런 그들에게 예수님의 부

35) 사람이 만일 죽을 죄를 범하므로 네가 그를 죽여 나무 위에 달거든 그 시체를 나무 위에 밤새도록 두지 말고 그 날에 장사하여 네 하나님 여호와께서 네게 기업으로 주시는 땅을 더럽히지 말라 나무에 달린 자는 하나님께 저주를 받았음이니라(신21:22~23)

활을 목격했다는 증거를 어떻게 확증해야 할까? 베드로는 이어진 설교에서 그 증거를 제시했다. 무엇일까?

❹ 방언, 성령강림 : 부활하신 예수님에 대한 증거

【•】 33 하나님이 오른손으로 예수를 높이시매 그가 약속하신 성령을 아버지께 받아서 너희가 보고 듣는 이것을 부어 주셨느니라

34 다윗은 하늘에 올라가지 못하였으나 친히 말하여 이르되 주께서 내 주에게 말씀하시기를 35 내가 네 원수로 네 발등상이 되게 하기까지 너는 내 우편에 앉아 있으라 하셨도다 하였으니

36 그런즉 이스라엘 온 집은 확실히 알지니 너희가 십자가에 못 박은 이 예수를 하나님이 주와 그리스도가 되게 하셨느니라 하니라

베드로는 예수님의 부활에 대하여 두 증거를 제시했다.

먼저 시편의 재해석이었다. 시편(110:1)에서 다윗은 메시아가 부활하신 후 승천하여 하나님 우편에 앉아계시리라고 예언했는데 이 예언이 예수님에게서 성취되었음을 지적했다. 이런 예언-성취 또한 유대인에게는 메시아에 대한 전혀 새로운 해석이었다. 누가가 복음서와 사도행전에서 예수님의 승천과 하나님 우편에 앉으심을 특별히 강조하는 이유는 그것이 예수님께서 메시아이신 증거이기 때문이다.[36)]

다음으로는 성령의 임재로 말미암은 방언의 증거였다. 외국에 나가본 적도 없고, 외국어는 물론이고 공용어인 헬라어도 제대로 모르는 갈릴리 사람들 120여 명이 로마제국 각지에서 온 사람들과 수십여 개의 언어로 소통하는 것은 전혀 불가능하며, 성령께서 함께하신다는 확실한 증거였다. 그들에게 임한 성령은 하나님 우편에 앉아계시는 예수님께서 보내시는 영이다. 예수님께서 하나님 우편에 앉아

---

36) (눅22:69 새번역) 그러나 이제부터 인자는 전능하신 하나님의 오른쪽에 앉게 될 것이오.
(행2:33 새번역) 하나님께서는 이 예수를 높이 올리셔서, 자기의 오른쪽에 앉히셨습니다.
(행2:35 새번역) … 너는 내 우편에 앉아 있으라 하셨도다 하였으니
(행5:31 새번역) 하나님께서는 이분을 높이시어 자기 오른쪽에 앉히시고…
(행7:55 새번역) … 예수께서 하나님의 오른쪽에 서 계신 것이 보였다.

계신다고 하는 말은 예수님께서 곧 여호와 하나님이시라는 말과 같다. 이런 이유로 "누구든지 여호와의 이름을 부르는 자는 구원을 얻으리니"(욜2:32)를 고쳐서 "누구든지 주의 이름을 부르는 자는 구원을 받으리라"(행2:21)라고 했다.

이어서 베드로는 50일 전에 유대인들이 십자가에 못 박아 죽인 예수님이 바로 메시아였다고 힘주어 말했다. 베드로의 설교를 이렇게 자세히 분석해보면 대단히 논리적이며 일관성이 있음을 알 수 있다. 기독교 역사에서 첫 설교인 베드로의 설교에 대하여 누가는 많은 관심을 가졌으며, 설교 내용을 재현하기 위하여 베드로 자신은 물론 그 설교를 들은 사람들에게 직접 듣는 등 여러 자료를 수집하여 상세하게 기록해 놓았다.

갈릴리의 어부 출신인 베드로는 예루살렘의 유대인들을 향하여 어떻게 이런 설교를 할 수 있었을까? 생전에도 그러했지만 특히 부활하신 이후 예수님께서는 사도들에게 메시아에 대하여 성경을 다시 해석하며 가르쳐 주셨기 때문에 가능했다.(눅24:44~49, 행1:3)

베드로의 이런 논리 정연한 설교와 초자연적인 방언을 직접 경험한 유대인들은 어떤 반응을 보였을까?

물음 08 베드로의 설교, 어떤 결과를 가져왔을까?

본문 〈 2:37~47 〉

37 그들이 이 말을 듣고 마음에 찔려 베드로와 다른 사도들에게 물어 이르되 형제들아 우리가 어찌할꼬 하거늘

38 베드로가 이르되 너희가 회개하여 각각 예수 그리스도의 이름으로 세례를 받고 죄 사함을 받으라 그리하면 성령의 선물을 받으리니

39 이 약속은 너희와 너희 자녀와 모든 먼 데 사람 곧 주 우리 하나님이

얼마든지 부르시는 자들에게 하신 것이라 하고
40 또 여러 말로 확증하며 권하여 이르되 너희가 이 패역한 세대에서 구원을 받으라 하니
41 그 말을 받은 사람들은 세례를 받으매 이 날에 신도의 수가 삼천이나 더하더라
42 그들이 사도의 가르침을 받아 서로 교제하고 떡을 떼며 오로지 기도하기를 힘쓰니라
43 사람마다 두려워하는데 사도들로 말미암아 기사와 표적이 많이 나타나니
44 믿는 사람이 다 함께 있어 모든 물건을 서로 통용하고
45 또 재산과 소유를 팔아 각 사람의 필요를 따라 나눠 주며
46 날마다 마음을 같이하여 성전에 모이기를 힘쓰고 집에서 떡을 떼며 기쁨과 순전한 마음으로 음식을 먹고
47 하나님을 찬미하며 또 온 백성에게 칭송을 받으니 주께서 구원 받는 사람을 날마다 더하게 하시니라

지금 베드로의 설교를 들은 사람들은 50일 전 유월절에 예루살렘에서 활동하신 예수님에 대한 강렬한 인상을 아직 생생하게 기억하고 있었다. 어쩌면 그들 중 대다수는 예수님께서 입성하실 때 호산나를 외쳤으며, 예수님의 성전 설교를 들으면서 예수님이야말로 그들이 기다리던 메시아라고 생각했을 수도 있다. 하지만 예수님께서 강도와 함께 십자가에 못 박혀 돌아가시자 크게 실망했었다. 그런데 이제 오순절을 맞아 예수님의 제자들이 성경을 다시 해석해 주는 말씀을 그들이 살고 있는 지방의 방언으로 들으면서 예수님을 다시 발견할 수 있었다. 그리고 사도들을 향하여 물었다.

❶ 우리가 어찌할꼬?

【•】 37 그들이 이 말을 듣고 마음에 찔려 베드로와 다른 사도들에게 물어 이르되 형제들아 우리가 어찌할꼬 하거늘

그들은 무엇보다도 예수님을 오해하여 예수님을 십자가에 못 박는 일에 동조했거나 또는 방관하고 무관심했던 것이 마음에 크게 찔

려 견딜 수가 없었다. 그래서 사도들을 향하여 부르짖었다. "우리가 어찌해야 합니까?" 베드로는 대답했다.

❷ 세례를 받고 죄 사함을 받으라

【•】 38 베드로가 이르되 너희가 회개하여 각각 예수 그리스도의 이름으로 세례를 받고 죄 사함을 받으라 그리하면 성령의 선물을 받으리니 39 이 약속은 너희와 너희 자녀와 모든 먼 데 사람 곧 주 우리 하나님이 얼마든지 부르시는 자들에게 하신 것이라 하고 40 또 여러 말로 확증하며 권하여 이르되 너희가 이 패역한 세대에서 구원을 받으라 하니

여기서 중요한 것은 죄 사함 받는 방법이다. 오늘 우리는 예수님께서 우리 죄를 대신 짊어지신 대속의 죽으심을 죽으셨기 때문에 예수님께 죄를 고백하면 죄 사함을 받는다고 생각한다. 그러나 성경은 다르게 말하고 있다. 복음서에서 예수님은 어떤 죄 사함을 말씀하셨을까? 누가복음의 주기도문(11:4)을 보면 죄 사함 받는 방법이 명확하게 기록되어 있다.

빚 면제와 죄 사함

우리가 우리에게 죄 지은 모든 사람을 용서하오니 우리 죄도 사하여 주시옵고
καὶ ἄφες ἡμῖν τὰς ἁμαρτίας ἡμῶν, καὶ γὰρ αὐτοὶ ἀφίομεν παντὶ ὀφείλοντι ἡμῖν

누가복음의 주기도문 본문(11:4)에서 우리에게 '죄 지은 사람'은 '빚진 사람'(ὀφείλοντι ἡμῖν)을 말한다. 다시 말하면 "우리에게 빚을 진 사람의 채무를 면제해준 것 같이 우리의 죄를 사하여 주옵시고"라는 뜻이다. 실제로 표준 새번역에서는 "우리의 죄를 용서하여 주십시오. 우리에게 빚진 모든 사람을 우리가 용서합니다."라고 번역되어 있다. 마태복음의 주기도문(6:12) 역시 채무의 면제를 말하고 있다. 왜 예수님께서는 채무의 면제를 통한 죄 사함을 말씀하셨을까? 구약의 계약법에 의하면 안식년과 희년은 채무를 면제해주는 해이며, 누가복음에서는 예수님께서 이 세상에 오신 목적이 희년을 실현하기 위함이라고 했다.(4:18~19) 또 영생을 얻는 방법을

묻는 자들에게 십계명 실천과 재산을 팔아 가난한 자들에게 나누어 주라고 요구하셨다.[37] 왜 십계명일까? 십계명은 옛계약법의 압축이다. 따라서 구원받는 방법은 계약법 중에서 경제정의와 관련된 안식년과 희년의 실천이다. 이런 이유로 예수님께서는 자신의 재산을 가난한 자들을 위하여 쓰겠다는 삭개오에게 구원을 선언하셨다.(눅 19:9) 그런데 왜 하필 경제정의일까? 인간의 삶에서 경제정의가 가장 중요하며 또 가장 어려운 문제이기 때문이다. 법으로 신분과 정의와 평등이 실현되어도 경제적으로 예속된다면 평등과는 거리가 멀어질 수 밖에 없다. 반대로 경제정의가 실현되면 신분과 법의 평등은 저절로 해결된다. 이런 실례는 인류의 역사에서 얼마든지 찾아볼 수 있다. 구원의 법은 인간의 삶에서 가장 중요한 문제와 관련이 있으며, 또 있어야 한다. 이런 실천을 무시하고 죄 사함의 방법을 말한다면 이는 모순이다.

각각 예수 그리스도의 이름으로 세례를 받고

예수님의 이름으로 세례를 받는 것은 무엇을 말할까? 세례는 새로운 계약공동체원이 되는 의식이다. 예수님께서 그리스도(구세주)인 이유는 예수님의 죽으심으로 말미암아 새로운 계약이 체결되었기 때문이다. "예수 그리스도의 이름으로 구원받는다."는 말은 이제 세례를 받고 새 계약공동체인 교회의 일원이 되어 계약법을 지켜야 한다는 뜻이다. 구약에서나 신약에서 구원받는 방법은 동일한데 그것은 바로 계약법 준수이다. 신약에 와서 예수님이 반드시 필요한 이유는 옛계약이 파기되어 더 이상 구원받을 길이 사라지고 말았는데, 예수님으로 말미암아 새로운 계약이 체결되었기 때문이다. 계약준수와 상관없이 예수님의 십자가 대속을 통해서 구원받는 것이 아니다. 구속사 구원론은 이 부분에서 오류를 빚었다.

---

37) 마19:16~26, 막10:17~27, 눅10:25~28, 18:18~30.

회개하고

베드로가 첫 설교에서 유대인에게 요구한 '회개'는 무엇을 말할까? 예수님을 메시아인줄 모르고, 또는 시기하여 십자가에 못 박아 죽인 죄를 인정하고 돌이키는 것이다. 사도행전에서 사도들이 유대인들에게 회개하라고 요구한 죄는 예수님을 메시아로 인정하지 않는 죄를 말한다. 일반적인 윤리와 도덕적인 죄가 아니었다. 그런 죄들은 계약법은 물론이고 모든 사회법에 다 들어있기 때문에 별도로 언급할 필요도 없다. 예수님을 죽인 죄와 상관없는 사람들은 무엇을 회개해야 하는가?

예수님의 죽으심 이전에 세례를 주었던 요한은 회개의 열매로 양식과 옷을 나누어 주며, 공권력을 남용하여 힘없는 사람들을 착취하지 말라고 요구했다.[38] 이는 전적으로 계약법의 정신과 일치한다. 요한은 유대인들을 향하여 계약법을 지키지 않고 있음을 회개하라고 선포했다. 구약의 포로기 예언자들도 계약법을 지키지 않고 있음을 회개하라고 촉구했다. 그렇다면 유대인이 아닌 이방인은 무엇을 회개해야 하는가?

이방인 신학을 주창한 바울에게서 찾아보아야 한다. 바울은 하나님을 알만한 모든 지식이 자연 만물에 들어있으며,[39] 모든 사람에게 주어진 양심은 곧 유대인들에게 주어진 계약법과 다르지 않다고 했다.[40]

---

38) 대답하여 이르되 옷 두 벌 있는 자는 옷 없는 자에게 나눠 줄 것이요 먹을 것이 있는 자도 그렇게 할 것이니라 하고 세리들도 세례를 받고자 하여 와서 이르되 선생이여 우리는 무엇을 하리이까 하매 이르되 부과된 것 외에는 거두지 말라 하고 군인들도 물어 이르되 우리는 무엇을 하리이까 하매 이르되 사람에게서 강탈하지 말며 거짓으로 고발하지 말고 받는 급료를 족한 줄로 알라 하니라(눅3:11~14)

39) 이는 하나님을 알 만한 것이 그들 속에 보임이라 하나님께서 이를 그들에게 보이셨느니라 창세로부터 그의 보이지 아니하는 것들 곧 그의 영원하신 능력과 신성이 그가 만드신 만물에 분명히 보여 알려졌나니 그러므로 그들이 핑계하지 못할지니라(롬 1:19~20)

40) 무릇 율법 없이 범죄한 자는 또한 율법 없이 망하고 무릇 율법이 있고 범죄한 자는 율법으로 말미암아 심판을 받으리라 하나님 앞에서는 율법을 듣는 자가 의인이 아니요 오직 율법을 행하는 자라야 의롭다 하심을 얻으리니 (율법 없는 이방인이 본성으로 율법의 일을 행할 때에는 이 사람은 율법이 없어도 자기가 자기에게 율법이 되나니 이런 이들은 그 양심이 증거가 되어 그 생각들이 서로 혹은 고발하며 혹은 변명하여 그 마음에

따라서 자연의 법과 양심의 법을 어기고 하나님을 섬기는 대신 우상을 섬기는 죄들을 회개하라고 요구했다. 양심을 어긴 죄는 무엇일까? 다 같이 잘 살려는 생각을 저버리고 자기만 더 잘 살려는 생각이다.

성경에서 말하는 회개는 시대와 대상에 따라 그 죄목이 다르다. 그렇다면 오늘 우리, 특히 교인들은 무엇을 회개해야 하는가? 유대인과 마찬가지로 예수님을 잘못 이해하고 계약법을 지키지 않고 있는 죄를 회개해야 한다. 유대인들은 예수님께서 메시아인 줄 몰랐다면 오늘 우리 교인들은 예수님께서 새로운 계약을 체결하신 구세주라는 사실을 모르고 있다. 유대인들이 옛계약법과는 상관없는 유대교 율법조항을 지키면서 의롭다함 즉, 구원받았다는 확신에 젖어있었던 반면에 오늘 우리 교인들은 새계약법을 지키는 것과는 상관없이 예수님의 대속을 믿는 믿음으로 구원받는다는 착각에 빠져있다. 오늘 우리는 성경도, 하나님도, 예수님도, 구원도 전혀 모르면서 확실하게 안다고 생각하며 구원받았다는 정신 나간 확신에 젖어있다. 예수님께서는 오늘 이렇게 가르치는 자들에게 무어라고 말씀하실까? 틀림없이 이렇게 말씀하시리라.

> 천국문을 가로막고 저도 남도 못들어가게 하는 도다!
> 뱀들아, 독사의 새끼들아, 너희가 어찌 지옥의 판결을 피하겠느냐!

구원을 받으라

베드로는 "너희가 이 패역한 세대에서 구원을 받으라!"는 말씀으로 설교를 마쳤다. '패역한 세대'는 하나님과 계약을 맺었으면서도 계약법을 모르거나 교묘하게 악용하며 유대교 율법조항으로 의롭다함을 받았다고 믿고 있는 유대인들을 말한다. 그런데 이천 년이 지난 오늘 우리야말로 유대인의 오류를 정확하게 재현하는 패역한 세대이다. 베드로는 구원받았다고 확신하는 유대인들에게 새로운 구원과 그 구원에 이르는 방법을 소개하고 있다. 오늘 우리에게도 필

새긴 율법의 행위를 나타내느니라)(롬2:12~15)

요한 것은 구원에 대한 성경 본래의 개념과 그 구원에 이르는 방법을 일러주는 해석이다.

❸ 삼천 명

【•】 41 그 말을 받은 사람들은 세례를 받으매 이 날에 신도의 수가 삼천이나 더하더라

예수님 당시 갈릴리는 죄인들의 땅이었고 갈릴리 사람들은 천시되었다. 예루살렘에는 종교지도자인 사두개인과 장로, 바리새인들이 진을 치고 있었으며, 율법에 정통한 유대인들이 모여 사는 의인과 지식인의 도시였다. 죄 사함의 제사에 익숙해 있던 예루살렘의 정통 유대인들에게 죄 사함을 위한 세례는 낯선 것이었다. 그런데 그런 유대인들이 죄인으로 취급받는 갈릴리 출신 사도들의 설교를 듣고 하루에 삼천여 명이 회개하고 교인이 된다는 것은 상상조차 할 수 없었다. 그런데 하나님께서는 가능하게 하셨다. 하나님께서는 스스로 지혜롭다고 생각하는 자들을 가장 무지한 사람들을 통하여 깨우치신다. 누가복음에는 이런 사실을 다음과 같이 예고하고 있다.

> 또 그의 이름으로 죄 사함을 받게 하는 회개가 예루살렘에서 시작하여 모든 족속에게 전파될 것이 기록되었으니 **너희는** 이 모든 일의 증인이라(눅24:47~48)

본문에서 말하는 '너희'는 갈릴리 출신의 제자들을 말한다. 예수님 당시 유대인들은 죄인과 의인으로 양분되어 있었다. 그런데 예수님께서는 죄인들과 계약을 맺으시고 그들을 통해서 의인들에게 복음을 깨우치게 하셨다. 예수님께서 의인이 아닌 죄인을 구원하러 오셨다는 말씀은 이런 뜻이다.[41)]

---

41) 너희는 가서 내가 긍휼을 원하고 제사를 원치 아니하노라 하신 뜻이 무엇인지 배우라 **나는 의인을 부르러 온 것이 아니요 죄인을 부르러 왔노라** 하시니라(마9:13)
예수께서 들으시고 그들에게 이르시되 건강한 자에게는 의사가 쓸 데 없고 병든 자에게라야 쓸 데 있느니라 **나는 의인을 부르러 온 것이 아니요 죄인을 부르러 왔노라** 하시니라(막2:17)
내가 의인을 부르러 온 것이 아니요 죄인을 불러 회개시키러 왔노라(눅5:32)

오순절, 디아스포라, 방언

오순절은 본래 옛계약공동체인 이스라엘이 탄생한 날이었다. 예수님 당시에는 오순절에 주로 디아스포라 유대인들이 모여 있었는데, 그런데 바로 그날 그들에게 외국어로 말하는 방언의 기적이 일어났고, 새로운 계약공동체가 탄생했다. 이는 결코 우연일 수가 없다. 하나님의 섭리이자 계획이 아니고서는 이렇게 맞아들어갈 수가 없다. 하나님께서는 우리가 알지 못하는 방법으로 이와 같이 자연스럽게 인도해 주신다.

오순절에 탄생한 교회, 어떤 모습을 갖추어 갔을까? 사도행전에 기록된 대로 살펴보면 다음과 같다.

❹ 사도들의 가르침에 따라

【•】 42 그들이 사도의 가르침을 받아 서로 교제하고 떡을 떼며 오로지 기도하기를 힘쓰니라

새계약공동체원이 되기로 작정하고 세례를 받은 사람들에게 사도들이 첫 번째로 한 일은 계약법에 대한 가르침이었다. 유대인들은 평생을 회당과 성전에서 율법을 유대교 방식으로 배운 사람들이다. 그런 그들에게 사도들은 무엇을 가르쳤을까? 그다음의 이야기를 보면 알 수 있다.

서로 교제하고

세례를 받은 교인들은 사도들의 가르침을 따라 서로 '교제'(*κοινωνία*)를 나누었다. 이 교제에는 '참여'와 '나눔'의 의미가 들어있다. 교인들은 서로 마음을 열고 서로 받아들이며 상대방의 형편과 처지를 남의 일로 여기지 않고 자기 일처럼 여기게 되었다. 그들이 당면한 가장 어려운 문제는 무엇이었으며, 어떻게 대처했을까?

떡을 떼며

'떡을 떼며'를 자칫 성만찬 의식을 행한 것으로 여기기 쉽다. 그러나 예수님께서 5천 명에게 기도하신 후 떡을 떼어 주셨을 때와 같이(마

15:36) 서로 일용할 양식(마6:11)을 나누어 먹는 것을 말한다. 당시에는 예배와 식탁 교제가 하나였는데, 끼니를 잇지 못하고 굶주리는 사람들이 대부분이었기 때문이다. 고대에 있어서 양식은 곧 생명이었다. 예배를 드리러 올 때 양식이 있는 사람들은 식사를 준비해와서 예배 후에 같이 나누어 먹었다. 말만의 교제가 아니라 생명과 같은 양식을 같이 나누어 먹는 생명의 교제였다. 중세기에 접어들면서 이런 전통이 성만찬 예식(미사)으로 변질되고 말았으며, 지금도 떡을 떼는 것이 예배의 식에 머물러 있다. 참으로 탄식할 노릇이다.

오로지 기도하기를 힘쓰니라

기도는 계약공동체에 있어서 전부이자 생명과 같아서 기도없는 계약공동체는 있을 수가 없다. 하나님께서는 계약공동체의 기도를 들으시고 그 기도에 응답하시는 방식으로 일하시기 때문이다. 예수님의 승천을 경험한 제자들 120여 명은 모여서 오로지 기도에 힘썼으며(행1:12), 그 기도를 들으시고 하나님께서는 그들에게 불의 혀와 같은 성령을 부어 주셔서 방언을 통해 하루에 삼천여 명이 회개하고 세례를 받을 수 있었다. 새로 계약공동체에 들어온 이들도 사도들의 가르침에 따라 기존의 교인들과 합세하여 오로지 기도에 온 힘을 다하였다. 그런데 이번의 기도에는 어떤 결과가 따랐을까?

❺ 두려움과 표적

【•】 43 사람마다 두려워하는데 사도들로 말미암아 기사와 표적이 많이 나타나니

두려움

왜 두려워했을까? 본문의 두려움(*φόβος*)은 하나님 임재와 현현을 경험할 때 나타나는 강렬한 느낌을 말한다.(눅1:12, 2:9, 마28:4 등) 계약공동체는 사람만의 모임이 아니라 하나님께서 함께하시는 모임이다. 하나님께서는 계약공동체에서 하나님을 공동으로

경험하게 하신다. 구약의 옛계약공동체는 홍해 바다를 건너면서, 광야에서 만나를 먹고 반석의 물을 마시면서, 시내산에서 계약을 체결하며 하나님을 공동으로 경험했다. 왜 하나님을 계약공동체에서 공동으로 경험하게 하실까? 그래야 계약공동체 구성원들의 일체감과 소명의식이 견고해지기 때문이다.

모세와 사무엘, 선지자 등 계약과 관련된 지도자들은 계약공동체를 이끌기 위하여 먼저 개인적으로 하나님 임재를 경험해야 했다. 그러나 가나안에 들어간 후에, 바꾸어 말하면 계약법이 주어진 다음에는 모여서 계약법을 공부하면서 사람의 문자로 쓰여진 성경을 하나님의 말씀으로 경험했다. 구약과 신약에서 계약공동체가 탄생할 때에는 공동으로 하나님 임재를 직접 경험한 것이다. 그러나 새로운 계약법인 신약성경이 주어진 지금은 교회에서 성경을 공부하면서 하나님을 경험해야 한다.

성경이 하나님 말씀으로 경험되기 위해서는 끊임없이 재해석되어야 한다. 사도들은 당시 율법과 예언서, 시편 등에 정통한 유대인들에게 구약을 다시 해석해 주었다. 사도들의 설교는 곧 성경에 대한 새로운 해석이었다. 이런 재해석된 말씀을 사도행전에서는 '하나님의 말씀'이라고 부르고 있다.

사도들의 기사와 표적

복음서에 의하면 예수님께서 사도들을 훈련시키기 위하여 선교를 내보내실 때 그들에게 먼저 기사와 표적 행할 능력을 주신 후 보내셨다.(마10:1, 막3:15, 눅9:1) 그러나 이제 계약공동체가 결성된 후에는 교인들의 기도를 들으시고 사도들에게 기사와 표적을 행하게 하셨다. 이런 사실들은 계약공동체에게 있어서 기도가 어떤 기능을 하는지를 잘 보여주고 있다. 기도를 단순히 개인적인 문제에 대한 응답, 영혼의 호흡, 하나님과의 신비한 대화 등의 기능으로만 볼 일이 아니다. 기도는 계약공동체가 하나님의 역할을 대신하는 구체적인 방법이다. 세상 역사를 주관하시는 하나님께서는 혼자 일방적으로 결정하지 않으시고, 계약공동체의 기도를 들으시고 그에 응답하시는 방식으로 이끌어 가신다.

증거

교회에서 기도할 때 나타났던 두 현상인 두려움과 표적은 어떤 의미를 지니는가? 두려움은 기도한 공동체원들이 공동으로 하나님을 경험한 내적인 증거이다. 반면에 사도들을 통한 기사와 표적은 공동체원들은 물론이고 이를 지켜보는 모든 사람에게도 하나님의 살아계심을 확인시키는 외적인 증거였다. 이런 내적, 외적 증거들은 공동체로 하여금 신앙심을 북돋우고 일체감을 가지게 했으며, 외적인 증거들은 복음이 확산되는 결과를 가져오게 했다. 이어서 다음과 같은 일들이 일어났다고 누가는 기록하고 있다.

❻ 계약법 실천

【•】 44 믿는 사람이 다 함께 있어 모든 물건을 서로 통용하고 45 또 재산과 소유를 팔아 각 사람의 필요를 따라 나눠 주며 46 날마다 마음을 같이하여 성전에 모이기를 힘쓰고 집에서 떡을 떼며 기쁨과 순전한 마음으로 음식을 먹고

내적 · 외적 증거를 경험한 교인들은 일체감이 더 공고해져서 함께 모이는 시간을 즐거워했으며, 필요한 물건을 서로 나누어 쓰기 시작했다. 점차 교제가 더 깊어지자 이제는 서로 재산을 처분하여 필요한 사람들에게 나누어 주기에 이르렀다. 이런 일들을 실천한 동사의 시제는 '미완료 과거'인데, 이는 이런 일들이 한 번으로 끝나지 않고 그 이후 교회에서 계속되었다는 뜻이다. 그런데 사도행전에서는 서로 재산을 공유하는 이야기가 두 번(2:44~47, 4:34~35)밖에 나오지 않는다. 왜 그럴까? 그 이후 교회에서는 재산을 공유하는 삶이 일상화되어 기록할 필요가 없었기 때문이다. 침묵의 증언인 셈이다. 이런 사실은 교회사에

서 확인되는데, 박해시대를 보내면서 생명과 재산을 포기하지 않으면 교인이 될 수가 없었다. 박해가 종식되는 밀란칙령(AD 313년)까지 이런 삶은 지속되었고, 그 이후에는 모든 재산을 팔아 가난한 자들에게 나누어주는 수도원 운동이 요원의 불길처럼 번져나갔다. 사도행전에서 교인들이 재산을 공유한 삶은 결코 일회적인 사건이 아니라 그 이후도 계속된 사건이었다.

이런 재산공유는 무엇을 말하는가? 계약법의 실천이었다. 옛계약법의 핵심은 안식년과 희년인데, 이는 경제정의를 위한 법이다. 왜 경제정의 실현이 성경의 핵심일까? 경제정의가 인간에게 있어서 가장 중요하고 또 어려운 과제이기 때문이다. 한 나라에서도 빈부의 격차는 해결하기가 가장 어렵고, 또 국가간의 빈부 차이는 더더욱 해결하기 어렵다. 이 문제는 계약법에 기초한 신앙의 차원에서만 해결을 기대할 수 있다. 계약법에 의하면 희년의 실천이 곧 구원받는 방법이다. 누가복음에 의하면 예수님께서는 희년을 성취하러 오셨으며(눅4:18~19), 죄를 용서받는 방법이 곧 채무의 면제이다.(눅11:4) 영생의 길을 묻는 자들에게 예수님께서는 계약법 실천(십계명)을 요구하셨고(눅10:27, 18:20), 이를 실천하는 삭개오에게 구원을 선언하셨다.(눅19:9) 이런 교육을 받은 사도들은 사도행전에서 교인들에게 이를 실천으로 옮기도록 가르쳤다.

안디옥 출신 이방인 누가가 누가-행전에서 희년 실천을 이처럼 중요하게 다루는 이유는 그가 안디옥교회에서 교인들이 이런 삶을 사는 것을 보고 큰 감동과 충격을 받았기 때문이었을 것이다. 누가가 교인이 되고 또 복음을 위하여 헌신한 이유는 교인들의 이런 삶 때문이었다고 보인다. 그 근거는 그가 남긴 복음서와 사도행전에서 경제정의를 가장 중요하게 다루고 있다는 사실에서 찾아볼 수 있다.

⓫ 구원받는 사람들

【•】 47 하나님을 찬미하며 또 온 백성에게 칭송을 받으니 주께서 구원받는 사람을 날마다 더하게 하시니라

누가는 자기 재산을 포기하고 가난한 자와 공유하는 사람들을 가리켜 구원받는 사람들이라고 말하고 있다. 왜 그럴까? 천국에서는 빈부의 격차와 신분의 차별 등이 없다면 그 나라에는 어떤 사람들이 들어갈 수 있을까? 행위는 상관없이 예수님의 대속을 믿는 믿음만 가지면 될까? 이는 모순이다. 이 세상에서 그런 삶을 살며 이 세상을 그런 나라로 만들려고 애쓰고 힘쓴 사람들이 영원한 천국에 들어간다고 말해야 이치에 맞다. 계약법에서 말하는 구원은 이런 구원이다. 성경에서 말하는 구원의 방법은 계약법 실천이다. 예수님의 죽으심은 새로운 계약의 길을 열기 위한 죽으심이었고, 오늘 우리는 새로운 계약법을 지킴으로 구원을 받을 수 있다. 이런 사실은 성경뿐만 아니라 실제 역사에서도 발견할 수 있다.

역사적인 기적

생명과 재산을 내놓아야만 교회에 나갈 수 있다면 그런 교회를 누가 나가려고 할까? 그런데 실제는 그 반대였다. 본문에 의하면 예루살렘에서도 교회에 나오는 사람들이 날로 늘어났으며, 박해시대에는 로마제국 인구의 10% 이상이 교인이 되었다. 이어서 박해받던 교회는 로마제국의 국교가 되었다. 이로인해 세계역사가 뒤바뀌고 말았다. 초자연적인 기적보다 더 큰 기적은 역사적인 기적이다. 성경의 하나님께서 참 하나님이시라면, 기독교 신앙이 진정한 진리라면 그 증거를 어디서 찾아야 할까? 여러 방법이 있겠지만 역사에서 그 표적을 찾아야 한다. 이보다 더 확실한 증거는 있을 수 없다.

자기 재산을 아끼지 아니하고 서로 나누어 쓰는 교회에는 또 어떤 사건들이 이어졌을까?

물음 09
성전 미문에서 무슨 일이 일어났을까?

본문 〈 3:1~11 〉

1 제 구 시 기도 시간에 베드로와 요한이 성전에 올라갈새
2 나면서 못 걷게 된 이를 사람들이 메고 오니 이는 성전에 들어가는 사
람들에게 구걸하기 위하여 날마다 미문이라는 성전 문에 두는 자라
3 그가 베드로와 요한이 성전에 들어가려 함을 보고 구걸하거늘
4 베드로가 요한과 더불어 주목하여 이르되 우리를 보라 하니
5 그가 그들에게서 무엇을 얻을까 하여 바라보거늘
6 베드로가 이르되 은과 금은 내게 없거니와 내게 있는 이것을 네게 주
노니 나사렛 예수 그리스도의 이름으로 일어나 걸으라 하고
7 오른손을 잡아 일으키니 발과 발목이 곧 힘을 얻고
8 뛰어 서서 걸으며 그들과 함께 성전으로 들어가면서 걷기도 하고 뛰기
도 하며 하나님을 찬송하니
9 모든 백성이 그 걷는 것과 하나님을 찬송함을 보고
10 그가 본래 성전 미문에 앉아 구걸하던 사람인 줄 알고 그에게 일어난
일로 인하여 심히 놀랍게 여기며 놀라니라
11 나은 사람이 베드로와 요한을 붙잡으니 모든 백성이 크게 놀라며 달
려 나아가 솔로몬의 행각이라 불리우는 행각에 모이거늘

하나님께서는 어떤 방법으로 계약공동체를 이끌어 가실까? 이에 대한 올바른 이해는 오늘 우리가 신앙생활을 하는 데에서도 대단히 중요하다. 하나님께서 우리를 이끄시는 방법을 알아야 오늘 우리가 당면하는 문제들에 바르게 대처하기 때문이다. 사도행전의 진행 과정을 중심으로 이에 대하여 그 특징을 살펴보고자 한다.

❶ 비명시(非明示)

【●】 1 제 구 시 기도 시간에 베드로와 요한이 성전에 올라갈새

하나님께서는 특별한 경우 이외에는 명시적으로 알려주시지 않는다. 사도들에게 오순절에 성령이 임하니 미리 설교를 준비하고 있으라고 알려주시지 않았다. 또 성전 미문에서 만나는 앉은뱅이를 고쳐서 많은 사람이 모이게 하라고 미리 알려주시지 않았다. 모세가 이스라엘 백성을 이끌고 가다가 홍해 바다를 만났을 때에도 바다에 길을 내어 가게 하시리라는 어떤 언질도 주어지지 않았다. 대부분의 경우 하나님께서는 이처럼 비명시적인 방법으로 인도하신다. 우리가 할 일은 계약법에 대하여 충분히 이해하고 주어진 상황에 최선을 다하는 것이고, 그다음에는 하나님께서 자연스럽게 가장 적절한 방법으로 인도해 주신다. 모세는 신명기에서 가나안에 들어가는 이스라엘 사람들에게 기도하여 응답으로 문제를 해결하거나 하나님의 무슨 초자연적인 능력을 받으라고 말하지 않는다. 단지 계약법대로 살면 그 법대로 된다고 누누이 강조하고 있을 뿐이다. 오히려 기적을 운운하며 길흉화복을 미리 말하는 자들은 엄하게 금지하여 모두 돌로 쳐 죽이라고 했다.(신13:1~5) 점치는 일들은 장래의 일들이 미리 결정되어 있다는 것을 전제로 하기 때문에 모순이며, 이를 의존하는 사람들은 불행해질 수밖에 없다. 이런 일들에 현혹되면 마귀에게 이용당하게 된다. 장래는 오늘 우리가 어떻게 하느냐에 따라 달라진다. 특별한 경우를 제외하고 하나님께서 장래의 일들을 미리 알려주시지 않는 이유는 여기에 있다.

하나님께서는 베드로를 어떻게 비명시적인 방법으로 인도하셨을까?

❷ 성령의 감동

【●】 4 베드로가 요한과 더불어 주목하여 이르되 우리를 보라 하니

성전을 드나드는 사람들은 미문(美門)을 주로 사용했는데,[42] 이

문에는 날 때부터 걷지 못하던 사람이 늘 자리 잡고 구걸을 했었다. 성전으로 매일 세 번 기도하러 다니던 베드로와 요한도 이 사람을 여러 번 보았을 것이다. 그런데 이날은 평소와 달리 그 걸인을 보는 순간 어떤 내적인 감동을 느낄 수 있었다. 성령의 감동은 다양하게 주어지는데 어떤 사역과 관련이 있을 때에는 그 일에 대하여 전후 과정을 명확하게 알게 하신다. 베드로에게 무엇을 알게 하셨을까?

❸ 일어나 걸으라

【•】 6 베드로가 이르되 은과 금은 내게 없거니와 내게 있는 이것을 네게 주노니 나사렛 예수 그리스도의 이름으로 일어나 걸으라 하고

베드로는 장애인을 보는 순간 예수님께서 자신을 통하여 그 사람을 일어나 걷게 하시리라는 것을 알게 되었다. 베드로가 성령의 인도하심에 따라 40년 동안 걸어본 적이 없던 사람의 손을 잡아 일으키며 "나사렛 예수 그리스도의 이름으로 일어나 걸으라!"라고 하자 그는 그 자리에서 벌떡 일어나 걷기도 하며 뛰어다녔다.

이 사건 이후 '예수님의 이름'은 유대교 메시아와 달리 새롭게 해석된 기독교 메시아의 호칭으로 사용되었다. 부활 승천하셔서 하나님 우편에 앉아계시는 예수님께서는 지금도 필요한 경우 성령으로 다시 임재하셔서 대행자들을 통하여 필요한 일을 직접 행하신다.

예수님께서는 왜 이 사람을 특별히 고치셨을까? 또 고침을 받은 사람은 무슨 일을 하고 다녔을까?

❹ 울부짖음

【•】 9 모든 백성이 그 걷는 것과 하나님을 찬송함을 보고 10 그가 본래 성전 미문에 앉아 구걸하던 사람인 줄 알고 그에게 일어난 일로 인하여 심히 놀랍게 여기며 놀라니라

태어날 때부터 앉은뱅이였던 사람, 당시 유대인들은 이런 사람을

42) 아름다운 문이라는 뜻의 미문(美門)이 어떤 문인지는 다른 문헌에서 아무런 언급이 없기 때문에 정확히 알기 어렵다. 이방인의 뜰에서 여인들의 뜰로 연결되는 곳에 위치했으며, 청동으로 만들었던 니가노르(Nicanor) 문일 가능성이 가장 높다고 한다.

특별 죄인으로 취급했다. 성전행사 참여는 물론 성전에 들어가는 것조차 허락되지 않았으며(레21:16~23), 엣세네파로 알려진 쿰란 공동체에서도 장애인들은 받아주지 않았다. 본문에 등장하는 장애인은 매일 기도시간에 맞추어 성전 문간에 앉아 구걸하여 먹고 살아야 했다. 그는 자기 발로 성전까지 걸어올 수도 없었고, 성전 안에는 들어가 본 적도 없었다. 평생을 성전 문간에 앉아 구걸하며 그는 무슨 생각을 하면서 살았을까?

> 나는 무슨 죄를 지었기에 앉은뱅이로 태어났을까? 내가 앉은뱅이가 된 것은 과연 죄 때문일까? 여호와를 하나님으로 믿는 유대인들은 왜 나를 죄인으로 취급할까? 나는 왜 태어났으며, 왜 살아야 하는가? 나의 이 답답함과 억울함은 누구에게 하소연해야 하나? 나에게 대답해 줄 사람은 없는가?

평생을 성전 문간에 앉아 구걸하여 살면서 그는 하나님이 계시다는 성전을 바라보며 틀림없이 이 비슷한 생각을 했을 것이다. 그의 이런 속마음을 누가 알아줄까? 성전을 드나들며 그를 쳐다보는 사람들의 눈빛에는 늘 싸늘한 정죄가 가득 차 있을 뿐 불쌍히 여기는 마음은 찾아볼 길이 없었다. 그러던 어느날 구걸하기 위해 손을 내밀며 쳐다보던 어떤 사람에게서 다른 눈빛을 만났다. 그와 눈이 마주치는 순간 무한한 따스함이 자신의 가슴속으로 파고들어 평생 응어리진 한을 어루만져 주며 이렇게 속삭이고 있었다.

> 그동안 얼마나 힘들었니? 나는 너의 피눈물에서 눈을 뗀 적이 없었다. 내 가슴에서는 너의 탄식이 떠난 적이 없었다. 너는 죄 때문에 앉은뱅이로 태어난 게 아니다. 하나님으로부터 버림받은 것은 더더욱 아니다. 긴 세월 동안 네가 고통스러웠던 만큼, 너만 할 수 있는 일을 위하여 너는 만들어지고 있었다. 이제 그 일을 할 때가 되었다. 자, 일어나라, 걸어라, 뛰어라, 만방에 알려라. 유대인들의 신앙이 어디가 어떻게 잘못 되었는지를!

비록 짧은 순간이었지만 그의 눈빛을 통하여 이런 마음들이 고스란히 전해져 들어왔다. 그 눈빛에 녹아 들어가고 있을 때 그는 손을 내밀었다. 그와 손을 마주 잡는 순간 이번에는 그 손을 통하여 어떤 강렬한 힘이 자신의 몸을 관통하며 다리로 전달되었다. 그러자 걸어 본 적이 없어서 마비되어 있던 다리, 제대로 발육조차 하지 못한 다리, 힘이 없어 늘어져 있던 다리에 힘이 생겨났다. 그가 잡아 일으키자 벌떡 일어설 수가 있었다. 걸을 수가 있었다. 뛸 수도 있었다. 동시에 감격의 눈물과 더불어 원망의 대상이었던 하나님을 향하여 찬양과 감사가 터져 나왔다.

> 하나님께서 항상 나를 지켜보고 계셨다니! 한 번도 나의 울부짖음과 탄식과 통곡을 잊으신 적이 없다니! 내가 앉은뱅이로 태어난 것이 죄 때문이 아니라 할 일이 있어서라니! 내가 하나님으로부터 버림받은 것이 아니라니! 나 같은 놈이 쓸모가 있다니! 내게 이런 날이 오다니!

베드로와 요한을 따라 성전에 들어가 이곳저곳을 뛰어다니며 소리소리 질러댔다. 어찌 입을 다물고 있으며, 누가 그 입을 막을 수 있을까? 오후 제사 시간에 맞추어 기도하기 위하여 성전을 찾았던 사람들은 도대체 누가 이 거룩한 성전에서 이렇게 소란을 떠는가 싶어 울부짖으며 돌아다니는 사람을 쳐다보았다. 그의 일거수일투족을 지켜보면서, 그의 울부짖음을 들으면서 사람들은 소스라치게 놀랐다. 앉은뱅이로 태어나서 구걸을 일삼던 자가 갑자기 멀쩡해져서 울부짖는 음성이, 그 사람이 걷고 뛰는 몸동작이 자기들을 향하여 이렇게 말하고 있었다.

> 내가 앉은뱅이로 태어난 것은 죄 때문이 아니었어! 나는 하나님께 버림받은 게 아니었어! 너희들의 유대교 신앙은 순 엉터리야! 유대교는 오류투성이야! 너희들은 하나님과 성경을 잘못 알고 있어! 정신 나간 유대교인들아, 그게 아니야! 거짓말이야! 말짱 거짓말이야! 정신 똑바로 차려!…

예루살렘에서 이 일을 하기에는 이 사람보다 더 적임자가 없었다. 예루살렘에서 이 사람을 모르는 사람은 없었으며, 죄인의 대명사였기 때문이다. 치료된 사람의 모습이 유대인들에게 왜 이렇게 다가왔을까?

❺ 큰 소동

【•】 11 나은 사람이 베드로와 요한을 붙잡으니 모든 백성이 크게 놀라며 달려 나아가 솔로몬의 행각이라 불리우는 행각에 모이거늘

유대인들에게는 바벨론 포로기 이후 '인과응보 교리'라는 게 생겨났다. 포로기를 맞아 신명기 예언자들은 유대인들이 계약을 어겨서 나라가 멸망하고 전쟁포로로 잡혀 왔다고 해석해 주면서 이제 늦었지만 다시 계약법으로 돌아가면 하나님께서 회복시켜 주신다고 가르쳐 주었다. 그들의 가르침에 따라 유대인들은 귀환할 수 있었다. 그 이후 죄를 지으면 징계를 받는다고 생각하게 되었고, 더 나아가 불치병과 가난 등 불행한 일들은 죄를 지은 결과라고 해석했다. 본래 포로기의 예언자들이 가르친 것과는 전혀 다른 결과를 초래하고 말았다. 신명기 예언자들은 계약법을 어긴 죄를 계약공동체에 적용했지만 바리새인들은 개인의 문제에 인과응보 교리를 적용했기 때문이다. 그 결과 날 때부터 소경, 앉은뱅이 등 장애아로 태어난 사람들은 자신이나 부모의 죄 때문이라고 믿게 되었다.

늘 성전 문간에서 만나던 사람이 한순간에 일어나 뛰어다니는 모습은 인과응보 교리에 굳어진 유대인들에게는 초자연적인 기적을 뛰어넘어서 그들의 신앙에 대한 고발과 도전으로 느껴져서 큰 소동이 일어났다.

도대체 넌 어떻게 나았느냐? 누가 널 고쳐 놓았느냐? 누가 감히 우리의 신앙이 잘못되었다고 가르치느냐?

성전에서 기도하던 사람들은 치료된 사람을 향하여 이렇게 다그쳤다. 그러자 그는 자신을 치료한 사람을 찾기 위하여 성전 이곳저곳을 돌아다니다가 솔로몬 행각에서 베드로와 요한을 발견하고 그들 곁으로 다가갔다. 그러자 성전에 모여 있던 사람들과 이 소문을 들은 사람들이 솔로몬 행각으로 몰려들었다. 솔로몬 행각은 성전 바깥뜰 동편 끝에 있는 회랑이며, 랍비들이 성경을 강론하던 곳인데,

예수님께서도 이곳에서 성경을 가르치셨었다.(요10:23) 그런데 이제 베드로가 그 자리에 섰다. 설교하기 위해서가 아니라 단지 기도 시간에 맞추어 기도하기 위하여 성전을 찾았던 베드로는 몰려온 사람들에게 즉흥 설교를 해야 했다. 뭐라고 했을까?

물음 10 베드로, 솔로몬 행각에서 어떤 설교를 했을까?

본문 〈 3:12~26, 4:4 〉

12 베드로가 이것을 보고 백성에게 말하되 이스라엘 사람들아 이 일을 왜 놀랍게 여기느냐 우리 개인의 권능과 경건으로 이 사람을 걷게 한 것처럼 왜 우리를 주목하느냐

13 아브라함과 이삭과 야곱의 하나님 곧 우리 조상의 하나님이 그의 종 예수를 영화롭게 하셨느니라 너희가 그를 넘겨 주고 빌라도가 놓아 주기로 결의한 것을 너희가 그 앞에서 거부하였으니

14 너희가 거룩하고 의로운 이를 거부하고 도리어 살인한 사람을 놓아 주기를 구하여

15 생명의 주를 죽였도다 그러나 하나님이 죽은 자 가운데서 그를 살리셨으니 우리가 이 일에 증인이라

16 그 이름을 믿으므로 그 이름이 너희가 보고 아는 이 사람을 성하게 하였나니 예수로 말미암아 난 믿음이 너희 모든 사람 앞에서 이같이 완전히 낫게 하였느니라

17 형제들아 너희가 알지 못하여서 그리하였으며 너희 관리들도 그리한 줄 아노라

18 그러나 하나님이 모든 선지자의 입을 통하여 자기의 그리스도께서 고난 받으실 일을 미리 알게 하신 것을 이와 같이 이루셨느니라

19 그러므로 너희가 회개하고 돌이켜 너희 죄 없이 함을 받으라 이같이 하면 새롭게 되는 날이 주 앞으로부터 이를 것이요

20 또 주께서 너희를 위하여 예정하신 그리스도 곧 예수를 보내시리니

21 하나님이 영원 전부터 거룩한 선지자들의 입을 통하여 말씀하신 바

만물을 회복하실 때까지는 하늘이 마땅히 그를 받아 두리라
22 모세가 말하되 주 하나님이 너희를 위하여 너희 형제 가운데서 나 같은 선지자 하나를 세울 것이니 너희가 무엇이든지 그의 모든 말을 들을 것이라
23 누구든지 그 선지자의 말을 듣지 아니하는 자는 백성 중에서 멸망 받으리라 하였고
24 또한 사무엘 때부터 이어 말한 모든 선지자도 이 때를 가리켜 말하였느니라
25 너희는 선지자들의 자손이요 또 하나님이 너희 조상과 더불어 세우신 언약의 자손이라 아브라함에게 이르시기를 땅 위의 모든 족속이 너의 씨로 말미암아 복을 받으리라 하셨으니
26 하나님이 그 종을 세워 복 주시려고 너희에게 먼저 보내사 너희로 하여금 돌이켜 각각 그 악함을 버리게 하셨느니라
4:4 말씀을 들은 사람 중에 믿는 자가 많으니 남자의 수가 약 오천이나 되었더라

교포들이 모여있던 오순절 당시와는 달리 지금은 평일이었기 때문에 성전 미문에 모여든 사람들의 대부분은 예루살렘 주민들이었다. 예루살렘에는 사두개인과 바리새인 등 유대교 지도자들과 정통 유대인들이 거주하고 있었다. 이들을 향한 베드로의 두 번째 설교는 이렇게 이어지고 있다.

❶ 이스라엘 사람들아

【•】 12 베드로가 이것을 보고 백성에게 말하되 이스라엘 사람들아 이
일을 왜 놀랍게 여기느냐 우리 개인의 권능과 경건으로 이 사람을 걷
게 한 것처럼 왜 우리를 주목하느냐 13 아브라함과 이삭과 야곱의 하
나님 곧 우리 조상의 하나님이 그의 종 예수를 영화롭게 하셨느니라
…

베드로는 왜 "이스라엘 사람들아"라는 호칭으로 시작했으며, 이 호칭은 무엇을 의미할까? '이스라엘'은 하나님과 계약을 맺은 계약공동체의 이름이다. 베드로는 의도적으로 계약공동체의 칭호를 사용했다. 이런 사실은 이어서 '아브라함과 이삭과 야곱의 하나님'이

라는 하나님 칭호에서도 확인이 된다. 구약에서 자주 사용되는 아브라함의 하나님, 이삭의 하나님, 야곱의 하나님이라는 독특한 표현은 이스라엘과 계약을 맺으신 하나님을 뜻한다. 하나님께서는 아브라함, 이삭, 야곱과 계약을 맺으셨으며, 시내산에서 옛계약을 체결한 이스라엘은 그들의 후손이었다.

베드로는 유대인들에게 '이스라엘 사람들아'라는 호칭을 통하여 그들이 계약맺은 백성임을 상기시킨 후 하나님께서 계약을 완성시키기 위하여 예수님을 메시아로 보내셨지만, 그들이 알지 못하고 예수님을 죽였다고 지적했다. 그러나 하나님께서는 예수님을 다시 살리셨고 베드로를 비롯한 제자들은 부활의 증인이라고 했다. 날 때부터 앉은뱅이로 태어난 사람이 갑자기 걷게 된 것은 사람이 한 일이 아니라 부활하신 주님께서 직접 성령으로 오셔서 하신 일이며, 이는 예수님이 메시아시며 부활하셨다는 증거라고 했다.

설교하는 베드로와 요한 곁에 서 있는 치료된 앉은뱅이는 유대인들의 신앙이 잘못되었음을 입증해주는 산 증인이었고, 유대인들에게 할 말이 없게 했다.(행4:14) 이스라엘과 교회사에서 가장 큰 오류를 빚은 신앙 중의 하나는 '개인의 고난'에 대한 오해였다. 고난을 무슨 팔자나 운명 때문으로 해석하거나 아니면 죄에 대한 징벌로 해석하는 오류를 빚었다. 구약성경의 욥기는 개인이 불가항력으로 당하는 고난을 주제로 하고 있다. 신명기 예언자들이 해석한 인과응보 교리는 이스라엘이라는 계약공동체가 계약을 어긴 결과를 지적한 것이지 개인이 당면하는 다양한 고난을 대상으로 한 해석이 아니었다. 그렇다면 고난을 어떻게 받아들여야 하는가? 하나님의 사람으로 만들어 가시는 과정과 훈련으로 받아들여야 한다. 이는 욥기의 주제이며 결론이다.

베드로의 설교는 계속 이어졌다.

❷ 형제들아

【•】 17 형제들아 너희가 알지 못하여서 그리하였으며 너희 관리들도 그리한 줄 아노라

'형제'와 '자매'라는 말은 계약공동체 내에서 서로 한 가족이라는 표현으로 쓰이는 용어이다. 베드로는 형제라는 용어를 통하여 자신도 유대인들과 동일한 계약의 일원임을 말하고 있다. 동시에 유대인들이 '알지 못하여서' 예수님을 죽였다고 했다. 베드로가 '알지 못하여서'를 강조하는 이유는 자신을 비롯한 제자들도 예수님을 직접 따라다녔지만 그분을 제대로 몰랐기 때문이며, 예수님을 모르고 죽인 유대인들과 자신들은 다를 바가 없다는 솔직한 고백이다. "형제들아!"라는 호칭에는 이런 공감이 포함되어 있다. 그날 오천여 명이 회개하고 세례를 받았는데, 그 바탕에는 베드로의 이런 자기 고백이 큰 역할을 했다. 하나님의 말씀을 선포하려면 높은 자리에서 가르치려는 마음이 아니라 가장 낮은 자리에서 배우려고 해야 한다. 성령은 물과 같아서 가장 낮아져 있는 마음에 임한다.

이어서 베드로는 예수님의 죽으심에 대하여 설명했다. 유대인들의 메시아 사상에는 메시아의 수난과 죽음이 들어있지 않을 뿐만아니라, 예수님의 십자가 죽으심은 그가 메시아가 아니라는 확실한 증거였다. 그런데 베드로는 예수님의 십자가 죽으심이 예수님께서 메시아이신 증거라고 율법서와 예언서, 시편 등을 예로 들며 유대인들과 정반대로 해석했다. 사도들의 설교는 구약성경에 대한 새로운 해석이었다. 초기의 유대인들을 대상으로 사도들이 행한 설교의 핵심은 다음과 같다.

> 예수님께서 유대인들이 기다리던 메시아이지만 유대인들이 생각한 그런 메시아가 아니었다. 유대인들은 메시아를 오해하고 있었다. 예수님의 부활은 예수님께서 메시아이신 증거이고 사도들은 목격자이며, 방언을 비롯한 초자연적인 기사와 이적은 승천하셔서 하나님 우편에 앉아계시는 예수님께서 성령으로 다시 오셔서 직접 행하시는 사건이며 예수님께서 메시아라는 명백한 증거이다.

예수님을 이렇게 증거한 베드로는 이어서 무슨 말을 했을까?

❸ 선지자와 언약의 자손들아

【•】 25 너희는 선지자들의 자손이요 또 하나님이 너희 조상과 더불어 세우신 언약(계약)의 자손이라 아브라함에게 이르시기를 땅 위의 모든 족속이 너의 씨로 말미암아 복을 받으리라 하셨으니 26 하나님이 그 종을 세워 복 주시려고 너희에게 먼저 보내사 너희로 하여금 돌이켜 각각 그 악함을 버리게 하셨느니라 …

계약을 맺은 사람을 뜻하는 '이스라엘 사람들아'라는 호칭으로 설교를 시작한 베드로는 예루살렘의 주민들을 마지막으로 다시 한번 더 '선지자들의 자손', '계약의 자손'이라고 부르고 있다. 이스라엘 사람들은 시내산에서 맺은 옛계약의 후손들이며, 선지자들은 시내산에서 맺은 옛계약법 대로 살아야 한다고 말한 사람들이다. 베드로의 설교는 계약법에 대한 설명으로 시작하여 계약법에 대한 설명으로 마치고 있다.

앞에서 언급한 바와 같이 아브라함의 하나님, 이삭의 하나님, 야곱의 하나님이란 계약의 하나님을 뜻한다. 하나님께서 아브라함, 이삭, 야곱과 계약을 맺으신 이유는 그들은 세상 모든 사람들이 복 받기를 원했기 때문이다. 또 하나님께서는 세상 모든 민족이 그런 사람들과 그 후손을 통하여 복을 받게 하시겠다고 약속하셨다.(창 12:3, 26:4, 28:14) 계약은 모든 사람들에게 참된 복을 주시는 방법이며, 성경에서 말하는 구원은 죽은 다음이 아니라, 지금 이 세상에서부터 모든 사람이 행복하게 사는 삶이다. 이런 이유로 베드로가 설교 마무리에서 "하나님께서 그 종을 세워 복 주시려고 너희에게 먼저 보내사"라고 했다. 베드로의 설교는 이스라엘 역사와 계약법에 기초한 해설이었다. 베드로가 이런 설교를 즉석에서 한 것을 보면 예수님께서 평소에 제자들에게 계약법에 대하여 많은 교육을 하셨음을 알 수 있다.

베드로의 설교가 무르익어 마무리될 즈음 갑자기 설교가 중단되고 말았다. 이를 지켜보던 유대교 당국이 위기를 느끼고 무력으로 개입하여 베드로와 요한을 체포해갔기 때문이다. 그러나 그날 베드로의 설교를 들은 예루살렘 주민들은 어떤 반응을 보였을까? 비록 베드로와 요한은 체포되어 갔지만 그들이 애쓴 보람은 헛되지 않았다.

베드로의 설교는 어떤 결과를 가져왔을까?

❹ 예루살렘 주민 오천 명

【•】 4:4 말씀을 들은 사람 중에 믿는 자가 많으니 남자의 수가 약 오천이나 되었더라

베드로가 체포됨으로써 설교가 중단되었지만 그날 세례를 받은 사람이 남자만 오천여 명이었다. 이는 그날의 분위기를 잘 보여주는데 오천 명이라는 숫자는 어떤 의미를 지닐까? 당시 이스라엘 국내에 거주하는 유대인이 약 400여만 명이었고, 예루살렘에 거주하는 사람들은 성 안팎을 합쳐 최대 5만 명으로 추산된다. 그런데 그중에서 남자만 오천 명이라는 숫자는 5천 가정이라는 뜻이므로 예루살렘 주민의 태반이 세례를 받았다는 뜻이다. AD 57년 바울이 3차 여행을 마치고 예루살렘에 올라 갔을 때 야고보는 바울에게 "유대인 중에 믿는 자 수만 명이 있으니"라고 말했다.(행21:20) 이들 대부분은 이 때 솔로몬 행각에서 베드로의 설교를 들은 사람들이었을 것이다.

왜 이토록 많은 사람이 갑자기 유대교에 대하여 등을 돌렸을까? 베드로의 말을 듣고 또 날 때부터 앉은뱅이였던 사람이 한순간에 나은 것을 보면서 유대교의 모순과 허점이 명확히 드러났기 때문이다.

오순절 설교에 삼천여 명, 솔로몬 행각 설교에서 오천여 명이 회개하고 세례를 받음으로서 교회는 예루살렘에서 굳건한 뿌리를 내리게 되었다. 갈릴리 사람들 120여 명으로 시작한 교회가 유대교 중심지에서 단기간에 이런 성과를 내리라고는 누구도 상상할 수 없

었다. 하나님께서는 전혀 의외의 사람들을 통해서, 전혀 의외의 방법으로 당신의 뜻을 이루어 가신다. 하나님께서는 지금도 이렇게 통해서 일할 만한 사람을 찾으신다.

유대교 당국의 개입으로 베드로와 요한은 어떤 일을 겪었을까?

물음 11 교회, 어떻게 정식으로 인정받았을까?

본문 〈 4:1~22 〉

1 사도들이 백성에게 말할 때에 제사장들과 성전 맡은 자와 사두개인들이 이르러

2 예수 안에 죽은 자의 부활이 있다고 백성을 가르치고 전함을 싫어하여

3 그들을 잡으매 날이 이미 저물었으므로 이튿날까지 가두었으나

4 말씀을 들은 사람 중에 믿는 자가 많으니 남자의 수가 약 오천이나 되었더라

5 이튿날 관리들과 장로들과 서기관들이 예루살렘에 모였는데

6 대제사장 안나스와 가야바와 요한과 알렉산더와 및 대제사장의 문중이 다 참여하여

7 사도들을 가운데 세우고 묻되 너희가 무슨 권세와 누구의 이름으로 이 일을 행하였느냐

8 이에 베드로가 성령이 충만하여 이르되 백성의 관리들과 장로들아

9 만일 병자에게 행한 착한 일에 대하여 이 사람이 어떻게 구원을 받았느냐고 오늘 우리에게 질문한다면

10 너희와 모든 이스라엘 백성들은 알라 너희가 십자가에 못 박고 하나님이 죽은 자 가운데서 살리신 나사렛 예수 그리스도의 이름으로 이 사람이 건강하게 되어 너희 앞에 섰느니라

11 이 예수는 너희 건축자들의 버린 돌로서 집 모퉁이의 머릿돌이 되었느니라

12 다른 이로써는 구원을 받을 수 없나니 천하 사람 중에 구원을 받을 만한 다른 이름을 우리에게 주신 일이 없음이라 하였더라

13 그들이 베드로와 요한이 담대하게 말함을 보고 그들을 본래 학문 없는 범인으로 알았다가 이상히 여기며 또 전에 예수와 함께 있던 줄도 알고
14 또 병 나은 사람이 그들과 함께 서 있는 것을 보고 비난할 말이 없는지라
15 명하여 공회에서 나가라 하고 서로 의논하여 이르되
16 이 사람들을 어떻게 할까 그들로 말미암아 유명한 표적 나타난 것이 예루살렘에 사는 모든 사람에게 알려졌으니 우리도 부인할 수 없는지라
17 이것이 민간에 더 퍼지지 못하게 그들을 위협하여 이 후에는 이 이름으로 아무에게도 말하지 말게 하자 하고
18 그들을 불러 경고하여 도무지 예수의 이름으로 말하지도 말고 가르치지도 말라 하니
19 베드로와 요한이 대답하여 이르되 하나님 앞에서 너희의 말을 듣는 것이 하나님의 말씀을 듣는 것보다 옳은가 판단하라
20 우리는 보고 들은 것을 말하지 아니할 수 없다 하니
21 관리들이 백성들 때문에 그들을 어떻게 처벌할지 방법을 찾지 못하고 다시 위협하여 놓아 주었으니 이는 모든 사람이 그 된 일을 보고 하나님께 영광을 돌림이라
22 이 표적으로 병 나은 사람은 사십여 세나 되었더라

솔로몬 행각으로 몰려온 유대교 당국자들은 대제사장들과 성전경비담당자와 고위 사두개인들이었다. 성전경비 책임자는 대제사장 다음의 직급이었다. 유대교의 최고 책임자들이 총출동해서 베드로와 요한을 체포하여 유대교 최고 법정인 산헤드린 공회에 회부했다. 왜 유대교 당국자들이 이렇게 베드로의 설교에 예민하게 반응했을까?

❶ 부활을 싫어하여

【•】 2 예수 안에 죽은 자의 부활이 있다고 백성을 가르치고 전함을 싫어하여

평민으로 구성된 바리새인들과 달리 귀족층인 사두개인들은 부활

을 인정하지 않았다. 그 이유는 그들은 성문토라만 인정했을 뿐 구전 등은 인정하지 않았는데, 성문 율법서에는 부활에 관한 언급이 없기 때문이었다. 구약성경에는 내세, 부활 등에 대한 언급이 없다. 어떤 필요 때문에 내세와 부활을 언급하지 않았을 뿐 내세와 부활을 부정한 것은 아니다. 고대로부터 지배자들은 자신들의 지위를 공고히 하기 위하여 억눌린 사람들에게 내세와 천국에서는 세상의 불공평과 고통이 다 사라진다는 식으로 백성들을 무마시켰다. 고대의 종교들은 하나같이 내세와 천국에 더 큰 비중을 두도록 가르쳤으며, 지금도 그 유산이 남아있다. 또 운명, 팔자 등도 지배계급의 논리였다. 구약의 계약법은 이를 가장 큰 죄악으로 단죄하고 있다. 이 세상에서부터 공의와 평등이 실현되어야 하며, 그런 삶을 추구하는 사람들에게 내세가 보장되어야 이치에 맞는다. 이런 이유로 구약성경에서는 내세와 부활 등에 대하여 침묵하고 있다. 다시 말하지만 침묵이 곧 부정은 아니다.

부활, 내세 등과 같은 사상은 포로기 이후에 등장한다. 제사장 전통을 지닌 사두개인과 달리 포로기 이후에 등장한 바리새인들은 구전 등에 기초하여 부활, 내세 등을 인정하고 있었다. 사두개인들이 부활을 싫어했지만 부활을 가르치는 바리새인들을 박해하거나 산헤드린 법정에 세우지 않았다. 바리새인과 사두개인은 부활문제에 대해서는 서로 팽팽하게 대립되어 있었다. 그런데 왜 사두개인 최고 지도자들이 총출동하여 베드로와 요한을 직접 체포했을까? 이유는 두 가지이다.

첫째, 유대교의 근간이 흔들리고 있었기 때문이다. 오순절에 세례를 받은 삼천 명은 주로 교포들이었기 때문에 피해가 적어서 지켜보기만 했었다. 그런데 이번에는 예루살렘의 정통 교인 중 절반 이상이 교회로 빠져나갔다. 이는 보통 심각한 문제가 아니어서 즉각 대응에 나서지 않을 수 없었다.

둘째, 유대교 내에서 권위를 상실하기 때문이다. 사도들은 오순절의 방언 사건과 날 때부터 앉은뱅이였던 사람이 치료된 것은 메시아이신 예수님께서 부활하신 증거라고 가르치고 있었다. 사두개인들은 두어 달 전에 예수님이 메시아가 아니라며 죽였었다. 그런데 이제와서 예수님의 부활을 인정하면 그들이 메시아이신 예수님을 죽였다는 결론이 되고 만다. 이는 자신들의 지도력에 결정적인 손상을 주며 설 자리를 잃고 만다.

유대교 당국자인 사두개인들과 장로, 바리새인들은 이런 곤란한 문제에 봉착했다. 그들은 자신들의 잘못을 솔직하게 인정하든지 아니면 물리적으로 교회를 박해하든지 선택의 기로에 서 있었다. 그러나 그들이 전자를 택할 리는 없고, 후자를 선택했다.

유대교 최고 당국자들에게 체포되어 감옥에 갇혔던 베드로와 요한은 예수님께서 사형선고를 받으셨던 최고법정에 세워졌다. 베드로와 요한은 이런 위기를 어떻게 대처했을까?

❷ 너희가

【•】 7 사도들을 가운데 세우고 묻되 너희가 무슨 권세와 누구의 이름으로 이 일을 행하였느냐

본문에서의 '너희가'(ὑμεῖς)는 일반적으로 쓰이는 대명사이지만 여기서는 "너희 같은 무식한 자들이 어떻게 여기서 가르치느냐?"라는 조롱하는 말투였다. 당시 유대인 사회에서는 랍비 수업 등 정규과정을 엄격하게 거친 자만이 율법을 가르칠 수 있었다. 그런데 갈릴리 출신이며 가르칠 자격도 없는 사도들이 랍비들과 제사장들이나 할 수 있는 일을 성전의 솔로몬 행각에서 했기 때문이다. 유대인들은 예수님에게도 이렇게 대했었다.(요7:15) 포로기 이후에는 예외를 인정하여 하나님께서 보내신 예언자는 랍비 수업을 받지 않았어도 가르칠 수 있었지만, 그 경우에는 하나님께서 보내셨다는 사실

을 입증해야 했다. 유대인들이 사도들을 향하여 묻는 "너희가 무슨 권세와 누구의 이름으로 이 일을 행하였느냐?"라는 질문에는 이런 뜻이 들어있다. 그들은 예수님에게도 이런 질문을 했었다.(눅20:2)

사람의 지혜와 학벌주의에 젖은 사람들은 하나님으로부터의 가르침을 인정하지도 않고 무시하기 마련이다. 모세를 비롯한 계약법 전승을 이어간 선지자들은 하나님으로부터 직접 배우는 사람들이며, 사도들은 예수님께 직접 배운 사람들이었다. 그런데 엘리트의식에 젖은 유대인들이 이런 걸 인정하려 하지 않았다. 어쩌면 하나님을 거역하는 이런 시행착오는 지금도 계속될 수 있다.

베드로와 요한은 이에 대하여 무엇이라 대답했을까?

❸ 성령이 충만하여

【•】 8 이에 베드로가 성령이 충만하여 이르되

본문의 성령이 '충만하여'(πλησθεὶς)는 일시적으로 나타난 성령의 도우심을 말한다. 예수님께서 "사람이 너희를 회당이나 위정자나 권세 있는 자 앞에 끌고 가거든 어떻게 무엇으로 대답하며 무엇으로 말할까 염려하지 말라 마땅히 할 말을 성령이 곧 그때에 너희에게 가르치시리라"(막13:9~11)라고 하셨는데, 이 말씀이 실현되는 순간이었다. 성령의 도우심을 받은 베드로는 이렇게 말을 시작했다.

❹ 백성의 관리들과 장로들아

【•】 8 … 백성의 관리들과 장로들아 9 만일 병자에게 행한 착한 일에 대하여 이 사람이 어떻게 구원을 받았느냐고 오늘 우리에게 질문한다면 10 너희와 모든 이스라엘 백성들은 알라 너희가 십자가에 못 박고 하나님이 죽은 자 가운데서 살리신 나사렛 예수 그리스도의 이름으로 이 사람이 건강하게 되어 너희 앞에 섰느니라

산헤드린은 이스라엘의 최고 법정이었고, 지금은 대제사장 문중들과 장로들, 바리새인의 두령 등 유대교 지도자들이 한자리에 모여 있었다. 그런데 이 자리에서 베드로는 '백성의 관리들과 장로들아!'라는 호칭으로 설교를 시작하고 있다. 관리들은 통치자들이고 장로

들은 귀족으로서 백성들을 대표하는 자들이었다. 성경을 가르치는 랍비들도 물론 여기에 있었다. 그런데, 이제 이들과는 정반대인 갈릴리 어부 출신이 그들 앞에서 설교를 시작하며 지도자들을 열거하고 있다. 그리고 그들의 질문에 대하여 이렇게 대답했다.

랍비들이나 가르칠 수 있는 성전의 솔로몬 행각에서 가르칠 권세와 그 권세를 주신 분의 이름을 말하려고 한다면 예수 그리스도의 이름이 그 이름이며, 그 이름의 권세가 지금 여러분이 보는 바와 같이 태어날 때부터 앉은뱅이였던 사람을 온전하게 했고, 지금 그 사람이 여기에 서 있으니 명백한 이 증거를 보라고 했다. 사도행전에서 말하는 '예수 그리스도의 이름'은 이런 의미를 가지고 있다.

이어서 베드로는 무식쟁이라고 조롱하는 유대교 지도자들의 자만심에 대하여 정곡을 찌르고 나섰다.

❺ 버린 돌

【•】 11 이 예수는 너희 건축자들의 버린 돌로서 집 모퉁이의 머릿돌이 되었느니라 12 다른 이로써는 구원을 받을 수 없나니 천하 사람 중에 구원을 받을 만한 다른 이름을 우리에게 주신 일이 없음이라 하였더라

"건축자가 버린 돌이 집 모퉁이의 머릿돌이 되었나니"(시118:22)는 예수님께서도 이미 인용하셨던 말씀이다.(마21:42, 막12:10, 눅20:17) 이 말씀의 의미는 예수님께서는 유대인들이 기다리던 메시아로 오신 분이지만 이를 가르치던 지도자들은 그를 알아보지 못하고 거부했을 뿐 아니라 죽였다는 뜻이다. 그런데 베드로는 지금 산헤드린 공회에서 두어 달 전에 예수님을 죽였던 당사자들을 향하여 시편을 다시 인용하며 직격탄을 퍼부었다. 당시 유대인들의 가장 큰 관심은 메시아 신앙이었는데, 그런데 그 메시아를 지도자들이 알아보지 못했다는 것은 그들이 지도자로서의 자격이 전혀 없다는 뜻이며, 이보다 더 도전적인 말은 없었다. 그런데 지금 베드로는 주저하지 않고 유대교 지도자들을 이런 식으로 거세게 몰아붙였다. 그리고 예수님 이외에는 구원받을 만한 이름이 없다고 선포했다. 얼마

전에 예수님을 거부하고 못 박아 죽였던 유대교 지도자들에게 이보다 더 거북한 말은 없었다.

베드로의 이런 태도는 성령의 인도하심을 받아서 설교할 때 나타나는 대표적인 특징이다. 결코 상대방의 입장을 감안하거나 듣기 좋은 말들을 늘어놓는 것과는 거리가 멀어도 하늘과 땅 만큼이나 멀다. 특히 성경을 가르치는 자들에 대해서는 심판과 경고는 물론이고 경우에 따라서는 저주를 선언하게 되어있다. 예수님과 구약의 선지자들이 행한 설교에는 이런 준엄한 말씀들이 가득 차 있다. 지금도 마찬가지이다. 영성의 길을 가다보면 하나님의 말씀이 일인칭 화법으로 주어지는 경우가 있다. 그런데 놀랍게도 그 내용은 현재의 설교자와 신학자들을 향한 강도 높은 심판과 저주의 말씀이다. 귀 있는 자는 들을진저!

무시하던 갈릴리 어부들을 통해서 직격탄을 맞은 유대교 당국자들은 이 문제를 어떻게 처리했을까?

❻ 유구무언

【•】 13 그들이 베드로와 요한이 담대하게 말함을 보고 그들을 본래 학문 없는 범인으로 알았다가 이상히 여기며 또 전에 예수와 함께 있던 줄도 알고 14 또 병 나은 사람이 그들과 함께 서 있는 것을 보고 비난할 말이 없는지라 … 22 이 표적으로 병 나은 사람은 사십여 세나 되었더라

베드로의 설교를 들은 유대교 당국자들은 크게 놀랐다. 유대교 최고 지도자들이 모인 최고의 법정에서, 베드로가 거침없이 말했을 뿐만 아니라 구약을 인용하면서 논리정연하게 해석했기 때문에 무어라 반박할 여지가 없었다. 게다가 살아있는 증거물인 치료된 사람이 베드로와 요한 옆에 붙어있어서 할 말도 없었다.

베드로와 요한을 통해서 고침을 받은 사람은 성전과 감옥에서, 또 산헤드린 공회에서 죽을 각오를 하고 사도들을 떠나지 않았던 것 같다. 산헤드린 공회에서 베드로가 설교할 때에도 그 옆에 같이 서

있었다. 왜 그랬을까? 단지 고마워서일까? 그 생각만이라면 산헤드린 공회까지 따라가서 같이 서 있을 필요가 없었다. 그가 그곳에 서 있었던 이유는 40여 년을 죄인 취급을 받고 살면서 쌓인 유대교에 대한 반감이 컸기 때문이었을 것이다. 날 때부터 앉은뱅이로 태어난 이유가 죄 때문이라니, 이런 모순, 이런 억울함이 어디 있는가? 입장을 바꾸어 생각해보라! 하나님을 섬긴다는 제사장들의 의식 수준이, 하나님의 말씀을 가르친다는 랍비들의 해박함이 온통 모순투성이였다. 이들의 모순이 40세나 된 앉은뱅이였던 사람에게는 빤히 보였다. 그러나 어찌해볼 방법이 없었다. 단지 하늘을 향하여 탄식하며 피눈물을 삼킬뿐이었다. 그러던 어느날, 드디어 기회가 왔다. 자신에게는 들어갈 자격조차 주어지지 않았던 성전을 마음놓고 들어가서 걷기도 하고 뛰기도 하며 마음껏 소리도 지를 수 있었다. 자신을 일으킨 사람이 솔로몬 행각에서 예루살렘 정통 유대인들에게 하는 설교를 들어보니 너무나 속이 후련했다. 자신이 하고 싶은 말을 대신하고 있었기 때문이다. 왜 그가 기를 쓰고 사도들을 떠나지 않고 감옥까지 따라 갔는가? 사도들이 자기의 평생 한을 풀어주고 있었기 때문이다. 이제 그들을 떠나서 어디로 간단 말인가?

무식한 갈릴리인이라 천시당한 베드로가 목소리를 높여 일갈(一喝)하는 동안 그 옆에 선 앉은뱅이였던 사람은 40년 동안 자신을 죄인 취급하던 사람들을 눈을 부릅뜨고 하나하나 놓치지 않고 쏘아보았다. 그의 서슬이 시퍼런 눈빛은 무엇이었던가? 그들을 주시하는 하나님의 눈빛이었다. 주눅들지 않은 베드로의 설교를 들으며, 기죽지 않은 앉은뱅이였던 사람의 불꽃 같은 눈초리와 눈이 마주치면서, 당국자들은 가슴이 섬찟하여 눈을 내리깔고 꼬리를 내리지 않을 수 없었다. 그리고 할 말을 잃어버리고 말았다. 하나님께서는 지금도 이런 사람을 통하여 이런 방식으로 일하신다.

❼ 속수무책

【•】 15 명하여 공회에서 나가라 하고 서로 의논하여 이르되 16 이 사람들을 어떻게 할까 그들로 말미암아 유명한 표적 나타난 것이 예루살렘에 사는 모든 사람에게 알려졌으니 우리도 부인할 수 없는지라 17 이것이 민간에 더 퍼지지 못하게 그들을 위협하여 이 후에는 이 이름으로 아무에게도 말하지 말게 하자 하고 18 그들을 불러 경고하여 도무지 예수의 이름으로 말하지도 말고 가르치지도 말라 하니

유대교 공회원들이 따로 모여 논의한 내용을 누가는 어떻게 알고 여기에 기록해 놓았을까? 어쩌면 사도 바울이 이 자리에 있었을지도 모른다. 이런 본문들은 유대교 고위층 가운데에서도 그 내막을 알려주는 누군가가 있었음을 암시해주고 있다.

유구무언에 빠진 당국자들은 사도들을 내보내고 논의를 거듭하며 머리를 쥐어짰으나 무슨 뾰족한 수가 나올 리가 없었다. 사도들이 행한 표적과 설교가 모든 사람들에게 알려졌으니 덮어버릴 수도 없고, 그냥 두면 주민들에게 더 퍼져 나가게 생겼고, 이럴 수도, 저럴 수도 없는 문자 그대로 진퇴양난에 빠지고 말았다. 대책을 강구했지만 달리 방법이 없어서 공갈을 치고 협박을 늘어놓으며, 더 이상 예수님의 이름을 말하지도 말고 가르치지도 말라고 했다.

이런 위협에 대하여 사도들은 무어라고 했으며, 결과는 어떻게 되었을까?

❽ 공식인정

【•】 19 베드로와 요한이 대답하여 이르되 하나님 앞에서 너희의 말을 듣는 것이 하나님의 말씀을 듣는 것보다 옳은가 판단하라 20 우리는 보고 들은 것을 말하지 아니할 수 없다 하니 21 관리들이 백성들 때문에 그들을 어떻게 처벌할지 방법을 찾지 못하고 다시 위협하여 놓아 주었으니 이는 모든 사람이 그 된 일을 보고 하나님께 영광을 돌림이라

주저하지 않고 사도들은 "하나님 앞에서 너희의 말을 듣는 것이 하나님의 말씀을 듣는 것보다 옳은가 판단하라 우리는 보고 들은 것을 말하지 아니할 수 없다"라고 당당하게 말했다. 이에 당국자들은

무어라 더 반박할 여지가 없어지고 말았다. 생각 같아서는 공권력을 사용하여 구금을 하거나 적당한 구실을 붙여서 죽이고 싶지만 백성들이 사도들을 성원하며 지켜보고 있어서 그럴 수도 없었다. 결국 한번 더 위협하고 놓아줄 수 밖에 없었다.

사도들의 무혐의 석방은 무엇을 말하는가? 사도들의 설교, 즉 예수님께서 메시아였는데, 유대교 당국자들이 모르고 죽였다는 주장에 대한 공식적인 인정인 셈이다. 두어 달 전 유대교 당국자들은 예수님을 십자가에 못 박아 죽였지만 이제는 사도들과 예루살렘 주민들에게 공식적으로 자신들의 오류를 인정하고 말았다. 예루살렘 주민들의 태반이 교회로 빠져나가자 당국자들은 보다못해 사도들을 체포하여 재판에 회부했지만 결과는 긁어 부스럼을 만든 꼴이 되고 말았다. 체면을 생명으로 여기던 당국자들은 스스로 체면을 구기고 우스운 꼬락서니가 되고 말았다.

하나님께서 심판하시는 방법은 이와 같이 자멸, 자충수이며, 스스로 멸망의 구렁텅이에 빠지게 하신다.

물음 12 교회의 기도, 어떤 응답이 주어졌을까?

본문 〈 4:23~37 〉

23 사도들이 놓이매 그 동료에게 가서 제사장들과 장로들의 말을 다 알리니

24 그들이 듣고 한마음으로 하나님께 소리를 높여 이르되 대주재여 천지와 바다와 그 가운데 만물을 지은 이시요

25 또 주의 종 우리 조상 다윗의 입을 통하여 성령으로 말씀하시기를 어찌하여 열방이 분노하며 족속들이 허사를 경영하였는고

26 세상의 군왕들이 나서며 관리들이 함께 모여 주와 그의 그리스도를

대적하도다 하신 이로소이다
27 과연 헤롯과 본디오 빌라도는 이방인과 이스라엘 백성과 합세하여 하나님께서 기름 부으신 거룩한 종 예수를 거슬러
28 하나님의 권능과 뜻대로 이루려고 예정하신 그것을 행하려고 이 성에 모였나이다
29 주여 이제도 그들의 위협함을 굽어보시옵고 또 종들로 하여금 담대히 하나님의 말씀을 전하게 하여 주시오며
30 손을 내밀어 병을 낫게 하시옵고 표적과 기사가 거룩한 종 예수의 이름으로 이루어지게 하옵소서 하더라
31 빌기를 다하매 모인 곳이 진동하더니 무리가 다 성령이 충만하여 담대히 하나님의 말씀을 전하니라
32 믿는 무리가 한마음과 한 뜻이 되어 모든 물건을 서로 통용하고 자기 재물을 조금이라도 자기 것이라 하는 이가 하나도 없더라
33 사도들이 큰 권능으로 주 예수의 부활을 증언하니 무리가 큰 은혜를 받아
34 그 중에 가난한 사람이 없으니 이는 밭과 집 있는 자는 팔아 그 판 것의 값을 가져다가
35 사도들의 발 앞에 두매 그들이 각 사람의 필요를 따라 나누어 줌이라
36 구브로에서 난 레위족 사람이 있으니 이름은 요셉이라 사도들이 일컬어 바나바라(번역하면 위로의 아들이라) 하니
37 그가 밭이 있으매 팔아 그 값을 가지고 사도들의 발 앞에 두니라

AD 30년대 초의 유대교는 어떤 모습이었을까? 성령의 감동으로 앉은뱅이로 태어난 사람을 고치고 예수님의 부활을 증언하면 이는 혹세무민 죄에 해당되어 현장에서 체포하여 감옥에 가두는 게 당시 유대교였다.

이런 위기를 당면한 교회는 어떻게 대처했으며 또 어떤 일들이 일어났을까?

❶ 대주재여

【•】 23 사도들이 놓이매 그 동료에게 가서 제사장들과 장로들의 말을 다 알리니 24 그들이 듣고 한마음으로 하나님께 소리를 높여 이르되 대주재여 천지와 바다와 그 가운데 만물을 지은 이시요

베드로와 요한은 마치 개선장군처럼 돌아와서 산헤드린 공회에서 있었던 일들을 전해주었다. 이런 기쁜 소식을 들은 교인들은 한 마음과 한 뜻이 되어 하나님께 찬양과 영광을 돌리며 이렇게 기도했다.

대주재여(Δέσποτα)

무슨 뜻일까? 히브리성경에서 비롯된 이 용어는 '명령하고 권세와 권력을 사용하시는 분', 또는 '전능하신 하나님 곁에 계신 분'이라는 의미를 가지고 있다. 교인들은 하나님을 '대주재여!'라고 부르면서 만유의 창조주로 고백했다. 서슬이 시퍼런 유대교 권세자들을 염두에 두면서 그들을 무력하게 하시는 하나님이라는 고백이었다.

이와 더불어 현재 자신들에게 일어나고 있는 사태를 스스로 이해하기 위하여 구약의 시편(2:1~2)을 인용했다.[43)]

> 1 어찌하여 열방이 분노하며 족속들이 허사를 경영하였는고 2 세상의 군왕들이 나서며 관리들이 함께 모여 주와 그의 그리스도를 대적하도다

본문의 '주와 그의 그리스도'(여호와와 그의 기름 부음 받은 자)는 유대인들에게 오실 메시아로 널리 알려진 구절이었다. 그런데 이제 교인들은 예수님이야 말로 그들이 기다리던 메시아라고 믿어 의심하지 않게 되었다. 그런데 헤롯과 이방인 빌라도, 유대교 당국자들이 예전에 예수님을 핍박했던 것처럼 이제는 교회를 박해하기 위하여 팔을 걷어붙이고 나섰다.

그렇다면 이제 교회는 어떻게 대처해야 하는가?

❷ 하나님의 말씀을 전하게 하옵시며

> 【•】 29 주여 이제도 그들의 위협함을 굽어보시옵고 또 종들로 하여금 담대히 하나님의 말씀을 전하게 하여 주시오며 30 손을 내밀어 병을 낫게 하시옵고 표적과 기사가 거룩한 종 예수의 이름으로 이루어지게 하옵소서 하더라 31 빌기를 다하매 모인 곳이 진동하더니 무리가 다

---

43) 본래 시편 2편은 저자가 없었지만 유대인들은 그 저자를 다윗이라고 생각해서 '다윗의 입을 통하여'라는 표현을 쓰고 있다.

유대당국의 위협에 대처하기 위하여 어떤 기도를 했을까? 두 가지를 요청했다.

첫째, "담대히 하나님의 말씀을 전하게 하옵소서!"라고 기도했다. 유대교 당국은 더 이상 예수님의 이름으로 가르치지 말라고 엄명을 내렸으나 교인들은 사람의 말을 듣기보다 하나님의 말씀을 따르며 반대로 담대히 말씀을 전하기로 했다. 이는 산헤드린에서 베드로와 요한이 이미 천명(闡明)했었다. 이를 볼 때 교인들의 기도는 사도들의 지침을 따랐음을 알 수 있다.

둘째, "병자가 치료되는 표적과 기사가 나타나게 하옵소서!"였다. 예루살렘 주민 5천여 명이 세례를 받고 또 산헤드린과 유대교 당국자들을 무력화시키는 데에는 성전 미문에서 구걸하던 앉은뱅이의 치료가 결정적인 역할을 했었다. 이런 표적과 기사는 하나님께서 계약공동체인 교회에 함께하시는 임재의 증거였다. 이를 경험한 교인들은 하나님의 임재를 위하여 간절히 기도했다. 기도의 결과는 어떻게 되었을까?

땅이 진동하며 교인들이 성령의 충만함을 받았고 하나님의 말씀을 담대히 전하게 되었다. 또 사도들을 통하여 많은 표적과 기사가 일어났다. 병든 사람들이 너무 많이 몰려 길거리에 차고 넘쳐서 베드로가 지나갈 때 그림자라도 스치기를 기대할 정도였다. 모여온 병자들은 다 나았고, 이로 말미암아 남녀의 큰 무리가 교회에 나오게 되었다.(행5:12~16)

하나님께서는 교회의 기도대로 응답해주셨다. 그 이유는 교회가 계약법을 바르게 이해하고 계약법에 따라 바르게 구했기 때문이다. 그런데 많은 사람들이 교회에 나와서 무엇을 어떻게 했을까?

❸ 가르침과 실천

【•】 32 믿는 무리가 한마음과 한 뜻이 되어 모든 물건을 서로 통용하
고 자기 재물을 조금이라도 자기 것이라 하는 이가 하나도 없더라 33
사도들이 큰 권능으로 주 예수의 부활을 증언하니 무리가 큰 은혜를
받아 34 그 중에 가난한 사람이 없으니 이는 밭과 집 있는 자는 팔아
그 판 것의 값을 가져다가 35 사도들의 발 앞에 두매 그들이 각 사람
의 필요를 따라 나누어 줌이라

담대히 하나님의 말씀을 전했는데, 무슨 말씀이었는지는 기록에 없다. 무슨 말씀을 전했을까? 그 결과를 보면 무엇을 가르쳤는지를 짐작해 볼 수 있다. 그 말씀을 배운 사람들은 무엇을 실천했는가?

첫째, 모든 물건을 서로 통용하고 자기 재물을 자기 것이라 하는 이가 하나도 없었다. 이는 물론 자발적으로 한 일이지만 사도들이 계약법을 가르친 결과였다. 성령께서는 성경을 계약의 관점에서 올바르게 해석하게 하시고 또 듣는 사람들에게 성령으로 임하셔서 계약법을 기쁨으로 받아들이며 기꺼이 그 말씀을 실천하게 하신다. 무엇을 실천에 옮겼을까?

둘째, 밭과 집이 있는 자들은 팔아 가지고 와서 사도들에게 맡겼다. 사도들이 큰 권능으로 주 예수님의 부활을 증언한 결과였다. 예수님의 부활을 증거했는데, 왜 재산을 나누는 일들을 실천했을까? 예수님은 유대인들이 기대하는 민족해방의 메시아가 아니라 희년의 법을 성취하러 오신 메시아(눅4:18~19)이시며, 예수님의 고난과 부활은 주님께서 메시아라는 증거라고 사도들이 가르쳤고, 사도들을 통한 표적은 사도들의 가르침이 사실이라는 것을 입증했기 때문이다. 예수님께서 새로운 계약을 맺으시고 계약공동체를 통하여 희년법을 성취하러 오셨다는 주장은 누가복음과 사도행전을 일관하는 대주제이며, 구원을 얻는 방법이다.

인류역사를 돌이켜 볼 때 경제정의 실현이 가장 어려운 과제이다. 근대 이후 과학기술의 발전으로 일부 국가에서 전염병과 기아에

서 벗어날 수 있었지만 개인과 국가 사이의 빈부격차는 아직도 지난(至難)한 과제이다. 무엇으로 어떻게 해결해야 할까? 정치, 경제적 차원에서는 해결이 어렵다. 오로지 종교적인 차원에서만 해결할 수 있다. 그러나 종교가 추구하는 가장 중요한 가치인 구원받는 방법이 경제정의를 실현하는 것이어야 종교적인 차원에서도 가능해진다. 근대 이후 서양의 선진국들은 다 기독교 국가였지만 구원받는 방법은 행위와 상관없으며 믿음과 은혜로 구원받는다고 가르쳤다. 이는 복음서를 왜곡한 결과이다. 복음서, 특히 누가복음에서는 구약의 계약법 실천이 곧 구원받는 길이라고 명확히 선언하고 있다.[44] 누가가 사도행전 서두에서 삼천 명, 오천 명이 교회에 등록한 후 경제정의를 실현했다는 사실을 거듭 기록하고 있는 이유도 이것이 곧 진정한 구원임을 강조하기 위함이다.

사도행전에 기록된 이 이야기들은 교회를 이상적으로 그리기 위하여 지어낸 말들이 아니다. 가난하고 소외된 자들을 염두에 두는 박애주의 때문도 아니다. 친구 사이에는 서로 재산을 나눌 수 있다는 헬라적인 이상[45]을 염두에 둔 말도 전혀 아니다. 사도행전에서 초기에는 실천하다가 후에는 포기한 것도 아니다. 사도행전뿐만 아니라 이후 박해시대 내내 실천한 이야기들이다.[46] 모든 물건을 서로 통용하고 재산을 서로 공유하는 삶은 단지 기독교인이 실천해야

44) 이에 대해서는 본서에서도 수시로 언급했지만 졸저 「누가복음」에서 상세히 기술했다.

45) Aristoteles, *Nicomachean Ethics,* 9.8.2 § 1168b. 헬라문화의 영향을 강조하는 이들은 사도행전의 재산 공유 이야기는 친구 사이에는 재산을 공유한다는 헬라적인 이상에 영향 받은 기록이라고 말한다.

46) 사도들의 교훈집인 「디다케」(4:7~8)와 바나바 서신(19:8)에 다음과 같이 기록되어 있다. "너는 궁핍한 자를 간과하지 말고 모든 것을 네 형제와 나누라. 그리고 그것이 네 자신의 것이라고 말하지 말라. 왜냐하면 만일 우리가 영원한 세계에서 동지라면, 이 멸망할 세상에서는 더욱 동지가 되어야 하지 않겠는가?" 2세기 중엽에 기록된 것으로 보이는 「디오그네투스 서」(Address to Diognetus, 5:7) 에도 "기독교인들이 한 침대는 아니지만 한 식탁을 나눈다."고 했다. 그 이후의 교회사에는 교인들이 재산을 공유하는 이야기들이 많이 있다.

할 윤리의 분야가 아니다. 구원받는 방법이며, 구원론의 핵심이다. 인간의 삶에서 가장 중요한 문제를 해결하는 방법과 영원한 천국에 이르는 구원의 방법은 서로 일치해야 한다. 헬레니즘과 달리 헤브라이즘은 '일원론'을 기초로 한다. 계약법 실천은 성경의 구약과 신약에서 말하는 동일한 구원론이다. 이에 대해서는 이론의 여지가 전혀 없다. 기독교에 십자가 대속을 말하는 구원교리는 있지만, 그런 성경 본문은 요한복음은 물론 바울서신에도 없다. 바울 신학의 기초는 심는대로 거두는 원리다.

> 스스로 속이지 말라 하나님은 업신여김을 받지 아니하시나니 사람이 무엇으로 심든지 그대로 거두리라 자기의 육체를 위하여 심는 자는 육체로부터 썩어질 것을 거두고 성령을 위하여 심는 자는 성령으로부터 영생을 거두리라 우리가 선을 행하되 낙심하지 말지니 포기하지 아니하면 때가 이르매 거두리라 그러므로 우리는 기회 있는 대로 모든 이에게 착한 일을 하되 더욱 믿음의 가정들에게 할지니라(갈6:7~10)

> 하나님께서 각 사람에게 그 행한 대로 보응하시되 참고 선을 행하여 영광과 존귀와 썩지 아니함을 구하는 자에게는 영생으로 하시고(롬2:6~7)

사도바울은 위의 본문에서 선을 행하는 자, 즉 계약법을 실천하는 자에게 영원한 생명이 주어진다고 분명히 선언하고 있다. 바울이 율법의 행위로 의롭다함을 얻지 못한다고 말한 행위는 할례, 안식일, 정결례를 지키는 당시 유대교의 율법 조항이며, 시내산 계약법을 말하는 게 아니다. 또 예수님에 대한 믿음과 은혜는 예수님으로 말미암아 체결된 새로운 계약법을 지칭하는 것으로 해석해야 복음서와 바울서신의 문맥에 맞으며, 또 상식과 이치에 맞다.

❹ 바나바

> 【•】 36 구브로에서 난 레위족 사람이 있으니 이름은 요셉이라 사도들이 일컬어 바나바라(번역하면 위로의 아들이라) 하니 37 그가 밭이 있으매 팔아 그 값을 가지고 사도들의 발 앞에 두니라

왜 누가는 바나바에 대하여 언급하고 있을까? 사람이 모인 곳에서 어떤 의미 있는 일은 저절로 되지 않는다. 누군가 앞장서는 사람

이 있어야 추진된다. 초기 교회에도 그런 사람이 있었는데 그가 바나바였다. 본명이 요셉인 바나바는 레위지파였다. 본래 레위지파는 개인재산의 소유가 금지되어 있었지만 나라가 멸망하고 포로로 잡혀가면서 성전과 제사장, 레위인들은 사라지고 말았다. 그들은 이제 뿔뿔이 흩어져 각자 살길을 찾아야 했는데, 바나바의 조상들은 일찍이 지중해의 구브로 섬에 안착하여 정착했고 또 큰 재산을 모았던 것 같다. 마가 다락방의 주인공 요한 마가는 바나바의 생질이었다. (골4:10) 120여 명의 사람들이 모일 정도의 다락방을 가진 집은 예루살렘에서 최고 수준의 저택이었다.

사도와 일곱 명의 사역자 이외에 사도행전에서 가장 중요한 역할을 한 사람은 바나바라고 할 수 있다. 바나바가 한 중요한 일들에 대해서는 앞으로 언급하게 될 것이다.

오순절의 삼천 명에 이어 성전 미문 사건으로 말미암은 오천 명의 개종으로 이제 예루살렘교회는 그 기반을 확고하게 굳힐 수 있었다. 성령의 직접적인 개입과 도우심으로 갈릴리 사람들이 시작한 교회는 예루살렘에서 대단히 짧은 시간 내에 자리를 잡았다.

그 다음에는 어떤 일들이 일어났을까?

물음 13 아나니아와 삽비라, 무엇이 문제였을까?

본문 〈 5:1~16 〉

1 아나니아라 하는 사람이 그의 아내 삽비라와 더불어 소유를 팔아
2 그 값에서 얼마를 감추매 그 아내도 알더라 얼마만 가져다가 사도들의 발 앞에 두니
3 베드로가 이르되 아나니아야 어찌하여 사탄이 네 마음에 가득하여 네

가 성령을 속이고 땅 값 얼마를 감추었느냐
4 땅이 그대로 있을 때에는 네 땅이 아니며 판 후에도 네 마음대로 할 수가 없더냐 어찌하여 이 일을 네 마음에 두었느냐 사람에게 거짓말한 것이 아니요 하나님께로다
5 아나니아가 이 말을 듣고 엎드러져 혼이 떠나니 이 일을 듣는 사람이 다 크게 두려워하더라
6 젊은 사람들이 일어나 시신을 싸서 메고 나가 장사하니라
7 세 시간쯤 지나 그의 아내가 그 일어난 일을 알지 못하고 들어오니
8 베드로가 이르되 그 땅 판 값이 이것뿐이냐 내게 말하라 하니 이르되 예 이것뿐이라 하더라
9 베드로가 이르되 너희가 어찌 함께 꾀하여 주의 영을 시험하려 하느냐 보라 네 남편을 장사하고 오는 사람들의 발이 문 앞에 이르렀으니 또 너를 메어 내가리라 하니
10 곧 그가 베드로의 발 앞에 엎드러져 혼이 떠나는지라 젊은 사람들이 들어와 죽은 것을 보고 메어다가 그의 남편 곁에 장사하니
11 온 교회와 이 일을 듣는 사람들이 다 크게 두려워하니라
12 사도들의 손을 통하여 민간에 표적과 기사가 많이 일어나매 믿는 사람이 다 마음을 같이하여 솔로몬 행각에 모이고
13 그 나머지는 감히 그들과 상종하는 사람이 없으나 백성이 칭송하더라
14 믿고 주께로 나아오는 자가 더 많으니 남녀의 큰 무리더라
15 심지어 병든 사람을 메고 거리에 나가 침대와 요 위에 누이고 베드로가 지날 때에 혹 그의 그림자라도 누구에게 덮일까 바라고
16 예루살렘 부근의 수많은 사람들도 모여 병든 사람과 더러운 귀신에게 괴로움 받는 사람을 데리고 와서 다 나음을 얻으니라

아나니아와 삽비라의 이야기는 읽는 사람들로 하여금 당혹감을 느끼며 의문을 가지게 한다. 그들이 지은 죄가 즉사할 만큼 큰 죄인가? 아나니아가 죽었을 때 그의 죽음을 그의 아내에게 알리지 않고 즉시 장례를 치뤄도 되는가? 누가는 이런 이야기를 왜 기록해 놓았으며, 이를 통하여 무엇을 말하려고 하는가?

이 이야기는 구약의 아간의 이야기를 생각나게 하지만(수7장), 아

간의 죄는 금과 은 등을 탈취한 죄이므로 죽어 마땅할 수 있지만 아나니아와 삽비라는 땅을 팔아 헌금하다가 죽임을 당했기 때문에 서로 비교의 대상이라고 할 수도 없다. 도대체 이 이야기를 어떻게 이해해야 할까?

❶ 성령을 속인 죄

【•】 3 베드로가 이르되 아나니아야 어찌하여 사탄이 네 마음에 가득하여 네가 성령을 속이고 땅 값 얼마를 감추었느냐 4 땅이 그대로 있을 때에는 네 땅이 아니며 판 후에도 네 마음대로 할 수가 없더냐 어찌하여 이 일을 네 마음에 두었느냐 사람에게 거짓말한 것이 아니요 하나님께로다

베드로가 지적하는 바에 의하면 아나니아와 삽비라가 즉사한 죄목은 "사탄이 가득하여 성령을 속이고 하나님께 거짓말한 죄"이다. 이 죄들은 도대체 어떤 죄일까? 이를 이해하기 위해서는 먼저 '성령'에 대하여 알아야 한다. 성령이라는 용어에 대한 히브리어나 헬라어의 문자적 의미는 성령의 실상을 파악하는 데에 한계가 있다. 성령을 이해하려면 먼저 성령을 직접 경험해보는 게 상책이다. 아마도 신앙생활에 좀 열심이 있는 교인들이라면 나름대로 다 성령에 대한 경험을 가지고 있을 것이다.

그런데 성령을 온전히 이해하려면 성령으로 온전히 채워지는 경험과 더불어 악령으로 채워지는 경험이 필요하다. 왜냐하면 두 영으로 채워졌을 때 나타나는 현상과 느낌이 서로 상반되기 때문이다. 성령으로 온전히 채워지면 마치 물과 같이 점점 더 스스로를 낮추고 가장 낮은 곳에 이를 때까지 내려간다. 이 상태의 느낌은 '고요함'이라는 용어가 가장 적절하다고 생각된다. 반면에 악령으로 채워지면 스스로를 높이고 또 높여서 더 이상 올라갈 수 없는 데까지 끌고 올라간다. 이 상태는 어떤 강렬한 희열을 느끼면서 말 그대로 '기고만장'해지면서 하나님보다 더 높아지려고 한다.

베드로는 아나니아와 삽비라에게 '사탄이 가득하여'라고 책망했

다. 무엇을 말하는 것일까? 바나바가 밭을 팔아 사도들의 임의처분에 맡기자 사도들은 그를 '위로의 아들'이라고 높이 평가했다. 이를 지켜본 아나니아와 삽비라도 그런 칭찬을 받고 싶어서 소유를 팔아 일부를 떼어 놓고 다 가져온 것처럼 속였을 뿐 아니라, 이를 떠들고 다녔다. 소유를 다 팔아야 하거나 또 팔아도 모두 헌금하라고 하는 어떤 규정도 없었다. 자원하는 사람들이 어려운 사람들의 아픔을 자기의 고통으로 느끼면서 기꺼이 즐거움으로 참여했을 뿐이다. 그런데 아나니아와 삽비라는 헌금하는 목적이 가난한 이들의 아픔에 동참하는 데 있지 않고 자신들을 드러내는 데에 있었다. 이는 헌금 본래의 취지에 어긋날 뿐만 아니라 성령을 거스르며 하나님을 속이는 행위에 해당된다.

그런데 왜 이게 즉사할만한 죄인가?

❷ 하나님 면전

【•】 5 아나니아가 이 말을 듣고 엎드러져 혼이 떠나니 이 일을 듣는 사람이 다 크게 두려워하더라

유대인들은 오랜 신앙 경험을 통하여 "하나님을 직접 뵈옵고는 살 자가 없다"[47]고 생각했는데 이는 전적으로 맞는 말이다. 하나님의 임재를 직접 경험하는 면전에서는 죽은 자처럼 되어버리고 만다. 이런 면전 경험이 흔하지 않은 이유는 그 상태를 견뎌낼 준비가 된 사람이 거의 없기 때문이다. 그 준비 중 가장 중요한 것은 하나님과 마음이 일치된 상태이다. 준비가 되지 않은 사람은 하나님 면전에 드러나는 순간 죽음을 맞게 된다.

아나니아와 삽비라의 경우는 이런 상태였다. 그들이 베드로의 책망을 듣자마자 죽은 이유는 베드로의 책망을 통해서 그에게 하나님의 임재가 직접 드러났기 때문이다. 그들은 죽음을 자초한 셈이다. 누가가 사도행전에서 사도들의 설교를 '하나님 말씀'이라고 부르는

47) 또 이르시되 네가 내 얼굴을 보지 못하리니 나를 보고 살 자가 없음이니라(출33:20)

이유는 단순한 수식어가 아니라 사도들이 하나님의 말씀을 실제로 대언했기 때문이다. 주변에서 이를 지켜보거나 이에 대해 전해 들은 사람들에게는 하나님의 임재가 간접으로 드러나서 그들은 죽지 않고 단순히 두려움에 떨었을 뿐이다.

❸ 교회

【•】 11 온 교회와 이 일을 듣는 사람들이 다 크게 두려워하니라

누가–행전에서 '교회'라는 단어는 여기에서 처음 쓰이고 있다.[48)]지금까지는 '무리', '제자' 등의 용어를 사용했다. 그런데 왜 여기서 처음 교회라는 말을 쓰고 있을까? 누가에게 교회는 하나님께서 함께하시는 특별한 모임이었기 때문이다. 누가는 아나니아와 삽비라 이야기를 통해서 교회가 얼마나 순수해야 하며, 자기를 드러내거나 거짓된 행위가 교회에서는 결코 용납될 수 없음을 말하고 있다.

초기 교회에는 하나님의 임재가 간혹 직접 드러나고 있었다. "사람마다 두려워하는데"(행2:43), "모인 곳이 진동하더니"(행4:31) 등과 오순절 방언, 사도들을 통한 기사와 이적 등은 하나님의 직접적인 임재에 대한 표현들이다. 특히 두려워했다는 말은 하나님 임재와 밀접한 관련이 있다.

왜 삽비라에게 알리지도 않고 아나니아의 장례를 치렀을까? 장례식은 마땅히 가족이 치러야 한다. 그런데 아마도 아나니아와 삽비라에게는 장례를 치러줄 가족이나 친지가 없었거나, 또 삽비라는 어떤 일 때문에 연락이 되지 않았던 것 같다. 유대인들은 장례를 그날 즉시 치르게 되어있다. 이에 교회가 대신 장례를 치러야 했다.

❹ 감히

【•】 11 … 이 일을 듣는 사람들이 다 크게 두려워하니라 13 그 나머지는 감히 그들과 상종하는 사람이 없으나 백성이 칭송하더라 14 믿고 주께로 나아오는 자가 더 많으니 남녀의 큰 무리더라

하나님께서는 우리의 형편과 사정을 누구보다 더 잘 아시며, 매

48) 서방 사본의 2:47에는 '교회'라는 말이 추가되어 있다.

사를 상황에 맞도록 현실적으로 인도하신다. 성경의 요청이 자칫 현실과 동떨어진 듯하지만 그 당시의 상황으로 돌아가서 살펴보면 대부분 당시의 상황과 잘 맞는다. 예루살렘의 주민들은 이스라엘 최고의 종교 지도자이며 지식인, 부자들인 반면에 갈릴리 사람들은 하층민, 무식자, 죄인들의 대명사들이었다. 갈릴리 출신의 사도들이 예루살렘 사람들을 대상으로 성경을 가르치며 신앙생활을 이끈다는 것은 사실상 불가능하다.

이런 사정을 잘 아시는 하나님께서는 사도들을 통하여 하나님의 임재를 드러내셔서 모든 사람들이 사도들을 두려워하게 하셨다. 본문의 "크게 두려워하는데"(φόβος μέγας)는 하나님 임재를 경험할 때 나타나는 현상이다. 그 결과 감히 사도들을 쉽게 대하거나 무어라 훈수를 둘 엄두도 내지 못하게 되었으며, 사도들의 권위는 곧 예수님의 권위로 받아들여 사도들의 가르침을 따르게 되었다. 이런 광경을 지켜보는 사람들 사이에서는 칭송이 자자했으며, 많은 사람들이 교회로 몰려들었다. 하나님께서는 하나님의 방식으로 불가능하게 보이는 일들을 현실적으로 가능하게 하신다.

그다음에는 어떤 일들이 이어졌을까?

물음 14 교회, 어떻게 두 번째 공식인정을 받아냈을까?

본문 〈 5:17~42 〉

17 대제사장과 그와 함께 있는 사람 즉 사두개인의 당파가 다 마음에 시기가 가득하여 일어나서

18 사도들을 잡아다가 옥에 가두었더니

19 주의 사자가 밤에 옥문을 열고 끌어내어 이르되

20 가서 성전에 서서 이 생명의 말씀을 다 백성에게 말하라 하매

21 그들이 듣고 새벽에 성전에 들어가서 가르치더니 대제사장과 그와 함
께 있는 사람들이 와서 공회와 이스라엘 족속의 원로들을 다 모으고
사람을 옥에 보내어 사도들을 잡아오라 하니
22 부하들이 가서 옥에서 사도들을 보지 못하고 돌아와
23 이르되 우리가 보니 옥은 든든하게 잠기고 지키는 사람들이 문에 서
있으되 문을 열고 본즉 그 안에는 한 사람도 없더이다 하니
24 성전 맡은 자와 제사장들이 이 말을 듣고 의혹하여 이 일이 어찌 될
까 하더니
25 사람이 와서 알리되 보소서 옥에 가두었던 사람들이 성전에 서서 백
성을 가르치더이다 하니
26 성전 맡은 자가 부하들과 같이 가서 그들을 잡아왔으나 강제로 못함
은 백성들이 돌로 칠까 두려워함이더라
27 그들을 끌어다가 공회 앞에 세우니 대제사장이 물어
28 이르되 우리가 이 이름으로 사람을 가르치지 말라고 엄금하였으되 너
희가 너희 가르침을 예루살렘에 가득하게 하니 이 사람의 피를 우리에
게로 돌리고자 함이로다
29 베드로와 사도들이 대답하여 이르되 사람보다 하나님께 순종하는 것
이 마땅하니라
30 너희가 나무에 달아 죽인 예수를 우리 조상의 하나님이 살리시고
31 이스라엘에게 회개함과 죄 사함을 주시려고 그를 오른손으로 높이사
임금과 구주로 삼으셨느니라
32 우리는 이 일에 증인이요 하나님이 자기에게 순종하는 사람들에게 주
신 성령도 그러하니라 하더라
33 그들이 듣고 크게 노하여 사도들을 없이하고자 할새
34 바리새인 가말리엘은 율법교사로 모든 백성에게 존경을 받는 자라 공
회 중에 일어나 명하여 사도들을 잠깐 밖에 나가게 하고
35 말하되 이스라엘 사람들아 너희가 이 사람들에게 대하여 어떻게 하려
는지 조심하라
36 이 전에 드다가 일어나 스스로 선전하매 사람이 약 사백 명이나 따르
더니 그가 죽임을 당하매 따르던 모든 사람들이 흩어져 없어졌고
37 그 후 호적할 때에 갈릴리의 유다가 일어나 백성을 꾀어 따르게 하다
가 그도 망한즉 따르던 모든 사람들이 흩어졌느니라
38 이제 내가 너희에게 말하노니 이 사람들을 상관하지 말고 버려 두라
이 사상과 이 소행이 사람으로부터 났으면 무너질 것이요

39 만일 하나님께로부터 났으면 너희가 그들을 무너뜨릴 수 없겠고 도리어 하나님을 대적하는 자가 될까 하노라 하니
40 그들이 옳게 여겨 사도들을 불러들여 채찍질하며 예수의 이름으로 말하는 것을 금하고 놓으니
41 사도들은 그 이름을 위하여 능욕 받는 일에 합당한 자로 여기심을 기뻐하면서 공회 앞을 떠나니라
42 그들이 날마다 성전에 있든지 집에 있든지 예수는 그리스도라고 가르치기와 전도하기를 그치지 아니하니라

사도들을 통하여 표적과 기사가 일어나고 병자들이 치료되자 그 소문이 널리 퍼졌으며, 예루살렘 부근에서 거동 못하는 사람들을 침대에 누인 채로 데리고 와서 장사진을 치고 베드로가 지나가기를 기다렸다.(15절) 또 교회로 몰려온 사람들이 수천여 명이었는데, 이들은 어디에 모였을까? 예루살렘에서 이들이 모일 수 있는 곳은 성전의 솔로몬 행각밖에는 없었다.(12절) 사도들은 매일 솔로몬 행각에서 이들을 가르쳤다. 성전 주변의 길거리와 솔로몬 행각을 교회가 온통 다 점령하고 말았다.

이를 지켜보는 유대교 당국자들의 심정은 어떠했을까? 속이 뒤집어지지 않을 수 없었을 것이다. 다음의 이야기는 이를 말해준다.

❶ 시기가 가득하여

【•】 17 대제사장과 그와 함께 있는 사람 즉 사두개인의 당파가 다 마음에 시기가 가득하여 일어나서 18 사도들을 잡아다가 옥에 가두었더니

일이 이 지경에 이르면 유대교 당국자들은 하나님의 뜻과 민심을 읽고 자신들의 과오를 뉘우치며 돌이키는 게 마땅한 순서다. 그러나 그들은 그와는 정반대로 가고 말았다. 사실 유대교 당국이 이때 돌이켰다면 AD 70년에 예루살렘이 멸망하는 비극을 막을 수 있었을 것이다. 유대교 당국자들은 이제 그들이 쓸 수 있는 마지막 방법인 무력을 택하여 사도들을 체포 구금했을 뿐만 아니라 죽여 없애려고

했다.(33절) 더불어 멸망을 막을 수 있는 마지막 기회도 덩달아 멀리 사라지고 말았다.

이런 다급한 상황이 벌어지자 이번에도 하나님께서 직접 개입하셨다. 그 방법이 무엇이었을까?

❷ 옥문을 열고

【•】 19 주의 사자가 밤에 옥문을 열고 끌어내어 이르되 20 가서 성전에 서서 이 생명의 말씀을 다 백성에게 말하라 하매

하나님께서는 하늘의 천사를 보내 감옥에 갇혀있는 사도들을 풀어주시고 성전에서 계속 가르치라고 말씀하셨다. 천사가 사도들을 어떻게 데리고 나왔는지에 대해서는 아무런 설명이 없다. 22절 이하를 참고해보면 감옥문은 그대로 잠겨있었고 감옥을 지키는 간수들도 사도들이 감옥에 그대로 있으리라고 생각했으며, 간수들은 전혀 알지 못하는 방식이 동원되었다. 비슷한 이야기가 12장에도 기록되어 있다. 이런 이야기들은 하나님의 뜻을 거역하는 인간의 방법들은 하나님에게 무용지물이 되고 만다는 것을 잘 보여주고 있다.

❸ 이 일이 어찌 될까

【•】 24 성전 맡은 자와 제사장들이 이 말을 듣고 의혹하여 이 일이 어찌 될까 하더니

유대교 당국자들은 사도들을 모두 제거하기 위하여 만반의 준비를 했다. 공회를 소집하는 것은 물론 이스라엘의 원로까지 다 소집을 해서 상황을 설명하고 입을 맞추어 놓았다. 그리고는 군사들을 보내 사도들을 데려오게 했으나 전혀 예상치 못한 상황이 벌어지고 말았다. 감옥에 가 보니 군사들이 철통같이 지키고 있고 감옥문도 잠겨있는데, 정작 사도들은 온데간데없고, 감옥을 지키던 자들도 도대체 무슨 일이 일어났는지 전혀 모르고 있었다.

이 이야기를 전해 들은 당국자들은 크게 당황하여 할 말을 잃어버리고 말았으며, 무슨 일이 또 어떻게 될지 몰라 전전긍긍했다. 그런 그들에게 더 놀라운 소식이 전해졌다. 감옥에서 감쪽같이 사라진 사도들이

도망가거나 두려워하지 않고 성전에서 버젓이 가르치고 있었기 때문이다. 이 소식을 접한 고위직인 경비대장이 직접 부하들을 데리고 출동했으나 긴장하지 않을 수 없었다. 입추의 여지없이 많은 사람들이 모였을 뿐만 아니라 그들이 사도들의 가르침을 얼마나 진지하게 듣고 있는지 사도들을 함부로 대했다가는 백성들이 그 자리에서 돌로 쳐 죽일 기세였다. 사도들을 체포하러 갔던 경비대장은 사도들을 정중히 모셔와야 했다. 이렇게 되고 보니 공회와 원로원의 분위기는 확 바뀌고 말았다.

두 번째 공회에 불려간 사도들, 그들에게 무슨 일이 어떻게 전개되었을까?

❹ 대제사장이 물어 이르되

【•】 27 그들을 끌어다가 공회 앞에 세우니 대제사장이 물어 28 이르되 우리가 이 이름으로 사람을 가르치지 말라고 엄금하였으되 너희가 너희 가르침을 예루살렘에 가득하게 하니 이 사람의 피를 우리에게로 돌리고자 함이로다

사도들이 예루살렘 주민들에게 예수님에 대하여 가르치는 내용이 유대교 당국자들에게는 난감하게 들렸다. 왜냐하면 자신들이 메시아를 몰라보았을 뿐만아니라 죽였다는 결과가 되기 때문이다. 사도들의 의도와는 달리 사도들의 가르침이 유대교 당국자들은 자신들을 향한 공격처럼 느껴질 수밖에 없었다. 이런 이유로 지난번 공회에서 풀어주면서 다시는 예수님의 이름으로 가르치지 말라고 엄명을 내렸었다.(행4:18) 대제사장은 먼저 사도들에게 이에 대하여 추궁했다. 그러자 사도들의 대표인 베드로는 사람보다 하나님께 순종해야 한다면서 이렇게 대답했다.

30 너희가 나무에 달아 죽인 예수를 우리 조상의 하나님이 살리시고
31 이스라엘에게 회개함과 죄 사함을 주시려고 그를 오른손으로 높이
사 임금과 구주로 삼으셨느니라 32 우리는 이 일에 증인이요 하나님이
자기에게 순종하는 사람들에게 주신 성령도 그러하니라 하더라

베드로는 완곡한 표현을 쓰지 않고 '너희가' 메시아인 예수님을 십자가에 못 박아 죽였다고 대제사장과 지도자들을 직접 겨냥했다. 또 부활

을 싫어하는 사두개인들에게 예수님의 부활은 예수님께서 메시아이신 증거이며, 자신들을 감옥에서 나오게 하신 성령님이 이에 대한 증인이라고 담대하게 말하면서, 하나님께서는 이런 일들을 통하여 회개하고 돌이킬 기회를 주셨으니 이를 받아들이라고 촉구했다.

유대교 당국자들은 이 말을 어떻게 받아들였을까?

❺ 사도들을 없이하고자 할새

【•】 33 그들이 듣고 크게 노하여 사도들을 없이하고자 할새

사도들이 철통같은 감옥에서 나온 것은 하나님께서 하신 일이며, 지금 사도들이 한 말은 하나님의 말씀이라는 것을 직접 경험했음에도 불구하고 유대인들은 오히려 분노가 치밀어 올라 사도들을 돌로 쳐 죽이려고 달려들었다. 왜 이런 어처구니없는 반응을 보이고 있을까? 도그마화된 신앙 때문이다. 온전한 신앙을 가지는 데에 가장 큰 걸림돌은 도그마화 된 교리신앙이다. 이런 오류에 빠지면 헤어날 길이 없다. 이런 유대교의 골수분자들은 후일 나라가 멸망하고 난 다음에서야 자취를 감추고 말았다. 예루살렘의 멸망과 더불어 성전, 제사, 제사장(사두개인)이 사라지고 난 다음에 이를 대신하여 회당, 율법, 랍비들이 유대교를 이끌어 갔다.

사도들은 자칫 돌에 맞아 떼죽음을 당할 위기에 처했다. 그런데 전혀 의외의 사람이 나서서 이런 위기를 모면하게 했다.

❻ 바리새인 가말리엘

【•】 34 바리새인 가말리엘은 율법교사로 모든 백성에게 존경을 받는 자라 공회 중에 일어나 명하여 사도들을 잠깐 밖에 나가게 하고 35 말하되 이스라엘 사람들아 너희가 이 사람들에게 대하여 어떻게 하려는지 조심하라

산헤드린 공회의 구성원은 대제사장들이 소속된 사두개인과 장로들이 주축을 이루지만 소수의 바리새인들도 회원이었다. 지금까지 침묵하며 지켜보던 랍비 가말리엘이 나서서 이 일은 경솔하게 처리할 일이 아니라며 반대하고 나섰다. 그는 사도들을 나가게 한 후 처리 방안을

제시했다. 그가 말한 요지는 다음과 같다.

첫째, 지금 일어나는 일들은 하나님께서 하신 일일 수도 있으므로 조심해야 한다. 아마도 가말리엘은 사도들이 감옥에서 나온 일과 또 사도들이 도망가지 않고 성전에서 당당하게 가르치는 것을 보면서 이는 하나님께서 함께하시지 않으면 불가능하다고 판단한 듯하다.

둘째, 예수님을 메시아로 믿는 것은 결코 죽임을 당할 일이 아니다. 가말리엘은 드다와 유다의 경우를 예로 들며[49] 많은 사람들이 그를 메시아로 믿고 따랐지만 그들에게 아무런 제재를 가하지 않았음을 상기시켰다. 가말리엘은 사람에게서 비롯되면 저절로 사라지고 하나님으로 말미암은 것은 사람이 막을 수도 없고 또 하나님을 거역하게 된다고 사두개인들을 설득했다.

가말리엘의 이런 말은 사리(事理)가 분명하고 경우에 맞기 때문에 누구도 반대할 여지가 없었고, 또 가말리엘은 존경받는 바리새인이었다. 또 사두개인들은 예수님을 죽이거나 교회를 박해하는 일에 있어서 서로 적대시하던 바리새인과 공조체제를 유지하고 있었는데 이를 무시할 수도 없어서 가말리엘의 제안을 받아들일 수밖에 없었다.

가말리엘의 중재로 말미암아 사도들은 죽음의 위기에서 벗어날 수 있었다. 사두개인에 대해서는 침묵하면서 바리새인을 향하여 저주를 선언하는 복음서와 달리 사도행전에서는 교회와 바리새인들은 거의 충돌을 일으키지 않는다. 오히려 가말리엘 문하생이며 바리새인이었던 바울은 교회를 위해 크게 공헌한 사람으로 등장시키고 있다.

---

49) 드다와 유다가 누구인지는 정확히 알 수 없다. 요세푸스에 의하면 AD 44~46년 경 파두스(Fadus)가 유다의 총독으로 있을 때 마술장이 드다가 요단강이 갈라지는 기적을 일으키겠다고 선전하여 많은 사람들이 따랐으나 드다가 총독 파두스에게 죽임을 당한 후 그를 따르던 사람들은 흩어졌다.(유대고대사 23.1.1) 유다는 주후 6년 세금을 위하여 로마제국이 유다인의 인구조사를 하자 이에 반발하여 세금을 내지 말자고 선동하며 저항하는 운동을 일으켰으나 로마군에 의하여 진압되고 말았다. 요세푸스는 이 유다를 열심당의 시작으로 보고 있다.(유대 고대사 18, 1-6) 이런 자료에 의하면 드다보다 유다가 먼저이며, 드다는 본문의 가말리엘이 언급할 때 보다 10여 년 뒤에 등장해서 서로 연대가 맞지 않는다. 당시에는 민중봉기가 잦았고 또 동명이인이 많기 때문에 드다와 유다가 누구인지는 불분명하다.

❼ 두 번째 공인

【•】 41 사도들은 그 이름을 위하여 능욕 받는 일에 합당한 자로 여기심을 기뻐하면서 공회 앞을 떠나니라 42 그들이 날마다 성전에 있든지 집에 있든지 예수님은 그리스도라고 가르치기와 전도하기를 그치지 아니하니라

성전의 솔로몬 행각 일대를 점령하고 예루살렘 주민들 대다수를 모아놓고 매일같이 예수님이 성경에서 약속한 메시아였는데 유대교 당국자들이 이를 모르고 죽였다고 가르치는 사도들을 더이상 두고 볼 수 없어서 산헤드린 공회원들과 원로들이 합세하여 재판에 회부하여 돌로 쳐 죽이려고 했다. 그러나 의외의 복병 가말리엘을 만나 수포로 돌아가고 말았다. 결국 유대인들은 사도들을 채찍질하며 더 이상 예수님을 거론하지 말라고 위협한 후 석방했다. 그러나 사도들은 위축되기는커녕 오히려 이런 핍박을 기쁘게 받아들였을 뿐만 아니라 한 걸음 더 나아가 매일같이 성전이나 집에서 사람들을 모아놓고 가르치기를 쉬지 않았다.

결국 산헤드린 공회와 원로회는 자기들의 의도와는 반대로 사도들이 가르치는 일을 다시 공식적으로 인정하는 꼴이 되고 말았다. 하나님께서는 당신을 거역하는 사람들을 이렇게 스스로 자기가 판 함정에 빠지게 하신다.

사도들은 모여온 사람들에게 무엇을 가르쳤을까?

❽ 예수 그리스도

【•】 41 사도들은 … 예수님은 그리스도라고 가르치기와 전도하기를 그치지 아니하니라

사도행전을 보면 사도들은 구약성경을 인용하면서 예수님이 그리스도라고 가르쳤는데, 이는 무엇을 의미할까? 오늘 우리가 생각하는 것과는 많이 다르다.

앞에서도 누차 지적한 바와 같이 당시 유대인들은 독특한 메시아 신앙을 가지고 있었다. 초자연적인 능력을 행사하여 이스라엘을 압

제하는 제국을 무너뜨리고 이스라엘을 해방시킨다는 메시아 신앙은 바벨론 포로기 이후에 등장했으며 수백여 년의 뿌리를 가진 정통신앙이었다. 그런 그들의 입장에서 보면 십자가에 매달려 죽으신 예수님은 그들이 기다리던 메시아와는 전혀 달랐다. 이런 유대인들에게 예수님이 메시아라고 가르쳤다는 것은 그들의 잘못된 메시아 신앙을 뜯어 고치는 것이었다. 사도들도 초기에는 유대인의 메시아 신앙으로 예수님을 따르고 있었다. 그런데 그들은 예수님의 부활을 경험하고 나서야 잘못된 메시아 신앙에서 겨우 벗어날 수가 있었다.

복음서와 사도행전에서 가장 큰 쟁점 중의 하나는 메시아에 대한 이해 문제다. 여기에는 유대인들이 기대하던 유대교의 메시아와 예수님과 교회에서 가르치던 기독교의 메시아 두 메시아가 있다. 유대인들은 메시아가 오면 초자연적인 능력으로 자신들이 기대하던 모든 것을 다 이루어 준다고 생각하며 메시아가 오기만을 기다렸다. 그러나 기독교의 메시아는 이와 다르다. 예수님은 새로운 계약을 체결하셨고, 예수님께서 하시던 일들을 교회가 대신하여 이 땅에 희년의 정신이 구현된 하나님 나라를 만들어 가야 한다. 부활 승천하신 예수님께서는 성령으로 도우셔서 교회로 하여금 대신 그 일을 하게 하시다가 종국에 완성시키신다.

오늘 우리가 승천하신 예수님께서 다시 오셔서 우리가 기대하는 것들을 다 이뤄주신다고 믿으며 재림을 기다린다면 이는 유대인들이 기다리던 메시아와 다를 바 없으며 유대인들의 시행착오를 또 반복하게 된다. 기독교 역사에서 수없이 반복된, 예수님의 재림을 기다리는 시한부 종말론은 그 자체가 잘못되었으며, 성경에서 전혀 그 근거를 찾아볼 수 없다.

사도행전 초반부에 등장하는 베드로의 설교를 자칫 오해하여 아전인수식으로 해석하지 말아야 한다.

물음 15

디아스포라 지도자의 등장, 무엇을 의미하는가?

본문 〈 6:1~15 〉

1 그 때에 제자가 더 많아졌는데 헬라파 유대인들이 자기의 과부들이 매
일의 구제에 빠지므로 히브리파 사람을 원망하니
2 열두 사도가 모든 제자를 불러 이르되 우리가 하나님의 말씀을 제쳐
놓고 접대를 일삼는 것이 마땅하지 아니하니
3 형제들아 너희 가운데서 성령과 지혜가 충만하여 칭찬받는 사람 일곱
을 택하라 우리가 이 일을 그들에게 맡기고
4 우리는 오로지 기도하는 일과 말씀 사역에 힘쓰리라 하니
5 온 무리가 이 말을 기뻐하여 믿음과 성령이 충만한 사람 스데반과 또
빌립과 브로고로와 니가노르와 디몬과 바메나와 유대교에 입교했던 안
디옥 사람 니골라를 택하여
6 사도들 앞에 세우니 사도들이 기도하고 그들에게 안수하니라
7 하나님의 말씀이 점점 왕성하여 예루살렘에 있는 제자의 수가 더 심히
많아지고 허다한 제사장의 무리도 이 도에 복종하니라
8 스데반이 은혜와 권능이 충만하여 큰 기사와 표적을 민간에 행하니
9 이른 바 자유민들 즉 구레네인, 알렉산드리아인, 길리기아와 아시아에서
온 사람들의 회당에서 어떤 자들이 일어나 스데반과 더불어 논쟁할새
10 스데반이 지혜와 성령으로 말함을 그들이 능히 당하지 못하여
11 사람들을 매수하여 말하게 하되 이 사람이 모세와 하나님을 모독하는
말을 하는 것을 우리가 들었노라 하게 하고
12 백성과 장로와 서기관들을 충동시켜 와서 잡아가지고 공회에 이르러
13 거짓 증인들을 세우니 이르되 이 사람이 이 거룩한 곳과 율법을 거슬
러 말하기를 마지 아니하는도다
14 그의 말에 이 나사렛 예수가 이 곳을 헐고 또 모세가 우리에게 전하
여 준 규례를 고치겠다 함을 우리가 들었노라 하거늘
15 공회 중에 앉은 사람들이 다 스데반을 주목하여 보니 그 얼굴이 천사
의 얼굴과 같더라

누가는 사도행전을 기록하면서 아나니아와 삽비라(행5장), 히브리파와 헬라파 과부들의 갈등(행6:1), 안디옥교회에서 예루살렘의 교인들에 의해 제기된 문제들(행15:2), 바나바와 바울의 다툼(행13:39) 등 교회의 부정적인 이야기들을 숨기지 않고 있다. 예루살렘에는 이런저런 이유로 외국에서 살던 교포들이 상당수 있었다. 특히 황혼을 맞아 모국에서 말년을 보내려고 오는 이들이 많았다. 예루살렘에는 이런 교포들이 따로 모이는 회당도 있었다. 자유민(리버티노 Λιβερτίνος) 회당(9절)은 BC 63년 로마의 폼베이 장군에게 끌려갔던 포로들의 후손들 중 구레네, 알렉산드리아, 길리기아 등에서 귀환한 사람들이 따로 모이던 회당으로 보인다.

유대인들에게는 그들의 독특한 역사 때문에 히브리파와 헬라파 사이에 뿌리 깊은 갈등이 있었다. 포로에서 귀환하여 정착한 히브리파 유대인들은 외국에 남아 살면서 헬라문화에 영향을 받은 교포들에 대하여 대단히 비판적이었다.(마카비상1:11~15 참조) 갈등의 원인의 중 하나는 언어였다. 외국에서 여러 대를 살아 내려오는 동안 교포들 중에는 히브리어(아람어)를 잃어버리고 헬라어만을 구사하는 이들이 많았다. 이런 현상을 정통 유대인들이 좋게 볼 리가 없었다.

유대인들은 유대교 율법에 근거하여 고아와 과부 등 극빈자들을 돌보는 일에 열심이었다.[50] 이들을 돌보는 방법에는 탐후이(tamhuy)와 쿠파(quppah)가 있었다. 탐후이는 떠돌이들에게 매일 음식(빵, 콩, 과일)을 나눠주는 것이고, 쿠파는 가난한 주민에게 매주 한 번 음식

50) 고아와 과부에 대한 관심은 주로 신명기(10:18, 14:29, 16:11,14, 24:17, 19,20~21, 26:12~13, 27:19)에 나타나 있다. 그 이유는 신명기는 출애굽기, 레위기, 민수기의 율법들에 대한 재해석인데, 성전, 제사 등을 전혀 강조하지 않고 대신 절기와 헌금(맏물, 십일조, 기타 헌금) 등을 강조하는데 이는 고아와 과부, 나그네, 레위인을 돌보기 위함이었다.

과 의복을 공급해주는 것이다.[51] 아직 교회가 유대교와 분리되지는 않았지만 교인이 된 과부들은 유대교가 아닌 교회에서 제공하는 양식을 받고 있었다. 그 이유는 교회가 가난한 자들에 대하여 유대교보다 더 큰 관심을 가지고 있었기 때문이었을 것이다.

그런데 이 부분에서 문제가 발생했다.

❶ 약자 헬라파 과부들의 호소

【•】 1 그 때에 제자가 더 많아졌는데 헬라파 유대인들이 자기의 과부들이 매일의 구제에 빠지므로 히브리파 사람을 원망하니

시간이 지나면서 교인들이 급증했고 또 문제들도 발생했다. 약자이고 소수인 헬라파 과부들은 어떤 이유에서인지 모르지만 자신들이 배급에서 차별 대우를 받고 있다고 느끼며 불평을 호소했다. 사도들은 이에 대하여 즉시 대책을 마련했다. 어떤 대책이었을까?

❷ 구제 사역과 말씀 사역

【•】 2 열두 사도가 모든 제자를 불러 이르되 우리가 하나님의 말씀을 제쳐 놓고 접대를 일삼는 것이 마땅하지 아니하니 3 형제들아 너희 가운데서 성령과 지혜가 충만하여 칭찬받는 사람 일곱을 택하라 우리가 이 일을 그들에게 맡기고 4 우리는 오로지 기도하는 일과 말씀 사역에 힘쓰리라 하니

사도들은 구제하는 일을 전담할 사역자 일곱 명을 두기로 하고 그 기준을 제시했다. 이를 담당할 사람이 일곱 명이나 필요했다는 것은 당시 교인들이 상당히 많았음을 암시한다.

사역자의 기준은 '성령과 지혜가 충만하여 칭찬받는 사람'이었다. 이 기준은 사도 맛디아를 선출하던 기준과는 많이 달랐다. 사도의 기준은 예수님의 사역 초기부터 동행하고 예수님의 부활을 직접 경험하여 증거할 수 있는 사람이어야 했다.(행1:21~22) 그러나 일곱 명에게는 이런 기준이 적용되지 않았다. 본문에 거론되지는 않았지

51) 요아킴 예레미야스, 「예수 시대의 예루살렘」, 한국신학연구소, 1988, p. 172-180, 이 책에서는 당시 유대인들의 사회사업에 대하여 상세히 기록하고 있다.

만 이들은 헬라어와 히브리어를 동시에 자유롭게 구사할 수 있는 사람이어야 했다. 이들은 단지 구제 활동에만 머물지 않고 말씀을 전하는 일도 같이했기 때문이다. '성령과 지혜가 충만하여 칭찬받는 사람'은 성경을 해석하고 선교하는 능력을 염두에 둔 기준이었다. 이런 사실은 스데반과 빌립의 활동에서 엿볼 수 있다.

사도들이 구제 전담자를 두고 말씀 사역에만 전담하기로 한 것은 말씀 사역이 구제 사역보다 더 중요하다는 의미가 아니다. 원문에 보면 구제 사역과 말씀 사역에 동일하게 섬김(διακονία)이라는 단어를 쓰고 있다. 사도들은 늘 희년의 실현이 복음의 핵심이라는 것을 가르쳐 지키게 했으며, 예배와 공동식사를 동일하게 취급했다

또 하나 특기할 만한 사항은 사도들은 기준만 제시하고 이들의 선택을 교인들에게 맡기고 전혀 관여하지 않았다는 사실이다.

❸ 디아스포라 사역자들

【•】 5 온 무리가 이 말을 기뻐하여 믿음과 성령이 충만한 사람 스데반과 또 빌립과 브로고로와 니가노르와 디몬과 바메나와 유대교에 입교했던 안디옥 사람 니골라를 택하여 6 사도들 앞에 세우니 사도들이 기도하고 그들에게 안수하니라

교인들은 사도들의 제안을 기쁘게 여겨 자발적으로 일곱 명의 사역자들을 뽑았는데 놀랍게도 그들은 모두 헬라파 유대인들이었다. 이들이 디아스포라라는 것은 그들의 이름이 헬라식인 것으로 알 수 있으며, 안디옥 출신 니골라는 이방인이었다. 교회가 약자 헬라파 과부들의 입장을 전적으로 수용하고 이방인을 차별하지 않은 것을 보면 당시 교회가 얼마나 포용적이었는지를 알 수 있다. 안수(按手)는 축복할 때(창48:13)와 후계자를 세울 때(민27:23) 사용하는 방법이었는데, 사도들은 교인들이 선택한 일곱 명에게 안수하여 사역자로 임명하였다.

이들은 집사가 아니라 사도들을 돕는 사역자들이었다.[52] 이로써

디아스포라 출신 사역자들이 등장하게 되었고, 이제부터 교회는 새로운 전환기를 맞게 되었다.

❹ 하나님의 말씀

【•】 7 하나님의 말씀이 점점 왕성하여 예루살렘에 있는 제자의 수가 더 심히 많아지고 허다한 제사장의 무리도 이 도에 복종하니라

사도행전에서는 교회가 크게 성장했다는 사실을 반복하여 교회가 급성장하고 있음을 알려주고 있다.[53] 그런데 교회의 성장을 '하나님의 말씀'이 크게 왕성했다고 표현한다. 무슨 뜻일까? 먼저 누가가 말하는 하나님의 말씀은 사도들의 성경해석을 뜻한다. 사도들의 성경해석은 당시 유대인들의 해석과 판이하게 달랐다. 특히 메시아에 대한 이해에서 그러했다. 사두개인과 장로, 바리새인 등 정통 유대인들이 포진한 예루살렘에서 사도들의 성경해석이 그들에게 받아들여진다는 것은 현실적으로 불가능했다.

그런데 놀랍게도 사도들의 성경해석을 받아들이는 사람들의 숫자가 급증했고 그중에는 허다한 제사장들도 있었다. 또 누가는 이들이 "이 도에 복종하니라"라고 했다.[54] 여기의 복종(ὑπακούω)은 하나님께 복종한다는 뜻을 내포하고 있다. 당시 제사장들은 8천여 명이었는데, 아마도 교회에 온 제사장들은 고위직보다는 하위직 제사장들이 대부분이었을 것으로 보인다. 교인들 중에는 바리새인들도 다수 있었다.(행15:5) 이런 사실들은 사도들의 파격적인 성경해석의 파급 효과가 얼마나 컸는지를 잘 말해주고 있다. 갈릴리 출신의 사도들이 성경을 그렇게 해석할 수 있었던 원동력은 전적으로 예수님의 교육에 있었다. 예수님께서는 사도들을 데리고 다니시면서 성경교육에 가장 큰 비중을 두셨다.

---

52) 이들을 흔히 집사라고 부르는데 원문에는 집사라는 말이 없다. 이들을 집사로 오해한 개역성경 사도행전21:8에서 빌립을 '일곱 집사 중 하나'로 오역했고 또 헬라어 구제(diakonia)와 집사(deacon)의 어근이 같기 때문에 발생한 것 같다.

53) 행1:15, 2:41, 4:4, 5:14, 6:7, 9:31, 12:24, 16:5, 19:20, 28:31

54) 사도행전에서는 사도들의 말씀을 13번이나 '도'(πιστις)라고 표현하고 있다.(6:7, 7:38, 8:21, 9:2, 11:19, 14:25, 18:25~26, 19:9,23, 22:4, 24:14, 22)

❺ 스데반의 활동

【•】 8 스데반이 은혜와 권능이 충만하여 큰 기사와 표적을 민간에 행하니

일곱 사역자의 으뜸은 단연 스데반이었다. 정식으로 사역자가 된 스데반에게는 큰 기사와 표적이 뒤따랐다. 그리고 스데반의 활동 무대는 주로 예루살렘에 거주하는 디아스포라 유대인들이었다. 포로로 끌려갔다가 석방되어 돌아온 사람들이 모이는 회당을 스데반은 안식일에 찾아다니며 설교를 했는데 유대인들과 논쟁이 벌어진 듯하다. 그런데 유대인들은 논쟁으로는 스데반을 당할 수 없었다. 유대인과 사도들 사이에는 논쟁이 벌어지지 않았는데 왜 스데반과는 논쟁이 벌어졌을까? 그 이유는 다음과 같다.

첫째, 본토 유대인인 사도들과 달리 디아스포라 유대인인 스데반은 서로 관심 분야가 달랐다. 사도들은 유대인들에게 그들의 잘못된 메시아관을 바로 잡아주며 예수님을 메시아로 소개하는 데에 초점을 맞추었다. 그러나 디아스포라 출신인 스데반은 예루살렘의 성전과 유대교의 율법 신앙을 문제 삼았다. 이런 사실은 스데반이 성전과 율법 모독죄로 고발당했다는 사실과 스데반의 설교에서 잘 나타난다.

둘째, 사도들은 예루살렘에서 당시 유대인들과 별반 다르지 않은 신앙생활을 하고 있었다. 유대인들과 동일하게 성전에 기도하러 올라갔으며[55] 당시 유대인들이 지키던 유대교 관습의 대부분을 지키고 있었다. 단지 예수님의 부활을 언급하며 유대인의 메시아 이해가 잘못되었음을 지적하며 예수님이 메시아라는 사실을 입증하는 데에 초점을 맞추었을 뿐이다. 이런 이유로 공회에 두 번 불려 갔지만 처벌을 면할 수 있었다. 그러나 디아스포라 출신의 사역자들은 유대교의 관습에 대하여 문제를 삼기 시작해서 유대인들과 논쟁이 벌어졌

55) 행3:1의 성전에 '올라 갔다'(ἀνέβαινο)는 동사의 시제는 미완료 과거이며, 이는 계속 이어졌다는 뜻이다. 유대인들은 평일에는 하루 세 번(오전 9시, 12시, 오후 3시), 안식일과 절기에는 네 번, 속죄일에는 다섯 번 기도했다. 하루 세 번 기도 전통은 다니엘서(6:10, 9:21)에서 비롯되어진 것 같다.

다. 스데반은 예수님께서 성전과 율법에 대하여 말씀하셨던 것을 기초로 자신의 주장을 폈지만 유대인들은 이를 곡해했다. 특히 성전과 율법 제도는 유대교 신앙의 두 축이었고 유대인들에게는 성전과 율법 교리는 신성불가침의 금과옥조여서 이에 대하여 다른 그 어떤 의견도 설 자리가 전혀 없었다. 그런 유대인들에게 스데반의 해석은 성전과 율법 모독으로 보였고 이는 사형에 해당되었다. 성전모독죄는 예수님께서 고발당하셨던 죄목이었다.(마26:61) 예수님을 증거하던 스데반은 결국 같은 죄목으로 법정에 서야 했다.

❻ 성전과 율법 모독죄

【•】 11 사람들을 매수하여 말하게 하되 이 사람이 모세와 하나님을 모독하는 말을 하는 것을 우리가 들었노라 하게 하고 12 백성과 장로와 서기관들을 충동시켜 와서 잡아가지고 공회에 이르러 13 거짓 증인들을 세우니 이르되 이 사람이 이 거룩한 곳과 율법을 거슬러 말하기를 마지 아니하는도다 14 그의 말에 이 나사렛 예수가 이 곳을 헐고 또 모세가 우리에게 전하여 준 규례를 고치겠다 함을 우리가 들었노라 하거늘

지금까지는 사도들의 활동을 못마땅하게 여긴 유대교 당국자들, 특히 사두개인들이 주동이 되어 사도들을 체포하여 산헤드린 법정에 세웠으나 처벌할 명분이 없어서 석방했었다. 그런데 이번에는 상황이 전혀 달랐다. 예루살렘 주민들과 장로, 서기관들이 고발했을 뿐만 아니라 죄목이 성전과 율법 모독죄였다.

그렇지 않아도 교회가 하는 일이 못마땅하지만 손댈 방법이 없어서 전전긍긍하던 유대교 당국자들은 스데반에 대한 고발장이 접수되자 사두개인과 바리새인이 합세하여 즉시 공회를 소집하고 스데반을 소환하여 법정에 세웠다.

그런데 정작 이런 심각한 상황에 직면한 스데반은 태연자약했을 뿐만 아니라 그 얼굴이 마치 천사의 얼굴과 같았다. 이런 모습은 스데반에게 분통을 터뜨리며 거짓 증인까지 동원하던 유대인들에게 더 거슬렸다.

공회에 선 스데반, 무슨 말을 했을까?

물음 16 스데반의 역사적 교훈, 왜 중요할까?(1)

본문 〈 7:1~8 〉

1 대제사장이 이르되 이것이 사실이냐
2 스데반이 이르되 여러분 부형들이여 들으소서 우리 조상 아브라함이 하란에 있기 전 메소보다미아에 있을 때에 영광의 하나님이 그에게 보여
3 이르시되 네 고향과 친척을 떠나 내가 네게 보일 땅으로 가라 하시니
4 아브라함이 갈대아 사람의 땅을 떠나 하란에 거하다가 그의 아버지가 죽으매 하나님이 그를 거기서 너희 지금 사는 이 땅으로 옮기셨느니라
5 그러나 여기서 발 붙일 만한 땅도 유업으로 주지 아니하시고 다만 이 땅을 아직 자식도 없는 그와 그의 후손에게 소유로 주신다고 약속하셨으며
6 하나님이 또 이같이 말씀하시되 그 후손이 다른 땅에서 나그네가 되리니 그 땅 사람들이 종으로 삼아 사백 년 동안을 괴롭게 하리라 하시고
7 또 이르시되 종 삼는 나라를 내가 심판하리니 그 후에 그들이 나와서 이 곳에서 나를 섬기리라 하시고
8 할례의 언약을 아브라함에게 주셨더니 그가 이삭을 낳아 여드레 만에 할례를 행하고 이삭이 야곱을, 야곱이 우리 열두 조상을 낳으니라

사도행전에서 스데반의 설교는 가장 길고 자세하게 기록되어 있다. 누가는 왜 스데반의 설교를 이렇게 중요하게 다루고 있을까? 또 스데반은 무슨 설교를 한 것일까?

❶ 여러분 부형들이여, 들으소서

【•】 1 대제사장이 이르되 이것이 사실이냐 2 스데반이 이르되 여러분 부형들이여 들으소서 …

대제사장 가야바가 스데반에게 고발당한 죄목의 사실 여부를 물

었다. 이에 대하여 스데반은 유대교 지도자들과 원로들에 대하여 깍듯한 예의를 갖추고 "부형(父兄)들이여!"라고 불렀다. 스데반의 이런 자세는 그를 고발한 유대인들과는 정반대의 태도였다. 그들은 스데반을 '이 사람이'(행6:11)라고 했고, 예수님을 '이 나사렛 예수'(행6:14)라고 지칭했는데 이는 경멸과 무시, 조롱하는 호칭이었다. 이어서 스데반은 아브라함으로 시작되는 이스라엘 역사를 개괄하고 있다. 역사를 언급하는 방식은 당시 유대인들이 즐겨 사용하던 방식인데, 스데반은 이스라엘 역사를 유대인과 달리 해석하면서 변증을 시작했다.

그러나 스데반의 변증은 자기 자신을 위한 변증이 아니라 교회를 위한 변증이었다. 스데반은 유대교의 공격으로부터 교회를 변증한 최초의 변증가라고 할 수 있다. 거짓 고발을 당하면서도 천사의 얼굴을 하고 깍듯하게 예의를 갖추며 시작한 스데반의 변증, 그 내용은 어떠했을까?

❷ 믿음과 순종의 역사

【●】 2 스데반이 이르되 … 우리 조상 아브라함이 하란에 있기 전 메소보다미아에 있을 때에 영광의 하나님이 그에게 보여 … 8 할례의 언약을 아브라함에게 주셨더니 그가 이삭을 낳아 여드레 만에 할례를 행하고 이삭이 야곱을, 야곱이 우리 열두 조상을 낳으니라

스데반의 설교는 먼저 이스라엘의 시조 아브라함으로 시작하여 이삭, 야곱으로 이어졌다. 이들의 이야기를 스데반은 다음과 같이 하나님께 순종한 역사로 해석했다.

첫째, 하나님은 이스라엘만의 하나님이 아니시다. 아브라함이 이방인의 땅 메소포타미아와 하란에 있을 때에 하나님께서는 그에게 나타나시고 그와 계약을 맺으셨다. 하나님께서 아브라함에게 나타나실 때에 아브라함은 아직 하나님을 알지도, 믿지도 않았었다. 하나님께서는 사람을 가리지 않으시고 하나님의 뜻에 맞는 사람들을 부르시고 또 그를 통하여 뜻을 이루신다.

둘째, 아브라함, 이삭, 야곱 등 조상들은 하나님의 약속을 믿고 의심하거나 불평하지 않았다. 아브라함은 본토, 친척, 아비의 집을 떠나라는 하나님의 명령에 순종하여 갈대아 우르에서 하란을 거쳐 가나안으로 이주했다. 이런 나그네의 삶이 그 당시에는 가장 큰 모험이었지만 아브라함은 아무런 불평 없이 하나님의 약속을 믿고 정처 없는 길을 떠났다. 가나안에 도착했지만 아직 거주할 곳조차 마련하지 못한 상태였고 아들조차 없는데, 이번에는 그 땅을 먼 훗날 후손들에게 주시겠다고 또 약속하셨다. 그런데 이번에도 아브라함은 하나님의 약속을 믿고 전혀 의심하지 않았다.

셋째, 하나님은 약속을 반드시 지키신다. 75세에 길을 떠난 아브라함은 100여 살이 되도록 아들이 없었고, 그 후손들은 애굽으로 내려가서 430년 동안 노예로 사는 등 하나님의 약속이 전혀 이뤄질 것 같지 않았다. 그러나 하나님께서는 약속을 지켜주셔서 조상들이 출애굽하여 가나안으로 돌아와 땅을 차지할 수 있었다.

스데반의 역사 해석과 교훈은 계속 이어졌다.

물음 17 스데반의 역사적 교훈, 왜 중요할까?(2)

본문 〈 7:9~47 〉

9 여러 조상이 요셉을 시기하여 애굽에 팔았더니 하나님이 그와 함께 계셔
10 그 모든 환난에서 건져내사 애굽 왕 바로 앞에서 은총과 지혜를 주시
매 바로가 그를 애굽과 자기 온 집의 통치자로 세웠느니라
11 그 때에 애굽과 가나안 온 땅에 흉년이 들어 큰 환난이 있을새 우리
조상들이 양식이 없는지라
12 야곱이 애굽에 곡식 있다는 말을 듣고 먼저 우리 조상들을 보내고

13 또 재차 보내매 요셉이 자기 형제들에게 알려지게 되고 또 요셉의 친
족이 바로에게 드러나게 되니라
14 요셉이 사람을 보내어 그의 아버지 야곱과 온 친족 일흔다섯 사람을
청하였더니
15 야곱이 애굽으로 내려가 자기와 우리 조상들이 거기서 죽고
16 세겜으로 옮겨져 아브라함이 세겜 하몰의 자손에게서 은으로 값 주고
산 무덤에 장사되니라
17 하나님이 아브라함에게 약속하신 때가 가까우매 이스라엘 백성이 애
굽에서 번성하여 많아졌더니
18 요셉을 알지 못하는 새 임금이 애굽 왕위에 오르매
19 그가 우리 족속에게 교활한 방법을 써서 조상들을 괴롭게 하여 그 어
린 아이들을 내버려 살지 못하게 하려 할새
20 그 때에 모세가 났는데 하나님 보시기에 아름다운지라 그의 아버지의
집에서 석 달 동안 길리더니
21 버려진 후에 바로의 딸이 그를 데려다가 자기 아들로 기르매
22 모세가 애굽 사람의 모든 지혜를 배워 그의 말과 하는 일들이 능하더라
23 나이가 사십이 되매 그 형제 이스라엘 자손을 돌볼 생각이 나더니
24 한 사람이 원통한 일 당함을 보고 보호하여 압제 받는 자를 위하여
원수를 갚아 애굽 사람을 쳐 죽이니라
25 그는 그의 형제들이 하나님께서 자기의 손을 통하여 구원해 주시는
것을 깨달으리라고 생각하였으나 그들이 깨닫지 못하였더라
26 이튿날 이스라엘 사람끼리 싸울 때에 모세가 와서 화해시키려 하여
이르되 너희는 형제인데 어찌 서로 해치느냐 하니
27 그 동무를 해치는 사람이 모세를 밀어뜨려 이르되 누가 너를 관리와
재판장으로 우리 위에 세웠느냐
28 네가 어제는 애굽 사람을 죽임과 같이 또 나를 죽이려느냐 하니
29 모세가 이 말 때문에 도주하여 미디안 땅에서 나그네 되어 거기서 아
들 둘을 낳으니라
30 사십 년이 차매 천사가 시내 산 광야 가시나무 떨기 불꽃 가운데서
그에게 보이거늘
31 모세가 그 광경을 보고 놀랍게 여겨 알아보려고 가까이 가니 주의 소
리가 있어
32 나는 네 조상의 하나님 즉 아브라함과 이삭과 야곱의 하나님이라 하
신대 모세가 무서워 감히 바라보지 못하더라

33 주께서 이르시되 네 발의 신을 벗으라 네가 서 있는 곳은 거룩한 땅
이니라
34 내 백성이 애굽에서 괴로움 받음을 내가 확실히 보고 그 탄식하는 소
리를 듣고 그들을 구원하려고 내려왔노니 이제 내가 너를 애굽으로 보
내리라 하시니라
35 그들의 말이 누가 너를 관리와 재판장으로 세웠느냐 하며 거절하던
그 모세를 하나님은 가시나무 떨기 가운데서 보이던 천사의 손으로 관
리와 속량하는 자로서 보내셨으니
36 이 사람이 백성을 인도하여 나오게 하고 애굽과 홍해와 광야에서 사
십 년간 기사와 표적을 행하였느니라
37 이스라엘 자손에 대하여 하나님이 너희 형제 가운데서 나와 같은 선
지자를 세우리라 하던 자가 곧 이 모세라
38 시내 산에서 말하던 그 천사와 우리 조상들과 함께 광야 교회에 있었
고 또 살아 있는 말씀을 받아 우리에게 주던 자가 이 사람이라
39 우리 조상들이 모세에게 복종하지 아니하고자 하여 거절하며 그 마음
이 도리어 애굽으로 향하여
40 아론더러 이르되 우리를 인도할 신들을 우리를 위하여 만들라 애굽 땅
에서 우리를 인도하던 이 모세는 어떻게 되었는지 알지 못하노라 하고
41 그 때에 그들이 송아지를 만들어 그 우상 앞에 제사하며 자기 손으로
만든 것을 기뻐하더니
42 하나님이 외면하사 그들을 그 하늘의 군대 섬기는 일에 버려 두셨으
니 이는 선지자의 책에 기록된 바 이스라엘의 집이여 너희가 광야에서
사십 년간 희생과 제물을 내게 드린 일이 있었느냐
43 몰록의 장막과 신 레판의 별을 받들었음이여 이것은 너희가 절하고자 하
여 만든 형상이로다 내가 너희를 바벨론 밖으로 옮기리라 함과 같으니라
44 광야에서 우리 조상들에게 증거의 장막이 있었으니 이것은 모세에게
말씀하신 이가 명하사 그가 본 그 양식대로 만들게 하신 것이라
45 우리 조상들이 그것을 받아 하나님이 그들 앞에서 쫓아내신 이방인의 땅
을 점령할 때에 여호수아와 함께 가지고 들어가서 다윗 때까지 이르니라
46 다윗이 하나님 앞에서 은혜를 받아 야곱의 집을 위하여 하나님의 처
소를 준비하게 하여 달라고 하더니
47 솔로몬이 그를 위하여 집을 지었느니라

스데반은 성조(聖祖) 아브라함, 이삭, 야곱의 이야기를 이런 식으

로 해석한 후 그 다음 조상들의 이야기는 배반의 역사로 해석해 나갔다.

❶ 배반의 역사(1) – 요셉에 대한 배반

【•】 9 여러 조상이 요셉을 시기하여 애굽에 팔았더니 하나님이 그와 함께 계셔 10 그 모든 환난에서 건져내사 애굽 왕 바로 앞에서 은총과 지혜를 주시매 바로가 그를 애굽과 자기 온 집의 통치자로 세웠느니라

야곱의 열두 아들 중 요셉이 가장 성실하게 야곱의 양들을 돌보았다. 하지만 그의 형들은 요셉을 시기하여 죽이려다가 노예로 팔았다. 17세에 애굽으로 팔려간 요셉은 좌절하지 않고 최선을 다하여 경호실장 보디발의 집 총무를 거쳐 애굽의 총리 자리에 올랐다.

후일 요셉은 양식을 사러 온 형들을 만나 용서하고 그 가족 75명을 애굽으로 이주시켜 기아를 면하고 풍족한 삶을 살게 해주었다. 야곱은 죽은 후 가나안 세겜에 묻혔는데, 이는 하나님께서 가나안을 주시리라는 약속을 그 후손들에게 확인시키기 위함이었다.

요셉의 형들은 요셉을 배반했지만 하나님께서는 요셉을 통하여 그들을 구원하셨다. 스데반은 야곱 이후의 이스라엘 역사를 이런 불순종과 배반의 도식으로 해석해 나갔다.

❷ 배반의 역사(2) – 모세에 대한 배반

【•】 35 그들의 말이 누가 너를 관리와 재판장으로 세웠느냐 하며 거절하던 그 모세를 하나님은 가시나무 떨기 가운데서 보이던 천사의 손으로 관리와 속량하는 자로서 보내셨으니 36 이 사람이 백성을 인도하여 나오게 하고 애굽과 홍해와 광야에서 사십 년간 기사와 표적을 행하였느니라

이번에는 모세가 등장하여, 당시 노예로 살아가던 이스라엘 사람을 학대하는 애굽인을 죽이고 이스라엘을 돕고자 했다. 그러나 이스라엘은 모세를 거부하고 오히려 살인자라고 떠들어 댔다. 살인자와 반역자가 된 모세는 결국 나그네가 되어 미디안 광야로 가서 정착했다. 하지만 광야에서 나그네 생활을 하면서도 이스라엘의 고통을 마

음 아파하는 모세의 중심을 보시고 하나님께서는 모세를 애굽으로 보내셨다. 하나님께서는 요셉에 이어 이번에도 이스라엘 백성에게 배반당한 모세를 통해 이스라엘을 애굽의 종살이에서 구원해 내셨다.

그 다음에는 또 무슨 배반의 증거가 있을까?

❸ 배반의 역사(3) – 광야에서의 배반

【•】 41 그 때에 그들이 송아지를 만들어 그 우상 앞에 제사하며 자기 손으로 만든 것을 기뻐하더니 … 43 몰록의 장막과 신 레판의 별을 받들었음이여 이것은 너희가 절하고자 하여 만든 형상이로다 내가 너희를 바벨론 밖으로 옮기리라 함과 같으니라

하나님께서는 이스라엘이 배반했던 모세를 통하여 애굽에서 그들을 구원하여 광야에서 계약을 체결하셨지만, 이스라엘은 또 모세를 배반하고 금송아지를 만들어 애굽으로 다시 돌아가자고 했다. 광야에서는 이방신 몰록과 레판의 별을 만들어 섬기며 모세와 하나님을 배반했다. 하나님께서는 광야에서도 모세의 탄원을 들으시고 이스라엘을 멸망시키지 않으시고 구원하셨다.

❹ 배반의 역사(4) – 선지자에 대한 배반

【•】 37 이스라엘 자손에 대하여 하나님이 너희 형제 가운데서 나와 같은 선지자를 세우리라 하던 자가 곧 이 모세라 38 시내 산에서 말하던 그 천사와 우리 조상들과 함께 광야 교회에 있었고 또 살아 있는 말씀을 받아 우리에게 주던 자가 이 사람이라… 52)너희 조상들이 선지자들 중의 누구를 박해하지 아니하였느냐 의인이 오시리라 예고한 자들을 그들이 죽였고 이제 너희는 그 의인을 잡아 준 자요 살인한 자가 되나니

스데반은 광야에서 계약을 맺은 공동체(총회, לקהל 신9:10)를 '광야 교회'라고 해석했다. 이스라엘은 하나님과 옛계약을 맺었던 공동체이며, 교회는 옛계약이 폐지된 후 다시 하나님과 계약을 맺은 새 계약공동체이다. 스데반은 교회를 계약공동체로 해석했다. 계약공동체는 계약을 지켜야 한다.

계약을 중재한 모세는 광야에서의 배반을 기초로 신명기에서 계약법을 재해석하면서 가나안에 들어가서는 계약법을 지키며, 또 이를 가르치는 선지자들을 거역하지 말라며 다음과 같이 당부했다.

> 여호와께서는 여러분의 동족 가운데에서 끊임없이 한 사람을 예언자로 불러 세워 내가 이제까지 해온 것처럼 주님의 말씀을 여러분에게 전하게 하실 것입니다. 여러분은 그 예언자의 말을 들으며 살아야 합니다. (신18:15 현대어)

그러나 이스라엘은 포로기 이전에 선지자의 말에 귀를 기울인 적이 없었을 뿐만 아니라 박해하여 죽이기 일쑤였다. 그들이 이렇게 한 이유는 선지자들이 전하는 말을 하나님의 말씀으로 받아들이지 않았기 때문이었다. 스데반은 배반의 역사를 또 이어가고 있다.

❺ 배반의 역사(5) – 율법에 대한 배반

【•】 44 광야에서 우리 조상들에게 증거의 장막이 있었으니 이것은 모세에게 말씀하신 이가 명하사 그가 본 그 양식대로 만들게 하신 것이라 …47 솔로몬이 그를 위하여 집을 지었느니라

고대의 이방종교들은 보이는 건물인 신전에서 보이는 신상을 만들어 놓고 신을 섬겼는데, 그 방법은 성대한 제사였다. 이에 반하여 이스라엘에서는 보이지 않는 신전에서 보이지 않는 하나님을 섬겼는데, 그 방법이 계약법 준수였다. 광야에서 만든 성막과 제사 제도들은 성막과 제사 자체에 있는 게 아니라 계약법을 깨우치기 위함이었다. 성막과 제사의 중심에는 계약법이 담긴 법궤가 있었다. 이스라엘이 가나안에 들어간 이후 성막은 사라지고 법궤만 남아 있었다. 이런 이유로 선지자들과 예수님께서는 하나님께서는 제사를 원하신 적이 없다고 했다.(호6:6, 마12:7)

그런데 다윗과 솔로몬 이후 이스라엘은 보이는 성전을 지어놓고 하나님께서 성전에 계시며, 제사로 하나님을 섬겨야 한다고 가르쳤다. 이는 성막과 제사 제도는 물론이고 계약법과 그 법을 주신 하나

님에 대한 배반이었다.

천사의 얼굴을 한 스데반은 산헤드린 공회에 모인 제사장들과 장로, 랍비들에게 야곱 이후 이스라엘 역사를 배반의 역사로 해석하면서 역사적인 교훈을 일깨웠다. 그런데 이게 전부가 아니었다.

이제부터는 과거의 역사적 교훈으로 현재를 진단하기 시작했다. 스데반이 진단한 유대교의 병증은 무엇일까?

물음 18 스데반의 역사적 교훈, 왜 중요할까?(3)

본문 〈 7:48~60 〉

48 그러나 지극히 높으신 이는 손으로 지은 곳에 계시지 아니하시나니 선지자가 말한 바

49 주께서 이르시되 하늘은 나의 보좌요 땅은 나의 발등상이니 너희가 나를 위하여 무슨 집을 짓겠으며 나의 안식할 처소가 어디냐

50 이 모든 것이 다 내 손으로 지은 것이 아니냐 함과 같으니라

51 목이 곧고 마음과 귀에 할례를 받지 못한 사람들아 너희도 너희 조상과 같이 항상 성령을 거스르는도다

52 너희 조상들이 선지자들 중의 누구를 박해하지 아니하였느냐 의인이 오시리라 예고한 자들을 그들이 죽였고 이제 너희는 그 의인을 잡아 준 자요 살인한 자가 되나니

53 너희는 천사가 전한 율법을 받고도 지키지 아니하였도다 하니라

54 그들이 이 말을 듣고 마음에 찔려 그를 향하여 이를 갈거늘

55 스데반이 성령 충만하여 하늘을 우러러 주목하여 하나님의 영광과 및 예수께서 하나님 우편에 서신 것을 보고

56 말하되 보라 하늘이 열리고 인자가 하나님 우편에 서신 것을 보노라 한대

57 그들이 큰 소리를 지르며 귀를 막고 일제히 그에게 달려들어

58 성 밖으로 내치고 돌로 칠새 증인들이 옷을 벗어 사울이라 하는 청년의 발 앞에 두니라

59 그들이 돌로 스데반을 치니 스데반이 부르짖어 이르되 주 예수여 내 영혼을 받으시옵소서 하고
60 무릎을 꿇고 크게 불러 이르되 주여 이 죄를 그들에게 돌리지 마옵소서 이 말을 하고 자니라

스데반의 얼굴은 천사의 모습이었지만 그의 설교, 특히 마지막 결론 부분을 말하는 내용은 전혀 딴판이었다. 스데반의 설교는 인간의 언어로 전달할 수 있는 가장 무서운 심판의 선언이며 책망이었다.

❶ 성전 - 하나님 모독

【•】 48 그러나 지극히 높으신 이는 손으로 지은 곳에 계시지 아니하시나니 선지자가 말한 바 49 주께서 이르시되 하늘은 나의 보좌요 땅은 나의 발등상이니 너희가 나를 위하여 무슨 집을 짓겠으며 나의 안식할 처소가 어디냐 50 이 모든 것이 다 내 손으로 지은 것이 아니냐 함과 같으니라

스데반은 유대인이면 누구나 잘 아는 이사야 66:1~2의 말씀을 인용했다. 이 말씀을 인용하는 의미를 자칫 놓칠 수 있다. 이 구절은 유대인들이 이방 신전을 조롱할 때 주로 인용한 구절이다. 구약의 이사야 선지자가 이스라엘의 성전신앙을 책망하기 위하여 위의 말씀을 한 이후 누구도 이 구절을 예루살렘 성전에 적용한 사람은 없었다. 그런데 지금 스데반은 이 구절을 예루살렘 성전에 적용시키면서 예루살렘 성전은 이방인의 신전과 다를 바가 전혀 없다고 산헤드린 공회에서 선언했다. 성전을 신성시하던 유대인들이 이 말을 듣고 어떤 충격을 받았을지 능히 짐작되고도 남는다.

스데반이 성전을 이렇게 해석할 수 있었던 근거는 "돌 하나도 돌 위에 남지 않고 다 무너뜨려지리라."(눅19:44, 21:6), "이 성전을 헐라 내가 사흘 동안에 일으키리라."(요3:19) 라는 성전에 대한 예수님의 말씀이었다. 그러나 아직 교인 가운데 어느 누구도 이 말씀을 당시 성전에 적용한 사람은 없었다. 디아스포라 사역자였던 스데반은 유대교 오류의 핵심이 성전신앙이며, 이 성전은 곧 파괴되리라

고 내다보았다. 스데반, 그는 당시 교인 가운데서도 선각자였다.

스데반의 책망은 아직 끝나지 않았다.

❷ 마음과 귀에 할례받지 못한 자들

【•】 51 목이 곧고 마음과 귀에 할례를 받지 못한 사람들아 너희도 너
희 조상과 같이 항상 성령을 거스르는도다 52 너희 조상들이 선지자들
중의 누구를 박해하지 아니하였느냐 의인이 오시리라 예고한 자들을
그들이 죽였고 이제 너희는 그 의인을 잡아 준 자요 살인한 자가 되나
니 53 너희는 천사가 전한 율법을 받고도 지키지 아니하였도다 하니라

스데반은 이스라엘 역사를 배반의 역사로 해석해 나간 후 산헤드린 공회에 앉아있는 회원들을 향하여 그들이 지금 똑같은 일을 반복할 뿐만 아니라 훨씬 더 악한 일을 자행하고 있다고 책망했다. '목이 곧고 마음과 귀에 할례받지 못한 자들'이라는 표현은 유대인, 그것도 율법을 철저하게 지키고 있다고 자부하는 유대교 지도자들에게 할 수 있는 가장 큰 모욕이며 책망이었다. 당시의 바리새인들이 지키는 율법 조항은 6천여 가지였다고 한다. 그들은 율법 준수가 직업이자 곧 존재 이유였다.

이 말을 들은 유대인들은 하나같이 이를 갈았고(54절) 그런 그들에게 스데반은 기름을 부었다.

❸ 하나님 우편에 서신 예수님

【•】 55 스데반이 성령 충만하여 하늘을 우러러 주목하여 하나님의 영
광과 및 예수께서 하나님 우편에 서신 것을 보고 56 말하되 보라 하늘
이 열리고 인자가 하나님 우편에 서신 것을 보노라 한대 57 그들이 큰
소리를 지르며 귀를 막고 일제히 그에게 달려들어 58 성 밖으로 내치
고 돌로 칠새 증인들이 옷을 벗어 사울이라 하는 청년의 발 앞에 두니
라

스데반은 설교를 마치고 하늘을 우러러보며 예수님께서 하나님 우편에 서 계신다고 했다. 그러자 이 말을 들은 유대인들은 이성을 잃고 스데반을 성 밖으로 끌고 나가 돌로 치기 시작했다. 왜 유대인들이 이런 격한 반응을 보였을까?

지금 산헤드린 공회에 앉아 있는 자들이 예수님에 대해 사형선고를 내리고 죽인 주범들인데, 그들이 죽인 예수님께서 부활, 승천하셔서 하나님 우편에 계신다는 말은 그들이 메시아, 더 나아가 사람이 되신 하나님을 죽였다는 말이기 때문이다. 성전과 율법 모독죄로 고발당한 스데반은 야곱 이후의 이스라엘 과거 역사를 배반의 역사로 해석했을 뿐만 아니라 현재도 유대인들이 과거보다 더 심하게 율법과 하나님을 배반하고 있다고 반대로 고발했다. 그래서 재판의 시작은 그럴듯하게 형식을 갖추었지만 그 결말은 완전 파행으로 끝나고 말았다. 당시 유대인들에게는 사형집행권이 없었지만 이조차 무시해버리고 말았다.

❹ 예수님 재현

【•】 59 그들이 돌로 스데반을 치니 스데반이 부르짖어 이르되 주 예수여 내 영혼을 받으시옵소서 하고 60 무릎을 꿇고 크게 불러 이르되 주여 이 죄를 그들에게 돌리지 마옵소서 이 말을 하고 자니라

최초의 순교자 스데반이 돌에 맞아 죽어가면서 보여 준 마지막 모습은 무엇일까? 예수님께서 돌아가시면서 보여 주신 모습 그대로였다.

주 예수여 내 영혼을 받으시옵소서
주여 이 죄를 그들에게 돌리지 마옵소서

예수님께서 마지막으로 하셨던 기도를 재현한 의미는 무엇일까?

첫째, 순교자의 길이었다. 초대 기독교 역사는 곧 박해받는 역사였는데, 최초의 순교자 스데반은 순교자가 가야 할 길을 닦아 놓았다. 그 이후 수많은 순교자들은 죽어가면서 스데반처럼 자신을 죽이는 자들을 원망하지 않고 기도해주면서 죽어갔다. 많은 사람들이 모인 경기장에서 굶주린 사자의 밥이 되면서, 화형을 당하면서 스데반처럼 죽어가는 모습은 사람들에게 충격 그 자체였다. 이런 순교의 피가 쌓이고 쌓여 후일 기독교는 로마제국의 국교가 되었다.

둘째, 예수님의 경고를 재현했다. 스데반은 누구보다도 예수님의 말씀과 행적을 잘 이해했다. 그는 이런 이해를 기초로 이스라엘 역사를 해석하면서 유대인에게 돌이키도록 설교하였고 또한 죽어가면서까지 호소했다. 그러나 그의 기대와는 달리 유대인들은 멸망의 길을 재촉하다가 결국 AD 70년에 멸망하고 말았다. 이 멸망은 계약 파기를 의미한다.

그러나 스데반의 죽음은 결코 헛되지 않았다. 순교자의 길을 닦았을 뿐만 아니라 새로운 선교의 길에 초석을 놓았다.

❺ 바울의 선구자

【•】 58 성 밖으로 내치고 돌로 칠새 증인들이 옷을 벗어 사울이라 하는 청년의 발 앞에 두니라

스데반을 성 밖으로 끌고 나가 돌로 쳐 죽이는 일을 주도한 사람은 누구였을까? 사울이라는 청년이었다. 사울은 스데반을 죽이는 일뿐만 아니라 그 이후 디아스포라 교인들을 박해하는 일에도 앞장섰다. 그런데 놀랍게도 그가 후일 스데반이 닦아 놓은 길을 따라갔을 뿐만 아니라 그 길을 완성시켰다.

이를 어떻게 설명해야 할까? 하나님께서 하시는 일을 어찌 인간이 가늠할 수 있겠는가!

스데반의 설교에 등장하는 요셉, 모세, 선지자들, 그리고 바울은 무엇을 말해 주는가? 거역당한 사람을 통해서 거역한 사람들을 구원하시는 하나님의 구원 방법을 말하고 있다. 예수님은 이 모든 역설적인 방법의 완성이시다.

물음 19
박해, 어떤 결과를 가져왔을까?

본문 〈 8:1~13 〉

1 사울은 그가 죽임 당함을 마땅히 여기더라 그 날에 예루살렘에 있는 교회에 큰 박해가 있어 사도 외에는 다 유대와 사마리아 모든 땅으로 흩어지니라
2 경건한 사람들이 스데반을 장사하고 위하여 크게 울더라
3 사울이 교회를 잔멸할새 각 집에 들어가 남녀를 끌어다가 옥에 넘기니라
4 그 흩어진 사람들이 두루 다니며 복음의 말씀을 전할새
5 빌립이 사마리아 성에 내려가 그리스도를 백성에게 전파하니
6 무리가 빌립의 말도 듣고 행하는 표적도 보고 한마음으로 그가 하는 말을 따르더라
7 많은 사람에게 붙었던 더러운 귀신들이 크게 소리를 지르며 나가고 또 많은 중풍병자와 못 걷는 사람이 나으니
8 그 성에 큰 기쁨이 있더라
9 그 성에 시몬이라 하는 사람이 전부터 있어 마술을 행하여 사마리아 백성을 놀라게 하며 자칭 큰 자라 하니
10 낮은 사람부터 높은 사람까지 다 따르며 이르되 이 사람은 크다 일컫는 하나님의 능력이라 하더라
11 오랫동안 그 마술에 놀랐으므로 그들이 따르더니
12 빌립이 하나님 나라와 및 예수 그리스도의 이름에 관하여 전도함을 그들이 믿고 남녀가 다 세례를 받으니
13 시몬도 믿고 세례를 받은 후에 전심으로 빌립을 따라다니며 그 나타나는 표적과 큰 능력을 보고 놀라니라

스데반을 죽이는 일을 주도했던 사울은 스데반이 죽어 마땅하다고 생각했을 뿐만 아니라, 다른 교인들도 박해하기 시작했다. 이로

써 교회는 새로운 전환점을 맞이했다. 그 과정을 따라가 보고자 한다.

❶ 크게 울더라

【•】 2 경건한 사람들이 스데반을 장사하고 위하여 크게 울더라

누가는 왜 "크게 울더라."라는 말을 넣어놓았을까? 유대교 율법은 생각보다 세밀한 문제에도 관심을 가져 사형당한 사람의 장례식에 대해서도 구체적인 규정을 만들어 놓았는데, 슬퍼하며 울지 못하게 했다.[56] 그런데 교인들은 이를 무시하고 스데반의 장례식을 성대하게 치렀을 뿐만 아니라 크게 소리 내어 울었다. 이는 스데반의 죽음과 박해에 대한 도전이자 항의의 표시였다.

❷ 잔멸할새

【•】 3 사울이 교회를 잔멸할새 각 집에 들어가 남녀를 끌어다가 옥에 넘기니라

본문에 사용된 '잔멸할새'(ἐλυμαίνετο)라는 단어는 사자나 이리 등이 양 떼를 사납게 공격하거나 멧돼지가 포도원을 망쳐 놓는 경우에 사용되는 단어이다. 이 단어는 사울이 교회를 어느 정도로 심하게 박해했는지를 잘 표현해 주고 있다. 지금까지는 주로 사도들이 공회에 불려갔으나 이제는 교인들을 대상으로 잔인한 박해가 시작되었다.

❸ 사도 외에는

【•】 1 … 그 날에 예루살렘에 있는 교회에 큰 박해가 있어 사도 외에는 …

교회에 무차별적인 박해가 시작되었지만 사도들은 피난을 가지

56) Mishnah, Sanhedrin vi. 6.
성문 율법은 실생활에 직접 적용하기가 어렵다. 이에 힐렐(Hillel, Bc 70~AD 10년경)은 구전 율법이 모세에 근거했음을 강조하며 성문 율법을 해석하여 실생활에 적용하게 했다. 이런 해석을 할라카(Halakah)라고 하는데, 구약의 성문 율법을 613조항으로 정리했다. 예루살렘 멸망 후 구전율법이 사라질 위기에 처하자 이를 성문화시킨 것이 미쉬나(Mishnah)인데, AD 200년경 유다 하나시(Judah the Price)에 이르러 성문화되었다.

않았다고 한다. 왜 사도들은 피난을 가지 않았을까? 사도들은 예루살렘교회를 지키기 위하여 당연히 순교를 각오하고 피난 가지 않았다고 생각할 수 있다. 그럴 수도 있었을 것이다. 그런데 왜 사도들은 박해하지 않았을까? 숨어있어서 찾지를 못했을까? 전혀 아니었다. 이런 상황은 사울이 박해한 대상은 주로 디아스포라 교인들이었음을 말해주고 있다. 그러나 박해의 대상이 디아스포라에게만 국한되지 않으리라고 생각되어 일반 교인들까지 피난가야 했다. 그러나 사도들은 이미 공회에서 두 번이나 재판을 받았지만 두 번 다 공식적으로 인정을 받고 풀려났기 때문에 또 구속할 명분이 없었다.

그 이후의 상황을 보면 사울이 다메섹 도상에서 회심하고 나서 박해가 누그러지자 예루살렘의 원주민이었던 교인들은 다시 돌아오고 예루살렘에 특별한 연고가 없는 디아스포라 교인들은 각지로 흩어졌던 것으로 보인다. 이로써 예루살렘에는 사도들과 예루살렘 출신 교인들만 남게 되었다.

❹ 흩어지니라

【●】 1 … 그 날에 예루살렘에 있는 교회에 큰 박해가 있어 사도 외에는 다 유대와 사마리아 모든 땅으로 흩어지니라

지금까지 2년여 동안은 주로 예루살렘과 그 인근이 선교의 무대였다. 주민의 상당수가 교인이 되었고 사도들은 주로 성전과 솔로몬 행각에서 몰려온 사람들에게 말씀을 가르치고 병자들을 치료했다. 그 외에 특별한 선교계획이 있을 리가 없었다. 그런데 스데반의 순교와 박해로 말미암아 상황이 완전히 바뀌고 말았다.

이제 예루살렘에서는 더 이상 선교 활동을 할 수가 없게 되었다. 대신 사방으로 흩어진 교인들이 그곳에서 선교를 함으로써 복음은 자연스럽게 유대와 사마리아와 이방지역으로 확산되기 시작했다. 이로써 제자들이 예루살렘에서 시작하여 땅끝까지 이르러 증인이 되리라는 예수님의 말씀이 이루어졌다.(행1:8) 그런데 그 방법이 너

무 놀랍게도 박해였다. 마귀의 세력은 교회를 잔멸하려고 박해했지만 하나님께서는 이를 역이용하여 복음의 세계화를 실현하셨다.

성경에는 이 비슷한 이야기들로 가득 차 있다. 어떤 일들이 우리의 생각과 계획대로 되지 않더라도 아직 실망하기에는 이르다. 하나님께서는 더 좋은 결과가 되게 하시기 때문이다. 우리의 기대와 어긋나는 게 오히려 당연할 수도 있다. 하나님의 깊고 오묘한 방법은 항상 인간의 예측을 벗어나기 때문이다. 오순절의 방언과 성전 미문의 사건을 누가 감히 상상인들 했겠는가? 단지 우리가 끊임없이 점검하며 걱정할 부분은 내가 하나님의 뜻, 즉 계약법을 바르게 이해하고 계약법에서 제시하는 방식을 벗어나지 않았는지 확인해볼 일이다. 우리가 이에 기초하여 최선을 다하려고 하면 하나님께서는 항상 더 좋은 길로 인도해 주신다.

❺ 사마리아 성에 내려가

【•】 5 빌립이 사마리아 성에 내려가 그리스도를 백성에게 전파하니 6 무리가 빌립의 말도 듣고 행하는 표적도 보고 한마음으로 그가 하는 말을 따르더라

유대인과 사마리아인의 원한은 뿌리가 깊었다. 앗수르와 바벨론은 이스라엘과 유다를 멸망시킬 때 중심 세력을 포로로 끌어가고 현지에는 이민족을 이주시켰다. 남아있던 사람들은 자연스럽게 이방인과 혼합이 되고 말았다. 후일 포로에서 귀환한 사람들은 이들이 혼혈이 되었다는 이유로 천시하며 멀리했다. 남아있던 이들이 주로 사마리아를 중심으로 살았기 때문에 사마리아인이라 불리게 되었다. 사마리아인들은 그리심산에 성전을 짓고 모세오경을 중심으로 따로 신앙생활을 했다. 그러던 중 하스몬 왕조의 요한 힐카누스(John Hyrcanus I, BC 135~104)가 사마리아를 정복하고 성전을 파괴하였는데, BC 63년 로마가 이 지역을 정복하고 나서야 사마리아인들은 유대의 지배에서 겨우 벗어날 수 있었다. 이런 과정을 겪

으면서 유대인과 사마리아인은 서로 원수가 되고 말았다.

그런데 흩어진 디아스포라 교인 가운데 사마리아 성에 내려가 복음을 전한 사람이 있었다.[57] 예수님께서 갈릴리 사역을 마치고 예루살렘으로 올라가실 때 사마리아를 거쳐 가시며 전도하시려고 했으나 사마리아인이 거부하여 실패했었다.(눅9:51~53) 그런데 빌립은 어떻게 사마리아인의 지역에 갈 생각을 했으며, 또 어떻게 전도를 할 수가 있었을까?

첫째, 빌립은 성령의 직접적인 인도하심을 받았다. 빌립이 사마리아에서 복음을 전할 때 성령께서 빌립에게 가사로 가라고 말씀하셨고, 그곳에서 마침 이사야서를 읽고 있는 내시를 만났으며, 그 이후에는 성령께서 빌립을 아소도로 이끌고 가셨다. 이에 근거하여 추정해보면 빌립은 사마리아로 갈 때에도 성령의 특별한 인도하심을 받았음을 알 수 있다. 그러나 이는 빌립이 사마리아에 대하여 아무런 관심이나 생각이 없었다는 뜻이 아니다. 반대로 빌립은 그 이전부터 유대인과 사마리아인의 갈등을 가슴 아파하며 그들을 화해시킬 방안을 고심하고 있었기 때문에 성령의 인도하심을 받을 수 있었다. 하나님께서는 관심이 일치하는 사람을 통해서 일하신다. 이런 사실은 다음의 사실에서도 확인된다.

둘째, 빌립은 말씀선포와 더불어 표적과 기사를 행했다. 표적과 기사는 내가 원한다고 되는 게 아니다. 오직 하나님께서 함께하시며 허락하실 때에만 가능하다. 표적과 기사는 새롭게 해석된 하나님의 말씀을 전한 후에 일어났다. 따라서 표적과 기사는 그 해석이 하나

---

57) 빌립이 전도한 사마리아 성이 어디인지는 확실하지가 않다. 구약의 사마리아 성은 헤롯왕이 헬라식 도시로 재건하고 로마황제를 기리기 위하여 이름을 세바스테(Sebaste)라고 개명했으며, 헬라화로 말미암아 사마리아의 특징이 사라지고 말았다. 이런 이유로 많은 학자들은 빌립이 전도한 곳은 사마리아의 특징이 고이 간직되어 있던 세겜이었을 것이라고 추정한다. 그러나 사마리아 고유의 특징이 강한 세겜보다는 헬라의 영향을 받은 사마리아(세바스테)가 헬라어를 자유롭게 구사하는 빌립이 활동하기가 훨씬 더 수월했을 수 있다.

님의 뜻에 부합하다는 증거였다. 본문의 "빌립이 사마리아 성에 내려가 그리스도를 백성에게 전파하니 무리가 빌립의 말도 듣고 행하는 표적도 보고"라는 구절이 이를 입증하고 있다. 또 사도행전에 의하면 교인들이 기도한 후에 사도들을 통하여 표적과 기사가 일어났으며(2:42~43, 4:29~30, 5:12), 사도들이 스데반과 빌립을 안수하여 지도자로 세운 다음에 표적과 기사가 그들을 통해서 일어났다. 표적과 기사는 교인들의 기도에 대한 하나님의 응답이었으며, 사도를 비롯한 지도자들이 하나님의 말씀을 새롭게 해석한 후에 그 해석에 하나님께서 함께하신다는 증거가 표적이었다.

빌립의 사마리아 선교가 성공을 거둘 수 있었던 이유는 성령의 도우심으로 새로운 해석과 표적이 동행했기 때문이었다.

❻ 사마리아 교회

【•】 7 많은 사람에게 붙었던 더러운 귀신들이 크게 소리를 지르며 나가고 또 많은 중풍병자와 못 걷는 사람이 나으니 8 그 성에 큰 기쁨이 있더라 … 12 빌립이 하나님 나라와 및 예수 그리스도의 이름에 관하여 전도함을 그들이 믿고 남녀가 다 세례를 받으니 13 시몬도 믿고 세례를 받은 후에 전심으로 빌립을 따라다니며 그 나타나는 표적과 큰 능력을 보고 놀라니라

복음서에 보면 예수님께서 병자들에게서 귀신을 쫓아내셨고, 또 제자들에게 능력을 주실 때에도 귀신을 쫓아내는 능력이 첫 번째였다.(마10:1, 막13:14~15, 16:17) 사마리아 성에서 빌립이 표적을 행할 때에도 귀신 쫓는 사역이 먼저 나오고 있다. 왜 귀신 쫓아내는 사역이 이토록 중요했을까? 당시에는 귀신들린 사람이 특별히 많아서였을까? 아니다. 귀신을 쫓아내는 것은 곧 잘못된 신앙을 바로잡는 사역이었다. 귀신들은 주로 예수님을 유대인들이 기다리던 유대인의 메시아로 오해하도록 유도했다.(막1:23, 34, 눅4:33, 41)

사마리아인들은 유대인과 다른 메시아 신앙을 가지고 있었다. 그들은 메시아를 '타헤브'(Taheb)라고 했으며, 천지창조 후 6천 년이

되면 메시아가 등장하여 그리심산에 성전을 회복하고 사마리아인을 위한 통치를 시작한다고 생각했다.[58] 이렇게 잘못된 메시아관을 가진 사마리아인들에게 빌립이 하나님 나라와 예수님에 대하여 바르게 해석해 주자 메시아를 오해하게 하던 귀신이 떠나고 중풍병자가 나았다. 이는 빌립의 해석이 옳다는 것을 입증하는 사건이었다. 이로 인해 사마리아 성에는 큰 기쁨이 넘쳤으며, 많은 남녀가 세례를 받고 교인이 되었다. 유대인은 사마리아인을 무시했고 사마리아인들은 유대인을 원수로 생각하여 서로 상종하지 않았는데, 유대인인 빌립이 와서 많은 사람들에게 전도하여 서로 기쁨이 넘쳤다는 것은 유대인과 사마리아인이 서로 화해했다는 뜻이며, 이런 화해는 기적이 아니고서는 있을 수 없는 일이었다.

그런데 사마리아 성에는 시몬이라는 마술쟁이가 있었다. 그는 빌립이 행하는 표적을 보고 놀라서 그에게 관심을 가지고 따라 다녔다. 시몬에 대해서는 18~24절에 또 나오므로 그때 다루고자 한다.

물음 20
베드로와 요한, 왜 사마리아에 내려갔을까?

본문 〈 8:14~25 〉

14 예루살렘에 있는 사도들이 사마리아도 하나님의 말씀을 받았다 함을 듣고 베드로와 요한을 보내매

15 그들이 내려가서 그들을 위하여 성령 받기를 기도하니

16 이는 아직 한 사람에게도 성령 내리신 일이 없고 오직 주 예수의 이름으로 세례만 받을 뿐이더라

17 이에 두 사도가 그들에게 안수하매 성령을 받는지라

18 시몬이 사도들의 안수로 성령 받는 것을 보고 돈을 드려

58) 조민석, 「요한복음의 새관점」, 솔로몬, 2015, p.201.

19 이르되 이 권능을 내게도 주어 누구든지 내가 안수하는 사람은 성령
을 받게 하여 주소서 하니
20 베드로가 이르되 네가 하나님의 선물을 돈 주고 살 줄로 생각하였으
니 네 은과 네가 함께 망할지어다
21 하나님 앞에서 네 마음이 바르지 못하니 이 도에는 네가 관계도 없고
분깃 될 것도 없느니라
22 그러므로 너의 이 악함을 회개하고 주께 기도하라 혹 마음에 품은 것
을 사하여 주시리라
23 내가 보니 너는 악독이 가득하며 불의에 매인 바 되었도다
24 시몬이 대답하여 이르되 나를 위하여 주께 기도하여 말한 것이 하나
도 내게 임하지 않게 하소서 하니라
25 두 사도가 주의 말씀을 증언하여 말한 후 예루살렘으로 돌아갈새 사
마리아인의 여러 마을에서 복음을 전하니라

사마리아에 복음이 전해졌다는 소식은 예루살렘교회에 큰 파장을 몰고 올 만큼 큰 사건이었다. 지금까지는 복음이 유대인들에게만 전해지고 있었는데, 이방인보다 더 큰 죄인이라고 생각하던 사마리아인들에게 복음이 전해졌기 때문이다. 이런 중요한 문제에 처음 접한 교회는 어찌 처리해야 할지 난감했다. 이에 교회는 사도의 주축인 베드로와 요한이 직접 사마리아에 가서 상황을 파악하고 처리하도록 했다. 그들은 어떻게 대처했을까?

❶ 안수하매 성령을 받는지라

【•】 15 그들이 내려가서 그들을 위하여 성령 받기를 기도하니 16 이는
아직 한 사람에게도 성령 내리신 일이 없고 오직 주 예수의 이름으로
세례만 받을 뿐이더라 17 이에 두 사도가 그들에게 안수하매 성령을
받는지라

"베드로와 요한이 안수하매 성령을 받는지라"라는 구절은 교회사에 많은 논란을 빚었다. 가톨릭 학자들은 이 구절을 안수례(confir-mation)의 기원으로 해석하여 안수는 오직 사도들과 그 사도직의 계승자인 감독에게만 있다고 해석했다. 그러나 이는 가톨릭 체제를

옹호하기 위한 무리한 해석이며, 개신교는 반대하는 입장이다. 어쨌든 세례와 성령 임재를 분리해서 다룬 본문은 매우 이례적이다.(행2:38, 19:1~6참조)

베드로와 요한은 왜 성령을 받도록 기도했을까? 왜 빌립이 기도할 때는 성령이 임하지 않았다가 베드로와 요한이 왔을 때 성령이 임했을까? 성령이 임한다는 것은 어떤 의미일까?

베드로와 요한이 사마리아에 내려가서 상황을 살펴본즉 사마리아 교회를 정식으로 인정해야 한다는 판단이 서서 받아들이기로 했다. 어떤 절차를 어떻게 밟아야 할까? 그 방법이 성령의 임재였다. 오순절의 성령강림과 고넬료의 집에 내린 성령 임재는(행10:44) 하나님께서 그들을 받아주신다는 징표였다. 사도가 아닌 빌립은 사마리아 교회를 정식으로 인정할 수 있는 권한이 없었다. 따라서 그는 성령이 임하기를 기도하지 않았다. 단지 사마리아인들이 복음을 받아들이기만을 구했고, 표적과 기사를 통하여 많은 사람들이 기쁘게 복음을 받아들였을 뿐이다. 베드로와 요한이 기도하자 사마리아인들에게 성령이 임한 것은 하나님께서도 사마리아 교회를 정식으로 받아들이신다는 증거였다. 이는 예수님께서 "진실로 너희에게 이르노니 무엇이든지 너희가 땅에서 매면 하늘에서도 매일 것이요 무엇이든지 땅에서 풀면 하늘에서도 풀리리라"(마18:18)라고 약속하신 말씀의 실현이다. 교회의 세례 교인 명부는 곧 하늘의 생명록이다. 계약공동체인 교회는 하늘의 대행 기관이기 때문이다. 계약의 관점에서 보면 교회는 곧 구원 기관이므로 교회를 통해서 구원받아야 한다. 교회론이 곧 구원론이어야 한다.

초기의 교회를 살펴보면 하나님께서 허락하시는 권위와 그에 따른 질서가 명확했음을 알 수 있다. 스데반과 빌립은 사역자로 임명받은 후에 공식적으로 선교 활동을 했으며 또 하나님께서는 기사와 표적으로 함께하셨다.

❷ 마술사 시몬

【•】 18 시몬이 사도들의 안수로 성령 받는 것을 보고 돈을 드려 19 이르되 이 권능을 내게도 주어 누구든지 내가 안수하는 사람은 성령을 받게 하여 주소서 하니

마술사 시몬의 이야기가 9~13절에 이어 여기에서 또 길게 나오고 있다. 누가는 왜 시몬의 이야기를 이렇게 길게 다루고 있을까? 신앙생활에 있어서 표적과 기사, 길흉화복에 대한 점성술, 성령의 임재 등에 대한 바른 이해가 대단히 중요하기 때문이다.

고대에는 점성가, 점쟁이, 마술사 등은 무수히 많이 있었고 미신이 지배하던 시대여서 많은 영향력을 끼쳤다. 그런데 과학이 지배하는 지금까지도 근절되지 않고 있다. 시몬은 유능한 마술사여서 지위고하를 막론하고 많은 사람이 따르면서 '신의 큰 능력 소유자'라고 했으며, 시몬 스스로도 큰 자로 여기며 위세를 떨고 있었다.

그런데 빌립이 행하는 표적과 기사를 보면서 그는 크게 놀랐다. 왜냐하면 자신이 행하는 마술은 속임수에 불과한 가짜지만 빌립이 귀신을 쫓아내며 각종 병자들을 고치는 표적은 진짜였기 때문이다. 자신에게로 향하던 사람들의 관심이 다 빌립에게로 쏠리고 말았다. 이에 시몬도 빌립을 열심히 따르며 세례를 받고 자신도 그런 능력을 소유하려고 안달을 했다. 시몬은 거짓 회심자요 거짓 교인이었다. 반면 사마리아 사람들이 세례받은 이유는 빌립이 전하는 '하나님 나라와 예수 그리스도의 이름'(12절) 때문이었다. 사마리아인들은 나름대로 신앙에 대하여 관심을 가지고 있었는데, 빌립이 전하는 말씀을 들으면서 비로소 하나님과 신앙에 대하여 바른 이해에 도달할 수 있었다. 그들은 시몬과 달리 표적보다는 말씀에 더 관심을 기울이며 심취했다.

그러나 빌립이 해석하는 말씀보다는 표적에 관심을 가졌던 시몬은 베드로와 요한을 만나면서 더 크게 놀랐다. 왜냐하면 그들이 기

도하자 사람들에게 성령이 임했기 때문이다. 마술이나 점성술에 관심 있는 자들의 최대 목표는 신접(神接)하여 점을 칠 때 귀신의 영으로 귀신처럼 알아맞히는 것이었다. 그런데 신접이 생각보다 쉽지 않아서 온갖 수단과 방법을 다 동원한다. 지금도 태백산 무당골은 영험하다 하여 수많은 무당들이 찾아와 신접하기 위하여 장사진을 치고 있다. 그런데 베드로와 요한을 보니 그들은 기도로 사람들에게 표적을 행하는 성령을 임하게 하고 있었다. 이에 시몬은 돈을 가지고 와서 베드로에게 내놓으며 자신도 그런 능력을 갖게 해 달라고 요구했다. 이는 무당의 세계에서 흔히 있는 방법으로, 마치 신접한 무당에게 큰돈을 주며 내림굿을 부탁하는 것과 같다. 이런 경우 무당들은 전혀 거부하지 않고 내림굿을 해준다. 시몬은 자기의 방식대로 해달라고 베드로에게 요청했다. 그러나 베드로는 호통을 쳤다.

❸ 거짓 회심의 종말

【●】 20 베드로가 이르되 네가 하나님의 선물을 돈 주고 살 줄로 생각하였으니 네 은과 네가 함께 망할지어다 21 하나님 앞에서 네 마음이 바르지 못하니 이 도에는 네가 관계도 없고 분깃 될 것도 없느니라 22 그러므로 너의 이 악함을 회개하고 주께 기도하라 혹 마음에 품은 것을 사하여 주시리라 23 내가 보니 너는 악독이 가득하며 불의에 매인 바 되었도다

베드로는 "악독이 가득하며 불의에 매인 바 되었다"라고 마귀를 대하듯이 시몬을 심하게 책망했다. 하나님의 성령은 무당에게 임하는 귀신의 영과는 달리 돈이나 권력에 지배받지 않는다. 교회에서 영적인 능력, 은사집회, 기도, 안수 등을 운운하며 특별헌금을 주고받는 자들은 그 돈과 함께 지옥에 떨어진다. 이런 영적인 현상에 현혹되면 마귀의 영에 사로잡히기 때문에 벗어나기가 대단히 어렵다. 이런 이유로 베드로는 시몬에게 "너의 이 악함을 회개하고 주께 기도하라 혹 마음에 품은 것을 사하여 주시리라"라고 권면과 경고를 동시에 했다. 이런 책망을 받은 시몬은 그후 어떻게 되었을까?

시몬에 대하여 사도행전에서는 더 이상 언급이 없다. 그러나 교회사로 넘어가면 그에 대하여 여러 곳에서 말하고 있다.[59] 2세기의 문헌에 의하면 마술사 시몬(Simon Magnus)은 교회 최초의 이단자이자 영지주의의 창시자이며 사마리아 뿐만 아니라 안디옥과 로마에서도 교회에 막대한 피해를 주었고, 그의 추종자인 시몬파(Min–onians)는 3세기에도 활동하고 있었다.

누가는 마술사 시몬의 자료를 접하면서 그의 거짓 회심이 자칫 교회에 큰 해악을 끼칠 수 있다고 생각하여 말씀에 심취한 사마리아인들과 표적과 기사를 추구하는 시몬을 대비시키면서 자세히 기록한 것 같다. 지금도 사이비 교주가 되거나 그 교주를 추종하는 자들을 보면 말씀에 대한 깊은 이해보다는 표적과 기사에 관심을 가지는 사람들이 많다. 요한복음에 보면 예수님께서 아들을 고쳐달라고 찾아온 사람에게 "너희는 표적과 기사를 보지 못하면 도무지 믿지 아니하리라."(요4:48)라고 책망하시는 말씀이 있다. 여기서 쓰인 '표적과 기사'(σημεῖα καὶ τέρατα)는 거짓 선지자가 하나님의 백성들을 그릇된 길로 인도할 때 사용되는 표현이다.(신13:1~11, 마24:24, 막13:22) 마귀는 거짓 기사와 이적으로 신자들을 오류에 빠뜨린다. 이런 이유로 신명기에서는 이런 거짓 선지자들을 돌로 쳐 죽이라고 엄히 경고했다.

❹ 공식적인 사마리아 선교

【•】 25 두 사도가 주의 말씀을 증언하여 말한 후 예루살렘으로 돌아갈 새 사마리아인의 여러 마을에서 복음을 전하니라

수많은 병자들을 고친 빌립의 사역과 베드로와 요한의 기도로 말

59) 이레니우스(Irenaeus, 120–202)는 시몬이 영지주의의 창시자이며, 시몬주의자들(Simonians)이 시몬으로부터 유래했다고 했으며, 시몬이 두로의 노예였던 헬레나(Helena)라는 여인을 사서 데리고 온 것에 관해서도 이야기한다.(Against Heresies i. 23) 순교자 저스틴(Jestin 100년~165년 경)은 시몬이 마술로 안디옥과 클라우디우스 황제 때에 로마에서도 많은 추종자들을 모았으며, 그리스도인들을 거짓으로 가르쳐 타락시키고, 당국자들로 하여금 그리스도인들에 대하여 반감을 품게 했다고 한다.

미암은 성령 임재에 대한 소문은 사마리아 전역으로 퍼져 나갔을 것이다. 베드로와 요한은 이 기회를 놓치지 않고 사마리아의 여러 마을을 두루 다니면서 복음을 전했다. 당시의 입장에서는 사마리아인들이 유대인을 원수로 여기고 있었기 때문에 유대인에게서 복음을 받아들인다는 것은 이방인들보다 훨씬 더 어려웠다. 그런데 헬라어를 구사할 수 있는 디아스포라 빌립이 그 길을 열어 놓아서 아람어를 사용하는 베드로와 요한이 사마리아 선교를 마무리 지을 수 있었다.

이로써 예루살렘에서 시작된 복음은 유대 지역을 거쳐 사마리아까지 전해지게 되었다. 이제 남은 것은 땅끝, 즉 이방인 선교이다. 이 문제는 사도행전의 가장 큰 관심사인데 누가는 이에 대하여 비교적 상세히 기록해 놓았다. 이제부터 이방인 선교에 접근하게 된다.

물음 21 이방인 선교, 누가 문을 열었을까?

본문 〈 8:26~40 〉

26 주의 사자가 빌립에게 말하여 이르되 일어나서 남쪽으로 향하여 예루살렘에서 가사로 내려가는 길까지 가라 하니 그 길은 광야라

27 일어나 가서 보니 에디오피아 사람 곧 에디오피아 여왕 간다게의 모든 국고를 맡은 관리인 내시가 예배하러 예루살렘에 왔다가

28 돌아가는데 수레를 타고 선지자 이사야의 글을 읽더라

29 성령이 빌립더러 이르시되 이 수레로 가까이 나아가라 하시거늘

30 빌립이 달려가서 선지자 이사야의 글 읽는 것을 듣고 말하되 읽는 것을 깨닫느냐

31 대답하되 지도해 주는 사람이 없으니 어찌 깨달을 수 있느냐 하고 빌립을 청하여 수레에 올라 같이 앉으라 하니라

32 읽는 성경 구절은 이것이니 일렀으되 그가 도살자에게로 가는 양과

같이 끌려갔고 털 깎는 자 앞에 있는 어린 양이 조용함과 같이 그의
입을 열지 아니하였도다
33 그가 굴욕을 당했을 때 공정한 재판도 받지 못하였으니 누가 그의 세
대를 말하리요 그의 생명이 땅에서 빼앗김이로다 하였거늘
34 그 내시가 빌립에게 말하되 청컨대 내가 묻노니 선지자가 이 말한 것
이 누구를 가리킴이냐 자기를 가리킴이냐 타인을 가리킴이냐
35 빌립이 입을 열어 이 글에서 시작하여 예수를 가르쳐 복음을 전하니
36 길 가다가 물 있는 곳에 이르러 그 내시가 말하되 보라 물이 있으니
내가 세례를 받음에 무슨 거리낌이 있느냐
37 (없음)
38 이에 명하여 수레를 멈추고 빌립과 내시가 둘 다 물에 내려가 빌립이
세례를 베풀고
39 둘이 물에서 올라올새 주의 영이 빌립을 이끌어간지라 내시는 기쁘게
길을 가므로 그를 다시 보지 못하니라
40 빌립은 아소도에 나타나 여러 성을 지나 다니며 복음을 전하고 가이
사랴에 이르니라

스데반이 기독교에서 최초의 순교자로 선교 확산에 길을 열었다면, 빌립은 최초의 사마리아 선교사였을 뿐만 아니라 이방인에게 최초로 복음을 전한 사람이다. 빌립은 어떻게 사마리아인뿐 아니라 이방인에게도 복음을 전할 생각을 했을까?

❶ 가사로 내려가라

【•】 26 주의 사자가 빌립에게 말하여 이르되 일어나서 남쪽으로 향하여 예루살렘에서 가사로 내려가는 길까지 가라 하니 그 길은 광야라

하나님께서는 대부분의 경우 비명시적인 방법으로 인도하시지만 특별한 경우는 명시적으로 지시하신다. 빌립이 사마리아에서 대단히 성공적인 선교를 하고 있을 때 성령께서 빌립에게 예루살렘에서 가사로 내려가는 광야 길을 구체적으로 알려주시며 그 길로 가라고 지시하셨다. 그런데 이 경우도 왜 가야하는지, 가서 무슨 일을 해야 하는지를 자세하게 지시하지 않으셨다. 성령의 인도하심은 대부분

의 경우가 이러하다. 단지 말씀대로 하다 보면 자연스럽게 일이 되도록 인도해주신다. 기도하여 구체적으로 응답받은 후에 하나님의 일을 하겠다는 자세는 하나님의 방법에 맞지 않는다.

빌립은 성령의 인도하심을 따라 지시하신 장소로 갔다. 무슨 일이 기다리고 있었을까?

❷ 지나가는 수레

【•】 27 일어나 가서 보니 에디오피아 사람 곧 에디오피아 여왕 간다게의 모든 국고를 맡은 관리인 내시가 예배하러 예루살렘에 왔다가 28 돌아가는데 수레를 타고 선지자 이사야의 글을 읽더라

예루살렘에서 가사로 내려가는 길까지는 80km 정도의 거리이고 예루살렘에서 사마리아까지는 대략 60km였으므로 사마리아에서 가사까지는 140여 km나 되는 먼 거리였다. 그런데 빌립이 그곳에 도착하자 마침 마차가 지나가고 있었는데, 그 마차에는 에디오피아 여왕 간다게의 재정을 담당하는 내시가 타고 있었다.[60] 간다게의 고위 관리인 내시가 먼 나라에서 예루살렘까지 온 목적은 하나님께 예배드리기 위함이라고 기록되어 있다. 그 당시 로마제국 곳곳에는 이방인이면서 성경의 하나님을 섬기는 경건한 사람들이 상당수 있었는데, 이 내시도 그런 사람 중 하나였을 것이다. 그는 마차를 타고 가면서도 성경을 큰 소리로 읽고 있었다. 고대에는 성경을 소리 내어 읽곤 했다. 사본을 만들 때도 소리를 내어 읽었는데, 그 이유는 옆에서 듣고 오자를 지적해주기 위함이었다.

하나님의 인도하심이 있을 때 나타나는 명확한 특징 중의 하나는 때와 장소, 시간 등이 정확히 맞아들어간다는 점이다. 빌립이 먼 길을 걸어 가사로 내려가는 길에 도착했을 때에 정확히 맞추어 내시가

60) 그 당시의 에디오피아는 지누미디아 왕국(Nubian Kingdom)으로 BC 540~AD 339년까지 크게 번성했으며, 구약에서는 구스라고 불렸다. 당시 에디오피아의 왕은 태양의 아들로서 신성시되었기 때문에 국정을 직접 담당하지 않고 황태후가 맡았으며 그를 간다게라고 불렀다. 간다게는 개인의 이름이 아니라 애굽의 바로처럼 직책의 이름이다.

탄 마차가 지나갔고, 또 내시는 소리를 내어 성경을 읽으면서 내용을 잘 몰라 '누군가 설명해줄 사람이 없을까?'라고 생각하고 있었다. 이는 결코 우연히 일어난 일이 아니다. 하나님께서는 어떤 중요한 일을 하실 때에는 주로 이런 방법을 사용하시는데, 여기에 관련된 사람들은 대부분 자신이 지금 무슨 일을 하고 있는지를 모른다.

빌립이 마차를 발견하는 순간 성령께서 마차에 가까이 가라고 이르셨다.

❸ 읽는 것을 깨닫느냐

【•】 30 빌립이 달려가서 선지자 이사야의 글 읽는 것을 듣고 말하되 읽는 것을 깨닫느냐 31 대답하되 지도해 주는 사람이 없으니 어찌 깨달을 수 있느냐 하고 빌립을 청하여 수레에 올라 같이 앉으라 하니라

빌립이 마차에 가까이 가자 내시가 성경의 이사야서 53장을 헬라어로 읽는 소리가 들렸다. 빌립이 내시에게 "지금 읽고 있는 말씀이 무슨 뜻인지 알겠는가"라고 물었다. 그러자 내시는 설명해줄 사람이 없어서 모르겠다며 빌립을 마차에 타게 했다. 빌립은 마차를 타고 가며 내시에게 이사야서 53장에서 말하는 주인공이 예수님이라는 것을 자세히 설명해주었다. 빌립의 설명에 큰 감동을 받은 내시는 물이 있는 곳에 이르자 세례를 받게 해 달라고 요청했다. 37절이 개정개역에는 없지만 다른 사본에는 이렇게 기록되어 있다.

> 빌립이 말하였다. '그대가 마음을 다하여 믿으면, 세례를 받을 수 있습니다.' 그때에 내시가 대답하였다. '나는 예수 그리스도가 하나님의 아들이심을 믿습니다.'〈새번역〉

마차를 타고 가면서 이사야 53장을 읽어 내려가다가 마차에서 빌립의 해석을 들으면서 회심을 했던 내시는 빌립에게 세례를 받고 교인이 되었다. 그는 세례를 받은 후 성경을 계속 읽다가 틀림없이 56장에 나오는 다음의 말씀을 읽었을 것이다.

> 이방 사람이라도 주님께로 온 사람은 '주님께서 나를 당신의 백성과는 차별하신다' 하고 말하지 못하게 하여라. 고자라도 '나는 마른 장작에 지나지 않는다' 하고 말하지 못하게 하여라. 이러한 사람들에게 주님께

> 서 이렇게 말씀하신다. 비록 고자라 하더라도, 나의 안식일을 지키고, 나를 기쁘게 하는 일을 하고, 나의 언약을 철저히 지키면, 그들의 이름이 나의 성전과 나의 성벽 안에서 영원히 기억되도록 하겠다. 아들딸을 두어서 이름을 남기는 것보다 더 낫게 하여 주겠다. 그들의 이름이 잊혀지지 않도록, 영원한 명성을 그들에게 주겠다.(사56:3~5)

이 말씀을 읽으면서 내시는 무슨 생각을 했을까? 아마도 하나님께서 자신에게 하시는 말씀으로 들었을 것이다. 그리고 이 말씀대로 되었다. 그후 에디오피아에는 내시의 영향으로 많은 교인들이 생겼으며, AD 325년 악숨 왕조(Aksum Dynasty)의 에자나(Ezana)왕 때 기독교가 국교가 되었다. 로마제국에서는 AD 313년에 기독교가 공인되고 AD 392년에 국교가 되었으므로 에디오피아가 세계 최초로 기독교 국가가 된 셈이다. 지금도 에디오피아의 수도 아디스 아바바(Addis Ababa)에는 빌립 기념 교회당이 남아있다. 이를 돌이켜 보면 빌립이 내시에게 전도한 결과가 이토록 큰 결실을 맺었다는 사실에 대하여 놀라게 된다.

빌립이 내시에게 전도한 과정을 보면 하나님께서 인도하시는 방법의 한 단면을 볼 수 있다. 하나님께서는 가장 적절한 방법을 찾아내시는데 먼저 적임자를 찾으신다. 흑인이며 비록 성전에 출입조차 못하는 내시였지만(신23:1) 하나님을 진지하게 찾고 있는 그의 진심을 보셨다. 그가 성경을 읽으면서 무슨 뜻인지를 몰라 궁금해하고 있을 바로 그 시간에 정확히 맞추어 적임자 빌립을 보내셨다. 왜 사도들이 아니고 빌립이었을까? 사도들은 할 수가 없었다. 일단 사도들은 헬라어를 구사하지 못했고, 또 아직은 이방인을 만나 같이 마차를 타고 가면서 전도한다는 생각을 하지 못했다. 그러나 디아스포라였던 빌립은 헬라어가 능숙했고 이방인에 대하여 열린 마음이 있었기 때문에 내시에게 전도할 수가 있었다.

사마리아 선교와 이방인 선교의 문을 연 사람, 그는 빌립이었다. 누가는 빌립이 하고 있는 일들이 중요하다고 생각하여 내시에게 전도한 다음의 행보에 대해서도 기록해 놓고 있다.

❹ 주의 영이 빌립을 이끌어 간지라

【•】 39 둘이 물에서 올라올새 주의 영이 빌립을 이끌어간지라 내시는 기쁘게 길을 가므로 그를 다시 보지 못하니라

내시가 세례를 받느라고 물속에 들어갔다가 나와 옷을 갈아입고 보니 빌립은 간다는 말도 없이 사라지고 말았다. 문자 그대로 빌립은 바람처럼 나타났다가 바람처럼 사라졌다. 빌립이 어떻게 내시가 마차에서 이사야서 53장을 읽고 있는 그 시간에 맞추어 나타났다가 사라졌을까? 본문에서 말해주고 있다. 주의 영이 이끌어 갔기(ἥρπασεν)때문이다. 이 단어는 엘리야가 성령의 바람을 타고 사라지는 것과 같은 현상이다.(왕하2:11) "이런 게 사실일까?"하고 의문이 들 수 있다. 그러나 성령의 임재를 경험해보면 성령께서는 상황에 맞추어 필요한 경우 초자연적인 방법을 다양하게 사용하심을 알 수 있다.

하나님께서는 왜 빌립을 내시와 인사할 겨를도 주지 않고 데려가셨을까? 빌립을 통해서 성경을 깨우치고 세례를 받은 내시는 틀림없이 감사하면서 적지 않은 사례를 하려고 했을 것이다. 전도가 큰 효과를 내려면 일체의 사례를 받지 말아야 한다. 문둥병자 나아만은 엘리사에게 치료받은 후 가지고 왔던 은 십 달란트와 금 육천 개와 의복 열 벌을 답례로 주고자 했지만 엘리사는 결코 받지 않았다.(왕하5:5, 16) 그 결과는 어떻게 되었을까? 나아만은 엘리사가 있던 길갈의 흙을 가지고 가서 제단을 만들고 여호와만을 하나님으로 섬기겠다고 다짐했다. 이 다짐은 무엇을 말하는가? 그가 아람의 군대장관으로 있는 동안에는 이스라엘을 약탈하지 않겠다는 뜻이다. 엘리사는 나아만에게서 금품과는 비교될 수 없는 더 큰 것을 받아냈다. 빌립도 마찬가지였다. 내시에게서 감사의 말이나 사례는 받지 않았지만 오히려 성령이 충만해진 내시는 기쁨이 더 크게 넘쳤고[61]

61) 서방 사본에는 8:39(주의 영이 빌립을 데려갔다".)이 "성령이 내시에게 임했으며 주

돌아가서 온 나라를 기독교 국가로 만들어 놓았다.

예수님께서 사도들에게 귀신을 쫓아내고 죽은 자를 살리고 온갖 병자를 고치는 능력을 주어 내보내시면서 지팡이와 전대, 두 벌 옷 등 아무것도 가지고 가지 말라고 말씀하셨다. 무슨 뜻일까? 표적과 기사의 결과로 아무것도 받지 말라는 뜻이다. 아브라함은 소돔과 고모라의 주민들이 약탈을 당하고 포로로 잡혀가는 것을 되찾아 주었지만 그 대가로 실오라기 하나도 받지 않고 빈손으로 돌아왔다.(창 14:23) 하나님께서는 아브라함의 이런 중심을 보시고 그와 계약을 체결하셨다.(창15장)

누가는 아무런 설명없이 "주의 영이 빌립을 이끌어간지라."라고 간략하게 적어 놓았다. 누가는 이방인이었지만 오랜 구전을 통하여 발전된 성경의 문학적인 특징을 잘 이해하고 은폐, 함축, 암시의 방식으로 기록해 놓았다. 성경의 기록들은 마치 시나 추상화와 같다. 성경해석자와 설교자는 이를 풀어서 사건을 재구성해서 전달해야 한다. 문자대로 늘어놓거나 매사에 영적인 의미를 찾는 식으로 해석하면 성경의 본래 의미를 놓치게 되는 경우가 다반사다.

❺ 가이사랴에 이르니라

【•】 40 빌립은 아소도에 나타나 여러 성을 지나 다니며 복음을 전하고 가이사랴에 이르니라

성령은 가사에서 빌립을 데려다가 30여 km 떨어진 아스돗이라 불리던 블레셋의 옛도시인 아소도 (Azotus)에 데려다 놓았다. 빌립은 아소도에서 해안을 따라 전도하면서 룻다, 욥바 등을 거쳐 올라가서 가이사랴에 이르렀다. 빌립의 이와 같은 전도로 이 지역에 교인들이 생겨났다. 그리고 후일 베드로가 이 지역을 찾았을 때(행 9:32~43) 욥바의 피장이 시몬의 집에 머물다가 가이사랴에 있던 로마의 백부장 고넬료가 보낸 사람들을 만나서 고넬료의 집을 방문

님의 천사가 빌립을 데려갔다." 라고 되어있다. 성령 임재와 기쁨은 맥을 같이 한다.

하게 된다. 빌립은 베드로의 길 안내자였다.

가이사랴는 로마제국의 도움으로 왕이 된 헤롯이 로마 제국을 위해서 건설한 도시이다. 이 도시는 지중해 연안에 위치했기 때문에 로마로 여행하기에 수월하여 로마군이 주둔했으며, 총독관저가 있었고 헤롯도 이곳에 자주 머물렀다. 가이사랴는 유다 내에 있는 로마인의 도시였다. 빌립은 이곳에 정착하여 이방인들에게 복음을 전하는 징검다리의 역할을 했다.(행21:8)

이로써 이방인 선교를 위한 초석이 놓였다. 이제부터는 본격적으로 이방인 선교가 진행된 과정을 만나게 된다. 누가는 무엇을 실마리로 이야기를 전개해 나갈까?

물음 22 세계 역사, 왜 여기서 바뀌었을까?

본문 〈 9:1~9 〉

1 사울이 주의 제자들에 대하여 여전히 위협과 살기가 등등하여 대제사장에게 가서
2 다메섹 여러 회당에 가져갈 공문을 청하니 이는 만일 그 도를 따르는 사람을 만나면 남녀를 막론하고 결박하여 예루살렘으로 잡아오려 함이라
3 사울이 길을 가다가 다메섹에 가까이 이르더니 홀연히 하늘로부터 빛이 그를 둘러 비추는지라
4 땅에 엎드러져 들으매 소리가 있어 이르시되 사울아 사울아 네가 어찌하여 나를 박해하느냐 하시거늘
5 대답하되 주여 누구시니이까 이르시되 나는 네가 박해하는 예수라
6 너는 일어나 시내로 들어가라 네가 행할 것을 네게 이를 자가 있느니라 하시니
7 같이 가던 사람들은 소리만 듣고 아무도 보지 못하여 말을 못하고 서

있더라
8 사울이 땅에서 일어나 눈은 떴으나 아무 것도 보지 못하고 사람의 손
에 끌려 다메섹으로 들어가서
9 사흘 동안 보지 못하고 먹지도 마시지도 아니하니라

역사를 돌이켜 보면 사소해 보이는 일을 통하여 세계 역사가 뒤바뀌는 사건이 간혹 있다. 본문은 사도 바울이 회심하는 이야기이다. 그의 회심은 개인적인 일이지만 그로 말미암아 세계 역사가 뒤바뀌고 말았다. 바울의 회심을 이렇게 평가하는 이유는 바울이 아니었더라면 예루살렘에서 시작된 교회는 유대교의 틀을 벗어나지 못하고 유대교의 한 종파로 흡수되어 기독교가 등장하지 못했을 것이기 때문이다. 당시 유대교의 영향력은 생각보다 컸다. 로마제국의 각 도시마다 유대인 회당이 없는 곳이 없었다. 그리고 미신, 신비, 우상, 신전 등 하등종교들이 판을 치던 당시에 유대교는 유일한 고등종교였고 로마제국으로부터 공식적으로 인정된 종교였다. 이방인 가운데서 참 신앙을 찾는 이들이 유대교 회당에 상당수 있었는데, 사도행전에서 '경건한 사람'이라는 이름으로 만나게 된다. 갈릴리 출신의 사도들에 의해 시작된 예루살렘교회는 아직 유대교와 구분되지 않았다. 단지 예수님을 메시아로 믿는 것만 차이 났을 뿐이다. 교회는 아직 예수님을 메시아로 믿는 유대교의 회당에 불과했고 유대교인이라 불렸다. 그런데 사도 바울이 안디옥교회에서 1년 동안 가르친 이후 AD 46년경에 이르러서야 비로소 '기독교인'이라 불리게 되었다.[62]

바울의 이런 가르침은 당시 누구에게서도 환영받지 못했다. 유대교인들은 바울은 죽여야 할 자라고 생각하여 40여 명의 자객단이 구

62) 바나바가 사울을 찾으러 다소에 가서 만나매 안디옥에 데리고 와서 둘이 교회에 일 년간 모여 있어 큰 무리를 가르쳤고 제자들이 안디옥에서 비로소 그리스도인이라 일컬음을 받게 되었더라(행11:25~26)

성되기도 했으며(행23:21), 교회 내에서도 일부의 사람들은 바울을 오해하고 바울이 세운 교회마다 찾아다니며 바울은 사도가 아니므로 가르칠 자격이 없으며, 그의 가르침은 이단에 불과하다고 온갖 훼방을 놓았다. 바울은 이런 고립무원의 상태에서 온갖 고초를 겪으면서도 자신의 주장을 굽히지 않고 선교에 매진하여 오늘의 기독교가 가능했다. 바울 이후 기독교는 박해 시대를 거치면서 오히려 교세가 크게 확장되었고 후일 로마제국의 국교가 되었다. 이런 이유로 바울이 회심한 다메섹 도상에서 세계 역사가 뒤바뀌었다고 말하게 된다.

바울은 어떤 사람이었을까? 놀랍게도 그는 교회를 잔멸하기 위하여 박해에 앞장섰던 사람이었다. 이런 기막힌 역설을 어떻게 설명해야 할까? 누가는 바울의 회심과 그의 활동이 대단히 중요하다고 판단하고 바울의 회심 이야기를 세 번이나 반복해서 기록했으며(9장, 22장, 26장), 이후의 활동 상황에 대해서도 자세히 기록해 놓았다. 사도행전 28장 중 17장(9장, 13~28장)이 바울의 활동에 대한 기록이므로 사도행전은 사실상 바울행전이라고 해도 결코 과언이 아니다. 이런 사실로 미루어 볼 때 누가야말로 사도 시대에 바울을 가장 잘 이해했던 사람이었다. 우리 모두는 사도 바울과 누가에게 빚진 바가 너무 크다. 두고두고 그들의 혜안과 판단력, 노고를 가슴에 새기며 감사해야 할 일이다.

누가가 남긴 기록을 통하여 이제 이 거룩한 발자취를 더듬어 따라가고자 한다.

❶ 다메섹까지

【•】 사울은 그가 죽임 당함을 마땅히 여기더라 그 날에 예루살렘에 있는 교회에 큰 박해가 있어 사도 외에는 다 유대와 사마리아 모든 땅으로 흩어지니라(행8:1) 1 사울이 주의 제자들에 대하여 여전히 위협과 살기가 등등하여 대제사장에게 가서 2 다메섹 여러 회당에 가져갈 공문을 청하니 이는 만일 그 도를 따르는 사람을 만나면 남녀를 막론하고 결박하여 예루살렘으로 잡아오려 함이라

스데반을 죽이는 일에 앞장섰던 사울[63]이 예루살렘과 유대 등으로 박해의 영역을 확대하자 교인들은 해외로 도피해야 했는데, 그들 중 상당수가 다메섹으로 피신했다. 다메섹은 예루살렘에서 200여 km 떨어진 곳으로 도보로 일주일 정도의 거리였다. 다메섹은 주요 상업 도시였고 아바나 강이 흐르는 비옥한 평원에 자리 잡은 교통의 중심지였다. 다윗은 이곳을 점령하여 수비대를 두었으며(삼하8:6) 이런 이유로 이곳에는 일찍부터 유대인들이 많이 살았는데, 당시에 약 5만의 유대인과 30여 개의 회당이 있었다. AD 66년에 있었던 열심당원의 반란 때 유대인들이 이곳으로 도피하자 로마군대가 가서 유대인 1만여 명 이상을 학살하기도 했다.

다메섹에는 유대인들이 많이 살고 있어서 유대교 대제사장의 영향권에 있었고,[64] 당시 다메섹을 다스리던 나바티아(Nabatea)왕국의 아레다 4세 (Aretas IV)는 유다와 긴밀한 관계를 맺고 있었기 때문에 사울은 대제사장의 공문을 받아 기독교인들을 체포하러 갈 수 있었다. 이에 사울은 호위병들을 거느리고 일주일 거리의 다메섹을 향하여 가고 있었다. 그런데 다메섹에 가까이 왔을 때 갑자기 무슨 일이 일어났다.

❷ 시내로 들어가라

【•】 3 사울이 길을 가다가 다메섹에 가까이 이르더니 홀연히 하늘로부터 빛이 그를 둘러 비추는지라 4 땅에 엎드러져 들으매 소리가 있어 이르시되 사울아 사울아 네가 어찌하여 나를 박해하느냐 **(가시채를 뒷발질하기가 네게 고생이니라)** 하시거늘 5 대답하되 주여 누구시니이까 이르시되 나는 네가 박해하는 예수라 6 너는 일어나 시내로 들어가라 네가 행할 것을 네게 이를 자가 있느니라 하시니 7 **(그가 말 할 때 그가 그들에게 이르니 나를 땅에서 일으키라 하니)** 같이 가던 사람들은 소리만 듣고 아무도 보지 못하여 말을 못하고 서 있더라

63) 사울은 히브리식 이름이며 바울은 헬라식 이름이다. 그가 유대에서 활동할 때는 사울로 불리다가 이방 선교를 하면서부터는(행13:9) 바울이라는 이름으로 불리고 있다.

64) 로마제국은 율리우스 황제 이후 해외로 도피한 범법자 소환권(마카비1서 15:15 참조)을 유다의 제사장에게 인정하고 있었다.(Flavius Josephus, Antiquities xiv.10.2)

사울이 부활하신 예수님을 만나는 극적인 순간을 다루는 본문에 서방 사본에 추가된 내용이 있어서 위의 본문에 흑색으로 보충해 놓았다. 사울이 수행원들을 대동하고 있었지만 신비체험은 사울에게만 일어났다. 예수님께서 승천하신 이후 부활하신 모습으로 직접 누군가에게 나타나신 경우는 신약성경의 기록에 의하면 사울이 유일하다. 신생 교회를 뿌리 뽑기 위하여 혈안이 되었던 사울은 다메섹 도상에서 부활하신 주님을 직접 경험하게 된다.

❸ 먹지도 마시지도 아니하니라

【•】 8 **(그들이 그를 일으킬 때에)** 사울이 땅에서 일어나 눈은 떴으나 아무 것도 보지 못하고 사람의 손에 끌려 다메섹으로 들어가서 9 사흘 동안 보지 못하고 먹지도 마시지도 아니하니라

너무 밝고 강렬한 빛 때문에 눈이 먼 사울은 수행원들에게 이끌려 다메섹에 있는 유다의 집으로 갔다. 하지만 자기에게 일어난 신비한 경험과 특히 들려온 말씀의 충격으로 식음을 전폐하며 깊은 생각과 기도에 잠겨 있었다.(10절) 사울이 받은 충격은 무엇이었을까?

첫째, 자신이 교회에 대하여 잘못 알고 있었다는 것을 발견했다. 사울이 교회 박해에 앞장선 이유는 교인들이 떠들어대는 말들, 특히 십자가에서 죽은 예수님께서 메시아이며 또 부활하셨다는 말은 유대교 교리와 상충되며, 발본색원해야 할 이단이라는 확신 때문이었다. 아마도 사울은 디아스포라 유대인들을 통하여 교회에 대한 정보를 알게 되었을 것이다. 그런데 부활하신 예수님을 직접 만나는 순간 교인들이 한 말들이 사실이라고 확인되었다. 이에 사울은 자신이 잘못 알고 있었기 때문에 큰 충격을 받지 않을 수 없었다.

둘째, 유대교가 잘못되었다는 것을 발견했다. 교회가 옳다면 이것은 유대교의 바리새인 중 바리새인이었던 사울에게는 보통 심각한 문제가 아니었다. 바리새인은 유대교 수도사였으며, 유대교를 수

호하기 위해서 사는 사람들이었다. 그런데 그 유대교가 그것도 부분이 아닌 근본에서 잘못되었다면 이를 어찌해야 하는가? 사울이 받았을 충격을 능히 짐작할 수 있다.

그러나 아직 풀리지 않는 문제가 남아있다. 부활하신 예수님께서는 왜 박해자 사울에게 특별한 방법으로 계시하시며 그를 일꾼으로 부르셨을까? 당시에 바리새인들은 6천여 명이나 되었으며, 이미 교인이 된 제사장과 바리새인들도 많이 있었다. 그들은 사도들의 설교를 듣고 교인이 되어 있었는데, 그런데 왜 그들이 아닌 박해자 사울이 선택되었을까? 사울은 그들과 무엇이 달랐을까?

물음 23 왜 바울이었을까?

본문 〈 9:10~25 〉

10 그 때에 다메섹에 아나니아라 하는 제자가 있더니 주께서 환상 중에 불러 이르시되 아나니아야 하시거늘 대답하되 주여 내가 여기 있나이다 하니

11 주께서 이르시되 일어나 직가라 하는 거리로 가서 유다의 집에서 다소 사람 사울이라 하는 사람을 찾으라 그가 기도하는 중이니라

12 그가 아나니아라 하는 사람이 들어와서 자기에게 안수하여 다시 보게 하는 것을 보았느니라 하시거늘

13 아나니아가 대답하되 주여 이 사람에 대하여 내가 여러 사람에게 듣사온즉 그가 예루살렘에서 주의 성도에게 적지 않은 해를 끼쳤다 하더니

14 여기서도 주의 이름을 부르는 모든 사람을 결박할 권한을 대제사장들에게서 받았나이다 하거늘

15 주께서 이르시되 가라 이 사람은 내 이름을 이방인과 임금들과 이스라엘 자손들에게 전하기 위하여 택한 나의 그릇이라

16 그가 내 이름을 위하여 얼마나 고난을 받아야 할 것을 내가 그에게 보이리라 하시니

17 아나니아가 떠나 그 집에 들어가서 그에게 안수하여 이르되 형제 사
울아 주 곧 네가 오는 길에서 나타나셨던 예수께서 나를 보내어 너로
다시 보게 하시고 성령으로 충만하게 하신다 하니
18 즉시 사울의 눈에서 비늘 같은 것이 벗어져 다시 보게 된지라 일어나
세례를 받고
19 음식을 먹으매 강건하여지니라 사울이 다메섹에 있는 제자들과 함께
며칠 있을새
20 즉시로 각 회당에서 예수가 하나님의 아들이심을 전파하니
21 듣는 사람이 다 놀라 말하되 이 사람이 예루살렘에서 이 이름을 부르
는 사람을 멸하려던 자가 아니냐 여기 온 것도 그들을 결박하여 대제
사장들에게 끌어 가고자 함이 아니냐 하더라
22 사울은 힘을 더 얻어 예수를 그리스도라 증언하여 다메섹에 사는 유
대인들을 당혹하게 하니라
23 여러 날이 지나매 유대인들이 사울 죽이기를 공모하더니
24 그 계교가 사울에게 알려지니라 그들이 그를 죽이려고 밤낮으로 성문
까지 지키거늘
25 그의 제자들이 밤에 사울을 광주리에 담아 성벽에서 달아 내리니라

사람을 통해서 일하시는 하나님께서는 항상 준비된 사람들을 적절할 때 적절한 방법으로 부르셔서 사용하신다. 다메섹에도 준비된 사람이 하나 있었다.

❶ 사울을 찾으라

【•】 10 그 때에 다메섹에 아나니아라 하는 제자가 있더니 주께서 환상
중에 불러 이르시되 아나니아야 하시거늘 대답하되 주여 내가 여기 있
나이다 하니 11 주께서 이르시되 일어나 직가라 하는 거리로 가서 유
다의 집에서 다소 사람 사울이라 하는 사람을 찾으라 그가 기도하는
중이니라

아나니아가 언제 교인이 되었는지는 알 수 없다. 박해를 피해서 왔을 수도 있지만 그 이전부터 그는 다메섹에 살고 있었으며 아마도 오순절에 예루살렘에서 교인이 되었을 가능성도 있다. 다메섹에는 유대인들이 수만여 명이 살고 있었고 예루살렘과 가까운 거리였기

때문에 박해 이전부터 교인들이 있었으며, 아나니아는 교인들의 지도자 역할을 하고 있었다.

그런데 정작 중요한 문제는 "왜 하나님께서 사울에게 아나니아를 보내셨을까?"하는 문제이다. 하나님께서는 아나니아에게 사울에 대한 정보를 자세하게 알려주셨다. 곧은 길이라는 뜻의 직가는 다메섹의 동서로 난 길로 지금의 다르발 무스타킴(Darbal-Mustaqim)이다. 그 길의 서쪽 끝에 있었던 유다의 집으로 가서 사울을 만나라는 말씀을 들은 아나니아는 어떤 반응을 보였을까?

❷ 여러 사람에게 듣사온즉

【•】 12 그가 아나니아라 하는 사람이 들어와서 자기에게 안수하여 다시 보게 하는 것을 보았느니라 하시거늘 13 아나니아가 대답하되 주여 이 사람에 대하여 내가 여러 사람에게 듣사온즉 그가 예루살렘에서 주의 성도에게 적지 않은 해를 끼쳤다 하더니 14 여기서도 주의 이름을 부르는 모든 사람을 결박할 권한을 대제사장들에게서 받았나이다 하거늘

사울이 대제사장의 위임장을 가지고 다메섹에 있는 교인들을 체포하러 온다는 사실을 아나니아는 어떻게 알고 있었을까? 하나님께서 계시하셨을까? 아니다. 산헤드린에, 대제사장의 측근 가운데에도 드러나지 않는 교인이 있어서 미리 대피하라고 알려주었기 때문이다. 아나니아는 여러 사람에게서 이미 정보를 접수하고 있었던 것을 보면 아나니아가 다메섹에 있는 교인들의 지도자였음을 알 수 있다.

예수님께서는 아나니아가 어떤 반응을 보일지 이미 아시기에, 사울이 현재 눈이 멀어 있는데, 사울에게 가서 그에게 안수하여 다시 보게 하라고 말씀하셨다. 그래도 아나니아는 주저하며 다시 묻지 않을 수 없었다. 사울은 교회를 박해하기 위하여 혈안이 되어있는데, 무엇 때문에 그를 만나야 하는가? 당연한 의문이다. 사람은 여기까지 밖에는, 그 이상은 볼 수가 없다. 사람의 눈은 겉껍데기와 현재

만, 지나온 일만 보기 때문이다. 그러나 하나님께서는 속알맹이와 앞으로 일어날 일을 같이 보신다. 사람이 하나님께서 하시는 일을 알 수 없는 이유는 여기에 있다.

어쨌든 아나니아는 아직 많은 의문이 가시지 않은 채 사울을 만나러 갔다. 그리고 아나니아는 사울을 만나 이야기하면서 왜 예수님께서 사울을 특별히 부르셨는지, 왜 자신을 그에게 보내셨는지를 알게 되었다. 무슨 일이 일어났을까?

❸ 사울이 세례를 받고

【•】 17 아나니아가 떠나 그 집에 들어가서 그에게 안수하여 이르되 형제 사울아 주 곧 네가 오는 길에서 나타나셨던 예수께서 나를 보내어 너로 다시 보게 하시고 성령으로 충만하게 하신다 하니 18 즉시 사울의 눈에서 비늘 같은 것이 벗어져 다시 보게 된지라 일어나 세례를 받고

아나니아가 예수님의 말씀을 듣고 직가에 있는 유다의 집에 가니 그곳에 말로만 듣던 사울이 수행원들과 같이 있었다. 그들을 보면서 아나니아는 많은 생각이 교차했을 것이다. 아나니아는 먼저 사울에게서 다메섹에 오다가 겪은 일들과 며칠 동안 정리한 생각들과 기도 가운데 예수님께서 아나니아를 자신에게 보내리라고 말씀하셨다는 것 등을 들었을 것이다. 그리고 이어서 아나니아도 기도 중에 하나님께서 자신을 보내셨음을 말했다.

서로 이런 이야기들을 주고받으면서 사울과 아나니아는 지금 자신들에게 일어난 일들은 하나님께서 직접 관여하시는 일이라는 것을 확인할 수 있었다. 그 증거로 아나니아가 사울에게 손을 얹고 기도하자 사울의 눈에서 비늘 같은 것이 떨어지면서 사울은 즉시 다시 보게 되었다. 왜 하나님께서는 아나니아의 안수기도를 통하여 사울을 다시 보게 하셨을까? 아나니아는 하나님께서 보내신 사람이며, 아나니아가 사울에게 설명해주는 말들이 곧 하나님의 말씀이라는 신뢰를 주기 위함이었다.

하나님께서는 사람을 통해서 말씀하신다. 하나님의 말씀을 전하기 위해서는 먼저 성경과 하나님에 대하여 올바르게 이해하고 계약의 관점에서 해석해야 한다. 또 하나님께서는 그런 사람을 통해서 대신 말씀하신다. 지금도 마찬가지이다. 하나님께서는 성령을 보내주셔서 필요한 것을 직접 경험하게 하시고 스스로 깨닫게 하시며, 또 바르게 가르쳐줄만한 사람을 만나거나 책 등을 통해 알게 하신다. 지금도 하나님께서는 참된 신앙을 구하고 찾고 두드리는 자에게 같은 방법을 사용하신다. 그런데 하나님의 고민은 하나님을 믿는 사람은 많은데, 교회는 많은데, 전도는 많은데, 설교는 많은데, 그런데, 그런데, 참되고 바르게 알기 위해 구하고 찾고 두드리는 사람이 너무 적다는 데에 있다. 이 노릇을 어찌해야 하나!

이런 기준으로 본다면 사울은 참 하나님에 대하여, 참되고 바른 신앙에 대하여 목말라 있던 사람이었다. 교회에 대한 그의 잔인한 박해의 이면에는 하나님에 대한 목마름과 간절함이 들어있었다. 하나님께서는 이것을 놓치지 않으셨다. 왜 아나니아였을까? 아나니아는 사울의 목마름을 해소시키는데 필요한 만큼 설명해 줄 수 있었기 때문이다.

아나니아와 사울이 무슨 이야기를 어떻게 나누었는지에 대해서는 자세한 기록이 없다. 그러나 사울이 세례를 받고 교인이 된 것을 보면 아나니아를 통해서 사울이 품고 있는 의문들이 어느 정도 해소되었음을 알 수 있다. 사울과 같은 지성인들은 자신들이 품고 있는 의문에 대하여 충분할 만큼 이해와 동의가 되지 않으면 행동으로 옮기지 않는다. 세례를 받고 교인이 된다는 것은 사울에게는 일생일대의 결단이었다. 그런데 그가 즉시 그런 결단을 내리고 행동으로 옮긴 것을 보면 아나니아가 많은 영향을 주었음을 알 수 있다. 아나니아는 사울이 앞으로 걸어갈 대장정의 길에서 첫걸음을 뗄 수 있도록 도와준 안내자였다.

왜 다메섹 도상이었는가? 거기에 사울의 스승이 있어서, 그를 만나러 가는 길이었기 때문이다.

❹ 오호라 나는 곤고한 사람이로다

사울은 무엇에 목말라 있었을까? 사도행전에서는 찾아보기 어렵지만 그는 서신에서 다음과 같이 고백하고 있다.

> 오호라 나는 곤고한 사람이로다 이 사망의 몸에서 누가 나를 건져내랴 (롬7:24)

'곤고한'(ταλαίπωρος)이란 '비참한', '불행한'이란 뜻이다. 바리새인이었던 사울은 왜 스스로를 비참하고 불행하다고 생각했을까? 로마서 7장을 보면 그는 율법을 지켜보려고 무진 애를 썼지만 지킬 수가 없어 곤고하다고 말하고 있다. 당시 바래새인이 지키는 유대교 율법 조항은 6천여 가지나 되었다고 한다. 사울은 할례, 안식일 규정 등 그 조항의 형식을 철저히 지키고 있어서 겉으로 보기에는 모범적인 바리새인이지만 사울은 이에 만족하지 않고 그 율법 조항의 정신을 지키려고 했다. 그러나 율법에 담긴 정신까지는 지킬 수 없는 자신의 마음을 보고 고민했다. 다시 말하면 외적인 확증은 있지만 내적인 확증을 느끼지 못해서 고민이었다. 율법 정신을 지키려고 하면 할수록, 마음으로는 지키고 싶었지만 그것을 싫어하는 또 다른 마음이 더 커서 지킬 수가 없었다. 내면에서 두 마음의 갈등과 고민이 극에 달해 있었고, 율법의 정신을 지키려고 하지만 지킬 수 없는 한계, 이것이 사울의 목마름이었다. 사울의 이런 고민과 갈등은 유대교가 지닌 태생적인 한계였다. 유대교 교리를 지키면서 외적인 확증에 머물러 있는 이들은 내적인 고민에 시달리거나 관심을 가질 이유가 없었다. 그러나 사울은 외적인 확증에 만족하지 않고 내적인 확증을 추구하고 있었다. 그러나 그 어디에서도 찾을 수가 없었다. 사울이 교회를 잔멸하는데 앞장선 이유는 유대교에 대한 애착과 유대교의 방식으로 하나님을 사랑하는 열심으로 내면의 갈등과 고민을 해결하려는 절박함의 표시이기도 했다.

하나님께서는 이런 바울을 지켜보고 계셨다. 그의 갈등과 고민, 이를 해결하려는 열정이 극에 달했을 때, 그 때가 곧 하나님께서 개입하실 때이며, 그 장소가 곧 다메섹 도상이었다. 바울이 고민하던 내면의 갈등이 다메섹 도상에서 만난 예수님을 통해서 해결되었다. 예수님께서는 성령을 통하여 율법의 정신을 기쁘게 지킬 수 있도록 도와주시기 때문이다. 갈라디아서와 로마서에서 말하는 율법과 행위는 유대교의 율법 조항과 그 형식의 실천을 말하는 것이다. 바울은 율법이 요구하는 외적인 형식은 지킬 수 있지만 그 내적인 정신까지 기꺼이 실천할 수 있는 의인은 하나도 없다는 것과 예수님을 통해서만 해결될 수 있음을 경험으로 확인했으며, 이것이 그의 신학의 기초가 되었다. 예수님은 대속의 죽으심을 통하여 율법의 요청을 지키지 못하는 한계를 용서하실 뿐만 아니라 율법의 정신을 기꺼이 실천하도록 도우시는 분이시다. 이를 바울은 예수님을 통해서 주어지는 믿음, 은혜, 용서라고 했는데, 이는 율법의 실천을 무시하는 게 아니라 오히려 그 정신의 실천을 강조하는 표현이다. 이를 자칫 오해하여 행위가 아니라 믿음으로만 구원받는다고 하는데, 이는 바울이 말하려는 의도와 완전히 상반된 결론이다.

바울은 이런 내적인 경험에 기초하여 율법, 할례, 선민 등 유대교의 근본적인 교리들을 다시 해석했다. 율법은 양심으로, 할례는 육체가 아닌 마음의 할례로, 선민은 혈통의 후손이 아닌 믿음의 후손으로 다시 해석했다. 바울의 이런 해석은 이방인 선교 신학의 기초가 되었다. 물론 유대교 신학을 이렇게 재정리하는 데에는 많은 시간이 걸렸다. 바울은 다메섹 도상에서 일어난 경험과 아나니아와의 대화를 통해 유대교의 한계를 극복할 수 있는 길을 예수님에게서 발견하게 되었다.

❺ 며칠 있을새

【•】 19 음식을 먹으매 강건하여지니라 사울이 다메섹에 있는 제자들과 함께 며칠 있을새

대피해 있던 교인들이 사울이 다메섹 도상에서 겪은 일과 아나니아와 만나고 있다는 놀라운 이야기를 듣고 무슨 일인지 확인하기 위하여 주변으로 몰려들었다. 사울을 만난 그들은 어떤 마음과 어떤 느낌이었을까? 사울과 다메섹 교인들은 먹을 것을 나누어 먹으며, 성경 해석과 토론과 기도를 이어갔다. 그리고 서서히 사울은 다메섹을 향하여 올 때와는 완전히 딴사람이 되어가고 있었다. 며칠이 지나자 사울의 목마름과 궁금증들이 풀리기 시작했다.

다메섹 도상에서의 극적인 체험, 다메섹 교인들과 며칠을 보내면서 일어난 극적인 변화는 세계 역사가 뒤바뀌는 순간이었다. 이 자리에 함께 있었던 교인들, 먼발치에서 이를 지켜보던 사울의 수행원들은 지금 무슨 일이 자기들 눈앞에서 일어나고 있는지 알았을까? 그런 큰일이 일어나고 있다는 것을 알았을 리가 없다. 하나님께서 계획하시고 이끌어가시는 중요한 일들은 지금도 우리의 주변에서 이렇게 진행된다.

예수님께서 여러 번 반복하신 "깨어 있으라!"고 하신 말씀에는 "네 주변에서 일어나는 일들을 결코 소홀히 여기지 말라!"는 의미가 함축되어 있다. 하나님께서는 전혀 의외의 장소에서, 전혀 의외의 사람들을 통해서, 전혀 의외의 방법으로 하나님의 뜻을 실현시키신다. 가장 작은 곳에서, 가장 작은 사람들을 통해서, 가장 작아 보이는 일을 통해서 일하신다. 과거에도 그랬고 지금도 그랬고 앞으로도 그렇다. 이는 변함없으신 하나님의 변함없는 방식이다. 그런데 자기 생각에 사로잡혀서 눈이 삔 사람들, 귀가 삔 사람들, 머리가 삔 사람들은 들어도 듣지 못하고 보아도 보지 못하고 설명해 주어도 도무지 들으려고 하지 않는다. 왜 그럴까? 큰 것에, 화려한 것에,

거창한 것에, 세속적인 성공주의에 빠져도 푹 빠져 있기 때문이다. 이들을 성경에서는 강퍅한 사람, 완악한 사람, 목이 곧은 사람, 양심이 화인 맞은 사람이라 한다.

❻ 즉시로

【•】 20 즉시로 각 회당에서 예수가 하나님의 아들이심을 전파하니 21 듣는 사람이 다 놀라 말하되 이 사람이 예루살렘에서 이 이름을 부르는 사람을 멸하려던 자가 아니냐 여기 온 것도 그들을 결박하여 대제사장들에게 끌어 가고자 함이 아니냐 하더라

세상을 뒤바꾸는 사람의 특징 중 하나는 결단과 열정과 지칠 줄 모르는 추진력이다. 다메섹에서 교인들과 며칠을 보낸 사울은 즉시로 일어나 안식일마다 회당을 찾아다니며 예수님을 전했다. 이를 듣는 유대인들이 어떤 반응을 보였을지는 물을 필요조차 없었다. 다메섹에 사는 유대인들에게는 지금 사울이 교인들을 체포하러 온다는 소식 때문에 온통 비상이 걸려 있었는데, 그런데 그 장본인이 돌변하여 예수님을 전하고 있었기 때문이다. 이 소문이 급속도로 퍼져 나갔다. 유대인들은 이렇게 반전된 상황을 어떻게 받아들여야 할지 갈피를 잡지 못했다.

❼ 힘을 더 얻어

【•】 22 사울은 힘을 더 얻어 예수를 그리스도라 증언하여 다메섹에 사는 유대인들을 당혹하게 하니라

회당을 찾아다니며 복음을 전하면서 성령이 충만해진 사울은 점점 더 힘을 얻어 더 담대하게 예수님을 전하게 되었다. 유대인들이 반론을 제시했지만 그 누구도 사울을 당할 수 없었다. 본문에서 '당혹하게 하니라'(συνέχυννεν)는 당황스러운 혼란에 빠뜨려서, 굴복시켜서 더 이상 할 말이 없게 만들었다는 뜻이다. 사울은 회당을 찾아다니며 무슨 말을 했을까?

첫째, 예수님을 하나님의 아들이라고 말했다.

사도행전에서는 '하나님의 아들'이라는 단어가 20절에서 한 번

쓰이고 있지만 복음서에서는 자주 나오고 있다. 그런데 공관복음에서는 이 단어가 서로 정반대의 뜻을 가진 두 의미로 쓰이고 있어서 이를 잘 파악할 필요가 있다.

마귀가 사용한 하나님의 아들이 있다. 예수님께서 40일 금식기도를 할 때 마귀가 예수님을 하나님의 아들이라며 돌로 떡을 만들고, 높은 성에서 뛰어내리는 등의 기적을 일으키라고 부추겼으며, 귀신들린 사람들을 통하여 예수님 주변에 모여 온 사람들에게 예수님은 하나님의 아들이라고 선동했다. 마귀들이 떠들어댄 하나님의 아들이란 유대인들이 기다리던 유대인의 메시아가 되어 큰 제국을 지배하는 황제가 되라는 뜻이었다. 사도들도 초기에는 예수님을 유대인의 메시아로 이해했었다. 마귀는 유대교 지도자들을 통하여 예수님에게 하늘의 표적, 즉 유대인들이 기대하는 표적을 보여달라고 끊임없이 요구했고, 예수님께서 십자가에 매달려 계실 때에도 그들의 입을 통하여 지금이라도 십자가에서 내려오면 자기들이 기다리던 메시아로 인정하겠다고 유혹했다. 그러나 예수님께서는 이런 마귀를 꾸짖어 내쫓으시며 잠잠하라고 하셨다.

예수님에게 적용되는 하나님의 아들이라는 용어가 있다. 이는 새로운 계약을 체결하기 위하여 친히 인간으로 오셔서 유대인들이 계약을 위반한 죄를 대신 짊어지시고 십자가에서 대신 죽으신 하나님의 아들이다. 예수님께서 말씀하신 하나님의 아들이란 예수님께서 곧 하나님이시라는 뜻이다. 예수님께서 사용하신 인자(人子)라는 칭호에는 이런 의미가 담겨있다.

그런데 바울은 짧은 시간에 예수님을 두 번째 의미의 하나님의 아들로 만났다. 그리고 유대인들에게 그들이 하나님의 아들을 잘못 알고 있다고 깨우쳐 주면서, 유대인들이 계약을 위반한 죄를 대신 짊어지시고 십자가에서 대신 죽으신 예수님이 바로 하나님의 아들이라고 말하였다.

둘째, 예수님을 그리스도라고 했다.

이미 수시로 말한 바와 같이 '그리스도'라는 단어도 서로 상반된 두 의미로 쓰이고 있다. 유대인들의 메시아 사상에서 말하는 그리스도는 마귀가 사용한 하나님의 아들이라는 의미와 같다. 유대인의 메시아 사상에 의하면 십자가에 매달려 죽은 예수님은 메시아가 될 수가 없었다. 그러나 사도들이 다시 해석한 바에 의하면 예수님께서 십자가에서 돌아가셨기 때문에 메시아였다. 사울이 다메섹에서 예수님께서 그리스도라고 말한 것은 유대인의 잘못된 메시아 사상을 바로 잡으며 예수님이 메시아라고 말했다는 뜻이다.

복음서에서 말하는 예수님은 하나님의 아들이시면서 그리스도였다.(마16:16, 막1;1) 그런데 성경을 읽을 때는 관련된 구절에서 어떤 하나님의 아들, 어떤 그리스도를 말하고 있는지를 잘 분간해야 한다. 그렇지 않으면 자신도 모른채 혼란에 빠져서 오해하게 된다. 예나 지금이나 마귀는 이런 틈을 노린다. 오늘 우리는 예수님을 어떤 하나님의 아들, 어떤 그리스도로 믿고 있는가? 유대교적인 이해에 치우쳐 있다.

사울이 회당마다 찾아다니며 예수님을 전하고 다니는 이런 황당한 일을 당한 다메섹의 유대인들은 처음에는 어리둥절했지만 여러 날이 지나자 상황을 파악하고 무엇을 어찌해야 할지를 알고 실행에 옮기게 되었다.

❽ 죽이기를 공모

【•】 23 여러 날이 지나매 유대인들이 사울 죽이기를 공모하더니 24 그 계교가 사울에게 알려지니라 그들이 그를 죽이려고 밤낮으로 성문까지 지키거늘 25 그의 제자들이 밤에 사울을 광주리에 담아 성벽에서 달아 내리니라

유대인들은 결국 사울이 하는 일을 더 이상 두고 볼 수 없으므로 죽여 없애기로 작정하고 구체적인 계획을 세워 실행에 옮겼다. 그러나 이를 사울에게 알려주는 교인이 있어서 사울은 밤에 광주리를 타

고 성벽을 빠져나왔다. 본문에서는 유대인들이 밤낮으로 성문을 지켰다고 했으나 바울은 서신에서 좀 다르게 말하고 있다.

> 다메섹에서 아레다왕의 고관이 나를 잡으려고 다메섹 성을 지켰으나 33. 나는 광주리를 타고 들창문으로 성벽을 내려가 그 손에서 벗어났노라(고후11:32)

두 자료를 종합하면 다음과 같다. 당시 다메섹은 아레다왕이 다스리고 있었는데, 유대인들은 왕의 관리들을 동원하여 바울을 죽이려고 했다. 후일 바울의 선교 과정에서도 유대인들은 관리를 동원하여 바울의 선교를 방해하거나 박해했었다.

광주리를 타고 성을 빠져나온 사울은 어디로 갔을까?

물음 24 바나바, 왜 사울을 다소로 보냈을까?

본문 〈 9:26~31 〉

26 사울이 예루살렘에 가서 제자들을 사귀고자 하나 다 두려워하여 그가 제자 됨을 믿지 아니하니

27 바나바가 데리고 사도들에게 가서 그가 길에서 어떻게 주를 보았는지와 주께서 그에게 말씀하신 일과 다메섹에서 그가 어떻게 예수의 이름으로 담대히 말하였는지를 전하니라

28 사울이 제자들과 함께 있어 예루살렘에 출입하며

29 또 주 예수의 이름으로 담대히 말하고 헬라파 유대인들과 함께 말하며 변론하니 그 사람들이 죽이려고 힘쓰거늘

30 형제들이 알고 가이사랴로 데리고 내려가서 다소로 보내니라

31 그리하여 온 유대와 갈릴리와 사마리아 교회가 평안하여 든든히 서 가고 주를 경외함과 성령의 위로로 진행하여 수가 더 많아지니라

본문을 보면, 사울이 다메섹에서 바로 예루살렘으로 가서 사도들

을 만났다고 생각된다. 그러나 갈라디아서에 의하면 아라비아로 갔다가 다시 다메섹을 거쳐 3년 뒤에 예루살렘에 갔다. 사도행전에서는 아라비아로 갔던 과정을 생략하고 있다. 누가는 바울의 행적을 자세하게 다루기 보다는 큰 흐름만을 기록하고 있다. 바울이 말한 아라비아가 구체적으로 어디인지는 알기 어렵다. 단지 나바테아 왕국(Nabataean Kingdom)이 BC 85년부터 로마에 합병되던 AD 106년까지 다메섹 일대를 다스리고 있어서 이 왕국 중 어디라고 추정된다.

❶ 3년 뒤에

【•】 그의 아들을 이방에 전하기 위하여 그를 내 속에 나타내시기를 기뻐하셨을 때에 내가 곧 혈육과 의논하지 아니하고 또 나보다 먼저 사도 된 자들을 만나려고 예루살렘으로 가지 아니하고 아라비아로 갔다가 다시 다메섹으로 돌아갔노라 그 후 삼 년 만에 내가 게바를 방문하려고 예루살렘에 올라가서 그와 함께 십오 일을 머무는 동안 주의 형제 야고보 외에 다른 사도들을 보지 못하였노라(갈1:16~19)

바울은 다메섹 도상에서 예수님을 만난 후 아라비아로 가서 3년을 머물렀는데 왜 아라비아로 갔으며 3년 동안 무엇을 했을까? 앞에서도 언급한 바와 같이 바울에게 있어서 다메섹 도상의 경험은 일생일대의 충격이었다. 그 충격은 그가 그토록 추종하던 유대교 자체, 즉 그 기본교리들이 오류라는 것을 발견했기 때문이었다. 다메섹에 며칠 머무는 동안 아나니아 등을 통하여 예수님이 어떤 분이신지에 대해서는 확인되었지만 유대교와 기독교의 관계가 신학적으로 정리된 것은 아니었다. 바울은 혼자만의 시간이 필요했다. 아라비아에 가서 그는 3년여 동안 혼자 사색과 기도의 시간을 가지면서 자기가 경험한 것들을 기초로 유대교에 대하여 다시 정리해 나갔다. 하나님께서는 어떤 충격적인 경험을 하게 하신 후 그에 대하여 세밀하게 설명하시지 않고 스스로 깨달아가게 하신다. 이 깨달음을 통하여 경험이 자기의 것이 되는데, 생각보다 많은 시간이 걸린다.

바울은 아라비아에 머무는 삼 년 동안 나름대로 정리하였지만, 이를 좀 더 깊이 이해하기 위해서는 사도들을 만나 예수님에 관하여 직접 들어볼 필요가 있었다. 이런 이유로 바울은 아라비아에서 다메섹을 거쳐 예루살렘으로 올라가서 베드로를 만나 십오 일 동안 같이 있으면서 예수님께서 하신 일들과 말씀에 대하여 소상히 전해 들었다. 그러나 아직 끝이 아니었다. 베드로를 통해 들은 말씀을 기초로 마무리 작업을 해야 했다. 그러나 그 마무리에는 많은 시간이 걸렸다.

❷ 바나바

【•】 26 사울이 예루살렘에 가서 제자들을 사귀고자 하나 다 두려워하여 그가 제자 됨을 믿지 아니하니 27 바나바가 데리고 사도들에게 가서 그가 길에서 어떻게 주를 보았는지와 주께서 그에게 말씀하신 일과 다메섹에서 그가 어떻게 예수의 이름으로 담대히 말하였는지를 전하니라

아나니아가 다메섹에서 바울의 안내자이자 스승의 역할을 했다면 바나바는 예루살렘에서 그와 비슷한 역할을 충실히 해냈다. 바울이 회심한 후 삼 년 뒤에 예루살렘으로 가서 사도들을 만나고자 했지만 다 두려워하며 피하고 만나려 하지 않았다. 이를 보면 바울의 위세가 얼마나 컸을지를 짐작할 수 있다. 자칫 바울이 고립무원에 빠질 위기에 처했을 때, 바나바가 나타나 중재 역할을 해서 위기를 모면할 수 있었다. 아마도 바나바는 그 이전부터 바울을 알고 있었던 듯하다. 바나바의 중재로 바울은 베드로를 만나 십오 일을 같이 있으면서 충분한 설명과 자료들을 확보할 수 있었다. 그런데 바나바의 역할은 여기에서 끝나지 않고 계속 이어졌다.

구브로 출신의 디아스포라 바나바, 그는 초기 교회에서 중요한 역할을 해냈다. 재산을 공유하는 일에 앞장섰고(행4:37) 박해를 피해 간 교인들이 안디옥에 이르러 헬라인에게 복음을 전하자 안디옥으로 가서 교회를 설립했다. 안디옥에서 이방인 교회가 정착되자 다소로 바울을 찾아가 데리고 와서 바울로 하여금 안디옥교회에서 기독교

신학을 가르치게 하여 최초로 기독교인이라는 평가가 나오게 했다. 그리고 바울을 예루살렘으로 데리고 가서 사도들에게 이방인 신학을 공식적으로 인정받도록 주선하고 바울과 더불어 이방인 선교에 앞장섰다. 초기 교회에서 바나바의 역할과 중요성은 아무리 강조해도 지나치지 않다. 바나바가 없었다면 바울은 등장할 수가 없었다.

또 바나바는 바울을 죽음의 위기에서 구출해 냈다.

❸ 다소로 보내니라

【●】 28 사울이 제자들과 함께 있어 예루살렘에 출입하며 29 또 주 예수의 이름으로 담대히 말하고 헬라파 유대인들과 함께 말하며 변론하니 그 사람들이 죽이려고 힘쓰거늘 30 형제들이 알고 가이사랴로 데리고 내려가서 다소로 보내니라

예루살렘에서 사도들을 만난 바울은 이어서 삼 년 전 스데반을 죽음으로 몰고 간 헬라파 유대인들을 만나 복음을 전하며 논쟁을 벌였다. 스데반을 죽이는 일에 앞장섰던 바울, 이제는 스데반이 했던 설교를 자신이 대신하면서 어떤 마음이었을까? 또 바울의 주도에 따라 스데반을 돌로 쳐 죽였던 사람들은 바울의 설교를 들으면서 어떤 생각을 했을까? 무슨 연극이 아니라 실제 상황이라는 것을 믿기 어려웠을 것이다.

돌변한 바울을 보다 못한 유대인들은 그를 죽이기로 작정했다. 이에 바울은 기꺼이 스데반의 뒤를 따르고자 했으나 이를 지켜보던 바나바는 바울을 그냥 죽게 할 수가 없었다. 바나바는 바울이 해야 할 중요한 일이, 바울만이 할 수 있는 일이 아직 남아있다고 판단했기 때문이었다. 바나바는 교인 몇 명과 함께 바울을 억지로 권하여 로마인이 거주하는 항구 도시 가이사랴로 데리고 가서 배를 태워 고향 다소로 돌아가게 했다.

바나바 때문에 목숨을 부지한 바울은 바나바의 당부대로 고향 다소에서 두문불출하며 기독교 신학을 탄생시킬 수 있었다.

❹ 십사 년 뒤에

【•】 십사 년 후에 내가 바나바와 함께 디도를 데리고 다시 예루살렘에 올라갔나니 계시를 따라 올라가 내가 이방 가운데서 전파하는 복음을 그들에게 제시하되 유력한 자들에게 사사로이 한 것은 내가 달음질하는 것이나 달음질한 것이 헛되지 않게 하려 함이라 도리어 그들은 내가 무할례자에게 복음 전함을 맡은 것이 베드로가 할례자에게 맡음과 같은 것을 보았고 베드로에게 역사하사 그를 할례자의 사도로 삼으신 이가 또한 내게 역사하사 나를 이방인의 사도로 삼으셨느니라 또 기둥 같이 여기는 야고보와 게바와 요한도 내게 주신 은혜를 알므로 나와 바나바에게 친교의 악수를 하였으니 우리는 이방인에게로, 그들은 할례자에게로 가게 하려 함이라(갈2:1~2, 7~9)

바나바의 주선으로 베드로와 십오 일을 같이 있으면서 필요한 자료들을 확보한 바울은 이번에는 고향 다소로 돌아가 유대교에서 기독교를 재해석해 내는 작업에 몰두했다. 바울이 기독교 신학의 기초를 놓을 수 있었던 배경은 그가 헬라 사상과 유대교 신학에 정통했기 때문이었다.[65] 바울이 유대교에서 기독교 신학의 기초를 놓기까지는 무려 10년 이상의 시간이 걸렸다. 이 신학이 마무리 될 때쯤 바나바의 초청으로 안디옥교회에서 1년 동안 그가 정리한 것들을 가르칠 기회가 있었는데, 그 결과 안디옥에서 비로소 '기독교인'이라는 평가를 받게 되었다.(행11:26) 그 이전에는 아직 유대교와 기독교가 구분되지 않아서 교회는 유대교의 한 종파에 불과했었다. 그런데 바울의 등장으로 교회는 유대교와 구분되기 시작했다. 초기 기독교 역사에서 이는 가장 중요한 사건이었다.

안디옥교회에서 이런 확인 과정을 거친 바울은 다메섹 경험 이후 십사 년 뒤에 바나바와 함께 예루살렘으로 올라가서 다시 사도들을

65) 길리기아 다소에는 대학이 있었고, 교육에 있어서는 로마, 알렉산드리아와 더불어 3대 도시로 평가되고 있었다. 고향에서 헬라철학에 기초한 교육을 받은 바울은 예루살렘으로 와서 유명한 랍비 가말리엘 문하에서 랍비 수업을 받았다. 당시에 이런 교육은 귀족들에게만 가능했는데, 바울은 날 때부터 로마시민권을 가지고 있었다.(행22:28) 당시 로마시민권을 이방인이 소유한다는 것은 극히 드물었다. 아마도 바울의 조상들은 다소의 시 운영위원이었을 수도 있을 만큼 유력한 가문이었기에 당시 최고의 교육과정을 거칠 수가 있었다.

만났다.(행11:30) 이번에 만난 이유는 자신이 정리한 기독교 신학, 즉 이방인 선교 신학을 사도들에게 충분히 설명하고 인준받기 위함이었다. 이 만남은 성공적이어서 바울은 사도들에게 허락을 받아 이방인 선교를 추진할 수 있었다.

초기 교회에서 이런 신학적인 작업을 한 사람은 바울이 유일했으며, 바울만이 가능했다. 바울은 이런 신학 작업에 그치지 않고 직접 이방인 선교, 즉 복음의 세계화에도 앞장을 서서 큰 성과를 거두었다. 역사가들이 바울을 기독교의 창시자라고 평가하는 이유는 여기에 있다.

❺ 그리리하여

【•】 31 그리하여 온 유대와 갈릴리와 사마리아 교회가 평안하여 든든히 서 가고 주를 경외함과 성령의 위로로 진행하여 수가 더 많아지니라

누가가 말하는 '그리하여'는 무슨 뜻일까? 유대교 당국자들이 산헤드린 공회에서 사도들을 처결하려고 했으나 명분이 없어 실패하고, 또 스데반 이후에는 무력으로 교인들을 잔멸하려고 했으나 앞장섰던 바울이 돌변함으로써 역효과를 내고 말았다. 그들 입장에서는 이제 뭘 더 어떻게 해볼 방법이 없었다. '그리하여'는 이런 뜻이다. 이로써 교회에는 큰 풍랑이 지나가고 당분간 성장을 지속할 수가 있었다.

물음 25 다비다, 왜 여제자일까?

본문 〈 9:32~43 〉

32 그 때에 베드로가 사방으로 두루 다니다가 룻다에 사는 성도들에게도 내려갔더니

33 거기서 애니아라 하는 사람을 만나매 그는 중풍병으로 침상 위에 누운 지 여덟 해라

34 베드로가 이르되 애니아야 예수 그리스도께서 너를 낫게 하시니 일어나 네 자리를 정돈하라 한대 곧 일어나니

35 룻다와 사론에 사는 사람들이 다 그를 보고 주께로 돌아오니라

36 욥바에 다비다라 하는 여제자가 있으니 그 이름을 번역하면 도르가라 선행과 구제하는 일이 심히 많더니

37 그 때에 병들어 죽으매 시체를 씻어 다락에 누이니라

38 룻다가 욥바에서 가까운지라 제자들이 베드로가 거기 있음을 듣고 두 사람을 보내어 지체 말고 와 달라고 간청하여

39 베드로가 일어나 그들과 함께 가서 이르매 그들이 데리고 다락방에 올라가니 모든 과부가 베드로 곁에 서서 울며 도르가가 그들과 함께 있을 때에 지은 속옷과 겉옷을 다 내보이거늘

40 베드로가 사람을 다 내보내고 무릎을 꿇고 기도하고 돌이켜 시체를 향하여 이르되 다비다야 일어나라 하니 그가 눈을 떠 베드로를 보고 일어나 앉는지라

41 베드로가 손을 내밀어 일으키고 성도들과 과부들을 불러 들여 그가 살아난 것을 보이니

42 온 욥바 사람이 알고 많은 사람이 주를 믿더라

43 베드로가 욥바에 여러 날 있어 시몬이라 하는 무두장이의 집에서 머무니라

스데반 순교와 박해 이후 교회에는 큰 변화가 일어났다. 일단 디아스포라 교인들을 위주로 교인들은 유다, 갈릴리, 이방지역으로 피난을 가야 했다. 사도들은 산헤드린 공회에서 두 번이나 공식적으로 면죄부를 받았기 때문에 예루살렘에 남아있었으나 교인들의 대부분이 피난갔으므로 그들을 찾아다니는 순환 사역을 해야 했다. 이로써 복음이 예루살렘에서 유다와 사마리아와 땅끝까지 확산되는 결과를 가져왔다.

❶ 사방으로 두루 다니다가

【•】 32 그 때에 베드로가 사방으로 두루 다니다가 룻다에 사는 성도들에게도 내려갔더니 33 거기서 애니아라 하는 사람을 만나매 그는 중풍병으로 침상 위에 누운 지 여덟 해라 34 베드로가 이르되 애니아야 예수 그

> 리스도께서 너를 낫게 하시니 일어나 네 자리를 정돈하라 한대 곧 일어나니 35 룻다와 사론에 사는 사람들이 다 그를 보고 주께로 돌아오니라

교인들을 찾아 순환 사역을 하던 베드로는 룻다에 있는 교인들을 찾아갔다. 마침 그곳에는 팔 년 동안 침상에 누워지내던 중풍병자가 있었는데, 하나님께서는 베드로를 통하여 그녀를 낫게 하심으로써 룻다와 인근 사론에 있는 사람들이 교회에 나오게 되었다. 그런데 베드로가 룻다에 머물고 있는 동안에 욥바로부터 급한 연락이 왔다.

❷ 간청하여

> 【•】 38 룻다가 욥바에서 가까운지라 제자들이 베드로가 거기 있음을 듣고 두 사람을 보내어 지체 말고 와 달라고 간청하여

본문에는 룻다에서 욥바가 가깝다고 했지만 실제 거리는 60여 km였다. 도보가 일반적인 교통수단이던 당시에 60km는 이틀 거리였다. 그런데 욥바에서 두 사람이 와서 베드로에게 같이 가자고 간청했다. 베드로는 그들과 함께 급히 욥바로 달려갔다. 무슨 일이 기다리고 있었을까?

❸ 시체를 씻어 다락에 누이니라

> 【•】 37 (다비다가)그 때에 병들어 죽으매 시체를 씻어 다락에 누이니라 … 39 베드로가 일어나 그들과 함께 가서 이르매 그들이 데리고 다락방에 올라가니

유대인들은 사람이 죽으면 즉시 장례식을 치렀다. 예루살렘 성 안에서는 당일에 치러야 했고, 성 밖에서는 삼일 정도 지체될 수도 있었다. 장례식이 지체될 때에는 정결 예식에 따라 시체를 씻어서 다락방에 두었다. 그런데 왜 다비다의 장례식을 며칠 동안이나 치르지 않고 베드로를 불렀을까? 베드로가 도착하자 사람들이 베드로를 데리고 다락방으로 올라가서 죽은 다비다를 살려달라고 간청했다. 기록에 의하면 베드로가 다양한 병자들을 치료하기는 했지만 죽은 자를 살린 적은 없었다. 왜 그들은 다비다를 살려달라고 베드로를 멀리서 불러왔을까?

❹ 여제자 다비다

【•】 36 욥바에 다비다라 하는 여제자가 있으니 그 이름을 번역하면 도르가라 선행과 구제하는 일이 심히 많더니

성경에서 '여제자'(μαθήτρια)라는 단어가 여기에서 단 한 번 사용되고 있다. 그런데 누가는 왜 다비다에게 여제자라는 특별한 단어를 사용하고 있을까? 누가는 다비다야말로 성도의 모델이라고 생각했기 때문에 그녀를 여제자라고 했다. 왜 다비다가 교인의 모델일까?

❺ 모든 과부가 서서 울며

【•】 39 베드로가 일어나 그들과 함께 가서 이르매 그들이 데리고 다락방에 올라가니 모든 과부가 베드로 곁에 서서 울며 도르가가 그들과 함께 있을 때에 지은 속옷과 겉옷을 다 내보이거늘

베드로가 도착했을 때 주로 과부들이 모여 울고 있었다. 그들이 베드로를 초청한 것이다. 그들은 다비다가 죽었지만 그녀를 포기할 수 없었다. 왜냐하면 과부가 되어 살길이 막막해진 자기들에게 다비다가 옷과 양식을 공급해 주었기 때문이다. 아마도 다비다가 고령의 나이에 죽은 것 같지는 않고 아직 살날이 많이 남은 비교적 젊은 나이였던 것 같다. 재산이 좀 있었던 것을 보면 틀림없이 다비다에게 가족도 있었을 것이다. 그런데 장례식을 가족이 아닌 도움을 받았던 과부들이 주도하며, 장례식을 거부하고 시체를 씻어 다락방에 뉘여 놓고 베드로를 초청해 왔다.

이런 자리에 불려 온 베드로의 심정은 어떠했을까?

❻ 다비다야 일어나라

【•】 40 베드로가 사람을 다 내보내고 무릎을 꿇고 기도하고 돌이켜 시체를 향하여 이르되 다비다야 일어나라 하니 그가 눈을 떠 베드로를 보고 일어나 앉는지라

베드로는 사람들을 다 내보내고 혼자 앉아 기도했다. 무슨 기도를 했을까? 살려달라고 했을까? 아니다. 구한다고 다 응답되는게 아니다. 하나님의 뜻을 구했다. 하나님께서 다비다를 다시 살려 주

셔야 할 이유가 있는지, 조건에 맞는지를 구했다. 적지 않은 기도 시간을 통하여 하나님의 뜻을 확인한 베드로는 시체를 향하여 "다비다야, 일어나라!"라고 말했다. 하나님께서 어떤 사람을 통하여 특별한 일을 하실 때에는 그 사람으로 하여금 충분히 이해하고 알게 하신다. 베드로는 그냥 확신을 가지고 믿고 기도하고 일어나라고 한 게 아니다.

❼ 과부들을 불러

【•】 41 베드로가 손을 내밀어 일으키고 성도들과 과부들을 불러 들여 그가 살아난 것을 보이니 42 온 욥바 사람이 알고 많은 사람이 주를 믿더라

왜 베드로는 다비다가 살아난 후 과부들을 불러 다비다가 살아난 것을 보여 주었을까? 다비다가 살아난 것은 과부들이 베드로를 초청했기 때문일까? 아니다. 다비다를 살린 것은 베드로의 기도나 믿음이 아니라 과부들의 기도와 눈물 때문이다. 누가 다비다를 다시 살게 한 것일까? 과부들의 눈물과 기도 때문만일까? 아니다. 다비다가 살았을 때 행한 선행과 구제 때문이다. 하나님께서는 과부들의 안타까운 눈물과 기도를 보시고 다비다에게 다시 살아서 더 많은 선행과 구제를 할 기회를 주셨다.

공관복음서에도 비슷한 이야기가 있다. 중풍병자를 몇 사람이 침상에 누인 채로 예수님께 데리고 왔으나 사람들이 많아 접근할 수 없었다. 마침 예수님께서는 방안에 계셨는데, 데리고 온 사람들은 환자를 지붕으로 들고 올라가서 지붕을 뜯고 예수님 계신 곳에 달아 내렸다. 이런 기막힌 장면을 보고 사람들이 다 놀랐다. 그런데 예수님께서는 "그들의 믿음을 보시고" 병자를 치료해 주셨다.[66]

왜 그들의 믿음을 보셨을까? 그들은 어떤 사람이기에 중풍병자의 침상을 들고 먼 길을 왔으며, 또 남의 집 지붕을 뚫고 환자를 달아

66) 마9:1~8, 막2:1~12, 눅5:17~26.

내렸을까? 환자의 종이거나 아니면 품삯을 받고 온 사람들일까? 아니다. 그런 사람들은 남의 집 지붕을 뚫을 생각을 하지 못한다. 집주인이 지붕 구멍 뚫는 것을 허락했을까? 이를 허락할 주인은 없다. 그들은 환자를 무슨 방법을 써서라도 살려야 한다는 생각밖에는 없었다. 왜 그랬을까? 다비다의 이야기에서 암시를 얻으면 된다. 그들은 다비다를 다시 살린 과부들과 같은 처지의 사람들이었다. 평소에 환자로부터 평생 갚아도 모자랄 은덕을 입은 사람들이었다. 그런데 어느 날 그 사람이 병들었다. 어찌해야 하는가? 이들은 환자를 살리기 위하여 온갖 방법을 다하다가 예수님에 관한 소문을 듣고 불원천리 마다하지 않고 환자를 침상째 들고 왔다.

구전전통을 지닌 성경은 은폐, 함축, 암시의 방식으로 기록되어 있다. 성경해석자는 당시의 상황에서 함축된 내용을 풀어 재구성해야 한다. 계약법 신앙의 원리는 특별한 무슨 법이 아니다. 멀리 있지도 않다. 심는 대로 거두는 법이다. 바울은 이렇게 말하고 있다.

> 스스로 속이지 말라 하나님은 업신여김을 받지 아니하시나니 사람이 무엇으로 심든지 그대로 거두리라 자기의 육체를 위하여 심는 자는 육체로부터 썩어질 것을 거두고 성령을 위하여 심는 자는 성령으로부터 영생을 거두리라(갈6:7~8)

> 하나님께서 각 사람에게 그 행한 대로 보응하시되 참고 선을 행하여 영광과 존귀와 썩지 아니함을 구하는 자에게는 영생으로 하시고 오직 당을 지어 진리를 따르지 아니하고 불의를 따르는 자에게는 진노와 분노로 하시리라(롬2:6~8)

바울이 행위가 아닌 믿음으로 구원받는다고 말했다고 이야기하는 사람은 왜 이런 구절은 말하지 않을까? 바울은 갈라디아서와 로마서에서 분명히 선한 행위로 영생을 얻는다고 말하고 있다. 심는 대로 거두는 법은 바울 신학의 기초와 원리이자 알파와 오메가이다. 이를 거부하면 모순이다.

❽ 무두장이의 집에서

【•】 43 베드로가 욥바에 여러 날 있어 시몬이라 하는 무두장이의 집에서 머무니라

다비다 때문에 욥바에 온 베드로는 당분간 욥바에 머물며 다비다로 인해 새로 교인이 된 사람들을 돌봐야 했다. 그런데 베드로는 무두장이 시몬의 집에 머물렀다. 왜 그 집에 머물렀을까? 그가 무두장이였기 때문이다. 무두장이는 짐승의 가죽을 손질하여 가죽제품을 만드는 사람인데 늘 죽은 짐승의 사체인 가죽을 다뤄야 했고, 또 사체 썩은 냄새가 몸에 배어 있었다. 이런 이유로 당시 유대인들은 이런 무두장이를 천시했을 뿐만 아니라 죄인 중의 죄인으로 취급했다.

그런데 교회에서는 이런 사람을 천시하지 않았을 뿐만 아니라 다른 사람과 동등하게 대해주었다. 베드로는 이를 몸으로 보여 주기 위하여 사체 썩은 냄새가 진동하고 파리가 들끓는 무두장이의 집을 거처로 정했다. 그런데 베드로가 무두장이의 집에 있는 동안에, 아니 무두장이의 집에 있었기 때문에 베드로 개인과 교회에 전환점이 되는 큰일이 준비되고 있었다. 무엇이었을까?

물음 26 고넬료, 왜 중요한가?

본문 〈 10:1~23 〉

1 가이사랴에 고넬료라 하는 사람이 있으니 이달리야 부대라 하는 군대의 백부장이라

2 그가 경건하여 온 집안과 더불어 하나님을 경외하며 백성을 많이 구제하고 하나님께 항상 기도하더니

3 하루는 제 구 시쯤 되어 환상 중에 밝히 보매 하나님의 사자가 들어와 이르되 고넬료야 하니

4 고넬료가 주목하여 보고 두려워 이르되 주여 무슨 일이니이까 천사가 이르되 네 기도와 구제가 하나님 앞에 상달되어 기억하신 바가 되었으니

5 네가 지금 사람들을 욥바에 보내어 베드로라 하는 시몬을 청하라
6 그는 무두장이 시몬의 집에 유숙하니 그 집은 해변에 있다 하더라
7 마침 말하던 천사가 떠나매 고넬료가 집안 하인 둘과 부하 가운데 경
건한 사람 하나를 불러
8 이 일을 다 이르고 욥바로 보내니라
9 이튿날 그들이 길을 가다가 그 성에 가까이 갔을 그 때에 베드로가 기
도하려고 지붕에 올라가니 그 시각은 제 육 시더라
10 그가 시장하여 먹고자 하매 사람들이 준비할 때에 황홀한 중에
11 하늘이 열리며 한 그릇이 내려오는 것을 보니 큰 보자기 같고 네 귀
를 매어 땅에 드리웠더라
12 그 안에는 땅에 있는 각종 네 발 가진 짐승과 기는 것과 공중에 나는
것들이 있더라
13 또 소리가 있으되 베드로야 일어나 잡아 먹어라 하거늘
14 베드로가 이르되 주여 그럴 수 없나이다 속되고 깨끗하지 아니한 것
을 내가 결코 먹지 아니하였나이다 한대
15 또 두 번째 소리가 있으되 하나님께서 깨끗하게 하신 것을 네가 속되
다 하지 말라 하더라
16 이런 일이 세 번 있은 후 그 그릇이 곧 하늘로 올려져 가니라
17 베드로가 본 바 환상이 무슨 뜻인지 속으로 의아해 하더니 마침 고넬
료가 보낸 사람들이 시몬의 집을 찾아 문 밖에 서서
18 불러 묻되 베드로라 하는 시몬이 여기 유숙하느냐 하거늘
19 베드로가 그 환상에 대하여 생각할 때에 성령께서 그에게 말씀하시되
두 사람이 너를 찾으니
20 일어나 내려가 의심하지 말고 함께 가라 내가 그들을 보내었느니라
하시니
21 베드로가 내려가 그 사람들을 보고 이르되 내가 곧 너희가 찾는 사람
인데 너희가 무슨 일로 왔느냐
22 그들이 대답하되 백부장 고넬료는 의인이요 하나님을 경외하는 사람
이라 유대 온 족속이 칭찬하더니 그가 거룩한 천사의 지시를 받아 당
신을 그 집으로 청하여 말을 들으려 하느니라 한대
23 베드로가 불러 들여 유숙하게 하니라 …

누가는 고넬료의 이야기를 대단히 중요하게 다루고 있다. 그 이

유는 이 이야기가 이방인 선교와 직접 관련이 있기 때문이다. 이방인 선교를 위해서는 예수님을 대신하고 있는 사도들이 이방인 선교에 대한 이해가 뒷받침되어야 하는데 사도들에게는 아직 그런 이해가 없었다. 디아스포라 출신의 스데반과 특히 빌립은 복음의 세계화에 적극적이었다. 빌립은 사마리아에 가서 복음을 전하고 또 이방인 에디오피아 내시를 아무런 거리낌 없이 만나고 다녔지만 사도들은 그럴 준비가 되어있지 않았다. 빌립이 사마리아에 복음을 전하자 베드로와 요한이 내려가서 추인했을 뿐이다. 그런데 이제 복음이 세계화되기 위한 본격적인 시점이 되었다. 그러나 한 번 고정된 생각과 이해가 바뀌기는 쉽지 않다. 인간의 이런 현실을 잘 아시는 하나님께서는 직접 개입하셔서 이를 가능하게 하셨다. 하나님께서 특별히 사용하신 방법은 무엇일까?

전능하신 하나님께도 사람과 마찬가지로 인사(人事)가 만사(萬事)이다. 하나님께서도 사람을 통해서 일하시기 때문이다. 하나님의 일을 위해서는 무엇보다도 먼저 준비된 사람이 필요하다. 사도들의 고정된 생각을 바꾸기 위해 준비된 사람은 어떤 사람이었을까?

❶ 고넬료

【•】 1 가이사랴에 고넬료라 하는 사람이 있으니 이달리야 부대라 하는 군대의 백부장이라

하나님께서 찾으시는 사람은 '남은 자'이다. 남은 자란 하나님의 말씀인 계약법을 만고의 진리 차원에서 이해하고, 하나님을 신뢰하며 묵묵히 흔들리지 않고 계약법의 실천을 끝까지 고집하는 사람이다. 대부분의 사람들은 스스로 중도에 포기하고 만다. 그런데 그런 남은 자인 고넬료가 있었다. 그는 어떤 사람이었을까?

❷ 경건하여

【•】 2 그가 경건하여 온 집안과 더불어 하나님을 경외하며 백성을 많이 구제하고 하나님께 항상 기도하더니

고넬료가 경건했다는 구절이 그가 어떤 사람이었는지를 말해준다. 로마군대의 장교인 그는 다신교가 창궐하던 시대에 참 하나님을 찾다가 유대인들이 말하는 성경의 유일신 하나님이 참 하나님이라고 생각하여, 여호와를 하나님으로 믿으며 말없이 구제와 기도, 즉 계약법을 충실하게 실천하고 있었다. 사도행전에서 자주 언급하는 '구제'(ἐλεημοσύνη)는 계약법 중에서 희년법 정신의 실천을 말한다. 다비다와 마찬가지로 그는 가난한 유대인들을 불쌍히 여기며 많이 구제하고 있었다. "하나님께 항상 기도하더니"는 유대인의 전통에 따라 하루 세 번 기도했다는 뜻이다. 그의 구제와 기도가 계속되자 어느 날 갑자기 무슨 일이 일어났다.

❸ 기도시간에

【•】 3 하루는 제 구 시쯤 되어 환상 중에 밝히 보매 하나님의 사자가 들어와 이르되 고넬료야 하니

평소와 다름없이 구 시(오후 3시)에 기도하고 있었는데, 갑자기 환상 가운데 천사가 등장하여 그의 이름을 불렀다. 그에게 일어난 이런 경험은 하나님께서 기대하시는 조건들이 충족될 때 가능해진다. 달이 차야 기울어지는 이치와 같다. 왜 기도가 응답되지 않는가? 가장 큰 이유는 기도가 잘못되었기 때문이다. 모든 일에는 적합한 방법과 때가 있게 마련이다. 무턱대고 구한다고 기도가 아니며, 많이 구한다고 응답되는 게 아니다. 기도를 비롯한 신앙생활의 기초적인 원리와 이치는 계약법에 들어있다. 이를 잘 이해하고 기도해야 한다. 또 잔이 차야 넘치듯이 기도의 분량을 채워야 한다. 큰일일수록 지속적이며 많은 기도가 필요하다.

그런데 고넬료는 이 조건들을 충분히 채우고 있었다. 그 결과 하나님께서 그에게 천사를 보내셨다.

❹ 기억하신 바가 되었으니

【•】 4 고넬료가 주목하여 보고 두려워 이르되 주여 무슨 일이니이까

> 천사가 이르되 네 기도와 구제가 하나님 앞에 상달되어 기억하신 바가 되었으니

천사가 나타나자 고넬료는 왜 두려워했을까? 이 두려움은 하나님의 임재를 경험할 때 일어나는 전형적인 특징이다. 공포와 두려움과는 전혀 다르다. 하나님의 임재에서는 그분의 거룩하심이 어떤 전율과 엎드러질 수밖에 없는 중압감으로 다가오기 때문에 어떤 두려움을 느끼게 된다. 천사는 고넬료에게 그의 기도와 구제가 하나님께 상달되어 기억하신 바 되었다는 소식을 전했다. 무슨 뜻일까?

하나님께서는 들어주실만한 기도, 기억하실만한 기도를 찾으신다. 기도자는 기도가 응답되지 않아서 고민할지 모르지만 하나님께서는 응답하실만한 기도가 없어서 고민이시다. 하나님께서는 지금도 이렇게 말씀하신다.

> 응답할 기도를 찾노라!
> 하늘의 돈을 맡길 사람을 찾노라!

그런데 하나님께서는 고넬료에게서 그런 기도를 찾으셨다. 이어서 천사는 고넬료에게 다음과 같이 말했다.

❺ 베드로라 하는 시몬을 청하라

> 【•】 5 네가 지금 사람들을 욥바에 보내어 베드로라 하는 시몬을 청하라

천사는 의외로 베드로를 청하라며 그가 머물고 있는 곳을 상세히 알려주었다. 왜 그랬을까?

기도의 응답이었다. 고넬료가 이를 위하여 오랫동안 기도하고 있었기 때문이다. 뭘 기도했다는 말인가? 베드로를 만나고 싶어했다는 뜻인가? 아니다, 아마도 그는 베드로라는 이름도 몰랐을 것이다. 그런데 왜 천사는 베드로를 만나라고 했을까? 더군다나 그에게 베드로를 찾아가서 만나기보다는 자기 집으로 초청해서 만나라고 했을까? 고넬료는 무엇을 위해 기도했을까?

다른 무엇이 아니라 바른 신앙을 구하고 찾으며 두드리고 있었

다. 고넬료가 이렇게 기도했다는 걸 어떻게 아는가? 어디에 그런 언급이 있는가? 이야기 전체에 은폐, 함축, 암시되어 있다. 고넬료가 베드로를 만나 무엇을 얻었는가? 예수님을 소개받았고 성령이 임했다. 무슨 뜻인가? 고넬료가 바른 신앙을 가지게 되었다는 뜻이다. 고넬료의 바른 신앙이 무슨 역할을 하고 있는가?

뒤에 가서 다시 설명하겠지만 베드로의 생각을 바꾸어 놓았다. 고넬료의 이야기는 베드로의 회심의 이야기이다. 베드로는 몇 번의 회심 과정을 거쳤다. 첫 번째 회심은 바닷가에서 예수님을 만나고 따르는 회심이었다.(눅5:1~11) 두 번째는 예수님의 부활과 오순절 경험이었고 마지막은 고넬료와의 만남이었다.

하나님께서는 바른 신앙을 구하고 찾고 두드리는 사람을 찾으시며, 그의 기도에 응답하시고, 그를 통하여 일하신다.

❻ 무두장이 시몬의 집

【•】6 그는 무두장이 시몬의 집에 유숙하니 그 집은 해변에 있다 하더라 7 마침 말하던 천사가 떠나매 고넬료가 집안 하인 둘과 부하 가운데 경건한 사람 하나를 불러 8 이 일을 다 이르고 욥바로 보내니라

베드로는 욥바 해변에 있는 무두장이 시몬의 집에 여러 날 머물고 있었는데, 이는 고넬료를 만나기 위한 준비였다. 앞에서 언급한 바와 같이 당시에 짐승의 사체를 다루는 무두장이는 가장 천하고 부정한 직업이었으며, 그의 집은 혐오 시설이라 동네에서 떨어진 해변에 있었다. 엄격한 유대인은 같은 동족 중에서도 율법을 지키지 않는 사람과는 상종도 하지 않았다. 그런데 베드로는 이를 개의치 않고 무두장이의 집에 며칠씩 머물며 유대교의 장벽을 허물고 있었다. 이는 무엇을 말하는가?

이는 유대인과 이방인 사이의 장벽을 허물기 위한 준비였다. 실제로 베드로는 무두장이 시몬의 집에서 이방인, 그것도 로마인 군인을 집으로 불러들여 같은 지붕 밑에서 숙식을 같이했고 이어서 로마

인 장교의 집으로 갔을 뿐만 아니라 며칠이나 묵고 왔다. 이는 결코 우연이 아니다. 하나님의 세밀한 섭리와 배려였다.

천사를 만난 고넬료는 즉시 적임자를 찾아내어 욥바로 보냈다. 이들이 출발한 시각은 오후 4시쯤이었을 것이다. 가이사랴에서 욥바까지는 약 50km 거리여서 그들은 중도 어딘가에서 하룻밤을 자고 그다음 날 욥바에 도착했다. 이들이 올 무렵 베드로는 무얼 하고 있었을까? 자신도 모르는 사이에 이들을 맞을 준비를 하고 있었다.

❼ 제 육 시더라

【•】 9 이튿날 그들이 길을 가다가 그 성에 가까이 갔을 그 때에 베드로가 기도하려고 지붕에 올라가니 그 시각은 제 육 시더라

베드로는 지붕에 올라가 기도하고 있었다. 하나님의 일에 있어서 기도는 빼놓을 수 없는 첫 번째 요건이다. 왜 그럴까? 하나님께서는 계약공동체의 기도를 들으시고 그 기도에 응답하시는 방식으로 일하시기 때문이다. 흔히 우리는 하나님의 명령대로 순종해야 한다고 오해한다. 그러나 계약법에 의하면 그 반대이다. 계약공동체는 하나님의 명령에 순종하는 수동적이고 종속적인 모임이 아니다. 반대로 계약공동체가 하나님께 기도하면 하나님께서 그 기도를 들으시고 응답하신다. 계약법의 시각으로 보면 천지창조는 인간을 위한 창조이며, 완전하신 하나님은 불완전한 인간을 위해 존재하신다. 불완전이 완전을 위해 존재한다는 것은 모순이기 때문이다. 하나님과 인간은 상호 절대 의존 관계이며, 하나님의 뜻은 인간의 노력 100% 하나님의 도우심 100% 방식으로 실현된다. 구속사로 보면 인간은 단지 하나님의 구원과 사랑의 대상에 불과하지만 계약법으로 보면 인간은 하나님을 대신하는 대행자이다. 이런 관계를 하나님의 아들이라 한다. 계약법보다 인간을 더 크게, 더 중요하게, 더 대단하게 볼 수 있는 방법은 없다. 계약법에서는 인본(人本)이 신본(神本)이고 신본이 인본이다.

고넬료가 기도할 때 천사를 만났듯이 베드로도 기도할 때 무슨 일이 일어났다. 무슨 일이었을까?

❽ 네가 속되다 하지 말라

【•】 10 그가 시장하여 먹고자 하매 사람들이 준비할 때에 황홀한 중에
11 하늘이 열리며 한 그릇이 내려오는 것을 보니 큰 보자기 같고 네
귀를 매어 땅에 드리웠더라 12 그 안에는 땅에 있는 각종 네 발 가진
짐승과 기는 것과 공중에 나는 것들이 있더라 13 또 소리가 있으되 베
드로야 일어나 잡아 먹어라 하거늘 14 베드로가 이르되 주여 그럴 수
없나이다 속되고 깨끗하지 아니한 것을 내가 결코 먹지 아니하였나이
다 한 대 15 또 두 번째 소리가 있으되 하나님께서 깨끗하게 하신 것
을 네가 속되다 하지 말라 하더라 16 이런 일이 세 번 있은 후 그 그
릇이 곧 하늘로 올려져 가니라

베드로는 시장기를 느끼며 기도하고 있었다. 그런데 기도가 깊어져서 황홀한 상태가 되었다. 이 상태는 단순히 정신이 집중된 어떤 무아지경이 아니라, 하나님의 뜻이 직접 전달될 때의 상태다. 따라서 이런 경험은 하나님의 일을 하는 사역자들에게 하나님의 뜻이 전달될 때 경험된다. 전달방식은 음성, 환상, 독특한 어떤 느낌과 확신 등 다양하며, 주어진 상황과 관련이 있다.

시장기를 느끼는 베드로에게 하늘에서 내려 온 보자기 같은 큰 그릇에 온갖 짐승들이[67] 들어있는 환상이 보이면서 잡아먹으라는 음성이 들렸다. 그러나 베드로는 펄쩍 뛰며 거부했다. 당시 유대인들은 정결례법에 따라 먹거리를 철저하게 구별했는데 먹을 수 있는 짐승은 굽이 갈라지고 새김질을 하는 초식동물이었다. 그런데 보자기에는 먹을 수 없는 온갖 부정한 짐승들이 뒤섞여 있었기 때문에 베드로는 아연실색하며 절대로 먹을 수 없다고 했다. 그러자 "하나님께서 깨끗하게 하신 것을 네가 속되다 하지 말라"는 음성이 들렸다. 같은 환상이 세 번이나 반복되었다.

67) 창6:20에 의하면 동물들은 세 부류로 나뉘는데, 새가 그 종류대로, 가축이 그 종류대로, 땅에 기는 모든 것이 그 종류대로이다. 본문의 네 발 가진 짐승과 기는 것과 공중에 나는 것들은 이에 따른 구분이다.

지붕에서 기도 중에 이런 일을 경험한 베드로는 도대체 이 환상이 무슨 뜻인지를 몰라 곰곰이 생각하고 있었다. 그런 그에게 또 음성이 들려왔다.

❾ 시몬이 여기 유숙하느냐

【•】 17 베드로가 본 바 환상이 무슨 뜻인지 속으로 의아해 하더니 마침 고넬료가 보낸 사람들이 시몬의 집을 찾아 문 밖에 서서 18 불러 묻되 베드로라 하는 시몬이 여기 유숙하느냐 하거늘

그런데 이번에 들린 음성은 사람의 소리였다. 고넬료가 보낸 사람이 지금 막 도착하여 문 밖에서 베드로의 이름을 부르고 있었다. 빌립이 에디오피아 내시를 찾아가 만날 때와 마찬가지로(행8:27~28) 하나님께서 명시적으로 어떤 일을 하실 때에는 시간을 정확히 맞추어 놓으신다. 오순절에 맞추어 성령이 임한 것도 마찬가지이다. 계약법 실천에 충실하면 하나님께서는 일을 자연스럽게 되게 하신다.

문 밖에서 자신의 이름을 부르고 있었지만 베드로는 기도 중에 본 환상에 대하여 골몰하고 있어서 그 소리가 귀에 들리지 않았다. 그러자 다시 음성이 들려왔다.

❿ 의심하지 말고 함께 가라

【•】 19 베드로가 그 환상에 대하여 생각할 때에 성령께서 그에게 말씀하시되 두 사람이[68] 너를 찾으니 20 일어나 내려가 의심하지 말고 함께 가라 내가 그들을 보내었느니라 하시니

이는 하나님의 음성이었는데, 지금 문 밖에 온 사람들은 하나님께서 보내셨으니 의심하지 말고 만나라고 하셨다. 의심하지 말라는 말씀은 무슨 뜻일까? 유대인들은 이방인과 상종하지 않았는데, 지금 문 밖에 온 이방인들을 만날 수 없다고 하지 말고 만나라는 말씀이다.

문득 정신을 차리고 지붕에서 내려가 보니 문 밖에 고넬료가 보낸 이방인들이 있었고, 그들에게서 온 목적을 소상히 들을 수 있었

68) 6절과 11:11에는 세 사람이어서 숫자가 맞지 않는다. 어떤 사본에는 세 사람, 서방 사본과 바티칸 사본에는 숫자가 빠져 있다.

다. 이들을 어떻게 대해야 하나?

⓫ 불러 들여

【•】 23 베드로가 불러 들여 유숙하게 하니라 …

베드로는 고넬료가 보낸 사람들의 이야기를 들으면서 그제서야 비로소 세 번이나 반복된 환상이 무슨 뜻인지를 알 게 되었다. "하나님께서 깨끗하게 하신 것을 네가 속되다 하지 말라"는 말씀은 하나님께서는 이방인을 부정하게 여기지 않으시므로 베드로도 이방인들을 부정하게 여기지 말라는 뜻이었다. 이에 베드로는 이방인들을 집 안으로 들어오게 했으며 그날 그들과 같이 밥을 먹고 같이 잠을 잤다. 이런 일련의 과정을 통하여 도무지 불가능했을 일을 베드로는 할 수 있었다.

제각기 다른 문화권과 상황에 사는 사람에게는 누구나 자기만의 고정관념이 있게 마련이다. 그런데 그 고정관념이 교리로 굳어지면 고치기가 대단히 어렵다. 이를 도그마(Dogma)라고 한다. 하나님께서는 베드로의 도그마를 깨뜨리기 위하여 특별한 방법을 동원하셔야 했다. 이제 베드로에게서 유대교의 도그마가 서서히 벗겨지기 시작했다.

지금도 신앙생활에서 우리 자신도 모르는 사이에 확실하다고 믿고 마침표(.)를 찍어 놓은 것들이 많이 있다. 그 모든 마침표를 쉼표(,)로 바꾸어 놓고 원점에서부터 다시 검토해 보아야 한다. 악령은 확신에 빠져 변화를 거부하게 하지만 반대로 성령은 끊임없이 검토하며 변화하게 한다. 구약과 신약의 역사를 돌이켜보면 과거는 물론이고 지금도 많은 부분에서 오류의 역사를 반복하고 있다. 끊임없이 묻고 또 검토하는 것만이 오류를 막으며, 동시에 마귀의 속임수에서 벗어나는 길이다.

물음 27 베드로의 회심, 어떻게 가능했을까?

본문 〈 10:23~48 〉

23 … 이튿날 일어나 그들과 함께 갈새 욥바에서 온 어떤 형제들도 함께 가니라

24 이튿날 가이사랴에 들어가니 고넬료가 그의 친척과 가까운 친구들을 모아 기다리더니

25 마침 베드로가 들어올 때에 고넬료가 맞아 발 앞에 엎드리어 절하니

26 베드로가 일으켜 이르되 일어서라 나도 사람이라 하고

27 더불어 말하며 들어가 여러 사람이 모인 것을 보고

28 이르되 유대인으로서 이방인과 교제하며 가까이 하는 것이 위법인 줄은 너희도 알거니와 하나님께서 내게 지시하사 아무도 속되다 하거나 깨끗하지 않다 하지 말라 하시기로

29 부름을 사양하지 아니하고 왔노라 묻노니 무슨 일로 나를 불렀느냐

30 고넬료가 이르되 내가 나흘 전 이맘때까지 내 집에서 제 구 시 기도를 하는데 갑자기 한 사람이 빛난 옷을 입고 내 앞에 서서

31 말하되 고넬료야 하나님이 네 기도를 들으시고 네 구제를 기억하셨으니

32 사람을 욥바에 보내어 베드로라 하는 시몬을 청하라 그가 바닷가 무두장이 시몬의 집에 유숙하느니라 하시기로

33 내가 곧 당신에게 사람을 보내었는데 오셨으니 잘하였나이다 이제 우리는 주께서 당신에게 명하신 모든 것을 듣고자 하여 다 하나님 앞에 있나이다

34 베드로가 입을 열어 말하되 내가 참으로 하나님은 사람의 외모를 보지 아니하시고

35 각 나라 중 하나님을 경외하며 의를 행하는 사람은 다 받으시는 줄 깨달았도다

36 만유의 주 되신 예수 그리스도로 말미암아 화평의 복음을 전하사 이스라엘 자손들에게 보내신 말씀

37 곧 요한이 그 세례를 반포한 후에 갈릴리에서 시작하여 온 유대에 두루 전파된 그것을 너희도 알거니와
38 하나님이 나사렛 예수에게 성령과 능력을 기름 붓듯 하셨으매 그가 두루 다니시며 선한 일을 행하시고 마귀에게 눌린 모든 사람을 고치셨으니 이는 하나님이 함께 하셨음이라
39 우리는 유대인의 땅과 예루살렘에서 그가 행하신 모든 일에 증인이라 그를 그들이 나무에 달아 죽였으나
40 하나님이 사흘 만에 다시 살리사 나타내시되
41 모든 백성에게 하신 것이 아니요 오직 미리 택하신 증인 곧 죽은 자 가운데서 부활하신 후 그를 모시고 음식을 먹은 우리에게 하신 것이라
42 우리에게 명하사 백성에게 전도하되 하나님이 살아 있는 자와 죽은 자의 재판장으로 정하신 자가 곧 이 사람인 것을 증언하게 하셨고
43 그에 대하여 모든 선지자도 증언하되 그를 믿는 사람들이 다 그의 이름을 힘입어 죄 사함을 받는다 하였느니라
44 베드로가 이 말을 할 때에 성령이 말씀 듣는 모든 사람에게 내려오시니
45 베드로와 함께 온 할례 받은 신자들이 이방인들에게도 성령 부어 주심으로 말미암아 놀라니
46 이는 방언을 말하며 하나님 높임을 들음이러라
47 이에 베드로가 이르되 이 사람들이 우리와 같이 성령을 받았으니 누가 능히 물로 세례 베풂을 금하리요 하고
48 명하여 예수 그리스도의 이름으로 세례를 베풀라 하니라 그들이 베드로에게 며칠 더 머물기를 청하니라

욥바 해변의 무두장이의 집에서 이방인, 그것도 이스라엘을 식민 지배하는 원수인 로마인 군병과 같이 밥을 먹고 같은 집에서 자면서 베드로는 무슨 생각을 했을까? 아마도 만감이 교차했을 것이다. 무두장이와 이방인과는 상종하지 말라던 조상 대대로 지켜오던 정결례 규율들이 도대체 무엇이었던가? 이와 관련하여 예수님께서는 이미 다 말씀하셨었다.

예수께서 이르시되 너희도 이렇게 깨달음이 없느냐 무엇이든지 밖에서 들어가는 것이 능히 사람을 더럽게 하지 못함을 알지 못하느냐 이는 마

음으로 들어가지 아니하고 배로 들어가 뒤로 나감이라 이러므로 모든 음식물을 깨끗하다 하시니라(막7:18~19)

예수님께서는 유대교 정결례의 한계를 이해하지 못하는 제자들에게 "너희도 이렇게 깨달음이 없느냐?"라고 탄식하셨었다. 그런데 베드로는 아직 이에 관하여 아무런 이해가 없었고 유대교의 입장을 고수하고 있었다. 음식과 사람 관계에서 부정한 것과 정한 것을 철저하게 구별하던 유대교의 정결례는 복음의 세계화에 큰 걸림돌이었다. 그런데 이제 베드로는 유대인 중에 가장 부정한 자인 무두장이의 집에서, 이방인 중에서 가장 멀리해야 할 로마 군인과 같이 먹고 자면서 서서히 도그마에서 깨어나기 시작했다. 그 다음 과정은 다음과 같다.

❶ 어떤 형제들도 같이 가니라

【•】 23 베드로가 불러 들여 유숙하게 하니라 이튿날 일어나 그들과 함께 갈새 욥바에서 온 어떤 형제들도 함께 가니라

고넬료가 환상을 보고 자신을 초청했다는 전달을 듣고 로마 군병을 따라 길을 나선 베드로, 그는 이 일이 예삿일이 아닐 수 있다고 생각하여 동역자 6명을 데리고 갔다.(행11:12) 유대인들은 어떤 큰 일을 결정할 때에는 여러 증인이 필요했기 때문이다. 이들은 이틀 길을 가면서 무슨 생각을 하며 또 무슨 이야기들을 주고받았을까? 어쨌든 하나님께서 특별히 인도하신다는 느낌 때문에 어떤 기대감을 가지고 갔으며, 이튿날 가이사랴에 도착했다.

❷ 나도 사람이라

【•】 24 이튿날 가이사랴에 들어가니 고넬료가 그의 친척과 가까운 친구들을 모아 기다리더니 25 마침 베드로가 들어올 때에 고넬료가 맞아 발 앞에 엎드리어 절하니 26 베드로가 일으켜 이르되 일어서라 나도 사람이라 하고

고넬료의 집에 가까이 가자 종에게 미리 전갈을 받은 고넬료가 달려 나와 땅에 엎드려 절하면서 베드로를 하나님처럼 대하며 경배

했다.[69] 이에 베드로는 크게 당황했다. 지금까지 몇 년 동안 사도로 활동하며 여러 사람들과 사건들을 겪었지만 아직 어느 누구에게서도 이런 환대, 즉 자신을 하나님처럼 대하는 경배를 받아본 적이 없기 때문이다. 베드로는 자신에게 엎드려 절하는 고넬료에게 달려가 붙들어 일으켜 세우며, 자신은 한낱 사람에 불과하다며 진정시켜야 했다.

로마군 백부장 고넬료, 현재의 직책도 낮은 것이 아니지만 전도가 유망한 장교였다.[70] 더구나 그는 식민지배를 위해 유다에 파송된 로마군 장교였다. 그런 그가 가난한 유대인을 불쌍히 여기며, 유대인의 종교에 따라 구제와 기도 등에 힘쓴다는 것은 결코 쉬운 일이 아니었다. 그런데 고넬료는 하나님께서 기억하실 만큼 해냈다. 그뿐만 아니라 복음이 세계화되는 과정에서 꼭 필요한 일을 해냈다. 고넬료의 면면을 더 살펴볼 필요가 있다.

❸ 하나님 앞에 있나이다

【•】 33 내가 곧 당신에게 사람을 보내었는데 오셨으니 잘하였나이다 이제 우리는 주께서 당신에게 명하신 모든 것을 듣고자 하여 다 하나님 앞에 있나이다

고넬료의 집에 도착한 베드로는 유대인은 이방인을 상종하지 않는 관습을 먼저 언급하면서, 자신이 그런 전통을 깨고 여기에 온 이유는 하나님께서 아무도 속되거나 깨끗하지 않다고 생각하지 말라고 지시하셔서 오게 되었다고 말한 후 자신을 초청한 이유를 물었다. 이에 고넬료는 자초지종을 상세하게 이야기한 후 하나님께서 천사를 보내 알려 주시고 명령하신 대로 사람을 보냈는데 베드로가 지

69) 서방 사본에는 다음과 같은 내용이 있다. "고넬료는 그의 친척과 가까운 친구들을 모아서 그들을 기다리고 있었다. 베드로가 가이사랴에 가까이 오자 종들 중 한 사람이 먼저 달려가서 그가 도착했음을 알렸다. 고넬료는 뛰어 일어나 그를 맞으면서 그의 발 앞에 엎드려 경배했다."

70) 로마 군대는 6천 명으로 구성된 군단(legion)이 있고, 다시 600명씩 10개의 부대로 나뉘어지며 백부장은 백 명의 지휘관이다.

체하지 않고 와 주어서 너무 감사드린다고 했다. 그런데 놀라운 것은 고넬료가 베드로를 맞이하는 자세이다.

먼저 그는 자신과 가족은 물론이고 친지와 지인들을 초청하여 다 같이 말씀을 듣게 했다. 그는 왜 이렇게까지 했을까? 그가 유대교에 관심을 가진 이유는 진리에 대한 목마름 때문이었다. 하늘에 상달될 만큼 구제와 기도에 힘썼다는 것이 그 증거이다. 특히 천사를 통해 하나님의 임재를 경험하고 즉시 사람들을 베드로에게 보낸 다음에 그는 나흘 동안 하나님께서 허락하신 특별한 만남을 준비했는데 그 첫 번째가 최대한 많은 사람이 하나님의 특별한 말씀을 듣게 하기 위하여 여러 사람을 초청했다. 고넬료가 이렇게 한 이유는 성경의 말씀이 진리라는 확신 때문이었을 것이다. 또 많은 사람들이 고넬료의 말을 듣고 시간을 내어 모인 것을 보면 평소에 고넬료가 그들에게 신임을 얻었음을 알 수 있다.

그다음으로 그는 하나님의 말씀을 전하는 베드로를 하나님처럼 대했다. 그는 사람을 하나님으로 경배할 만큼 어리숙한 사람이 아닐 뿐만 아니라 성경의 진리를 알아볼 만한 지성의 소유자였다. 그런 그가 유대인인 베드로를 하나님처럼 대하고 “이제 우리는 주께서 당신에게 명하신 모든 것을 듣고자 하여 다 하나님 앞에 있나이다.”라고 했다. 지금부터 베드로가 하는 말은 곧 하나님의 말씀이라는 신뢰와 겸손한 자세, 하나님의 말씀이 선포되기에 이보다 더 완벽하게 준비될 수는 없었다. 베드로의 설교가 미처 끝나기도 전에 성령이 그들에게 임한 이유는 이렇게 준비되어 있었기 때문이다. 그의 이런 자세는 이방인 중에서 사도들로부터 직접 복음을 들은 첫 번째 사람이 되게 했으며, 반대로 사도들을 위해서도 대단히 중요한 일을 했다.

하나님께서는 이런 사람을 찾으신다. 하나님의 살아계심을 경험하려면 이런 자세를 배워야 한다. 제멋대로 기도하다가 응답이 없다며 하나님을 타박하는 상식에 벗어난 경우를 흔히 보게 된다. 콩을 심으면 콩이 나고 팥을 심으면 팥이 나듯이, 신앙의 세계에도 어떤 일관된 법이 지배한다. 이 법에 대한 기초적인 이해가 있을 때 하나님에 대한 절대적인 신뢰가 가능해진다.

고넬료, 그는 자신도 모르는 사이에 베드로를 위하여 중요한 일을 했다. 구체적으로 무얼 했을까?

❹ 입을 열어 말하되

【•】 34 베드로가 입을 열어 말하되 내가 참으로 하나님은 사람의 외모를 보지 아니하시고 35 각 나라 중 하나님을 경외하며 의를 행하는 사람은 다 받으시는 줄 깨달았도다 … 44 베드로가 이 말을 할 때에 성령이 말씀 듣는 모든 사람에게 내려오시니 45 베드로와 함께 온 할례 받은 신자들이 이방인들에게도 성령 부어 주심으로 말미암아 놀라니 46 이는 방언을 말하며 하나님 높임을 들음이러라

"입을 열어 말하되"는 특별히 중대한 말을 할 때 사용하는 표현이다. 고넬료를 만나면서 베드로는 큰 깨달음을 얻었다. 그런데 그 깨달음은 자신은 물론이고 당시 교회에 지대한 영향을 끼쳤다. 이는 가히 '베드로의 회심'이라고 할 만하며 결코 과언이 아니다. 누가가 고넬료의 이야기를 여러 번 반복하는 이유는 그만큼 이 사건이 중요한 비중을 차지하기 때문이다. 베드로가 깨달은 것은 어떤 것들일까?

첫째, 경험으로, 유대교의 정결례가 잘못되었음을 깨달았다. 하나님께서는 각자의 특징과 그가 처한 상황을 너무나 잘 아시며, 또 그에 적절한 방법을 동원하신다. 일단 베드로는 고넬료가 환상을 보고 사람들을 자신이 머물고 있는 집으로 보낸 것과 그들이 도착할 시간에 자기도 환상과 음성을 통해 이방인들을 거절하지 말고 만나라는 지시를 받은 것이 전적으로 하나님께서 하신 일이라는 사실을 인정하지 않을 수 없었다. 그는 유대교의 정결례를 정면으로 어기고 이방인 고넬료의 집으로 가면서, 또 가서 이방인에게 설교를 시작하

기 전에 먼저 유대교의 정결례가 하나님의 뜻에 어긋난다는 사실을 깨달았다고 고백했다. 아마도 이런 경험과 깨달음은 베드로에게 큰 충격이었을 것이다. 그런데 이보다 더 큰 충격이 그를 기다리고 있었다.

둘째, 경험으로, 하나님께서는 이방인과 유대인을 구별하지 않으신다는 것을 깨달았다. 고넬료의 집에서 베드로가 한 설교는 그동안 했던 설교와 비교하여 특별하다고 할 수 없다. 단지 이방인을 염두에 두면서 한 설교였다. 그런데 놀랍게도 베드로의 설교가 아직 끝나지도 않았고 또 설교를 들은 사람들이 할례나 세례를 받기 이전인데, 유대교의 율법 조항을 지키는 것과 상관없이 그들에게 성령이 임했다. 그것도 그들이 오순절에 받았던 성령과 동일하게 임하며 방언을 했다.

베드로가 설교할 때에는 아람어로 하고 헬라어로 통역을 했었다.[71] 그런데 그들에게 성령이 임하자 갑자기 통역이 필요 없어지고 말았다. 베드로가 헬라어를 말하게 된 것이 아니라 듣는 사람들이 아람어를 알아들었기 때문이다. 언어의 장벽이 허물어지는 이런 경험 때문에 베드로는 오순절에 자신들에게 임했던 성령과 동일한 성령이 그들에게도 주어졌음을 거듭 강조하고 있으며(행10:47, 11:15~17, 15:8), 또 하나님께서는 이방인과 유대인을 전혀 구별하지 않으심을 깨닫게 되었다.

베드로의 이런 경험, 특히 외국어를 말하는 현상이 동반된 동일한 성령이 유대교 율법 조항을 전혀 지키지 않는 이방인에게 임하는 경험은 베드로는 물론 동행한 유대인들에게는 큰 충격이었다.(45절) 그리고 고넬료의 집에서 있었던 일을 듣는 교인들 역시 같은 충격을 받았다. 이방인이 유대교 율법의 아무런 조항도 지키지 않으면

71) 속사도 교부 파피아스(Papias, AD 60~163)의 설명에 따르면 베드로는 통역을 통해서 설교했다고 한다.(Eusebius의 Ecclesiastical History Ⅲ, 39)

서 교인이 될 수 있다는 것은 도무지 생각조차 할 수 없는 일이었기 때문이다.

❺ 선한 일을 행하시고

【•】 38 하나님이 나사렛 예수에게 성령과 능력을 기름 붓듯 하셨으매 그가 두루 다니시며 선한 일을 행하시고 마귀에게 눌린 모든 사람을 고치셨으니 이는 하나님이 함께 하셨음이라 39 우리는 유대인의 땅과 예루살렘에서 그가 행하신 모든 일에 증인이라 그를 그들이 나무에 달아 죽였으나 40 하나님이 사흘 만에 다시 살리사 나타내시되 … 43 그에 대하여 모든 선지자도 증언하되 그를 믿는 사람들이 다 그의 이름을 힘입어 죄 사함을 받는다 하였느니라

본문은 베드로가 이방인에게 행한 첫 번째 설교인데 유대인들에게 한 설교와 내용이 많이 다르다. 유대인들에게는 예수님께서 그들이 기다리던 메시아였다는 주장이 중심을 이룬다. 그런데 이방인을 대상으로 할 때는 예수님께서 행하신 '선한 일'(εὐεργετῶν)에 초점을 맞추었다. 이 단어는 여기서만 쓰이는데, 선한 일은 어떤 뜻일까?

초기 교회에서 사도들이 교인들에게 가르쳐 지키게 한 것은 "떡을 떼며, 모든 물건을 서로 통용하고, 재산과 소유를 팔아 각 사람의 필요에 따라 나누어 주는 것"이었다.(행2:42~45) 이는 계약법의 핵심인 희년법의 실천이며, 예수님께서는 이를 위하여 오시었고(눅4:19) 제자들로 하여금 교회에서 실천하게 하셨다. 계약법의 실천은 모든 선한 일의 대명사라고 할 수 있다. 베드로는 이를 함축하여 선한 일이라 했다. 또 고넬료는 구제를 적극 실천하던 사람이었다.

이방인에게 행한 베드로의 설교는 예수님의 선행과 부활에 초점이 맞추어져 있다.

❻ 로마인 교회 탄생

【•】 47 이에 베드로가 이르되 이 사람들이 우리와 같이 성령을 받았으니 누가 능히 물로 세례 베풂을 금하리요 하고 48 명하여 예수 그리스

도의 이름으로 세례를 베풀라 하니라 그들이 베드로에게 며칠 더 머물기를 청하니라

고넬료의 집에 모인 사람들에게 자신들에게 임한 것과 동일한 성령이 임하는 것을 본 베드로는 주저하지 않고 그들에게 세례를 베풀었다. 세례를 준다는 것은 그들을 새로운 계약공동체인 교회의 교인으로 받아준다는 뜻이다. 이로써 로마인들이 모여 사는 가이사랴에 로마인 교회가 설립되었다. 그런데 이들은 베드로에게 또 다른 부탁을 했다.

❼ 부흥집회

【•】 48 … 그들이 베드로에게 며칠 더 머물기를 청하니라

성령을 받고 교인이 된 사람들은 기쁨이 넘쳤으며 궁금한 것들이 너무 많았다. 이에 그들은 베드로에게 며칠 더 머물도록 간청했다. 베드로는 이들의 간절한 요청을 뿌리칠 수도 없었고 뿌리칠 이유도 없었다. 그들은 왜 며칠 더 머물러 달라고 요청했으며, 며칠 동안 뭘 했을까? 물을 필요도 없이 그들은 말씀을 듣고 기도했다. 틀림없이 그들은 아는 이들을 더 불러모아 같이 말씀을 들었을 것이다. 고넬료의 가족, 하인, 친지, 지인만해도 적지 않은 교인이었다. 이로써 가이사랴의 교회는 기반을 잡았다. 게다가 가이사랴에는 이 교회를 맡을 최고의 적임자가 있었다. 누구일까? 헬라어에 능숙한 디아스포라인 빌립이었다. 에디오피아 내시에게 전도한 빌립은 성령의 데려가심으로 아소도에 이르러 해변을 따라 전도하다가 가이사랴에 이르러 있었다.(행8:39~40) 그 뒤로 빌립은 가이사랴에 정착했는데(행21:8), 그 이유는 고넬료의 집에서 시작된 교회를 맡기 위함이었을 것이다.

❽ 이방인의 오순절, 베드로의 회심

고넬료의 집에서 있었던 사건은 이방인에게 일어난 오순절이며, 또 베드로의 회심 사건이라고 할 수 있다. 베드로는 사도들의 대표

자였다. 이방인에 대한 베드로의 오해와 편견이 바뀜으로써 이제 교회는 이방인 선교를 위한 기초를 놓을 수 있었다.

고넬료, 그는 아마도 자신이 교회의 미래를 위하여 무슨 일을 했는지 전혀 몰랐을 것이다. 단지 자신에게 주어진 환경에서 묵묵히 유대교에 충실하다가 하나님의 인도하심에 따라 베드로를 통하여 예수님을 구세주로 믿는 기독교인이 되었을 뿐이다. 그러나 그가 하나님과 더불어 신앙 생활하는 모습 그 자체가 베드로를 변화시켰고, 또 교회사에 지대한 공헌을 했다.

물음 28 할례자 교인들, 어떻게 생각이 바뀌었을까?

본문 〈 11:1~18 〉

1 유대에 있는 사도들과 형제들이 이방인들도 하나님의 말씀을 받았다 함을 들었더니
2 베드로가 예루살렘에 올라갔을 때에 할례자들이 비난하여
3 이르되 네가 무할례자의 집에 들어가 함께 먹었다 하니
4 베드로가 그들에게 이 일을 차례로 설명하여
5 이르되 내가 욥바 시에서 기도할 때에 황홀한 중에 환상을 보니 큰 보자기 같은 그릇이 네 귀에 매어 하늘로부터 내리어 내 앞에까지 드리워지거늘
6 이것을 주목하여 보니 땅에 네 발 가진 것과 들짐승과 기는 것과 공중에 나는 것들이 보이더라
7 또 들으니 소리 있어 내게 이르되 베드로야 일어나 잡아 먹으라 하거늘
8 내가 이르되 주님 그럴 수 없나이다 속되거나 깨끗하지 아니한 것은 결코 내 입에 들어간 일이 없나이다 하니
9 또 하늘로부터 두 번째 소리 있어 내게 이르되 하나님이 깨끗하게 하신 것을 네가 속되다고 하지 말라 하더라

10 이런 일이 세 번 있은 후에 모든 것이 다시 하늘로 끌려 올라가더라
11 마침 세 사람이 내가 유숙한 집 앞에 서 있으니 가이사랴에서 내게로 보낸 사람이라
12 성령이 내게 명하사 아무 의심 말고 함께 가라 하시매 이 여섯 형제도 나와 함께 가서 그 사람의 집에 들어가니
13 그가 우리에게 말하기를 천사가 내 집에 서서 말하되 네가 사람을 욥바에 보내어 베드로라 하는 시몬을 청하라
14 그가 너와 네 온 집이 구원 받을 말씀을 네게 이르리라 함을 보았다 하거늘
15 내가 말을 시작할 때에 성령이 그들에게 임하시기를 처음 우리에게 하신 것과 같이 하는지라
16 내가 주의 말씀에 요한은 물로 세례를 베풀었으나 너희는 성령으로 세례를 받으리라 하신 것이 생각났노라
17 그런즉 하나님이 우리가 주 예수 그리스도를 믿을 때에 주신 것과 같은 선물을 그들에게도 주셨으니 내가 누구이기에 하나님을 능히 막겠느냐 하더라
18 그들이 이 말을 듣고 잠잠하여 하나님께 영광을 돌려 이르되 그러면 하나님께서 이방인에게도 생명 얻는 회개를 주셨도다 하니라

신약성경이 기록될 당시만 해도 두루마리에 기록했다. 폭이 좁은 파피루스로 만들어진 두루마리는 가장 긴 것이 11m였다. 사도행전은 이 정도 크기의 두루마리에 기록해야 했기 때문에 누가는 가능한 한 간략하게 적어야 했다. 기록 분량과 중요도는 비례했다. 그런데 바울의 회심 이야기를 세 번 기록하고, 고넬료의 이야기를 10장에 이어 11장에서 또 다룬 이유는 이 이야기들이 당시에 그만큼 중요했기 때문이다.

가이사랴에 내려갔던 베드로는 상당 기간이 지난 후에 다시 예루살렘으로 올라왔다.[72] 당시 베드로는 각 지역에 흩어진 교인들을

72) 서방 사본 11:2에는 다음과 같이 기록되어 있다. "베드로가 오랜 후에 예루살렘으로 가기를 원하여 형제들을 불러 그들을 굳게 한 후 떠나 두루 다니며 가르치니라. 그가 예루살렘에서 (형제들을) 만나 하나님의 은혜에 대하여 이야기하니 할례자들이 비난하여

돌보는 순환 목회를 하고 있었기 때문이다. 현재의 본문에 의하면 베드로가 가이사랴의 고넬료의 집에 갔었다는 이야기는 소문으로 예루살렘의 교인들에게도 전해졌는데, 베드로가 도착하자 교인들이 이에 대하여 집중적으로 캐물었다.

❶ 할례자들이 비난하여

【•】 2 베드로가 예루살렘에 올라갔을 때에 할례자들이 비난하여 3 이르되 네가 무할례자의 집에 들어가 함께 먹었다 하니 4 베드로가 그들에게 이 일을 차례로 설명하여 5 이르되 …

당시 유대인들은 사람들을 할례자와 무할례자로 나누었다. 그런데 본문의 '할례자'는 일반 유대인을 말하는 게 아니라 교인이 된 유대인이며 이방인들은 교인이 되려면 할례를 먼저 받아야 한다고 주장하는 사람들이다. 유대교인들은 출애굽기(10~19장)에 근거하여 하나님의 율법이 유대인에게만 주어졌기 때문에 유대인만 구원받는다고 생각했다. 이방인이라도 유대교의 율법 전통을 잘 지키면 구원받을 수 있다고 생각하는 사람도 있었으나 소수에 불과했고, 대부분은 할례를 받은 후 개종해야 된다고 생각했다. 이방인 교인의 할례 문제가 초기 교회에서 심각한 문제로 부상한 이유는 여기에 있다.

이런 유대인들은 이방인과는 대화도 나누지 않았다. 특별한 경우 이방인의 집에 잠시 들어갈 수는 있지만 식사를 같이 한다는 것은 전혀 있을 수 없는 일이었다. 이방인들의 식탁에는 우상에게 바쳤던 음식이 있었기 때문에 이방인과의 식사는 우상숭배와 같은 죄로 여겼다. 이런 그들에게 베드로가 고넬료의 집에서 며칠 동안 숙식을 같이했다는 소식은 결코 용납될 수 없는 사안이었다. 벼르고 있던 할례자 교인들은 베드로가 오자 그를 향하여 비난하며 따지고 들었다.

이르되"

베드로, 그는 고넬료가 보낸 사람들을 집으로 불러들일 때부터 이 문제가 얼마나 심각할 수 있는지를 잘 알고 미리 대처하고 있었다.

❷ 이 여섯 형제도

【•】 5 이르되 내가 욥바 시에서 기도할 때에 황홀한 중에 환상을 보니 큰 보자기 같은 그릇이 네 귀에 매어 하늘로부터 내리어 내 앞에까지 드리워지거늘 … 12 성령이 내게 명하사 아무 의심 말고 함께 가라 하시매 이 여섯 형제도 나와 함께 가서 그 사람의 집에 들어가니 …

베드로는 고넬료의 집으로 가면서 욥바에서 유대인 교인들을 여섯 명이나 데리고 갔다. 왜 이렇게 많은 사람들을 대동했을까? 당시 유대인들은 어떤 법적인 효력이 필요한 문제에는 증인이 7명이 있어야 했다. 로마에서도 유언과 같이 특별히 중요한 문제에는 일곱 명의 증인이 있어야 했다.

베드로는 할례자 교인들에게 고넬료의 집에서 있었던 일들을 다시 자세하게 설명했다. 누가는 이 사건을 중요하다고 생각하여 베드로의 설명을 또 기록해 놓았다. 베드로가 설명하면서 '이 여섯 형제도'라고 말한 것을 보면 그는 이런 문제가 제기될 줄 알고 고넬료의 집에 같이 갔던 사람들을 다 데리고 예루살렘에 갔다는 것을 알 수 있다.

❸ 내가 누구이기에 하나님을 능히 막겠느냐

【•】 15 내가 말을 시작할 때에 성령이 그들에게 임하시기를 처음 우리에게 하신 것과 같이 하는지라 16 내가 주의 말씀에 요한은 물로 세례를 베풀었으나 너희는 성령으로 세례를 받으리라 하신 것이 생각났노라 17 그런즉 하나님이 우리가 주 예수 그리스도를 믿을 때에 주신 것과 같은 선물을 그들에게도 주셨으니 내가 누구이기에 하나님을 능히 막겠느냐 하더라

베드로는 자신의 경험을 통하여 이방인 고넬료와의 만남 과정도 하나님께서 특별하게 주선하셨고, 그 집에 가서 숙식을 같이 한 것도 하나님의 명령이었으며, 또 설교를 시작할 때 이방인에게도 동일

한 성령이 임한 사실을 자세하게 설명했다. 그리고 나서 "내가 어떻게 하나님께서 하시는 특별한 일을 거역할 수 있겠느냐?"라고 반문했다.

❹ 이 말을 듣고 잠잠하여

【•】 18 그들이 이 말을 듣고 잠잠하여 하나님께 영광을 돌려 이르되 그러면 하나님께서 이방인에게도 생명 얻는 회개를 주셨도다 하니라

베드로가 이렇게 말하자 기세가 등등했던 할례자 교인들은 할 말이 없었다. 단순히 할 말이 없을 뿐만 아니라 이방인과 유대인을 차별하지 않으시는 하나님을 새삼 다시 발견하고 이를 인정하지 않을 수 없었다. 반대와 비난이 바뀌어 하나님에 대한 찬양이 되었다. 베드로의 지혜로운 처신과 답변을 통하여 사도들과 예루살렘의 정통 유대인 교인들은 이방인들이 할례받지 않고도 교인이 될 수 있다는 이해에 도달하여 생각을 바꾸어야 했다.

이로써 이방인 선교를 위한 중요한 기초가 마련되었다.

물음 29 그리스도인, 어떻게 탄생했을까?

본문 〈11:19~30 〉

19 그 때에 스데반의 일로 일어난 환난으로 말미암아 흩어진 자들이 베니게와 구브로와 안디옥까지 이르러 유대인에게만 말씀을 전하는데
20 그 중에 구브로와 구레네 몇 사람이 안디옥에 이르러 헬라인에게도 말하여 주 예수를 전파하니
21 주의 손이 그들과 함께 하시매 수많은 사람들이 믿고 주께 돌아오더라
22 예루살렘교회가 이 사람들의 소문을 듣고 바나바를 안디옥까지 보내니
23 그가 이르러 하나님의 은혜를 보고 기뻐하여 모든 사람에게 굳건한 마음으로 주와 함께 머물러 있으라 권하니

24 바나바는 착한 사람이요 성령과 믿음이 충만한 사람이라 이에 큰 무리가 주께 더하여지더라
25 바나바가 사울을 찾으러 다소에 가서
26 만나매 안디옥에 데리고 와서 둘이 교회에 일 년간 모여 있어 큰 무리를 가르쳤고 제자들이 안디옥에서 비로소 그리스도인이라 일컬음을 받게 되었더라
27 그 때에 선지자들이 예루살렘에서 안디옥에 이르니
28 그 중에 아가보라 하는 한 사람이 일어나 성령으로 말하되 천하에 큰 흉년이 들리라 하더니 글라우디오 때에 그렇게 되니라
29 제자들이 각각 그 힘대로 유대에 사는 형제들에게 부조를 보내기로 작정하고
30 이를 실행하여 바나바와 사울의 손으로 장로들에게 보내니라

누가는 스데반의 순교 사건으로 다시 돌아가서 그 다음의 중요한 이야기를 이어간다.

❶ 그 때에

【•】 19 그 때에 스데반의 일로 일어난 환난으로 말미암아 흩어진 자들
이 베니게와 구브로와 안디옥까지 이르러 유대인에게만 말씀을 전하는
데 20 그 중에 구브로와 구레네 몇 사람이 안디옥에 이르러 헬라인에
게도 말하여 주 예수를 전파하니 21 주의 손이 그들과 함께 하시매 수
많은 사람들이 믿고 주께 돌아오더라

여기서 말하는 '그 때에'에는 짧은 시간과 긴 시간이 같이 들어있다.

첫째, 유대인에게만 전도하는 때가 있었다. 스데반으로 말미암은 박해로 예루살렘의 교인들이 유다 지경을 넘어 북쪽의 베니게와 구브로와 안디옥으로 피난갔다. 이들은 그곳에서 피난살이를 하며 디아스포라 유대인에게만 복음을 전했다. 따라서 여기 말하는 '그 때에'는 박해가 시작될 무렵인 AD 32년 무렵부터 안디옥에 교회가 시작되기 전까지 10여 년 이상의 기간을 말한다.

둘째, 안디옥에서 헬라인에게도 전도하던 때를 말한다. 여기서 말하는 헬라인은 헬라어를 공용어로 사용하는 이방인이다. 그 이전

에는 이방 지역에 살고 있는 유대인들에게만 복음을 전했었다. 유대교 전통에 익숙해 있던 교인들은 지금까지는 유대인만이 구원의 대상이라고 생각했기 때문이다. 그런데 이제 헬라인에게도 전도하기 시작함으로써 초기 교회는 새로운 전기를 맞이하게 되었다. 어떤 사람들이, 어떻게 이방인들도 구원의 대상이라고 생각하며 복음을 전할 생각을 했을까?

❷ 구브로와 구레네 몇 사람

【•】 20 그 중에 구브로와 구레네 몇 사람이 안디옥에 이르러 헬라인에게도 말하여 주 예수를 전파하니

놀라운 일을 해낸 선구자들은 구브로와 구레네 출신의 몇 명이었다. 누가는 여기서는 이들의 이름을 밝히지 않고 있지만 13장에서 시므온과 루기오 등 일부의 이름을 밝히고 있다.[73] 누가는 이들의 출신지만 알려주면서 이들이 디아스포라 유대인이기 때문에 그런 생각을 할 수 있었다는 것을 간접적으로 말하고 있다. 복음의 세계화에 길을 연 사람들은 스데반, 빌립, 바나바, 바울 등 하나같이 디아스포라 유대인들이었다. 베드로를 비롯한 사도들과 예루살렘의 토박이 유대인 중 일부는 고넬료의 사건을 통하여 하나님께서는 유대인과 이방인을 구분하지 않으신다는 이해에 겨우 도달해 있었지만, 아직 이를 인정하려 들지 않는 교인들도 많아서 후일 교회 내에 분란의 원인이 되었다.

복음이 예루살렘 밖으로 확산되면서 유대인과 이방인의 관계 문제는 가장 중요하고도 또 심각한 문제로 부상되었다. 다행히도 누가가 이에 대하여 상세히 기록해 놓아서 우리는 그 실상에 접근해 갈 수가 있다.

구브로와 구레네 몇 사람들은 어떻게, 어떤 방법으로 헬라인들에

---

73) 안디옥교회에 선지자들과 교사들이 있으니 곧 바나바와 니게르라 하는 시므온과 구레네 사람 루기오와 분봉 왕 헤롯의 젖동생 마나엔과 및 사울이라(행13:1)

게 복음을 접목시켰을까?

❸ 주 예수님

> 【•】 20 그 중에 구브로와 구레네 몇 사람이 안디옥에 이르러 헬라인에게도 말하여 주 예수를 전파하니

그들은 '주 예수님'을 헬라인들에게 전했다. 지금까지는 유대인들에게 '예수 그리스도'를 전했었다. 예수 그리스도란 예수님을 메시아라고 전했다는 뜻이다. 그런데 유대인들은 메시아에 대하여 잘못 이해하고 있었기 때문에 구약성경을 인용하여 다시 해석해 주면서 예수님이 유대인들이 기다리던 메시아라고 설득해야 했다. 유대인들을 향한 베드로의 설교는 모두 여기에 초점이 맞추어져 있었다.

그런데 구브로와 구레네 출신의 제자들은 헬라인들에게 예수님을 그리스도가 아닌 주님으로 소개했다. 헬라인들은 주님(Kyrios)과 구원자(Soter)에 대해서는 익숙해 있었지만 메시아라는 용어와 개념에 대해서는 전혀 아는 바가 없었다. 이런 이유로 구브로와 구레네 출신 제자들은 헬라인들에게 그들이 익숙한 개념과 용어로 설명했지만, 헬라인들이 가진 개념을 그대로 받아주었다는 뜻이 아니다. 주님은 주로 황제에게 사용했던 용어이며, 구원자는 신비종교에서 독특한 의식으로 영생을 말할 때 사용한 용어여서 단어의 개념이 성경과는 전혀 달랐다. 그래서 구브로와 구레네 출신의 교인들은 성경에서 말하는 주님의 개념으로 헬라인들의 주님에 대한 개념을 바로 잡아주었다. 구브로와 구레네 출신의 교인들이 이렇게 말한 것을 보면 놀라움을 금할 수 없다. 이들의 이런 접근은 어떤 결과를 가져왔을까?

❹ 주님의 손이 그들과 함께 하시매

> 【•】 21 주의 손이 그들과 함께 하시매 수많은 사람들이 믿고 주께 돌아오더라

주님의 손이 그들과 함께 하셨다. '주님의 손'이라는 표현은 하나

님께서 인정하셔서 함께하신다는 뜻이며, 필요한 경우 표적과 기사로 입증되곤 했다.(출8:19, 눅1:66, 행4:30) 그들이 새롭게 해석한 말씀을 하나님께서 인정하셨으며, 그 결과 많은 사람들이 주님께로 돌아오는 큰 성과를 거두었다. '수많은'이라는 단어가 있는 것을 보면 상당히 많은 사람들이 교인이 되었다고 생각된다.

복음이 이방인에게 확산되는 과정에서는 사도들보다 이와 같은 무명의 디아스포라 교인들이 훨씬 더 큰 역할을 했다. 이런 소문이 예루살렘의 교회에 전해졌다. 이 소문을 들은 교회는 어떻게 처리했을까?

❺ 바나바 파송

【•】 22 예루살렘교회가 이 사람들의 소문을 듣고 바나바를 안디옥까지 보내니

이런 문제를 접한 예루살렘의 사도들과 장로들은 어떻게 처리해야 할지에 대하여 알고 있었다. 이미 고넬료 사건을 겪었기 때문이다. 고넬료 사건을 통하여 이방인들은 할례를 비롯하여 유대교 율법에 대하여 구애받지 않고 교인이 되는 길이 열려 있었다. 그러나 이런 사실은 아직 공식적으로 결정되어 널리 공지된 것은 아니었다. 따라서 안디옥에서 헬라인들에게 복음을 전한 구브로와 구레네 사람들은 아직 이를 모르고 있었다. 이미 알려졌다면 이들만 헬라인들에게 복음을 전했을 리가 없기 때문이다.

예루살렘교회 당국은 안디옥의 소식을 접하고 적임자를 물색하여 정식으로 파송했는데 그가 바나바였다. 바나바는 안디옥에서 가까운 구브로 출신이며 디아스포라였다. 또 바나바가 파송된 이유는 그가 자원했기 때문이다. 그가 자원했다는 근거는 어디에 있을까?

❻ 기뻐하여

【•】 23 그가 이르러 하나님의 은혜를 보고 기뻐하여 모든 사람에게 굳건한 마음으로 주와 함께 머물러 있으라 권하니 24 바나바는 착한 사람이요 성령과 믿음이 충만한 사람이라 이에 큰 무리가 주께 더하여지더라

바나바가 안디옥에 이르러 그동안에 되어진 상황을 보고 크게 기뻐했다는 언급은 그가 이를 자원했다는 뜻이다. 바나바가 '착한 사람'이란 뜻은 그가 재산을 공유하는 계약법 실천운동에 앞장섰다는 뜻이며(행4:37), 안디옥교회에서도 이 일을 적극 추진했다. 이런 사실은 예루살렘교회에 부조금을 보낸 것을 통해 알 수 있다.(행11:29) '성령과 믿음이 충만한 사람'이란 일곱 명의 사역자를 선택하는 기준이었다.(행6:5) 그런데 바나바는 왜 일곱 명의 사역자에 뽑히지 않았을까? 바나바는 일곱 명의 사역자보다 더 크고 중요한 일을 맡고 있었기 때문이다. 무슨 일일까?

예루살렘에서 교인이 된 삼천 명, 오천 명의 사람들이 서로 앞다투어 재산을 내어놓았다. 그러면 이걸 어떻게 처리해야 하나? 돈과 부동산 문서들을 쌓아 놓고 각자가 알아서 필요한 대로 가져가라고 했을까? 그럴 리가 없다. 당연히 누군가 이 문제를 처리할 적임자를 두고 관리하게 했는데, 이 어려운 문제를 그는 잘 해냈다. 그가 누구였을까? 누가는 사도들이 그를 '위로의 아들'이라 불렀다고 암시해주고 있다. 재산을 내놓는 사람도 쉽지 않지만 받는 사람은 더 쉽지 않다. 재산을 적절하게 나누어 주는 일은 가장 어렵다. 그런데 위로의 아들이라고 불리는 바나바는 큰돈을 냈을 뿐만 아니라 그 돈으로 많은 사람들을 위로해 줌으로써 가장 어려운 문제를 가장 은혜롭게 처리했다.

그런데 이제 예루살렘교회에서는 바나바가 할 일이 별로 없었다. 그러던 중 그는 안디옥에서 일어난 소식을 들으면서 기꺼이 그 일을 자원했다. 바나바가 안디옥에 가서 교회를 맡으면서 안디옥교회에는 큰 무리가 몰려 왔다. 바나바가 안디옥교회를 자원하여 맡은 이유는 무엇일까?

바나바는 판세와 흐름을 읽었다. 지금까지는 교회가 예루살렘에서 유대인들을 중심으로 복음을 전했지만 이제부터는 이방인을 대상으로 복음을 전해야 하는데 예루살렘에서는 그 일을 할 수 없다고 그는 생각했다. 그런데 안디옥에 교인들이 생기는 것을 보면서 그는 앞으로 안디옥에서, 헬라인을 주축으로 세워질 교회가 그 일에 적합하다고 생각했다. 안디옥은 당시에 로마와 알렉산드리아에 이어 로마제국에서 세 번째로 큰 도시였으며, 인구가 많을 때는 80여만 명에 이르렀고 유대인들도 5만여 명이나 살았다.[74] 바나바의 이런 예상은 틀리지 않아서 안디옥교회는 초기 이방인 선교에서뿐만 아니라 그 이후 교회사에서 중요한 역할을 했다.

바나바가 간 후 안디옥에 교회가 세워져서 기틀을 마련하기까지는 오랜 시간이 걸린 것 같지 않다. 그런데 이제부터가 시작이었고 그다음이 문제였다. 무엇이었을까?

❼ 바울 초빙

【•】 25 바나바가 사울을 찾으러 다소에 가서 26 만나매 안디옥에 데리고 와서

바나바는 사울을 찾으러 다소로 갔다. 그러나 사울을 쉽게 찾을 수가 없어서 많은 애를 먹었으며[75] 힘들게 만나 그를 설득하여 데리고 왔다.[76] 왜 바나바는 사울을 만나기 어려웠을까? 10여 년 전 예루살렘에서 가이사랴를 거쳐 고향으로 온 사울은 집에서 무얼하고 있었을까? 바울은 가정사에 대하여 아무런 언급도 하지 않으므

---

74) 안디옥은 헬라제국을 세운 알렉산더 대왕 사후 수리아에 세워진 셀류쿠스(Seleucus) 왕조의 니카토르(Nicator) 왕이 BC 300년에 세웠으며, 로마 제국에 BC 64년 병합된 후에는 수리아 지방의 행정수도였다. 지중해에서 24km거리에 오른테스강 유역에 세워진 안디옥은 교통과 상업에서 중요한 역할을 했으며, 다프네(Daphne)신전이 널리 알려져 있었다.

75) '찾으러'(ἀναζητῆσαι)라는 단어는 주로 사람을 찾을 때 쓰는데, 찾기가 매우 힘들었다는 뜻이 내포되어 있다. F.F. Bruce, 이용복, 장동민역, 「사도행전(상)」, 아가페, 2014, p.328.

76) 서방 사본에는 이렇게 기록되어 있다. "사울이 다소에 있다는 말을 듣고 가서 그를 찾아 만나서 그를 권유하여 안디옥으로 데리고 왔더라."

로 전혀 알 길이 없다.

그러나 바울은 다소가 고향이고 날 때부터 로마 시민권을 가지고 있었던 것을 보면 그의 집안은 자유도시 다소에서 시 운영에 관여할 만한 유지였음을 암시한다. 당시에는 귀족 수준이 아니고서는 바울과 같은 최고의 교육을 받을 수가 없었다. 그가 서신에서 "내가 그를 위하여 모든 것을 잃어버리고 배설물로 여김은"(빌3:8)이라고 말한 것을 보면 그는 그리스도를 만난 후에 가족과 불편한 관계가 되어 상속권 등을 다 포기하고 조용히 은거하고 있었던 것으로 보인다.

바나바는 왜 사울을 찾아서 데려왔을까? 사울은 고향 다소에서 보낸 10여 년 동안 무얼하고 있었을까? 이 또한 아무런 단서가 없다. 그러나 다음 구절에서 이에 대하여 암시해주고 있다.

❽ 비로소 그리스도인

> 【•】 26 만나매 안디옥에 데리고 와서 둘이 교회에 일 년간 모여 있어 큰 무리를 가르쳤고 제자들이 안디옥에서 비로소 그리스도인이라 일컬음을 받게 되었더라

본문은 사도행전에서 만날 수 있는 가장 중요한 구절들 중 하나인데 두 가지를 말해 주고 있다.

첫째는 바나바가 사울을 찾으러 간 이유를 말해 주고 있다. 바나바는 안디옥교회가 이제는 예루살렘교회를 이어 복음의 세계화에 중요한 역할을 해야 한다고 생각하여 안디옥에 와서 교회를 세우는 일에 최선을 다해 많은 사람들이 모여들었다. 그러나 이것은 시작에 불과했다. 복음의 세계화를 실현하려면 그에 부합한 신학이 있어야 하지만 자신에게는 그런 게 없었다. 그런데 그런 역량을 갖춘 적임자가 한 사람 있었는데, 사울이었다. 사울이라면 능히 그 일을 할 수 있으리라고 확신한 그는 다소로 사울을 찾으러 가서 힘들게 찾아내어 자신의 구상을 말하고 설득했다.

바나바, 그는 참으로 중요한 일들을 많이 했다. 그러나 그가 한

가장 큰 일은 처음부터 사울을 알아본 것이다. 회심하고 돌아온 사울을 사도들에게 소개했으며, 예루살렘에서 사울이 유대인들에게 죽임당할 위기에 처했을 때에는 고향 다소로 피신시켰다. 그리고 후일을 준비하게 했다. 바나바의 이런 판단은 전혀 어긋나지 않았다.

둘째, 바울은 기독교를 유대교에서 독립시켰다. 바울은 다소에 머물던 10여 년 동안 기독교 신학의 기초를 마련해 놓았다. 이런 일은 아무나 할 수 있는 게 아니다. 유대교와 기독교에 대하여 충분한 이해가 있어야 하고 또 이를 재해석할만한 학문적인 소양이 있어야 했다. 거기다가 하나 더 하나님에 대한 깊은 체험이 있어야 했다. 그런데 바울은 이런 것들을 빠짐없이 다 갖추고 있었다.

이런 것들을 갖춘 바울이 안디옥교회에서 1 년을 가르치자 사람들이 교인들을 '그리스도인'이라고 불렀다. 그 이전에는 뭐라고 했을까? 유대교인이었을 뿐이다. 아직 교회는 유대교의 틀을 벗어나지 못하고 있었다. 교인들은 예수님을 메시아로 믿는 유대교인에 불과했다. 그런데 바울이 1 년을 가르치자 처음으로 기독교인이라는 말을 듣게 되었다. 이런 이유로 후일 역사가들은 바울을 기독교의 창시자라고 평한다. 바울이 아니면 교회는 유대교의 한 분파로 남아 있다가 유대교에 흡수되었을 것이다. 기독교에 대한 바울의 공헌은 아무리 강조해도 지나칠 수 없다. 바울이 무엇을 가르쳤는지는 갈라디아서에 들어있으므로 그곳에서 살펴보고자 한다.[77]

그런데 더 놀라운 것은 바울이 한 역할이 기독교 신학의 정립에서 끝나지 않았다는 사실이다. 또 무엇이 있는가? 바울에게는 자기가 해석해낸 기독교 신학을 기초로 세계 각처에 교회를 세우려는 구상과 추진력이 있었다. 바울로 말미암아 그의 생전에 로마제국의 주요 도시에 교회가 세워졌고, 후일 교회가 제국의 국교가 될 수 있는

77) 이 책의 후반부에서는 갈라디아서를 다룬다.

발판을 만들어 놓았다. 이를 위해서 그는 무진 고생을 했으며 결국 순교의 길을 갔다. 어떻게 한 사람이 이 크고 중요한 일들을 생전에 이루어 놓았는지 생각할수록 경이로울 뿐이다.

바나바에 의하여 이방인의 땅 안디옥에 이방인을 위한 교회가 세워졌고, 바나바가 바울을 데리고 와서 기독교 신학을 가르치게 함으로써 교회가 비로소 유대교에서 벗어날 수 있었다. 이 사건은 사도행전은 물론 기독교 역사에서 가장 큰 영향을 미쳤으며, 더 나아가 세계 역사가 바뀌게 되었다.

❾ 부조를 보내기로 작정하고

【•】 29 제자들이 각각 그 힘대로 유대에 사는 형제들에게 부조를 보내기로 작정하고

사도행전에서 자주 쓰이는 디아코니아(διακονία)는 식량 제공 등 경제 정의 실천과 관련이 있다. 예루살렘교회에서 재산공유 운동에 앞장섰던 바나바는 안디옥교회에서도 이를 실천했으며, 마침 예루살렘에 큰 기근이 들자 예루살렘교회를 힘껏 돕기로 했다. 이로써 교회 내에서뿐만 아니라 다른 교회의 경제적인 문제해결에도 동참하는 전통을 만들어 놓아서 후일 바울도 이를 실천으로 옮겼다.

초기 교회에서 경제적으로 서로 돕는 일은 당연시되어서 기록에서 누락되었다고 보인다. 이후의 교회사에서, 특히 박해시대에는 교인이 되려면 생명과 재산을 포기해야 했기 때문이다.

❿ 바울의 두 번째 방문

【•】 30 이를 실행하여 바나바와 사울의 손으로 장로들에게 보내니라

안디옥교회에서는 부조를 바나바와 사울을 통해 예루살렘교회에 전달했다. 그 이유는 바나바와 바울이 사도들과 야고보를 만나 이방인 선교 문제를 협의하기 위해서였다. 이런 사실은 갈라디아서(2:1~10)에 소상히 기록되어 있는데, 야고보, 베드로, 요한과 만나 충분히 협의하여 이방인 선교에 대한 동의와 허락을 받아냈다. 이런

과정에는 베드로가 고넬료의 집에서 경험한 사건이 중요한 역할을 했다. 이로써 이방인 선교에 대해서는 사도들과 합의를 보았으며, 후일 예루살렘회의에서 공식적으로 결정되었다.(행15장)

바울의 회심 후 첫 번째 예루살렘 방문은 회심 후 3년째 되는 해였다. 이때 바울은 베드로를 만나 15일 동안 같이 있으면서 예수님에 관한 자료를 전달받았다.(갈1:18) 이번 방문은 두 번째에 해당되는데, 회심 후 14년 만이었다. 그런데 두 번 다 바나바의 중재 역할이 컸다.

물음 30 헤롯, 왜 사도들을 박해했을까?

본문 〈 12:1~19 〉

1 그 때에 헤롯 왕이 손을 들어 교회 중에서 몇 사람을 해하려 하여
2 요한의 형제 야고보를 칼로 죽이니
3 유대인들이 이 일을 기뻐하는 것을 보고 베드로도 잡으려 할새 때는 무교절 기간이라
4 잡으매 옥에 가두어 군인 넷씩인 네 패에게 맡겨 지키고 유월절 후에 백성 앞에 끌어 내고자 하더라
5 이에 베드로는 옥에 갇혔고 교회는 그를 위하여 간절히 하나님께 기도하더라
6 헤롯이 잡아 내려고 하는 그 전날 밤에 베드로가 두 군인 틈에서 두 쇠사슬에 매여 누워 자는데 파수꾼들이 문 밖에서 옥을 지키더니
7 홀연히 주의 사자가 나타나매 옥중에 광채가 빛나며 또 베드로의 옆구리를 쳐 깨워 이르되 급히 일어나라 하니 쇠사슬이 그 손에서 벗어지더라
8 천사가 이르되 띠를 띠고 신을 신으라 하거늘 베드로가 그대로 하니 천사가 또 이르되 겉옷을 입고 따라오라 한대
9 베드로가 나와서 따라갈새 천사가 하는 것이 생시인 줄 알지 못하고 환상을 보는가 하니라

10 이에 첫째와 둘째 파수를 지나 시내로 통한 쇠문에 이르니 문이 저절로 열리는지라 나와서 한 거리를 지나매 천사가 곧 떠나더라
11 이에 베드로가 정신이 들어 이르되 내가 이제야 참으로 주께서 그의 천사를 보내어 나를 헤롯의 손과 유대 백성의 모든 기대에서 벗어나게 하신 줄 알겠노라 하여
12 깨닫고 마가라 하는 요한의 어머니 마리아의 집에 가니 여러 사람이 거기에 모여 기도하고 있더라
13 베드로가 대문을 두드린대 로데라 하는 여자 아이가 영접하러 나왔다가
14 베드로의 음성인 줄 알고 기뻐하여 문을 미처 열지 못하고 달려 들어가 말하되 베드로가 대문 밖에 섰더라 하니
15 그들이 말하되 네가 미쳤다 하나 여자 아이는 힘써 말하되 참말이라 하니 그들이 말하되 그러면 그의 천사라 하더라
16 베드로가 문 두드리기를 그치지 아니하니 그들이 문을 열어 베드로를 보고 놀라는지라
17 베드로가 그들에게 손짓하여 조용하게 하고 주께서 자기를 이끌어 옥에서 나오게 하던 일을 말하고 또 야고보와 형제들에게 이 말을 전하라 하고 떠나 다른 곳으로 가니라
18 날이 새매 군인들은 베드로가 어떻게 되었는지 알지 못하여 적지 않게 소동하니
19 헤롯이 그를 찾아도 보지 못하매 파수꾼들을 심문하고 죽이라 명하니라 헤롯이 유대를 떠나 가이사랴로 내려가서 머무니라

스데반의 순교(AD 32년 무렵) 이후 확산되던 박해는 바울의 회심으로 자취를 감추었다. 그러다가 10년이 지난 후 사도 야고보가 순교했다. 그런데 이에 대하여 누가는 단지 헤롯 왕이 야고보를 참형에 처했다고 간단하게 기록하고 있다. 헤롯 왕은 왜 교회를 박해했을까? 이는 복잡한 헤롯 왕가의 정통성과 관련이 있다. 헤롯 왕가를 일군 헤롯 안티파테르(Herod Antipater, BC 114~47)는 이두매(에돔) 족속이었으며, 로마 제국의 힘을 빌어 하스몬 왕조를 몰락시키고 왕이 되었지만 정통성을 인정받지 못했다. 예수님 탄생 당시의 왕이었던 헤롯 대왕(BC 73~AD 4)은 정통성 확보를 위하여 하

스몬 왕가의 공주 미리암네를 비롯한 10명의 여인과 결혼하여 15명의 아들을 두었으며, 유대인의 환심을 사기 위하여 성전 건축을 시작했다. 본문에 등장하는 헤롯은 아그립바 1세(Herod Agrippa 1, AD 37~44)이며, 헤롯 대왕의 손자이며, 하스몬 왕조의 공주 미리암네의 혈통을 이어받았고, 나름대로 율법을 성실히 지켜서 유대인들로부터 인정을 받고 있었다.

❶ 야고보를 칼로 죽이니

【•】 1 그 때에 헤롯 왕이 손을 들어 교회 중에서 몇 사람을 해하려 하여 2 요한의 형제 야고보를 칼로 죽이니

헤롯이 야고보를 죽인 이유는 유대인들에게 환심을 사려는 정치적인 목적 때문이었다. 유대인들은 자치권을 가지고 있었지만 사형을 집행하려면 로마제국의 허락을 받아야 했다. 그러나 로마제국의 후원을 받는 왕에게는 사형집행권이 있어서 단독으로 야고보를 죽일 수 있었다. 참수형은 로마식 사형집행 방법이었다.

교회가 예루살렘에서 흥왕하자 유대교 당국자들은 이를 제재하려고 했지만 사형집행권이 없어서 한계가 있었고, 로마제국에서는 종교문제에는 간섭하지 않아 사형집행을 할 수 없었다. 또 사도들을 박해할 명분도 없었다. 그들을 두 번씩이나 산헤드린공회에서 공식적으로 석방했기 때문이다. 이런 유대교 당국자들의 고민을 잘 아는 헤롯은 유대인들의 환심을 사기 위하여 교회를 박해했다. 그러나 예루살렘 주민 가운데 기독교인들이 많아서 쉽사리 결정할 수 없었다. 그래서 시험삼아 선택한 대상이 야고보였다. 야고보는 사도로서 중상위 정도의 영향을 행사하고 있었기 때문이다.

헤롯은 정치적인 목적으로 야고보를 죽이고 추이를 살펴보았다. 기독교인들은 표면적으로는 크게 반발하지 않았지만 유대인들은 대대적으로 환영했다. 이에 헤롯은 이번에는 유대인들에게 더 큰 환심을 사기 위하여 베드로를 죽이기로 하고 체포했다. 이제 예루살렘교

회는 또 심각한 위기를 맞았다. 이를 어찌해야 할까?

❷ 간절히 기도하더라

【•】 3 유대인들이 이 일을 기뻐하는 것을 보고 베드로도 잡으려 할새 때는 무교절 기간이라 4 잡으매 옥에 가두어 군인 넷씩인 네 패에게 맡겨 지키고 유월절 후에 백성 앞에 끌어 내고자 하더라 5 이에 베드로는 옥에 갇혔고 교회는 그를 위하여 간절히 하나님께 기도하더라

헤롯이 베드로를 체포했지만 마침 유월절 기간이었다. 유대인들은 명절에는 사형을 집행하지 않으므로 감옥에 가두고 철통같이 지켰다. 네 명으로 편성된 간수 네 조가 3시간씩 교대로 지켰다. 대체로 죄수는 오른손에 쇠사슬을 채워 간수의 왼손에 묶었지만 베드로는 양손을 양쪽에 있는 간수에게 묶어 놓았다. 헤롯이 더 철저하게 지키게 했기 때문이다. 명절이 끝나면 베드로를 처형할 예정이었는데, 이제 마지막 날을 남겨 놓았다. 교회는 어떻게 했을까?

그런데 교회는 이에 대처하는 방법으로 기도를 선택했다. 폭력을 선택하지 않는 한 달리 방법도 없었다. 그런데 기도가 어떤 역할을 할 수 있을까?

❸ 천사를 보내어

【•】 6 헤롯이 잡아 내려고 하는 그 전날 밤에 베드로가 두 군인 틈에서 두 쇠사슬에 매여 누워 자는데 파수꾼들이 문 밖에서 옥을 지키더니 … 11 이에 베드로가 정신이 들어 이르되 내가 이제야 참으로 주께서 그의 천사를 보내어 나를 헤롯의 손과 유대 백성의 모든 기대에서 벗어나게 하신 줄 알겠노라 하여 12 깨닫고 마가라 하는 요한의 어머니 마리아의 집에 가니 여러 사람이 거기에 모여 기도하고 있더라

하나님께서는 교인들의 기도를 들으시고 천사를 보내서 베드로를 초자연적인 방법으로 구출해 내셨다. 환한 빛과 더불어 천사가 등장하자 묶인 쇠사슬이 저절로 풀리고 철문이 열렸다. 그런데 더 놀라운 것은 지키는 간수들은 베드로와 쇠사슬로 손이 같이 묶여 있었지만 이를 전혀 모르고 있었다는 점이다. 헤롯은 인간이 지킬 수 있는 가장 철저한 방법을 동원했지만 하나님에게는 전혀 무용지물이었

다.

그런데 왜 야고보는 구출하지 않으셨을까? 교인들이 기도하지 않았을까? 그럴 리가 없다. 대답이 쉽지 않은 질문이다. 인간이 어찌 하나님께서 하시는 일을 다 알 수 있겠는가? 하나님께서는 계약공동체의 기도를 들으시지만 기도 그대로를 들으시지 않고 더 좋은 길로 인도하신다. 야고보의 죽음은 결코 헛되지 않았다. 헤롯의 정치적인 야심을 꺾었을 뿐만 아니라 그를 죽음으로 몰고 가서 살아계시는 하나님께서 교회에 함께하심을 명확하게 보여주셨다.

❹ 로데라 하는 여자 아이

【•】 13 베드로가 대문을 두드린대 로데라 하는 여자 아이가 영접하러 나왔다가 … 16 베드로가 문 두드리기를 그치지 아니하니 그들이 문을 열어 베드로를 보고 놀라는지라 17 베드로가 그들에게 손짓하여 조용하게 하고 주께서 자기를 이끌어 옥에서 나오게 하던 일을 말하고

누가는 왜 로데라는 여자아이의 이름을 적어놓았을까? 베드로의 출옥 이야기는 믿기가 쉽지 않다. 베드로가 출옥하는 과정을 상세히 기록한 걸 보면[78] 분명 누가는 베드로에게서 직접 이야기를 들었을 것이다. 그런데 누가는 베드로 이외에 또 다른 목격자들을 찾아 만났는데 그가 로데였다. 로데의 증언에 의하면 베드로가 출옥했을 때 기도하고 있던 사람들 중 어느 누구도 베드로의 출옥을 믿지 못했다. 베드로가 출옥하여 나타나자 기도하던 사람들 사이에서 큰 소동이 벌어져서 베드로는 그들을 진정시키고 자초지종을 설명해 주었다. 그만큼 이 이야기는 관련된 사람들에게 충격적이었다.

❺ 다른 곳으로 가니라

【•】 17 … 또 야고보와 형제들에게 이 말을 전하라 하고 떠나 다른 곳으로 가니라

베드로는 교인들에게 출옥 과정을 설명한 후 그 밤에 예루살렘을 떠났다. 하나님께서 지켜주시는데 왜 떠났을까? 이제는 그가 활동

78) 서방 사본에는 10절에 "일곱 계단을 내려가"라고 구체적인 상황이 기록되어 있다.

해야 할 곳이 예루살렘이 아니었기 때문이다. 교회의 중심축이 서서히 이방 지역으로 확대되고 있었고 사도들은 그들을 돌보는 일에 주력해야 했다. 예루살렘교회는 어떻게 해야 하나? 적임자가 있었는데, 예수님의 동생 야고보였다. 사도행전에서 그의 이름은 여기서 처음으로 거론된다. 그는 예수님 생전에는 예수님을 인정하지 않았을 뿐만 아니라(요7:5) 미쳤다고 생각했다.(막3:21) 외경 히브리복음서에 의하면 야고보는 예수님께서 돌아가시고 난 뒤에서야 예수님을 인정하고 예수님을 다시 만나기 전에는 먹고 마시지 않겠다고 했다고 한다. 결국 부활하신 주님께서 그에게 나타나셨고(고전15:7) 평생을 주님을 위하여 헌신했다. 그는 유대교 율법을 바리새인들보다 더 철저히 지켜서 유대인들로부터도 존경을 받았다고 한다. 이런 이유로 사도들이 예루살렘을 떠난 후 야고보는 예루살렘교회의 지도자가 되었다.

사도들이 예루살렘을 떠난 이유는 야고보 등과 주도권 다툼으로 인한 갈등 때문이 아니었다.[79] 사도들은 예루살렘에서 더이상 할 일이 없었고, 복음이 이방 지역으로 확산됨에 따라 사도들도 복음의 세계화에 박차를 가하기 위함이었다. 베드로는 더 큰 소동이 일어나기 전 그 밤에 예루살렘을 떠났다. 어디로 갔을까? 가톨릭교회에서는 베드로가 이때 로마로 가서 초대 교황이 되었다고 하지만 이는 근거를 찾기 어렵다. 사도들은 순환 사역을 하다가 필요한 경우 예루살렘을 다녀가기도 했다.(행15장)

❻ 날이 새매

【•】 18 날이 새매 군인들은 베드로가 어떻게 되었는지 알지 못하여 적지 않게 소동하니 19 헤롯이 그를 찾아도 보지 못하매 파수꾼들을 심문하고 죽이라 명하니라 헤롯이 유대를 떠나 가이사랴로 내려가서 머무니라

79) 독일의 튜빙겐학파는 갈등 관계로 해석했으며, 누가의 기록 목적 중 하나가 양자를 화해시키기 위함이라고 했다.

날이 샐 때까지 간수들은 베드로가 사라진 사실을 알지 못했다. 비슷한 사건이 예전에도 있었다.(행5:23) 베드로와 간수의 손을 같이 묶어 놓았었는데 어떻게 아침까지 모르고 있었는지 의문이다. 눈뜬 소경이란 이럴 때 쓰는 말인 것 같다. 어쨌든 아침에서야 베드로가 사라진 것을 알았지만 어떻게 사라졌는지 알 수가 없어서 큰 소동이 일어났다. 헤롯은 간수들을 직접 심문했지만 영문을 알 수 없기는 마찬가지였다. 베드로를 죽임으로써 유대인의 환심을 사려던 헤롯은 허황된 꿈이 수포로 돌아가자 로마의 법대로 간수들을 대신 처형하고[80] 가이사랴로 내려갔다.

그런데 누가는 헤롯의 이야기를 여기서 끝내지 않고 더 이어가고 있다.

물음 31 헤롯의 말로, 왜 기록했을까?

본문 〈 12:20~25 〉

20 헤롯이 두로와 시돈 사람들을 대단히 노여워하니 그들의 지방이 왕국에서 나는 양식을 먹는 까닭에 한마음으로 그에게 나아와 왕의 침소 맡은 신하 블라스도를 설득하여 화목하기를 청한지라
21 헤롯이 날을 택하여 왕복을 입고 단상에 앉아 백성에게 연설하니
22 백성들이 크게 부르되 이것은 신의 소리요 사람의 소리가 아니라 하거늘
23 헤롯이 영광을 하나님께로 돌리지 아니하므로 주의 사자가 곧 치니 벌레에게 먹혀 죽으니라
24 하나님의 말씀은 흥왕하여 더하더라
25 바나바와 사울이 부조하는 일을 마치고 마가라 하는 요한을 데리고 예루살렘에서 돌아오니라

80) 유스티니아누스 법전 ix. 4.4

두로와 시돈 지역은 식량이 자급되지 않아서 갈릴리에서 사다 먹었다. 그런데 어떤 이유인지는 알 수 없지만 당시에는 두로와 시돈 사람들이 헤롯과 사이가 좋지 않아 양식을 구하는 데에 어려움이 많았다. 이에 그들은 고관 블라스도(Blastus)를 헤롯에게 보내어 화해를 시도했다.

❶ 벌레에게 먹혀

【•】 23 헤롯이 영광을 하나님께로 돌리지 아니하므로 주의 사자가 곧 치니 벌레에게 먹혀 죽으니라

마침 로마 황제를 기리는 축제를 맞아 헤롯이 연설을 하게 되었는데, 축제의 둘째 날 아침 지방 장관 등 고위직이 모인 자리에서 헤롯은 은으로 만든 옷을 입고 한껏 위세를 떨어서 어떤 경외심이 느껴질 정도였다. 헤롯이 연설을 시작하자 블라스도 일행은 헤롯을 신이라고 부르면서 "우리에게 자비를 내리소서. 이제까지는 당신을 사람으로 공경했으나 이제부터는 당신을 인간 이상의 존재로 여기겠나이다."라고 아첨하며 외쳤다. 헤롯은 이를 거부하지 않고 그대로 받아들였다. 그 순간 그에게는 불길한 징조가 스쳐 가면서 갑자기 배에 통증을 느꼈고 5일 동안 고생하다가 죽었다. 요세푸스의 기록에 의하면 54세였고 왕위에 오른 지 7년 만이었다.[81)]

의사들은 헤롯의 사인은 낭종 파열(rupture of a hydatid cyst)이라고 추정한다. 그러나 누가는 "벌레에게 먹혀 죽으니라."라고 기록하고 있다. 무슨 뜻일까? 벌레에게 먹혀 죽었다는 표현은 고대의 저술가들이 기분 나쁜 죽음을 맞았을 때 쓰는 말이었다. 그런데 누가는 헤롯의 죽음에 대하여 왜 자세히 기록했을까? 다음의 구절을 보면 누가의 의도를 알 수 있다.

81) Josephus, *Antiquties*, xix 8.2

❷ 말씀은 흥왕하여

【•】 24 하나님의 말씀은 흥왕하여 더하더라 25 바나바와 사울이 부조하는 일을 마치고 마가라 하는 요한을 데리고 예루살렘에서 돌아오니라

하나님의 말씀이 흥왕했다는 표현은 누가의 여섯 요약 구절 중 세 번째에 해당된다.[82] 그런데 왜 헤롯의 죽음 이후에 하나님의 말씀이 흥왕했다고 써 놓고 있을까? 무엇을 말하기 위함일까? 이는 당시의 교인들과 일반인들은 헤롯의 급사 소식을 들으면서 헤롯이 교회를 핍박하고 사도 야고보를 죽였기 때문에 하나님께서 헤롯을 징계하셨다고 보았다는 뜻이다. 이런 소문들은 어떤 결과를 가져왔을까? 사람들은 교회에 하나님께서 함께하심을 알게 되었고, 교회로 많은 사람들이 몰려왔다.[83] 야고보의 순교를 통하여 하나님께서는 더 좋은 길로 인도해 주셨다. 순교의 피는 결코 헛되지 않았다. 스데반의 순교는 복음이 세계화되는 길을 열었고 또 바울을 회심하게 했으며, 야고보 사도의 죽음은 헤롯의 죽음을 불러왔고 복음이 확산되게 했다.

❸ 예루살렘에서 돌아오니라

【•】 25 바나바와 사울이 부조하는 일을 마치고 마가라 하는 요한을 데리고 예루살렘에서 돌아오니라

이 말씀은 11장 마지막 절에 이어진다. 이 본문에 의하면 아마도 바나바와 바울은 안디옥교회에서 모금한 부조금을 예루살렘교회에 전달하고 헤롯이 죽을 때까지 적지 않은 시간을 예루살렘에 머물러 있었던 것 같다. 예루살렘에서 누구네 집에 머물렀을까? 틀림없이 마가의 집에 머물렀을 것이다. 마가는 바나바의 생질(사촌?)(ἀνεψιός, 골4:10)이었고, 마가가 바나바와 바울을 따라 안디옥으로 같이 왔기 때문이다. 마가는 왜 동행했을까? 후일 마가가 선교여행에

---

82) 6:7, 9:31, 12:24, 16:5, 19:20, 28:31

83) 예수님의 동생 야고보가 AD 62년 무렵 대제사장 안나스(Annas the younger)에게 돌에 맞아 죽었을 때 예루살렘 주민들은 큰 충격을 받았다. 야고보는 유대교 율법을 철저히 지켰을 뿐만 아니라 낙타 무릎이라고 불릴 만큼 많은 기도를 했기 때문이다. AD 70년 예루살렘이 멸망했을 때는 야고보가 죽어 중보기도가 단절되어 멸망했다는 소문이 돌기도 했다.(Josephus, *Antiquities* xx. 9. 1, Eusebius, *Ecclesiastical History* ii. 23.)

동참한 것을 보면(행13:5) 바나바와 바울은 예루살렘에 머물 때부터 이방인 선교에 대하여 많은 이야기를 나누고 계획을 세웠음을 알 수 있다. 누가는 이런 내용들을 함축하여 "마가라 하는 요한을 데리고 예루살렘에서 돌아오니라."라고 기록해 놓고 있다.

이제부터 이들은 교회사에서 새로운 시대를 열어가게 된다. 누가는 여기에서 사도들에 대한 기록을 마치고 사도 바울을 중심으로 나머지 이야기를 전개해 나간다.

물음 32 이방인 선교, 어떻게 시작되었을까?

본문 〈 13:1~12 〉

1 안디옥교회에 선지자들과 교사들이 있으니 곧 바나바와 니게르라 하는
시므온과 구레네 사람 루기오와 분봉 왕 헤롯의 젖동생 마나엔과 및
사울이라
2 주를 섬겨 금식할 때에 성령이 이르시되 내가 불러 시키는 일을 위하
여 바나바와 사울을 따로 세우라 하시니
3 이에 금식하며 기도하고 두 사람에게 안수하여 보내니라
4 두 사람이 성령의 보내심을 받아 실루기아에 내려가 거기서 배 타고
구브로에 가서
5 살라미에 이르러 하나님의 말씀을 유대인의 여러 회당에서 전할새 요
한을 수행원으로 두었더라
6 온 섬 가운데로 지나서 바보에 이르러 바예수라 하는 유대인 거짓 선
지자인 마술사를 만나니
7 그가 총독 서기오 바울과 함께 있으니 서기오 바울은 지혜 있는 사람
이라 바나바와 사울을 불러 하나님의 말씀을 듣고자 하더라
8 이 마술사 엘루마는 (이 이름을 번역하면 마술사라) 그들을 대적하여
총독으로 믿지 못하게 힘쓰니
9 바울이라고 하는 사울이 성령이 충만하여 그를 주목하고

10 이르되 모든 거짓과 악행이 가득한 자요 마귀의 자식이요 모든 의의
원수여 주의 바른 길을 굽게 하기를 그치지 아니하겠느냐
11 보라 이제 주의 손이 네 위에 있으니 네가 맹인이 되어 얼마 동안 해
를 보지 못하리라 하니 즉시 안개와 어둠이 그를 덮어 인도할 사람을
두루 구하는지라
12 이에 총독이 그렇게 된 것을 보고 믿으며 주의 가르치심을 놀랍게 여
기니라

사도행전에서 13장은 전반부와 후반부로 나뉘는 분기점이라고 할 수 있다. 지금까지는 예루살렘에서 열두 사도들과 장로 등이 주축이 되어 예루살렘과 유대와 사마리아 지역의 유대인들에게 복음을 전했다. 그런데 13장부터는 안디옥에서 열두 사도 이외의 지도자들에 의하여 로마 각 지역의 이방인들에게 복음이 확산된다. 초기에는 이방인 지역에 세워진 회당에 모이는 유대인과 경건한 사람들이 선교의 대상이었지만 점차 이방인들이 주 대상이 되었다.

안디옥교회는 구브로와 구레네 출신의 소수가 헬라인들에게 복음을 전하면서 시작되었고, 이 소문을 들은 예루살렘교회에서 바나바를 파송함으로써 이방인 교회가 탄생하게 되었다.(행11:20~24) 교인들 중에 유대인도 섞여 있었지만 이방인이 대다수였다. 안디옥교회가 이방인 선교의 주축인 된 이유는 최초로 세워지기도 했지만 이방인 선교에 관심을 가지고 구체적으로 추진하는 사람들이 있었기 때문이다. 소수의 디아스포라 유대인들이 안디옥에서 이방인에게 복음을 전할 생각을 했다는 것도 놀랍지만, 이제는 교회 차원에서 이방인 선교를 추진하려는 사람들이 있었다는 것은 더 놀랍다. 그 과정을 살펴보면 다음과 같다.

❶ 선각자들

【•】 1 안디옥교회에 선지자들과 교사들이 있으니 곧 바나바와 니게르라
하는 시므온과 구레네 사람 루기오와 분봉 왕 헤롯의 젖동생 마나엔과
및 사울이라

누가는 안디옥교회를 소개하면서 먼저 왜 지도자들을 열거하고 있을까? 이들이 이방인교회를 설립하고 또 선교를 추진한 사람들이기 때문이다. 누가는 11:20에서 안디옥에 와서 처음으로 헬라인들에게 복음을 전한 구브로와 구레네 사람들이 누구였는지를 밝히지 않고 있다. 그런데 13:1을 보면 루기오는 구레네 출신이고 시므온은 흑인(Niger)이므로 이들이 구레네 사람일 가능성이 높다. 성경에 이름이 열거된 사람들은 기록 당시에 널리 알려져 있는 사람들이었으므로, 안디옥교회에 있던 시므온은 예수님의 십자가를 대신 졌던 알렉산더와 루포의 아버지 시몬일 가능성이 높다.(막15:21) 특히 바울이 '루포의 어머니는 곧 내 어머니'(롬16:13)라고 한 걸 보면 안디옥에 있는 동안 루포의 어머니와 가까워졌던 것같다. 마나엔은 세례 요한을 죽인 헤롯 안티파스[84]의 젖동생으로 귀족이었다. 이들과 더불어 바나바와 바울이 안디옥교회의 지도자들이었다.

그런데 누가는 이들을 '선지자와 교사'라고 했다. 선지자는 영감에 따라 사역하고 교사는 성경을 해석하고 가르치는 사람이지만 양자의 역할이 엄격하게 구분되지는 않았다. 또 위의 다섯 명의 지도자들 중에 누가 선지자이고 누가 교사였는지도 구별되지 않았다. 안디옥교회는 가르침 위주의 교회였다. 교사들은 무엇을 가르쳤을까? 당연히 하나님의 말씀인 성경을 가르쳤다. 성경을 가르친다는 것은 무엇을 어떻게 가르치는 것일까? 성경을 계약법의 입장에서 해석하는 것이다. 계약법에 대한 이해없이 하나님 말씀대로, 하나님의 뜻대로 살면서 하나님의 사랑을 선하게 실천하라고 말하면 이는 막연한 원론이어서 자기의 소견대로 받아들이고 해석하게 마련이다. 계약법을 기준으로 해야 구체적인 실천 각론이 된다. 사도행전에서는

84) 헤롯 안티파스(Herod Antipas BC 4~AD 39년 재위)는 헤롯대왕의 아들이며, 분봉왕으로서 갈릴리와 베리아를 다스렸다. 요세푸스에 의하면 마나엔의 선조(조부?)는 엣세네파였으며, 헤롯대왕이 왕위에 오를 것을 예언하여 헤롯왕가와 가까워졌다고 한다.(*Antiquities* xv. 10. 5)

계약으로 해석한 성경을 하나님의 말씀이라고 했다. 이 부분이 대단히 중요하다. 계약법에 기초하지 않은 구속사적인 성경해석만으로는 성경 본래의 의미를 파악하기가 대단히 어렵다.

❷ 금식할 때에

【•】 2 주를 섬겨 금식할 때에 성령이 이르시되 내가 불러 시키는 일을 위하여 바나바와 사울을 따로 세우라 하시니

다섯 명의 지도자들이 금식하며 기도했다. 무엇 때문에 금식하면서 특별기도를 했을까? 이들은 안디옥에서 이방인교회가 정착되자 이제는 주변으로 확산시키기 위한 계획을 구체적으로 세웠다. 하나님의 일을 하려면 먼저 하나님과 마음으로 일치해야 하고 그다음에는 그 실천 방법에서 일치해야 한다. 즉, 하나님과 마음과 방법에서 일치가 되어야 한다. 그런데 어떻게 그게 가능할까? 성경을 계약법으로 해석하면 된다. 계약법에는 모든 사람들이 행복해지며 구원에 이르기를 바라는 하나님의 마음과 그 방법이 들어있기 때문이다. 안디옥에서 계약법의 관점에서 성경을 가르친 교사들은 이제 성령의 도우심을 받으면서 이방인 선교계획을 세웠다. 그리고 이를 추진하기 위하여 마지막 단계에서 금식하며 기도했다.

하나님께서는 이들의 기도를 들으시고 성령을 통하여 말씀하셨다. 먼저 성령의 말씀에 따라 금식하며 기도한 것이 아니라 계획을 세워놓고 기도할 때 하나님께서 그 계획을 받아주셨다. 그 계획이란 어떤 것일까?

❸ 바나바와 바울

【•】 2 주를 섬겨 금식할 때에 성령이 이르시되 내가 불러 시키는 일을 위하여 바나바와 사울을 따로 세우라 하시니

금식하며 기도할 때 왜 "성령께서 바나바와 사울을 따로 세우라."고 하셨을까? 바나바와 사울은 기도하다가 하나님께서 선교하라고 명령하셔서 그대로 순종한걸까? 안디옥교회 지도자들은 이방

인 선교 계획을 세우면서 누가 갈 것인가에 대해서도 같이 계획했다. 여러 가지 면에서 검토해 볼 때 다섯 명 중에 바나바와 바울이 적임자였다. 또 바나바와 바울은 이방인들에게 복음을 전해야 한다는 생각이 처음부터 있었던 사람들이고 또 많은 어려움이 있더라도 그 일을 하겠다는 마음도 있었다. 아무런 생각과 할 마음이 없는 사람에게 명령을 내리시지도 않지만, 내린다고 해도 일이 제대로 될 수 없다. 계약신앙에서는 하나님과의 관계가 단순히 명령과 순종의 관계가 아니다. 하나님께서는 언제나 그 일에 관심을 가지고 있다가 자원하는 사람을 통해서 일하신다. 예정, 선택 등을 자칫 하나님의 일방적인 명령–순종의 도식으로 해석하는데 이는 오해이며 결코 그렇지 않다. 하나님께서는 끝까지 관심을 가지고 실천하기를 원하는 자를 찾으신다. 이를 예정, 선택이라고 한다. 그래야 말의 앞과 뒤가 서로 맞는다.

❹ 안수하여 보내니라

【•】 3 이에 금식하며 기도하고 두 사람에게 안수하여 보내니라

누가 누구에게 안수하여 보냈다는 뜻일까? 여기서의 안수는 무슨 직분을 수여하는 서임식이나 임명식이 아니다. 바나바와 바울이 이방인 선교를 자원하고 하나님께서 허락하셨는데, 그 길은 험난하기 짝이 없는 길이었다. 무엇보다도 없는 길을 개척해야 하기에 무슨 일이 어떻게 전개될지 전혀 예측이 되지 않았다. 이에 온 교회는 두 사람을 위하여 금식하면서 서로 붙들고 기도한 후 교회 차원에서 선교사로 파송했다는 뜻이다.

❺ 성령의 보내심을 받아

【•】 4 두 사람이 성령의 보내심을 받아 실루기아에 내려가 거기서 배 타고 구브로에 가서

성령의 보내심을 받아 실루기아[85]로 내려가서 배를 타고 구브

85) 항구 실루기아(Seleucia)는 안디옥의 관문이며, BC 3세기 알렉산더의 부하 셀류쿠스 1세(Seleucus I Nicator, BC 312~281)가 건설하고 자신의 이름을 딴 항구 도시이다.

로[86]로 갔다는 게 무슨 뜻일까? 어디로 갈까 하고 기도했더니 성령께서 실루기아와 구브로로 가라고 하셨다는 뜻일까? 매번 바나바와 바울은 그렇게 갔을까? 전혀 아니다. 바울의 세 번 선교여행의 지도를 보면 안디옥을 출발점으로 서쪽으로 순차적으로 다녔으며, 로마로 가는 공식 통로를 통해 큰 도시를 중심으로 선교했던 것을 보면 바울과 바나바는 먼저 현실적인 계획을 치밀하게 세웠음을 알 수 있다.[87]

그런데 왜 성령의 인도하심을 따랐다고 할까? 치밀한 계획을 세웠지만 성령께서 인도해주시기를 간절히 기도했다는 뜻이며, 다른 또 하나는 바나바와 바울이 세운 선교 계획을 성령께서 인정해주셨다는 뜻이다. 간혹 선교 단체 등에서 무슨 훈련을 시키면서 몇 명의 조원들이 기도하여 갈 방향을 동시에 응답받아 다니게 하는 경우가 있다. 이는 하나님의 응답에 대한 전적인 오해이다. 성경을 통해서 놓치지 말고 올바르게 알아야 할 것은 하나님께서 일하시는 방법이다. 대부분의 경우 성령께서는 계약법에 대하여 먼저 올바로 깨닫게 하시고 또 어떤 일을 할 때에 바른 판단을 하도록 도우신다. 빌립과 베드로와 고넬료 등에게 직접 알려주시는 방법을 쓰시는 경우도 있지만 이는 특별한 경우에만 해당된다. 매사에 직접 응답받으려고 하면 틀림없이 마귀가 개입한다. 마귀의 주특기는 길흉화복을 점쳐주며 귀신처럼 맞혀서 미혹시키는 일이다. 무슨 예언의 은사를 받았다는 사람들에게 가서 대신 응답을 받으려는 시도는 마귀의 속임수를

---

86) 구브로는 지중해 근동 해안 주요 섬이며, BC 57년 로마에 합병되었으며 BC 55년에는 길리기아(Cilicia) 지방에 편입되었고 BC 27년에는 하나의 단독 지방(道)으로 승격되어 황제를 대신하는 로마 지방 총독의 지배를 받았다. BC 22년에 황제가 이 섬을 로마의 원로원에 양도한 후에는 지방 총독이 다스렸다.

87) 제1차 여행은 AD 47~48년 무렵인데, 바울이 개종한 지 약 13~14년이 되었을 때였으며, 경로는 다음과 같다. 안디옥 → 실루기아 → 구브로(살라미 → 바보) → 버가 → 비시디아안디옥 → 이고니온 → 루스드라 → 더베 → 루스드라 → 이고니온 → 비시디아안디옥 → 버가 → 앗달리아 → 안디옥

불러들이는 것과 같다. 예언기도가 맞았는가 아닌가는 중요하지 않다. 맞지 않으면 예언기도에 의존하지 않으므로 문제가 되지 않지만 맞으면 오히려 마귀에게 이용당할 확률이 그만큼 더 높아지기 때문에 문제가 더 심각해진다. 계약법에서 길흉화복을 점치는 자는 용납지 않을 뿐만 아니라 돌로 쳐 죽이라고 누누이 강조하는 이유는 여기에 있다.[88] 마귀는 예나 지금이나 앞일을 알아맞히거나 무슨 비법 운운하는 거짓 기사와 이적으로 믿는 자들까지 미혹당하게 한다. 또 성경을 잘못 해석하여 잘못된 신앙생활에 빠지게 한다. 이 두 가지가 마귀가 주로 사용하는 속임수이다. 마귀의 속임수에 넘어가지 말아야 한다.

❻ 회당에서

【•】 5 살라미에 이르러 하나님의 말씀을 유대인의 여러 회당에서 전할새 요한을 수행원으로 두었더라

왜 회당에서 선교를 시작했을까? 성령께서 지시하셨기 때문일까? 아니다. 당시 로마제국의 도시에는 유대인들의 회당이 있었는데, 큰 도시에는 회당이 여럿이나 있었다. 또 회당에는 유대인뿐만 아니라 이방인 중에서 유대교에 관심있는 사람들이 있었다. 회당에 온 사람들은 구약성경과 유대교 율법을 잘 알고 있어서 접근하기 쉬웠다. 이런 사실을 잘 알고 있는 바나바와 바울은 회당에서 선교를 시작하기로 했다.[89] 바나바와 바울이 세운 선교 방법은 대단히 현실적이었다.

또 유대인들은 첫 번째 계약의 대상인데 계약을 어겨서 이미 계약이 파기된 상태였다. 그러나 아직 그들이 돌이키고 새계약에 참여하기만 한다면 계약파기로 말미암은 재앙은 면할 수 있었다. 따라서 유대인들은 복음을 먼저 깨닫도록 해야 할 대상이었다. 이런 사실을

88) 출22:18, 레19:26, 31, 20:27, 신18:10~14.

89) 행14:1, 17: 1~2, 10, 14, 18:4, 19, 26, 19:8.

잘 아는 사도들은 예루살렘에서 박해를 받아가면서도 복음을 전하고 있었다. 사도바울 역시 이를 잘 알기에 어떻게 하든지 유대인들에게 먼저 복음을 전하려고 최선을 다했다.[90] 바울은 유대인들에게 그들이 복음을 거절하면 재앙이 임한다는 것을 명확히 선언하고 이방인에게로 향했다.[91]

그렇다면 회당에서 무엇을 어떻게 해야 할까? 이미 유대인들이 잘못 알고 있는 성경과 교리에 대하여 바르게 다시 해석을 해 주었다. 베드로와 스데반의 설교도 전적으로 성경과 교리에 대한 재해석이었다. 이를 사도행전에서는 '하나님의 말씀'이라고 했다. 하나님의 말씀이 흥왕했다는 말은 재해석한 말씀을 받아들이는 사람들이 늘어났다는 뜻이다. 첫 선교지 구브로 섬의 살라미[92]에 도착한 바나바와 바울은 회당들을 찾아다니며 유대인들에게 먼저 복음을 전하고 다녔다.

❼ 유대인 마술사

【•】 6 온 섬 가운데로 지나서 바보에 이르러 바예수라 하는 유대인 거짓 선지자인 마술사를 만나니 7 그가 총독 서기오 바울과 함께 있으니 서기오 바울은 지혜 있는 사람이라 바나바와 사울을 불러 하나님의 말씀을 듣고자 하더라 8 이 마술사 엘루마는 (이 이름을 번역하면 마술사라) 그들을 대적하여 총독으로 믿지 못하게 힘쓰니

바나바와 바울은 살라미에서 서쪽으로 복음을 전하며 140여 km를 지나 총독 관저가 있는 서쪽의 바보에 이르렀다. 이곳의 총독 서기오 바울은 유대교에 관심이 있었는데 바나바와 바울이 유대교와 다르게 해석하는 복음을 듣고 더 자세히 알기 위하여 초청했다. 그런데 여기에 방해자가 나타났다.

---

90) 행9:20, 13:14~16, 14;1~10, 16:13, 17:1~2, 10, 17, 18:4, 19~21, 26, 19:8, 28:7, 23, 롬 1:16 참조

91) 행13:44~47, 17:4~5, 18:6, 28:24~28.

92) 살라미는 구브로 섬의 동쪽 해안의 중심 도시이며, 헬라식으로 건설된 상업 도시여서 유대인들이 많이 살고 있었다.

당시 관리들은 점성술사나 마술사를 참모로 두는 경우가 종종 있었다. 유대인 거짓 선지자인 마술사 바예수는 총독에게 그런 참모였는데 총독이 복음에 관심을 보이자 적대감을 드러내고 이런저런 구실을 대며 방해하고 나섰다. 총독이 복음을 받아들이면 자신이 참모 역할을 할 수 없기 때문이었다. 바나바와 바울은 선교 초기부터 곤란한 문제에 부딪혔다. 이를 어떻게 해야 하나?

❽ 바울이라고 하는 사울이

【•】 9 바울이라고 하는 사울이 성령이 충만하여 그를 주목하고 10 이르되 모든 거짓과 악행이 가득한 자요 마귀의 자식이요 모든 의의 원수여 주의 바른 길을 굽게 하기를 그치지 아니하겠느냐 11 보라 이제 주의 손이 네 위에 있으니 네가 맹인이 되어 얼마 동안 해를 보지 못하리라 하니 즉시 안개와 어둠이 그를 덮어 인도할 사람을 두루 구하는지라

유대인 마술사가 하는 짓을 지켜보던 바울[93]이 그의 거짓을 들춰내며 악행에 대하여 호통을 치자 그는 곧 눈이 멀어 허둥거렸다. 밝은 빛이 비취면 어둠이 사라지듯이 마귀의 사주를 받아 온갖 거짓과 속임수와 불의를 일삼던 어둠의 자식인 마술사는 진리의 빛이 비취자 눈이 멀어 어둠 속에 갇히고 말았다.

❾ 보고 믿으며

【•】 12 이에 총독이 그렇게 된 것을 보고 믿으며 주의 가르치심을 놀랍게 여기니라

마술사는 온갖 술수를 동원하여 복음전파를 방해하려고 했으나 오히려 복음의 길을 열어주는 꼴이 되고 말았다. 자신의 참모인 마술사가 바울의 호통에 눈이 멀어 허둥대는 것을 지켜본 총독은 놀라서 예수님을 믿게 되었고, 또 바울의 말씀을 들으면서 그 가르침에 더 크게 놀랐다. 이로써 첫 선교지 구브로에서의 선교를 성공리에 마치고[94] 다음 행선지를 향해서 떠났다.

---

93) 누가는 지금까지는 사울로 부르다가 이제부터는 바울이라는 이름을 사용한다. 사울은 히브리식 이름이고 바울은 헬라식 이름인데, 사울이 로마인 총독과 헬라인들에게 복음을 전할 때에는 헬라식 이름을 사용했다.

물음 33 갈라디아선교, 어떻게 진행되었는가?

본문 〈 13:13~52 〉

13 바울과 및 동행하는 사람들이 바보에서 배 타고 밤빌리아에 있는 버가에 이르니 요한은 그들에게서 떠나 예루살렘으로 돌아가고

14 그들은 버가에서 더 나아가 비시디아 안디옥에 이르러 안식일에 회당에 들어가 앉으니라

15 율법과 선지자의 글을 읽은 후에 회당장들이 사람을 보내어 물어 이르되 형제들아 만일 백성을 권할 말이 있거든 말하라 하니

16 바울이 일어나 손짓하며 말하되 이스라엘 사람들과 및 하나님을 경외하는 사람들아 들으라

17 이 이스라엘 백성의 하나님이 우리 조상들을 택하시고 애굽 땅에서 나그네 된 그 백성을 높여 큰 권능으로 인도하여 내사

18 광야에서 약 사십 년간 그들의 소행을 참으시고

19 가나안 땅 일곱 족속을 멸하사 그 땅을 기업으로 주시기까지 약 사백오십 년간이라

20 그 후에 선지자 사무엘 때까지 사사를 주셨더니

21 그 후에 그들이 왕을 구하거늘 하나님이 베냐민 지파 사람 기스의 아들 사울을 사십 년간 주셨다가

22 폐하시고 다윗을 왕으로 세우시고 증언하여 이르시되 내가 이새의 아들 다윗을 만나니 내 마음에 맞는 사람이라 내 뜻을 다 이루리라 하시더니

23 하나님이 약속하신 대로 이 사람의 후손에서 이스라엘을 위하여 구주를 세우셨으니 곧 예수라

24 그가 오시기에 앞서 요한이 먼저 회개의 세례를 이스라엘 모든 백성에게 전파하니라

94) '믿으며'라는 말만 있고 세례를 받았다는 말이 없어서 총독이 그리스도인이 되었는지에 대하여 논란의 여지가 있을 수 있다. 그러나 누가는 기독교인이 되는 회심을 '믿는다'는 말로 표현한다.(14:1, 17:34, 19:18) 또 람세이(Ramsey)에 의하면 총독의 딸인 Sergia Paulla가 그리스도인이었으며 또한 비시디아 안디옥의 저명한 가문의 일원이었던 그녀의 아들 Gaius Cristanius Fronto도 역시 그리스도인이었다. F.F. Bruce, 「사도행전(하)」, p.25.

25 요한이 그 달려갈 길을 마칠 때에 말하되 너희가 나를 누구로 생각하
느냐 나는 그리스도가 아니라 내 뒤에 오시는 이가 있으니 나는 그 발
의 신발끈을 풀기도 감당하지 못하리라 하였으니
26 형제들아 아브라함의 후손과 너희 중 하나님을 경외하는 사람들아 이
구원의 말씀을 우리에게 보내셨거늘
27 예루살렘에 사는 자들과 그들 관리들이 예수와 및 안식일마다 외우는
바 선지자들의 말을 알지 못하므로 예수를 정죄하여 선지자들의 말을
응하게 하였도다
28 죽일 죄를 하나도 찾지 못하였으나 빌라도에게 죽여 달라 하였으니
29 성경에 그를 가리켜 기록한 말씀을 다 응하게 한 것이라 후에 나무에
서 내려다가 무덤에 두었으나
30 하나님이 죽은 자 가운데서 그를 살리신지라
31 갈릴리로부터 예루살렘에 함께 올라간 사람들에게 여러 날 보이셨으
니 그들이 이제 백성 앞에서 그의 증인이라
32 우리도 조상들에게 주신 약속을 너희에게 전파하노니
33 곧 하나님이 예수를 일으키사 우리 자녀들에게 이 약속을 이루게 하
셨다 함이라 시편 둘째 편에 기록한 바와 같이 너는 내 아들이라 오늘
너를 낳았다 하셨고
34 또 하나님께서 죽은 자 가운데서 그를 일으키사 다시 썩음을 당하지
않게 하실 것을 가르쳐 이르시되 내가 다윗의 거룩하고 미쁜 은사를
너희에게 주리라 하셨으며
35 또 다른 시편에 일렀으되 주의 거룩한 자로 썩음을 당하지 않게 하시
리라 하셨느니라
36 다윗은 당시에 하나님의 뜻을 따라 섬기다가 잠들어 그 조상들과 함
께 묻혀 썩음을 당하였으되
37 하나님께서 살리신 이는 썩음을 당하지 아니하였나니
38 그러므로 형제들아 너희가 알 것은 이 사람을 힘입어 죄 사함을 너희
에게 전하는 이것이며
39 또 모세의 율법으로 너희가 의롭다 하심을 얻지 못하던 모든 일에도
이 사람을 힘입어 믿는 자마다 의롭다 하심을 얻는 이것이라
40 그런즉 너희는 선지자들을 통하여 말씀하신 것이 너희에게 미칠까 삼
가라
41 일렀으되 보라 멸시하는 사람들아 너희는 놀라고 멸망하라 내가 너희
때를 당하여 한 일을 행할 것이니 사람이 너희에게 일러줄지라도 도무
지 믿지 못할 일이라 하였느니라 하니라
42 그들이 나갈새 사람들이 청하되 다음 안식일에도 이 말씀을 하라 하
더라

43 회당의 모임이 끝난 후에 유대인과 유대교에 입교한 경건한 사람들이 많이 바울과 바나바를 따르니 두 사도가 더불어 말하고 항상 하나님의 은혜 가운데 있으라 권하니라

44 그 다음 안식일에는 온 시민이 거의 다 하나님의 말씀을 듣고자 하여 모이니

45 유대인들이 그 무리를 보고 시기가 가득하여 바울이 말한 것을 반박하고 비방하거늘

46 바울과 바나바가 담대히 말하여 이르되 하나님의 말씀을 마땅히 먼저 너희에게 전할 것이로되 너희가 그것을 버리고 영생을 얻기에 합당하지 않은 자로 자처하기로 우리가 이방인에게로 향하노라

47 주께서 이같이 우리에게 명하시되 내가 너를 이방의 빛으로 삼아 너로 땅 끝까지 구원하게 하리라 하셨느니라 하니

48 이방인들이 듣고 기뻐하여 하나님의 말씀을 찬송하며 영생을 주시기로 작정된 자는 다 믿더라

49 주의 말씀이 그 지방에 두루 퍼지니라

50 이에 유대인들이 경건한 귀부인들과 그 시내 유력자들을 선동하여 바울과 바나바를 박해하게 하여 그 지역에서 쫓아내니

51 두 사람이 그들을 향하여 발의 티끌을 떨어 버리고 이고니온으로 가거늘

52 제자들은 기쁨과 성령이 충만하니라

첫 선교지 구브로는 수리아 안디옥에서 가깝고 바나바의 고향이어서 크게 낯설지 않았다. 그러나 이제부터 시작되는 갈라디아 지역 선교는 전혀 분위기가 달랐다. 바나바와 바울은 바보에서 배를 타고 280여 km 떨어진 밤빌리아의 버가에 이르렀다.[95] 여기까지는 배를 타고 가니까 그나마 괜찮았지만 이제부터가 문제였다. 바나바와 바울은 비시디아의 안디옥을 선교 대상으로 삼았는데, 버가에서 안디옥으로 가는 길은 소아시아에서 가장 험난한 행로였다. 거리도 200여 km로 일주일 거리나 되었을 뿐만 아니라, 평균 고도가 해발

95) 버가에는 아고라, 목욕탕, 스타디움, 극장 등이 있었으며, 도로가 대리석으로 포장되어 있는 큰 도시였다. 그런데 바나바와 바울은 이곳에서는 선교에 별 관심을 기울이지 않고 비시디아의 안디옥으로 향했다. 그 이유는 로마로 향하는 대로변의 대도시들을 염두에 두었기 때문이다.

1천여 m이고 최고봉은 3,300m인 타우르스(Tawrus) 산맥을 통과해야 했다. 강이 많은 이 길은 지금도 트래킹 코스로 사용되고 있는데, 당시에는 강도들과 맹수들이 들끓었다.

아직 어린 나이에 멋모르고 선교여행에 따라 나섰던 마가는 이런 험한 길을 마주하자 지레 겁을 먹고 혼자 예루살렘으로 돌아가 버리고 말았다. 몸이 약했던 바울은 이 길을 지나가다가 풍토병(말라리아?)에 걸려 죽을 고비를 넘겨야 했고 안디옥에 도착했을 때에도 심한 후유증에 시달리고 있었다.(갈4:13)

누가는 이런 긴 과정을 "그들은 버가에서 더 나아가 비시디아 안디옥에 이르러"(14절)라고 간단하게 소개하고 있다. 죽을 고비를 넘긴 바나바와 바울은 지친 몸을 이끌고 안식일에 회당을 찾아가 앉아 있었다.

❶ 특별 강사

【●】 15 율법과 선지자의 글을 읽은 후에 회당장들이 사람을 보내어 물어 이르되 형제들아 만일 백성을 권할 말이 있거든 말하라 하니 16 바울이 일어나 손짓하며 말하되 이스라엘 사람들과 및 하나님을 경외하는 사람들아 들으라

회당예배에서는 먼저 기도문들이 낭독된다. 이어서 모세오경을 읽었는데 3년에 한 번 완독할 정도의 분량을 읽은 후에, 그 주제와 관련된 예언서를 찾아 읽었다. 그 후에는 회중 가운데서 누군가가 나와 읽은 내용을 해설하는 식으로 진행된다. 회당장이 이런 일들을 주관한다. 회당장은 회당을 지을 때 재정적으로 크게 공헌한 사람 중에서 선출되며 종신직이었고 세습되는 경우도 있었다. 경우에 따라서는 한 회당에 여러 명의 회당장을 두기도 했다.

본문에 의하면 회당장들이 바나바와 바울에게 할 말 있으면 하라고 권하고 있다. 왜 그랬을까? 당시의 상황으로 돌아가 생각해볼 필요가 있다. 바울과 바나바는 선교할 목적으로 비시디아 안디옥까지

힘들게 갔다. 그리고 안식일이 되었다. 어떻게 했을까? 가만히 있다가 예배시간에 맞추어가서 뒷좌석에 앉아 있었을까? 결코 그랬을리가 없다. 틀림없이 안디옥에 도착하자마자 회당을 확인하고 회당장을 찾아가 인사하고, 자신들이 누구이며, 무슨 목적으로 이 지역에 왔는지를 말했을 것이다. 당시 예루살렘의 랍비들은 해외에 있는 회당들을 찾아가 율법을 가르치곤 했다. 바울은 당시 최고의 랍비인 가말리엘 문하에서 수련받은 랍비였다. 따라서 안디옥 회당에는 예루살렘으로부터 귀한 랍비가 온 셈이었고, 이는 흔한 일이 아니었다. 당연히 소문이 났고 안식일이 되어 회당에 모인 사람들은 기대감을 가지고 바울을 주목하고 있었다.

바울, 그는 안디옥 회당에서 특별 강사 자격으로 일어서서 "이스라엘 사람들과 및 하나님을 경외하는 사람들아 들으라!"라고 설교를 시작했다. 보통 랍비들은 앉아서 가르쳤으나 바울은 일어서서 특별한 애정을 표시하는 방법으로 손짓을 하며 설교를 시작했다. 사도행전에 의하면 이 설교는 바울의 첫 설교일 뿐만 아니라 기독교 선교사가 해외에서 행한 첫 설교에 해당된다. 바울은 뭐라고 했을까?

❷ 이스라엘 백성의 하나님

> 【•】 17 이 이스라엘 백성의 하나님이 우리 조상들을 택하시고 애굽 땅에서 나그네 된 그 백성을 높여 큰 권능으로 인도하여 내사 18 광야에서 약 사십 년간 그들의 소행을 참으시고 19 가나안 땅 일곱 족속을 멸하사 그 땅을 기업으로 주시기까지 약 사백오십 년간이라

바울은 스데반과 마찬가지로 이스라엘의 초기 역사 450여 년을 요약하면서 설교를 이어가고 있다. 조상 아브라함의 선택과 나그네 생활, 출애굽과 광야 40년, 가나안 입주와 사사 시대, 사무엘과 사울 및 다윗왕까지를 간략하게 설명했다. 아브라함부터 다윗왕까지를 약술한 이유는 유대인들은 다윗을 메시아의 표본으로 생각하고 있었기 때문이다. 유대인들은 메시아를 다윗의 후손이라고 했으며

메시아에 대한 열망이 극에 달해 있었다. 바울은 유대인의 메시아에 대한 설명으로 설교를 이어갔다.

❸ 내 마음에 맞는 사람

【•】 22 폐하시고 다윗을 왕으로 세우시고 증언하여 이르시되 내가 이새의 아들 다윗을 만나니 내 마음에 맞는 사람이라 내 뜻을 다 이루리라 하시더니 23 하나님이 약속하신 대로 이 사람의 후손에서 이스라엘을 위하여 구주를 세우셨으니 곧 예수라

바울은 다윗에 이르러 "내 마음에 맞는 사람이라. 내 뜻을 다 이루리라."는 구절을 인용하며 유대인과 마찬가지로 메시아가 다윗의 후손으로 오시리라고 해석했다. 그리고 나서 다윗의 후손인 예수님께서 바로 그 메시아라고 소개했다. 바울은 회당에서 예수님을 소개하면서 예수님은 약속대로 아브라함과 다윗의 자손으로 오셨으며, 하나님의 마음에 합하여 하나님의 뜻을 이루신 메시아라고 했다.

그런데 바울이 말한 다윗이 하나님의 마음에 합하여 하나님의 뜻을 이룰 자라는 뜻은, 다윗이 한 모든 일들이 하나님의 마음과 뜻에 부합한다는 뜻이 아니다. 바울은 다윗에게 약속하신 말씀이 다윗의 후손으로 오신 예수님을 통하여 이루어졌다고 해석했다. 오늘 교인들 가운데에는 이 구절의 앞뒤 문맥을 다 떼어 내고, 다윗이 하나님의 마음에 합한 자였으며, 사무엘 상하에 기록된 다윗이 군대를 이끌고 다니며 잔인하게 약탈한 일들은 다 옳으며 하나님께서 함께하셨다는 식으로 곡해하곤 한다. 유대인들은 지금도 다윗을 신앙의 이상적인 모델로 보고 있다. 오늘 우리의 다윗 해석은 유대교인의 억지와 모순을 기를 쓰고 따라가고 있다. 그 결과 유대인들이 빠졌던 모순과 함정에 빠져 있으면서도 전혀 이를 알아차리지 못하고 있다. 보아도 보지 못하고 들어도 듣지 못하면서 똑바로 보고 제대로 듣고 있다는 착각에 빠져 있다. 그 종말은 교회가 하나님과 세상으로부터 버림받는 파국이다. 그런데 이미 시작되었다.

다시 말하지만 다윗이 한 모든 일이 하나님의 마음과 뜻에 맞았다는 뜻이 결코 아니다.

바울의 설교는 다음과 같이 이어졌다.

❹ 알지 못하므로

【•】 26 형제들아 아브라함의 후손과 너희 중 하나님을 경외하는 사람들아 이 구원의 말씀을 우리에게 보내셨거늘 27 예루살렘에 사는 자들과 그들 관리들이 예수와 및 안식일마다 외우는 바 선지자들의 말을 알지 못하므로 예수를 정죄하여 선지자들의 말을 응하게 하였도다

예수님께서는 약속된 메시아로 오셨지만 예루살렘에 있는 유대교 지도자들은 안식일마다 회당에서 읽고 외우면서도 율법과 선지자의 말을 알지 못하여 예수님을 오해하고 이방인 빌라도에게 넘겨주어 죽이고 말았다. 유대인들은 예수님께서 십자가에 매달려 저주의 죽음을 죽었기 때문에 메시아가 될 수 없다고 해석했다. 그런데 바울은 메시아가 고난을 당하고 죽는 것도 이미 선지자들의 글에 예고되어 있었다고 해석했다. 이 부분에 있어서는 예루살렘에서 베드로가 했던 설교와 다르지 않다. 당시 유대인들에게는 달리 설교할 수가 없었으며 또 이 부분이 가장 중요했다.

❺ 다 응하게 한 것이라

【•】 29 성경에 그를 가리켜 기록한 말씀을 다 응하게 한 것이라 후에 나무에서 내려다가 무덤에 두었으나 30 하나님이 죽은 자 가운데서 그를 살리신지라 31 갈릴리로부터 예루살렘에 함께 올라간 사람들에게 여러 날 보이셨으니 그들이 이제 백성 앞에서 그의 증인이라

메시아인 예수님께서는 나무에 매달려 저주의 죽음을 죽으시고, 무덤에 두었으나 다시 살아나셔서 갈릴리에서부터 예수님을 따른 120여 명의 사람들에게 나타나셔서 40일 동안을 함께 계셨다. 그들은 모두가 부활의 목격자이며 증인들이다. 그런데 이 모든 것은 성경의 말씀대로 된 것이다.

❻ 믿는 자마다

【•】 32 우리도 조상들에게 주신 약속을 너희에게 전파하노니 … 35 또 다른 시편에 일렀으되 주의 거룩한 자로 썩음을 당하지 않게 하시리라 하셨느니라

바울은 예수님께서 메시아라는 사실을 입증하기 위하여 구약성경의 여러 구절들을 인용하여 다시 해석했다.[96] 유대인들은 메시아 신앙을 오랜 동안 간직하고 있었기 때문에 메시아와 관련된 성경 구절들을 잘 알고 있었다. 그런데 바울이 다시 찾아낸 구절들은 대부분 생소했으며, 또 그 해석이 자신들이 알고 있던 메시아와는 너무 달랐다.

예수님이 메시아라는 증거가 십자가의 죽으심과 부활이므로 이를 입증하기 위하여 인용한 성경구절과 그 해석은 사도들의 공통된 해석이며 서로 공유했다. 뒤늦게 회심한 바울은 3년 후에 예루살렘에서 베드로와 15일을 함께 있으면서(갈1:18) 이를 전해 받았다.(고전15:3) 따라서 유대인들을 대상으로 하는 베드로와 바울의 설교에서 그 핵심은 서로 비슷할 수밖에 없었다.

❼ 신앙의인

【•】 38 그러므로 형제들아 너희가 알 것은 이 사람을 힘입어 죄 사함을 너희에게 전하는 이것이며 39 또 모세의 율법으로 너희가 의롭다 하심을 얻지 못하던 모든 일에도 이 사람을 힘입어 믿는 자마다 의롭다 하심을 얻는 이것이라

유대인들에게 예수님을 통해서 죄 사함을 받으라는 사도들의 설교는 무슨 뜻일까? 오늘 우리가 이해하듯이 예수님께서 우리 모두의 죄를 대신 짊어지셨기 때문에 그 앞에 나아가 죄를 고하면 다 용서 받는다는 뜻일까? 당시 유대교의 상황과 상관없이 관련 구절을 문자대로 해석하면 그렇게 오해할 수 있다. 그러나 당시의 상황으로 들어가 보면 전혀 다른 뜻이다.

96) 시2:7, 16:10, 사55:3, 왕상2:10 등.

유대인들은 알렉산더 대왕으로 말미암은 헬라화 정책 이후 이에 대응하기 위하여 율법의 안식일법과 정결례법 등을 구체적인 조항으로 만들어 지키기 시작했다. 이 당시에는 헬라문화에 맞서기 위하여 유대교 율법 조항을 지키면 율법 전체를 지키는 것과 같다고 했다. 그러나 헬라시대가 가고 로마시대가 온 뒤에도 유대교 율법 조항을 지키면 하나님께서 의롭게 여기신다는 교리가 전통이 되어 효력을 발휘하고 있었다. 이에 대하여 예수님께서는 다음과 같이 책망하셨다.

> 화 있을진저 외식하는 서기관들과 바리새인들이여 너희가 박하와 회향과 근채의 십일조는 드리되 율법의 더 중한 바 정의와 긍휼과 믿음은 버렸도다 그러나 이것도 행하고 저것도 버리지 말아야 할지니라 맹인된 인도자여 하루살이는 걸러 내고 낙타는 삼키는도다(마23:23~24)

바울은 예수님의 이런 말씀에 기초하여 유대교 율법 조항이나 그 조항을 실천하는 행위로는 의롭다 하심을 얻지 못한다고 해석했다. 율법으로 의롭다 하심을 얻으려면 그 율법이 요구하는 실천조항은 물론 그 정신까지 다 지켜야 하는데, 인간으로서는 이를 지킬 수 없으므로, 오직 하나님의 용서로만 의롭다 하심을 얻을 수 있다고 바울은 말했다. 십자가에서 저주의 죽음을 죽으신 예수님의 죽으심은 인간을 용서하시는 죽음이었다. 바울은 이제 예수님을 믿는 믿음을 통해서 죄 사함, 즉 의롭다 하심을 받으라고 말했다. 유대교 율법이나 그 율법을 지키는 행위가 아니라 십자가의 죽으심을 통해서 용서의 은혜를 베푸시는 예수님을 믿는 믿음만으로 의롭다함을 얻을 수 있다는 것이 바울 신학의 기초다. 여기서 바울이 말하는 행위는 전적으로 유대교 율법 조항을 지키는 행위이며, 일반 행위가 아니라는 사실을 잊지 말아야 한다.

❽ 귀 있는 자는 들을지어다!

【•】 40 그런즉 너희는 선지자들을 통하여 말씀하신 것이 너희에게 미칠까 삼가라 41 일렀으되 보라 멸시하는 사람들아 너희는 놀라고 멸망

> 하라 내가 너희 때를 당하여 한 일을 행할 것이니 사람이 너희에게 일러줄지라도 도무지 믿지 못할 일이라 하였느니라 하니라

바울은 하박국(1:5)을 인용하면서 설교를 마무리 지었는데, 하나님으로부터 심판을 받기 직전에 나타나는 뚜렷한 현상은 아무리 바른 것을 알려 주어도 도무지 듣지 않으리라는 경고였다. 하박국은 남왕국 유다가 멸망하기 직전에 활동했던 선지자이다. 남유다는 결국 하박국의 경고를 무시하다가 비참하게 멸망하고 말았다. 바울은 이제 하박국의 말씀을 다시 상기시키며 유대인들에게 이 말씀을 받아들이지 않으면 또 비참하게 멸망당하리라고 강력하게 경고했다.

바울의 이런 설교를 들은 사람들은 어떤 반응을 보였을까?

❾ 다음 안식일에도

> 【•】 42 그들이 나갈새 사람들이 청하되 다음 안식일에도 이 말씀을 하라 하더라 43 회당의 모임이 끝난 후에 유대인과 유대교에 입교한 경건한 사람들이 많이 바울과 바나바를 따르니 두 사도가 더불어 말하고 항상 하나님의 은혜 가운데 있으라 권하니라

특별 강사 바울의 첫 설교는 대단히 성공적이어서 많은 사람들이 다음 안식일에도 설교해 달라고 요청했다. 또 회당 모임이 끝난 다음에도 유대인들과 경건한 사람들이 계속 찾아와서 많은 이야기를 나누었다. 바울과 바나바는 다음 안식일까지 많은 사람들을 만나 이야기를 나누느라고 바쁜 시간을 보내야 했다.

그 결과 그 다음 안식일에는 무슨 일이 일어났을까?

❿ 온 시민이 거의 다

> 【•】 44 그 다음 안식일에는 온 시민이 거의 다 하나님의 말씀을 듣고자 하여 모이니

안디옥 회당에서 바울과 바나바가 한 일은 무슨 표적을 행하지 않고 오직 성경을 해석했을 뿐이었다. 누가가 '온 시민이 거의 다'라고 기록한 것을 보면, 바울이 성경에 대해 새롭게 해석한 말들이 한 주일 내내 안디옥에서 화제의 대상이 되었다고 보인다. 그 결과 그다

음 안식일에는 유대교와 바른 신앙에 관심있는 사람들이 거의 다 모여들었다. 이들이 모인 이유는 '하나님의 말씀'을 듣기 위함이었다. 바울의 설교가 관심을 끈 이유는 그동안 회당에서 행한 유대인들의 성경 해석과는 전혀 달랐기 때문이다. 누가는 성경을 유대인들의 해석과 다르게 재해석하는 것을 하나님의 말씀이라고 했다.

이스라엘 역사와 교회사를 돌이켜보면 전환기를 맞을 때마다 성경에 대한 전면적인 재해석이 있었다. 예수님께서 가르치실 때에도 사람들이 놀라면서 서기관의 가르침과는 다르다고 했다.(마 7:28~29) 현대 이후 즉 대전환기를 맞은 지금 우리에게 가장 필요한 것은 성경과 교리에 대한 전면적인 재해석이다. 이런 재해석은 새로운 관점이 있어야 가능하다. 그동안의 관점이 구속사였다면 계약사는 새로운 관점을 제공해 준다.

바울의 설교로 온 도시가 뒤집히는 반응이 일어나자 강력한 방해 세력이 등장했다. 어디에서 어떻게 등장했을까?

⓫ 시기가 가득하여

【•】 45 유대인들이 그 무리를 보고 시기가 가득하여 바울이 말한 것을 반박하고 비방하거늘 … 50 이에 유대인들이 경건한 귀부인들과 그 시내 유력자들을 선동하여 바울과 바나바를 박해하게 하여 그 지역에서 쫓아내니

구약과 신약의 지난 역사를 돌이켜보면 올바른 해석에 대한 가장 큰 방해 세력은 항상 내부에 있었다. 그 이유는 마귀는 박해 등과 같은 외부의 공격도 사용하지만 내부에 거짓 신앙을 심어 놓고 정통 교리를 지배하기 때문이다. 구약의 왕정기에는 율법을 왜곡한 성전-제사가 정통신앙이었고, 예수님 당시에는 의인, 메시아, 성전 등을 곡해한 유대교 교리가 정통신앙이었다. 하나님께서 보내셨던 선지자들과 예수님을 비롯하여 중세교회 종교개혁 선구자들은 모두가 정통신앙으로부터 이단으로 낙인받고 죽어갔다.

바울의 성경해석이 비시디아 안디옥교회에서 큰 호응을 받자 가장 크게 반발한 사람들은 안타깝게도 회당을 이끌어가던 유대인들이었다. 해외의 유대교 회당에서 실제로 특히 재정에서 큰 비중을 차지하던 사람들은 경건한 이방인들이었다. 그런데 이들은 바울의 해석에 대하여 쌍수를 들고 환영했다. 바울의 해석을 들어보니 유대교인들의 해석이 잘못되었다는 것을 알았기 때문이다. 이방인 지역의 회당에서 유대인들이 반발한 이유는 예루살렘에서 제사장 그룹이 반발한 이유와 같은데, 주도권을 빼앗긴 시기심 때문이었다.

무엇이 옳으냐 그르냐보다 주도권이 누구에게 있느냐를 먼저 생각하는 사람들이 하나님에 대한 가장 큰 대적자이며, 마귀의 앞잡이들이다. 마귀는 그런 자들의 시기심을 부추기며 이용한다. 출애굽 이후 광야에서 모세에게 반발한 사람들도 겉으로는 이런저런 명분을 내세웠지만 속에는 주도권에 대한 욕심이 깔려 있었다.

이런 자들은 자신들의 의견이 좌절되면 그다음에는 수단과 방법을 가리지 않고 폭력을 동원한다. 유대인들은 자신들이 전면에 나서지 않고 도시의 유력자들을 매수하여 바울과 바나바를 박해하여 도시에서 추방하게 했다. 예나 지금이나 이런 수순은 변함이 없다.

바울과 바나바는 이에 어떻게 대처했을까?

⑫ 발의 티끌을 떨어 버리고

【•】 48 이방인들이 듣고 기뻐하여 하나님의 말씀을 찬송하며 영생을 주시기로 작정된 자는 다 믿더라 49 주의 말씀이 그 지방에 두루 퍼지니라

51 두 사람이 그들을 향하여 발의 티끌을 떨어 버리고 이고니온으로 가거늘 52 제자들은 기쁨과 성령이 충만하니라

바울과 바나바는 두 가지로 대처했다. 첫째, 이방인에게로 가는 명분으로 활용했다. 먼저 유대인들에게 복음을 전했는데 그들이 거부하면 이방인에게로 갈 수밖에 없다는 논리였다. 이에 대하여 유대

인들은 반발했지만 이방인들은 쌍수를 들고 환영했다. 둘째, 먼지를 떨면서 심판을 경고했다. 유대인들은 단순한 거부에 그치지 않고 도시의 유력자들을 매수하여 바울과 바나바를 추방하자 바울과 바나바는 그들이 보는 앞에서 옷과 신발의 먼지를 떨어냈다. 이는 하나님으로부터 먼지를 떨어내는 것과 같은 심판을 자초한다는 의미였다.(눅9:5, 10:11 참조) 실제로 AD 70년에 예루살렘이 멸망했을 뿐만 아니라 기독교가 로마제국의 국교가 된 이후에 각지에 있는 유대인들은 심한 고초를 겪어야 했다.

안디옥에서 쫓겨난 바울과 바나바는 이고니온으로 향했다. 그러나 비시디아 안디옥에서 복음을 받아들인 사람들은 이를 지켜보면서 오히려 기쁨과 성령이 충만해졌다.

물음 34 이방인에게 한 설교, 특징이 무엇일까?

본문 〈 14:1~18 〉

1 이에 이고니온에서 두 사도가 함께 유대인의 회당에 들어가 말하니 유대와 헬라의 허다한 무리가 믿더라

2 그러나 순종하지 아니하는 유대인들이 이방인들의 마음을 선동하여 형제들에게 악감을 품게 하거늘

3 두 사도가 오래 있어 주를 힘입어 담대히 말하니 주께서 그들의 손으로 표적과 기사를 행하게 하여 주사 자기 은혜의 말씀을 증언하시니

4 그 시내의 무리가 나뉘어 유대인을 따르는 자도 있고 두 사도를 따르는 자도 있는지라

5 이방인과 유대인과 그 관리들이 두 사도를 모욕하며 돌로 치려고 달려드니

6 그들이 알고 도망하여 루가오니아의 두 성 루스드라와 더베와 그 근방으로 가서

7 거기서 복음을 전하니라
8 루스드라에 발을 쓰지 못하는 한 사람이 앉아 있는데 나면서 걷지 못하게 되어 걸어 본 적이 없는 자라
9 바울이 말하는 것을 듣거늘 바울이 주목하여 구원 받을 만한 믿음이 그에게 있는 것을 보고
10 큰 소리로 이르되 네 발로 바로 일어서라 하니 그 사람이 일어나 걷는지라
11 무리가 바울이 한 일을 보고 루가오니아 방언으로 소리 질러 이르되 신들이 사람의 형상으로 우리 가운데 내려오셨다 하여
12 바나바는 제우스라 하고 바울은 그 중에 말하는 자이므로 헤르메스라 하더라
13 시외 제우스 신당의 제사장이 소와 화환들을 가지고 대문 앞에 와서 무리와 함께 제사하고자 하니
14 두 사도 바나바와 바울이 듣고 옷을 찢고 무리 가운데 뛰어 들어가서 소리 질러
15 이르되 여러분이여 어찌하여 이러한 일을 하느냐 우리도 여러분과 같은 성정을 가진 사람이라 여러분에게 복음을 전하는 것은 이런 헛된 일을 버리고 천지와 바다와 그 가운데 만물을 지으시고 살아 계신 하나님께로 돌아오게 함이라
16 하나님이 지나간 세대에는 모든 민족으로 자기들의 길들을 가게 방임하셨으나
17 그러나 자기를 증언하지 아니하신 것이 아니니 곧 여러분에게 하늘로부터 비를 내리시며 결실기를 주시는 선한 일을 하사 음식과 기쁨으로 여러분의 마음에 만족하게 하셨느니라 하고
18 이렇게 말하여 겨우 무리를 말려 자기들에게 제사를 못하게 하니라

비시디아 안디옥에서 유대인들에게 쫓겨난 바울과 바나바는 BC 6년 황제 아우구스도가 건설한 도로(Via Sebastea)를 따라 동쪽으로 약 140km 떨어진 이고니온으로 갔다. 해발 1,600m의 산맥이 있었지만 황제의 도로와 편리하고 안전한 숙박 시설 때문에 일주일 만에 올 수 있었다. 이고니온은 루가오니아 지방의 수도이며, 다메섹보다도 오래된 유서 깊은 도시였다. 땅이 비옥하여 농업과 상업이

발달했으며 오늘에는 터키에서 네 번째로 큰 도시 코냐(Konya)이다. 그들은 이곳에서 어떻게 선교했을까?

❶ 함께

【•】 1 이에 이고니온에서 두 사도가 함께 유대인의 회당에 들어가 말하니 유대와 헬라의 허다한 무리가 믿더라 2 그러나 순종하지 아니하는 유대인들이 이방인들의 마음을 선동하여 형제들에게 악감을 품게 하거늘

본문의 '함께'(κατὰ τὸ αὐτὸ)는 '같은 방법으로'라는 뜻이다. 즉 예전에 비시디아 안디옥에서 하던 대로 회당에서 선교를 시작했다는 뜻이다. 결과도 비슷해서 유대인과 헬라인 가운데 바울과 바나바가 전하는 복음을 받아들인 사람들이 많았다.[97] 그러나 바울과 바나바의 선교가 이고니온에서도 큰 성공을 거두자 복음을 받아들이지 않는 유대인들이 앞에서와 마찬가지로 또 시기하며 온갖 방해를 놓았다.

❷ 오래 있어

【•】 3 두 사도가 오래 있어[98] 주를 힘입어 담대히 말하니 주께서 그들의 손으로 표적과 기사를 행하게 하여 주사 자기 은혜의 말씀을 증언하시니 4 그 시내의 무리가 나뉘어 유대인을 따르는 자도 있고 두 사도를 따르는 자도 있는지라

그러나 두 사도[99]는 유대인들의 방해에도 굴하지 않고 오래 머물면서 복음을 전했다. 겨울에는 추워서 여행이 어려우므로 여기에서 겨울을 났을 수도 있다. 온갖 어려움을 무릅쓰고 성경을 새롭게 해

---

97) 바울행전(2세기 기록)에는 이고니온 주민 오네시보로(Onesiphorus)가 바울을 마중 나갔던 이야기가 실려 있다. "그리고 그는 점점 다가오고 있는 바울을 보았다. 작은 체구에, 맞닿은 양 미간, 코는 좀 길고 대머리에 다리는 휘였으며, 단단한 체격에 은혜가 충만하였다. 그래서 때로는 인간처럼 보였으며 때로는 천사처럼 보였다."

98) 서방 사본에는 "유대의 회당장과 그 지도자들이 의인을 박해하도록 선동하고 이방인들로 하여금 형제들에 대하여 악감을 갖게 하였으나 주께서 곧 평탄하게 하시니라"라고 첨가되어 있다.

99) 누가는 4절과 14절에서 유일하게 바울과 바나바를 사도라고 부른다. 그러나 열두 사도와 같은 의미라기 보다는 안디옥교회에서 파송받은 선교사라는 의미라고 생각된다.

석하는 일을 계속하자 하나님께서는 이들의 해석이 맞다는 증거로 표적과 기사가 나타나게 하셨다. 그러자 시민들은 복음을 받아들이는 자와 반대하는 자로 양분되었다.

❸ 돌로 치려고 달려드니

【•】 5 이방인과 유대인과 그 관리들이 두 사도를 모욕하며 돌로 치려고 달려드니 6 그들이 알고 도망하여 루가오니아의 두 성 루스드라와 더베와 그 근방으로 가서 7 거기서 복음을 전하니라

마귀의 사주를 받는 자들의 특징 중 하나는 자신들의 뜻을 이루기 위해서는 수단과 방법을 가리지 않는 데에 있다. 복음이 진리라면 이를 전하는 방법도 진리에 부합해야 한다. 거짓과 폭력 등은 용납될 수 없다. 그런데 유대교인들은 거짓 증거, 선동, 불법, 관리매수, 폭력 등을 아무렇지도 않게 하나님을 운운하며 동원했다. 이는 신앙이 도그마화 될 때 나타나는 전형적인 특징이며, 마귀에게 지배받고 있다는 증거이다.

두 사도가 끝까지 버티자 결국에는 관리들까지 동원하여 돌로 쳐죽이려는 지경에 이르렀다. 이에 바나바와 바울은 이고니온을 떠나지 않을 수 없었다. 그들은 다시 황제대로를 따라[100] 동쪽으로 약 30km 떨어진 루스드라와 그곳에서 60여 km 거리의 더베로 가서 복음을 전했다.

❹ 제사하고자 하니

【•】 11 무리가 바울이 한 일을 보고 루가오니아 방언으로 소리 질러 이르되 신들이 사람의 형상으로 우리 가운데 내려오셨다 하여 12 바나바는 제우스라 하고 바울은 그 중에 말하는 자이므로 헤르메스라 하더

100) 지중해를 사이에 둔 로마제국은 육로와 해로를 완비해 놓아서 바울의 선교여행을 원활하게 했다. 로마로 향하는 주요 도로는 약 8만 km였으며, 2급 도로는 주요 도로의 4배나 되었다. 주요 도로는 모래와 자갈 등으로 1m 정도 깊이로 기초했고, 돌이나 콘크리트로 포장했으며 폭은 대략 6m 정도였다. 1마일마다 2m 정도의 돌기둥을 세워 거리를 표시해 놓았으며, 이런 육로와 더불어 해상로도 개설이 되어 있었다. 모든 길은 로마로 통한다는 말은 결코 과장이 아니었다. 바울은 이런 주요 도로로 연결된 대도시를 찾아다니며 선교했다.

> 라 13 시외 제우스 신당의 제사장이 소와 화환들을 가지고 대문 앞에 와서 무리와 함께 제사하고자 하니 … 18 이렇게 말하여 겨우 무리를 말려 자기들에게 제사를 못하게 하니라

"모든 사람이 그 가르침에 감동을 받았다."는 서방 사본의 기록과[101] 유대인들이 비시디아 안디옥과 이고니온에서 와서 무리를 선동한 것을 보면 디모데의 고향인 루스드라(행16:1)에도 유대인의 회당이 있었을 텐데 누가는 회당에 대한 기록을 남겨 놓지 않았다. 아마도 회당에서는 안디옥과 이고니온에서와 비슷한 결과가 있었을 것이며, 또 루스드라에서는 바울이 이방인들을 대상으로 한 선교와 설교가 중요하기 때문에 누가는 여기에 초점을 맞추었던 것 같다.

바울이 가르치고 있을 때 이방인임에도 불구하고 유난히 집중하여 잘 듣고 받아들이는 사람이 있었다. 그런데 그는 마침 태어날 때부터 앉은뱅이였다. 그를 지켜보던 바울은 성령의 감동에 따라 "네 발로 일어서라!"라고 외치자 그는 벌떡 일어나 걸어 다니기 시작했다. 그런데 이를 본 루스드라 사람들은 바울과 바나바를 신으로 여기고 제사를 드리려고 했다. 왜 그런 기이한 행동을 했을까? 루스드라 인근에는 다음과 같은 신화가 전해져 내려오고 있었다.

> 한번은 쓰스(Zeus)와 허메(Hermes)신이 이 세상에 아무도 모르게 변장하고 내려왔다. 세상에는 아무도 그들을 반겨주는 사람이 없었다. 그런데 늙은 농부 빌레몬과 그의 처 바우기가 집으로 영접하여 친절하게 해주었다. 후에 큰 폭풍이 몰려와서 빌레몬과 바우기를 제외하고는 다 몰살당하고 말았다.[102]

이런 신화를 잘 알고 있는 루스드라 사람들은 바울과 바나바가 앉은뱅이를 걷게 하는 기적을 일으키자 그들이 바로 그 신들이라고 생각했고, 옛날처럼 신을 대접하지 않는 실수를 반복하지 않으려고 했던 것이다.

---

101) 서방 사본에는 "이에 모든 사람들이 그 가르침에 감동을 받으니라. 바울과 바나바는 루스드라에서 얼마간 머무니라."라는 구절이 첨가되어 있다.

102) 바클레이, p.150.

루스드라 사람들이 자기들의 언어로 말하는 바람에 바울과 바나바는 그들이 뭐라고 떠들며 무슨 일을 하려는지를 알 수 없었다. 루스드라 사람들은 신에게 짐승으로 제물을 드릴 때에는 양털로 된 화환과 리본으로 멋지게 장식을 했었다. 잠시 후에 제우스 신전의 제사장이 화환으로 장식된 소를 끌고 와서 바울과 바나바를 제우스와 헤르메스 신으로 여기고 자기들에게 제사를 드리려하자 바울과 바나바는 비로소 실상을 알고 기겁을 하며 그 자리에서 옷을 찢으며 겨우 뜯어말려 진정시켰다. 유대인들이 옷을 찢는 행위는 신성모독을 보고 두려워하는 표현이었다.

❺ 이방인을 향한 첫 설교

【●】 15 이르되 여러분이여 … 여러분에게 복음을 전하는 것은 이런 헛된 일을 버리고 천지와 바다와 그 가운데 만물을 지으시고 살아 계신 하나님께로 돌아오게 함이라 16 하나님이 지나간 세대에는 모든 민족으로 자기들의 길들을 가게 방임하셨으나 17 그러나 자기를 증언하지 아니하신 것이 아니니 곧 여러분에게 하늘로부터 비를 내리시며 결실기를 주시는 선한 일을 하사 음식과 기쁨으로 여러분의 마음에 만족하게 하셨느니라 하고

이 본문이 중요한 이유는 바울이 이방인들에게 행한 첫 설교이기 때문이다. 회당에서 유대인과 유대교에 입교한 이방인들에게 했던 설교와 회당이 아닌 곳에서 유대교를 전혀 모르는 이방인들에게 한 설교는 서로 많이 다르다. 유대인들에게 한 설교의 요지는 다음과 같다.

- 유대인들은 잘못된 메시아 사상 때문에 메시아로 오신 예수님을 알아보지 못하고 죽였다.
- 그들의 잘못된 메시아 사상을 바로잡기 위하여 구약을 인용하며 다시 해석했다. 예언-성취의 도식으로 인용한 말씀들은 새로운 해석이었다. 미리 예언된 대로 되었다는 것을 강조하면 이는 결정론이며 모순이다. 재해석이라고 해야 한다.
- 예수님께서 메시아이신 증거는 십자가의 죽으심과 부활이며, 사도들은 부활의 목격자이다.
- 사도들을 통해서 일어나는 표적과 기사는 부활하신 예수님께서 직접

하시는 일이다.

- 예수님을 메시아로 알아보지 못하고 죽인 죄를 회개해야 한다.

유대인을 향한 이런 설교는 사도들이 서로 공유하고 있었기 때문에 베드로의 설교와 바울의 설교는 서로 비슷했다. 그러나 이방인을 향한 설교는 이와는 판이하게 다르다. 사도행전에는 바울이 이방인들에게 행한 설교의 요약문이 두 편 들어있으며(행14:15~17, 17:22~30), 그의 서신에서도 부분적으로 나타나 있다.(살전1:9~10, 롬1:18~32, 엡2:1~15) 이방인들에게 행한 설교의 특징은 다음과 같다.

- 성경을 인용하기 보다 창조주 하나님과 피조물을 통한 자연 계시와 일반은총을 강조했다.
- 창조주 하나님을 알 만한 것이 누구에게나 나타나 있어서 핑계하지 못한다.
- 창조주 하나님을 거역하고 우상을 섬기고 미신에 빠진 것은 무지 때문이므로 지금까지는 하나님께서 이런 죄악을 용인하셨다.
- 예수님께서 오신 목적은 이런 잘못된 신앙을 바로잡고 이 땅에서부터 하나님 나라의 삶을 살게 하기 위함이다.
- 그러므로 지금까지의 죄악을 회개하고 이제 예수님을 주님으로 영접하여 구원의 삶을 살아야 한다.

이방인들에게 이렇게 설교하면 하나님께서는 필요할 때 표적과 기사로 그 말씀이 옳다는 것을 확인시켜 주셨다. 루스드라에서는 날 때부터 앉은뱅이를 한 순간에 걷게 하심으로 루스드라 사람들을 충격으로 몰아넣었다. 이곳에 처음 간 바울과 바나바는 그들의 언어도, 그들의 문화와 신화도 알 리 없었다. 그런데 하나님께서는 가장 적절한 표적을 일으키셔서 바울과 바나바의 사역이 큰 성과를 거두게 하셨다.

그러나 이런 성과를 보고 유대인들이 그냥 있을 리가 없었다.

물음 35 바울, 더베에서 왜 다시 돌아갔을까?

본문 〈 14:19~28 〉

19 유대인들이 안디옥과 이고니온에서 와서 무리를 충동하니 그들이 돌로 바울을 쳐서 죽은 줄로 알고 시외로 끌어 내치니라

20 제자들이 둘러섰을 때에 바울이 일어나 그 성에 들어갔다가 이튿날 바나바와 함께 더베로 가서

21 복음을 그 성에서 전하여 많은 사람을 제자로 삼고 루스드라와 이고니온과 안디옥으로 돌아가서

22 제자들의 마음을 굳게 하여 이 믿음에 머물러 있으라 권하고 또 우리가 하나님의 나라에 들어가려면 많은 환난을 겪어야 할 것이라 하고

23 각 교회에서 장로들을 택하여 금식 기도 하며 그들이 믿는 주께 그들을 위탁하고

24 비시디아 가운데로 지나서 밤빌리아에 이르러

25 말씀을 버가에서 전하고 앗달리아로 내려가서

26 거기서 배 타고 안디옥에 이르니 이 곳은 두 사도가 이룬 그 일을 위하여 전에 하나님의 은혜에 부탁하던 곳이라

27 그들이 이르러 교회를 모아 하나님이 함께 행하신 모든 일과 이방인들에게 믿음의 문을 여신 것을 보고하고

28 제자들과 함께 오래 있으니라

바울의 선교에는 항상 박해가 꼬리표처럼 따라다녔다.[103] 박해자

103) 그들이 그리스도의 일꾼이냐 정신 없는 말을 하거니와 나는 더욱 그러하도다 내가 수고를 넘치도록 하고 옥에 갇히기도 더 많이 하고 매도 수없이 맞고 여러 번 죽을 뻔하였으니 유대인들에게 사십에서 하나 감한 매를 다섯 번 맞았으며 세 번 태장으로 맞고 한 번 돌로 맞고 세 번 파선하고 일 주야를 깊은 바다에서 지냈으며 여러 번 여행하면서 강의 위험과 강도의 위험과 동족의 위험과 이방인의 위험과 시내의 위험과 광야의 위험과 바다의 위험과 거짓 형제 중의 위험을 당하고 또 수고하며 애쓰고 여러 번 자지 못하고 주리며 목마르고 여러 번 굶고 춥고 헐벗었노라 이 외의 일은 고사하고 아직도 날마다 내 속에 눌리는 일이 있으니 곧 모든 교회를 위하여 염려하는 것이라(고후11:23~28) 참조, 딤후3:11, 갈2:4~5, 5:11, 6:12.

들은 초기에는 유대교인들이었고, 후에는 교회 내의 유대교적인 교인들이었다. 유독 바울이 교회 안팎에서 이런 어려움에 시달린 이유는 복음의 정체성을 명확히 하고 이를 결코 타협하지 않았기 때문이다. 바울이 온갖 박해를 받으면서도 끝까지 타협하지 않고 홀로 고군분투한 이유는 교회의 사활이 여기에 걸려있다고 생각했기 때문이다. 그런 이유로 안디옥에서 기독교인이라는 평가를 받을 수 있었고, 교회가 유대교에서 독립하여 기독교로 발돋음할 수 있었다. 지금 돌이켜보면 바울의 판단과 선택은 옳았다. 바울의 이런 의도를 잘 간파한 누가가 사도행전에서 그 과정을 잘 그려놓아 오늘 우리가 그 윤곽을 파악할 수 있게 된 것은 큰 다행이다.

유대교인들은 막판에는 늘 폭력을 동원했는데, 여기서도 반복되었다.

❶ 안디옥과 이고니온에서 와서

【•】 19 유대인들이 안디옥과 이고니온에서 와서 무리를 충동하니 그들이 돌로 바울을 쳐서 죽은 줄로 알고 시외로 끌어 내치니라

이 부분에 대하여 서방 사본에서는 다음과 같이 첨가되어 있다.

> 그들이 거기서 얼마를 지내며 가르칠새, 어떤 유대인들이 이고니온과 안디옥에서 와서 사도들이 담대히 강론하는 것을 보고 무리를 충동하여 사도들을 대적하게 하며 이르기를 "저들의 말은 옳은 것이 없도다 모두가 거짓이라."하니라 그들이 무리를 충동하여 바울을 돌로 치고 … 시외로 끌어내니라

바울을 반대하는 유대인들은 바울의 행적을 유심히 지켜보고 있다가 바울의 선교가 큰 성과를 거두자 멀리 비시디아 안디옥과 이고니온의 유대인들이 서로 합세하여 루스드라까지 찾아왔다. 안디옥에서 루스드라까지는 170여 km로 일주일 이상 걸리는 거리였다. 그런데 그 먼 거리를 와서 사람들을 선동하여 바울을 돌로 쳐 죽이고 내다 버렸다. 바울을 죽이기로 작정하고 그 멀리서 찾아왔던 무리들이 바울을 기절할 정도로만 돌로 쳤을 리가 없다. 바울이 다시

살아난 것은 전적으로 하나님의 지켜주심이었을 뿐이다. 달리는 설명할 길이 없다. 바울 주변에는 왜 그가 죽음의 위협을 당할 만큼 위기에 처했을 때 그를 지켜주려는 사람들이 없었을까? 하는 의문도 든다. 바울 주변의 소수로는 어찌해 볼 수 없을 만큼 유대인들은 다수를 동원하여 무자비하게 폭력을 사용했던 것 같다.

❷ 포기를 모르는 사람

【•】 20 제자들이 둘러섰을 때에 바울이 일어나 그 성에 들어갔다가 이튿날 바나바와 함께 더베로 가서 21 복음을 그 성에서 전하여 많은 사람을 제자로 삼고 루스드라와 이고니온과 안디옥으로 돌아가서

바울을 어떤 사람이라고 해야 할까? 죽음을 두려워하지 않는 사람, 포기를 모르는 사람, 타협을 모르는 사람, 끝까지 변함이 없는 사람 …. 이런 단어들 외에는 생각이 나지 않는다. 바울은 루스드라에서 돌에 맞아 죽었다가 다시 살아난 후 아무렇지도 않게 다시 그 성으로 들어가서 그 밤을 지내고, 다음날 평소와 다름없이 60여 km 떨어진 더베로 가서 또 복음을 전했다. 더베에서의 활동은 자세히 기록되어 있지 않으나, 많은 사람을 제자로 삼았다는 것을 보면 많은 활동을 통하여 큰 성과를 거두었음에 틀림없다. 그런데 그다음의 행보가 더 놀랍다.

더베에서 계속 오른쪽으로 가면 고향 다소가 나오고 이어서 수리아 안디옥에 이른다. 아마도 본래의 계획은 이랬던 것 같다. 그런데 더베에서 계획을 바꾸었다. 반대 방향으로 다시 돌아가기로 했다. 그 이유는 지나오면서 세워 놓은 교회마다 심한 박해로 말미암아 큰 곤경에 처해 있으므로 다시 돌아가서 교인들을 돌보기 위함이었다. 하지만 루스드라, 이고니온, 안디옥 등은 유대인들이 하나같이 바울을 죽이려고 했던 곳이다.

그런데 그곳을 다시 찾아간다? 누구의 생각이었을까? 바나바였을까? 틀림없이 바울이었다. 동행자 바나바는 옆에서 이런 것들을 지

켜보면서 어떤 생각이 들었을까? 각지의 교인들은 또 어떠했을까? 바울을 죽이려던 유대인들은 다시 제 발로 아무렇지도 않다는 듯이 나타난 바울을 보면서 어떤 마음이었을까? 또 죽이려고 했을까? 그런 기록이 없는 걸 보면 유대인들은 아마 기가 질려서 더 이상 뭘 어떻게 해볼 생각을 못했거나 하나님이 두렵다는 생각이 들었을지 모른다. 기독교는 신학을 비롯한 여러 부문에서 바울에게 빚진 바가 너무 크다. 그의 행적과 신학을 다루면서 머리가 숙여질 뿐이다.

바울과 바나바는 다시 돌아가서 무슨 일을 했을까?

❸ 장로를 세우고

【•】 22 제자들의 마음을 굳게 하여 이 믿음에 머물러 있으라 권하고 또 우리가 하나님의 나라에 들어가려면 많은 환난을 겪어야 할 것이라 하고 23 각 교회에서 장로들을 택하여 금식 기도하며 그들이 믿는 주께 그들을 위탁하고

바울이 한 일은 두 가지였다. 하나는 복음을 받아들이면 많은 환란을 겪게되는데, 이를 이겨내야 한다고 위로하며 격려했다. 다른 하나는 각 교회에 책임자인 장로를 세우고 금식 기도하며 하나님께 맡겼다. 바울은 사람이 할 수 있는 일에 최선을 다했다. 그리고 그 나머지는 하나님께 맡겼다. 우여곡절이 있었지만 바울의 이런 노고는 헛되지 않아서 각 지역에 교회가 굳건하게 세워져 갔다.

❹ 수리아 안디옥교회로 귀환

【•】 24 비시디아 가운데로 지나서 밤빌리아에 이르러 25 말씀을 버가에서 전하고 앗달리아로 내려가서 26 거기서 배 타고 안디옥에 이르니 이 곳은 두 사도가 이룬 그 일을 위하여 전에 하나님의 은혜에 부탁하던 곳이라

앞에서 본 바와 같이 비시디아 안디옥에서 밤빌리아로 오는 길은 대단히 험난했다. 바울은 이곳을 오가면서 강물의 위험, 강도, 추위, 굶주림과 목마름 등을 겪었을 것이다. 갈 때는 버가에서 아무런 활동을 하지 않았으나 올 때에는 버가에 들러 전도 활동을 했다. 그

리고 앗달리아에서 배를 타고 수리아 안디옥의 교회로 돌아왔다.

이를 바울의 1차 선교여행이라 하는데, 대략 1년 정도(46~47년) 걸렸다.

❺ 선교 보고

【•】 27 그들이 이르러 교회를 모아 하나님이 함께 행하신 모든 일과 이방인들에게 믿음의 문을 여신 것을 보고하고 28 제자들과 함께 오래 있으니라

바울과 바나바는 안디옥교회로 돌아와서 온 교인들을 모으고 1차 선교에 대하여 자세하게 보고했다. 교인들은 어떤 반응을 보였을까? 틀림없이 이방인들이 복음을 받아들였다는 사실에 대하여 크게 기뻐하며 하나님께 영광을 돌렸을 것이다.

바울과 바나바는 대략 1년 동안 안디옥에 머물면서, 다음 활동에 대하여 구상하며 계획을 세우고 있었다. 그런데 예기치 않은 일이 생기고 말았다.

물음 36 예루살렘회의 어떤 의미를 가지는가?

본문 〈 15:1~22 〉

1 어떤 사람들이 유대로부터 내려와서 형제들을 가르치되 너희가 모세의 법대로 할례를 받지 아니하면 능히 구원을 받지 못하리라 하니

2 바울 및 바나바와 그들 사이에 적지 아니한 다툼과 변론이 일어난지라 형제들이 이 문제에 대하여 바울과 바나바와 및 그 중의 몇 사람을 예루살렘에 있는 사도와 장로들에게 보내기로 작정하니라

3 그들이 교회의 전송을 받고 베니게와 사마리아로 다니며 이방인들이 주께 돌아온 일을 말하여 형제들을 다 크게 기쁘게 하더라

4 예루살렘에 이르러 교회와 사도와 장로들에게 영접을 받고 하나님이 자기들과 함께 계셔 행하신 모든 일을 말하매

5 바리새파 중에 어떤 믿는 사람들이 일어나 말하되 이방인에게 할례를
행하고 모세의 율법을 지키라 명하는 것이 마땅하다 하니라
6 사도와 장로들이 이 일을 의논하러 모여
7 많은 변론이 있은 후에 베드로가 일어나 말하되 형제들아 너희도 알거
니와 하나님이 이방인들로 내 입에서 복음의 말씀을 들어 믿게 하시려
고 오래 전부터 너희 가운데서 나를 택하시고
8 또 마음을 아시는 하나님이 우리에게와 같이 그들에게도 성령을 주어
증언하시고
9 믿음으로 그들의 마음을 깨끗이 하사 그들이나 우리나 차별하지 아니
하셨느니라
10 그런데 지금 너희가 어찌하여 하나님을 시험하여 우리 조상과 우리도
능히 메지 못하던 멍에를 제자들의 목에 두려느냐
11 그러나 우리는 그들이 우리와 동일하게 주 예수의 은혜로 구원 받는
줄을 믿노라 하니라
12 온 무리가 가만히 있어 바나바와 바울이 하나님께서 자기들로 말미암
아 이방인 중에서 행하신 표적과 기사에 관하여 말하는 것을 듣더니
13 말을 마치매 야고보가 대답하여 이르되 형제들아 내 말을 들으라
14 하나님이 처음으로 이방인 중에서 자기 이름을 위할 백성을 취하시려
고 그들을 돌보신 것을 시므온이 말하였으니
15 선지자들의 말씀이 이와 일치하도다 기록된 바
16 이 후에 내가 돌아와서 다윗의 무너진 장막을 다시 지으며 또 그 허
물어진 것을 다시 지어 일으키리니
17 이는 그 남은 사람들과 내 이름으로 일컬음을 받는 모든 이방인들로
주를 찾게 하려 함이라 하셨으니
18 즉 예로부터 이것을 알게 하시는 주의 말씀이라 함과 같으니라
19 그러므로 내 의견에는 이방인 중에서 하나님께로 돌아오는 자들을 괴
롭게 하지 말고
20 다만 우상의 더러운 것과 음행과 목매어 죽인 것과 피를 멀리하라고
편지하는 것이 옳으니
21 이는 예로부터 각 성에서 모세를 전하는 자가 있어 안식일마다 회당
에서 그 글을 읽음이라 하더라
22 이에 사도와 장로와 온 교회가 그 중에서 사람들을 택하여 바울과 바
나바와 함께 안디옥으로 보내기를 결정하니 곧 형제 중에 인도자인 바
사바라 하는 유다와 실라더라

이방인 지역에서 이방인들을 주축으로 세워진 수리아 안디옥교회에서 본격적으로 이방인 선교를 추진했다. 이방인들에게 복음을 전할 때 가장 크고 중요한 문제는 할례와 정결례법 등 유대교 율법을 이방인들이 어디까지 지켜야 하는가의 문제였는데, 이에 대하여 아직 교회에서 공식적인 결정을 내린 바가 없었다. 그런데 이제 이 문제를 공식적으로 결정할 단계에 이르렀다.

예루살렘에서 AD 30년 무렵 오순절에 교회가 시작된 지 20여 년이 지난 후, 사도들과 장로들을 비롯하여 각 교회 지도자들이 한자리에 모여 이 문제를 공식적으로 결정했다. 이런 이유로 이 회의를 최초의 공의회 또는 총회라고 한다. 누가는 이 회의가 중요하다고 생각하여 비교적 상세하게 기록해 놓았다. 이를 기초로 회의 전후 과정을 살펴보고자 한다.

❶ 어떤 사람들

【•】 1 어떤 사람들이 유대로부터 내려와서 형제들을 가르치되 너희가 모세의 법대로 할례를 받지 아니하면 능히 구원을 받지 못하리라 하니 2 바울 및 바나바와 그들 사이에 적지 아니한 다툼과 변론이 일어난지라 …

유대교의 바리새인들에게는 해외 각지에 흩어진 회당을 방문하여 율법을 가르치는 전통이 있었다. 서방 사본에는 '믿는 바리새파 중의' 어떤 사람들이라고 기록되어 있다. 따라서 본문의 '어떤 사람들'은 바리새인이었다가 교인이 된 이들이다. 그들은 예전에 하던 대로 안디옥에 교회가 세워지자 여기에 내려와서 모세의 법을 가르쳤다. 그런데 이들이 가르친 모세의 '법'은 율법(νόμος)이 아니라 유대교 관습을 말하는 에토스(ἔθος)로서 할례, 정결례 등과 같은 유대교의 조항 율법을 말한다.

당시 바리새인들은 무엇보다도 할례를 가장 중요하게 여겼다. 그들은 출애굽기(10~19장)에 근거하여 하나님의 율법이 주어진 유대인만 구원받기 때문에 이방인이 구원받으려면 반드시 할례를 받아야 한다고 생각했다. 할례는 유대인과 이방인을 구분하는 기준이었다. 수백 여년 동안 이런 관습에 젖어 온 바리새인들은 이방인의 할례를 당연하게 여겼을 수 있다. 그러나 바리새인 출신이던 바울과 동역자 바나바는 이에 반대하여 이방인 교인들이 할례를 받을 필요가 없다고 했다. 이들 사이에 논쟁이 일어났으나 서로 주장을 굽히지 않아 결론을 낼 수가 없었다. 어찌해야 하나?

❷ 예루살렘으로

【•】 2 … 형제들이 이 문제에 대하여 바울과 바나바와 및 그 중의 몇 사람을 예루살렘에 있는 사도와 장로들에게 보내기로 작정하니라

예루살렘에서 온 사람들은 자신들이 예루살렘교회의 입장을 대변한다고 확신하고 예루살렘의 사도와 장로들에게 가서 확인하라고 했다.[104] 예루살렘에서 교회가 시작된 지 20여 년이 지났지만 아직 그들은 예전의 유대교 조항 율법을 충실히 지키고 있었기 때문이다. 사실 바리새인이었던 교인들은 예수님을 메시아로 인정하고 받아들인 것 이외에는 달라진 것이 거의 없었다. 이에 안디옥교회에서는 바울과 바나바를 비롯하여 몇 명의 대표자를 선발하여 예루살렘으로 보내기로 했다. 이로써 예루살렘 총회가 열리게 되었다.

❸ 다 크게 기뻐하더라

【•】 3 그들이 교회의 전송을 받고 베니게와 사마리아로 다니며 이방인들이 주께 돌아온 일을 말하여 형제들을 다 크게 기쁘게 하더라

안디옥교회에서 보냄을 받은 사람들은 예루살렘으로 올라가면서

---

104) 서방 사본에는 이렇게 기록되어 있다. "그들이 믿을 때의 상태를 그대로 유지해야 한다고 바울이 주장한 까닭에 바울과 바나바와 그들 사이에 적지 아니한 다툼과 변론이 일어났다. 그때, 예루살렘으로부터 온 자들이 바울과 바나바와 다른 어떤 사람들더러 예루살렘의 사도들과 장로들에게로 올라가라고 명하니, 이는 이 문제에 관하여 그들 앞에서 판단받게 하려 함이라."

베니게와 사마리아의 교회를 방문하여 1차 선교에서 이방인들이 복음을 받아들인 사실을 전해주자 모두가 기쁘게 받아들였다. 그들은 디아스포라 유대인, 사마리아인, 이방인들이었으므로 바울의 주장에 대하여 아무런 이의가 없었다. 대표자들이 이들 교회를 방문하여 이를 알린 이유는 자신들의 입장을 알리기 위함이었다고 보인다.

안디옥교회 대표자들은 예루살렘교회에 이르러 사도와 장로들에게 이방인들이 유대교 율법과 상관없이 복음을 받아들인 1차 선교여행의 결과를 보고했다. 그러나 안디옥교회에 내려갔던 바리새인 출신 교인들은 이방인들도 할례를 받고 율법규정을 지켜야 한다고 주장했다.[105] 이런 연유로 이 문제를 논의하기 위하여 공식적인 회의를 소집하게 되었다.

회의가 열리기까지는 적지 않은 시간이 걸렸다. 각지에 흩어져 사역하던 사도들이 소집되어야 했으며, 또 회의도 한 번으로 끝나지 않고 적어도 세 번은 열린 것 같다. 처음에는 사도와 장로들이 모였고(6절)[106], 그다음에는 온 회중이 모였고(12절), 마지막으로 온 교회가(22절) 모였다.

❹ 베드로의 발언

【•】 6 사도와 장로들이 이 일을 의논하러 모여 7 많은 변론이 있은 후에 베드로가 일어나 말하되 형제들아 너희도 알거니와 하나님이 이방인들로 내 입에서 복음의 말씀을 들어 믿게 하시려고 오래 전부터 너희 가운데서 나를 택하시고 8 또 마음을 아시는 하나님이 우리에게와 같이 그들에게도 성령을 주어 증언하시고 9 믿음으로 그들의 마음을 깨끗이 하사 그들이나 우리나 차별하지 아니하셨느니라 10 그런데 지금 너희가 어찌하여 하나님을 시험하여 우리 조상과 우리도 능히 메지 못하던 멍에를 제자들의 목에 두려느냐 11 그러나 우리는 그들이 우리와 동일하게 주 예수의 은혜로 구원 받는 줄을 믿노라 하니라

105) 서방 사본에는 5절 앞부분에 "그들더러 장로들에게 올라가라고 명했던 자들이 일어나서 말하되"라고 기록되어 있다.

106) 어떤 사본(P45)에는 "사도들에게 말하되"로 되어 있다.

'많은 변론'은 각자가 자신의 입장에 대하여 충분히 말하고 또 토론과 논쟁을 벌였다는 뜻이다. 이제 어떤 결론을 낼 때가 되자 베드로가 먼저 나서서 발언했다. 그가 말한 요지는 다음과 같다.

첫째, 하나님께서 이방인들에게 복음을 전하게 하시려고 자신을 선택하셨다고 했다. 이는 10여 년 전 하나님께서 특별한 방법으로 자신을 이방인 고넬료에게 보냈던 사건을 말하는 것이었다. 베드로는 고넬료의 집에서 있었던 일을 기초로 하나님께서 할례를 받지 않은 이방인을 우리와 동일하게 받아주셨다고 했다.

둘째, 이방인이나 유대인이나 구별없이 예수님을 통해서 주어지는 은혜로 구원을 받는다고 했다. 베드로는 유대교 율법의 실천과 상관없이 동일한 성령이 이방인 고넬료에게 임한 경험을 통하여 율법을 지킨 공로가 아니라 은혜로 구원받는다고 말했다.

셋째, 이방인에게 율법의 멍에를 지울 필요가 없다고 했다. 하나님께서 이방인을 그냥 받아주시는데 왜 우리가 우리 조상도 지키지 못한 율법의 멍에를 이방인들에게 메게 해야 하는지 반문했다.

베드로는 사도들의 대표자이기 때문에 그의 주장은 대단히 중요한 역할을 할 수밖에 없었다. 베드로의 이 말을 들은 사람들은 어떤 반응을 보였을까?

❺ 바나바와 바울의 증언

【•】 12 온 무리가 가만히 있어 바나바와 바울이 하나님께서 자기들로 말미암아 이방인 중에서 행하신 표적과 기사에 관하여 말하는 것을 듣더니

이방인도 할례를 받아야한다는 주장을 굽히지 않던 바리새인 출신 교인들은 베드로의 발언을 듣고 나자 무어라 반박하지 못하고 침묵을 지킬 수밖에 없었다. 이런 분위기를 놓치지 않고 바나바와 바울이 차례로 나서서 1차 선교에서 있었던 표적과 기사에 대하여 증언했다. 자세한 내용은 기록되어 있지 않지만, 하나님께서는 유대교

율법을 지키지도, 알지도 못하는 이방인들에게 유대인과 동일한 은혜를 베푸셨다고 말했을 것이다. 아마도 바나바는 표적과 사건을 위주로 설명했고, 바울은 신학적인 해석을 했으리라고 생각된다. 바나바가 먼저 발언한 이유는 그가 사도들과 바리새인들에게 더 친숙하게 다가갈 수 있었기 때문이다.

❻ 야고보의 발언

【•】 13 말을 마치매 야고보가 대답하여 이르되 형제들아 내 말을 들으라

여기까지 지켜보던 야고보가 마지막으로 발언했다. 야고보는 당시 예루살렘교회의 지도자였고 이 총회의 사회자여서 그의 비중이 클 수밖에 없었다. 야고보는 이렇게 말했다.

"하나님이 처음으로 이방인 중에서 자기 이름을 위할 백성을 취하시려고 그들을 돌보신 것"이란 하나님께서 예전에 이스라엘을 선택하셨던 것처럼 이제는 이방인들을 선택하셨다는 뜻이다. 야고보는 베드로의 발언을 이렇게 요약한 후 이는 선지자 아모스의 말과 부합한다고 했다.

> 이 후에 내가 돌아와서 다윗의 무너진 장막을 다시 지으며 또 그 허물어진 것을 다시 지어 일으키리니 이는 그 남은 사람들과 내 이름으로 일컬음을 받는 모든 이방인들로 주를 찾게 하려 함이라 하셨으니 18 즉 예로부터 이것을 알게 하시는 주의 말씀이라 함과 같으니라(16~18절, 암9:11~12)

야고보가 아모스서의 말을 인용한 이유는 회의 안건을 성경에 근거해서 결정하기 위함이었다. 야고보는 아모스의 예언을 이방인들이 예수님을 통하여 새계약 공동체에 들어오게 되리라는 뜻으로 해석했다. 현재 이방인들이 유대교로 개종하지 않고 복음을 받아들이는 것은 이미 율법과 선지자들의 글에 예언되어 있었다고 야고보는 해석한 것이다. 그리고 야고보는 다음과 같이 제안했다.

❼ 야고보의 제안

【•】 19 그러므로 내 의견에는 이방인 중에서 하나님께로 돌아오는 자들을 괴롭게 하지 말고 20 다만 우상의 더러운 것과 음행과 목매어 죽인 것과 피를 멀리하라고 편지하는 것이 옳으니 21 이는 예로부터 각 성에서 모세를 전하는 자가 있어 안식일마다 회당에서 그 글을 읽음이라 하더라

야고보는 이방인들이 교인이 될 때 지켜야 할 네 규범을 제시했다.

- 우상의 제물 : 당시에는 우상에게 바쳤던 고기 등의 제물을 시장에 내다 팔았으며, 우상 숭배자들은 그 음식을 먹으면서 신의 축복을 받으리라고 기대했다. 그러나 유대인들은 이런 음식들을 일절 입에 대지 않았다.
- 음행 : 부부관계 이외의 성관계가 음행이다. 이방인의 우상숭배는 음행과 직접 관련이 있었다. 이방인의 제사와 식사 초대에서는 혼음이 행해졌다. 우상숭배자들은 신앙이라는 이름으로 아무런 죄책감 없이 공공연하게 음행을 했을 뿐만 아니라 오히려 이를 부추겼다. 유대교에서는 이런 행위를 엄금하고 있었다.
- 목매어 죽인 것 : 이방인들이 동물로 제사드릴 때에는 짐승을 목 졸라 죽이는 경우가 많았다. 그러나 성경에서는 비록 짐승이라도 잔인하게 죽이지 못하게 했으며, 또 피를 빼지 않은 고기는 먹지 못하게 했다.
- 피 : 유대인들은 레위기(17:10~14)에 근거하여 피를 먹지 않았을 뿐만 아니라 동물의 피도 묻어 주었다.

야고보가 제시한 네 가지 기준은 모두 우상숭배 내지 식사와 직접 관련 있는데, 그 이유는 당시의 예배가 식사와 관련이 있었기 때문이다. 그 당시는 굶는 사람들이 많을 때이므로 예배 때에는 음식을 가지고 와서 서로 나누어 먹었으며, 성도의 교제도 식사와 관련이 있었다. 따라서 야고보가 제시한 기준은 유대인과 이방인이 한 교회에서 같이 신앙생활을 하기 위해서는 반드시 지켜야 할 현실적

인 조건이었다.

사도들은 각지로 흩어진 교인들을 순회하며 돌보고 있었기 때문에 야고보가 예루살렘교회의 지도자였다. 그는 지도자로서 적절한 기준을 제시했다. 또 이런 기준은 이미 각지에 흩어져 있는 유대인들의 회당에서 늘 가르쳐서 이미 지키고 있었다.

❽ 총회의 결정

【●】 22 이에 사도와 장로와 온 교회가 그 중에서 사람들을 택하여 바울과 바나바와 함께 안디옥으로 보내기를 결정하니 곧 형제 중에 인도자인 바사바라 하는 유다와 실라더라

야고보의 제안에는 이론의 여지가 없었다. 사도와 장로와 온 교회가 만장일치로 가결했다.(25절) 그리고 문제가 발생했던 안디옥교회에 이 사실을 전하기 위하여 대표자를 뽑아서 바울과 바나바와 함께 안디옥으로 보내기로 했다. 이로써 안디옥교회에서 시작된 일련의 사태는 일단락되었다. 이 총회의 결정은 교회사에서 대단히 중요한 의미를 지닌다. 이를 다시 정리해 보고자 한다.

첫째, 기독교의 정체성을 비로소 확보하게 되었다.

기독교가 당면한 가장 큰 위기이자 과제는 유대교의 울타리를 벗어나는 것이었다. 유대교는 생각보다 영향력이 컸었다. 로마제국 내에 유일의 고등종교였고, 제국으로부터 공식적으로 인정받고 있었다. 로마제국 내의 거의 모든 도시에는 유대인들이 진출해 있었으며, 각 회당에는 상당수의 이방지식인 입교인들이 있었고, 그들은 그 지역에서 상류층이었다.

초기 예루살렘의 교인들은 예수님을 메시아로 믿는 것 이외에는 유대교인들과 차이가 없었다. 기독교와 유대교의 차별화를 시도한 첫 번째 인물이 스데반이었고 빌립이 그 뒤를 이었다. 사도들 중에서는 베드로가 고넬료의 회심을 지켜보면서 비로소 유대인과 이방인의 구별을 넘어서기 시작했다. 디아스포라 유대인 몇 명이 이방인

들에게 전도하여 시작된 안디옥교회를 바나바가 맡아 성장시킨 후 바울을 초빙하여 가르침으로써 기독교는 유대교와 구분되기 시작했다.

둘째, 기독교가 유대교에서 독립되었다.

유대교와의 차별화에 기독교의 사활이 걸렸음을 알고 이 문제에 생명을 바쳐 이를 지킨 사람이 바울이었다. 바울의 가장 큰 공헌은 유대교로부터 기독교를 독립시킨 것이며, 이를 위하여 하나님께서 그를 특별히 부르셨다. 역사가들은 바울이 아니었으면 기독교는 유대교의 한 종파에서 벗어나지 못했으리라고 평가한다. 바울신학의 초점을 신앙 의인 구원론에 맞추지 말고 기독교의 독립에 맞추어야 한다. 당시 교회가 당면한 가장 큰 과제이자 바울의 가장 큰 관심은 기독교의 독립이었다. 신앙 의인론은 유대교 의인론에 대처하기 위한 방안이었을 뿐이다. 구원론을 바울의 신학에서만 찾으려 한다면 그런 구원론은 본래의 취지에 맞지 않는다. 바울의 서신들은 50년대에 쓰였고, 공관복음서는 대략 70년대에 쓰였으며, 요한복음은 90년대에 쓰였다. 이렇게 쓰여진 순서는 무엇을 말하는가? 구원론을 예로 들자면 50년대에 바울이 말한 구원론은 공관복음에서 다시 조명해야 하고 최종으로는 요한복음을 참고해야 한다. 공관복음과 요한복음의 빛에서 해석하지 않은 바울서신의 구원론은 온전할 수 없다. 이는 묻고 자시고 할 것도 없는 자명한 이치이다.

바울은 기독교의 구원론을 체계화시키는 데에 관심을 가진 사람이 아니었다. 기독교의 사활이 유대교로부터의 독립에 있다고 보고 이를 위하여 생명을 바친 사람이었다. 그의 판단은 옳았으며 그의 헌신으로 말미암아 기독교는 유대교에서 벗어날 수 있었다. 바울에게 길을 열어 준 사람이 바나바이다. 우리 기독교는 이들에게 무한 빚을 졌다. 그늘의 노고를 헛되지 않게 해야 한다. 다시 말하건대 바울 신학의 핵심은 기독교 구원론이 아니라 기독교 독립론이다.

바울은 기독교를 독립시키기 위하여 현실적이며 적법한 절차를 밟았다. 그 과정은 다음과 같다.

- 바울은 다메섹 도상의 회심 이후 자신에게 일어난 일들을 이해하기 위하여 아라비아로 가서 칩거하며 기도와 정리의 시간을 가졌다.(갈1:17)
- 3년 후 예루살렘으로 올라가 베드로와 15일을 같이 있으면서 예수님의 말씀과 행적에 대해 전달받았다.(갈1:18, 고전15:3)
- 고향 다소로 돌아가서(행9:30) 10여 년 동안 기도와 계시, 깨달음 등을 통해(갈1:12, 고후12:1~4) 유대교에서 기독교를 분리하는 신학을 정립했다.(행11:25~26)
- 14년 후 다시 바나바와 같이 예루살렘으로 올라가서 베드로와 요한과 예루살렘교회 대표 야고보 등과 만나 자신이 정리한 이방인의 신학, 즉 기독교 독립신학을 설명하고 정식으로 인정받았다.(행11:30, 갈2:1~10)
- 예루살렘교회와 사도들에게 인준을 받은 후 안디옥교회에서 파송받아 바나바와 함께 1차 선교여행을 추진하여 이방인들에게 복음을 전했다.
- 안디옥교회를 방문한 바리새인 출신 교인들이 이방인 교인들도 할례를 받아야 한다고 주장하여 문제가 발생하자 예루살렘교회에 청원하여 총회에서 정식으로 결의하도록 추진했다.(행15장)
- 예루살렘회의에서 일부의 극력 반대에도 불구하고 이방인과 유대인을 동일시하는 결의가 만장일치로 가결된 것은 이전에 바울과 바나바가 적법한 절차를 밟아 사도들에게 충분히 설명하고 동의를 받아냈었기 때문에 가능했다.

셋째, 기독교 세계화의 길을 열었다.

사도 바울, 그로 말미암아 교회는 유대교 회당에서 벗어나 세계 기독교로 발돋음할 수 있었다. 그는 로마의 3대 교육도시인 다소 출신, 나면서부터 로마시민권 소유자, 헬라 철학 등의 학문 습득, 당시 최고의 랍비 가말리엘 문하의 바리새인[107]이었다. 아마 당시에 이보다 더 화려한 이력의 유대인은 없었을 것이다. 그가 유대교인으로 남아 있었다면 가말리엘 못지않은 랍비가 되었거나 산헤드린의 유력한 사람이 되었을 것이다. 바울은 예루살렘의 유대교 내에서 촉망받는 지도자 중 하나였다. 초기에는 교회를 오해하고 박해에 앞장섰다가 뒤늦게 회심했지만 복음의 핵심을 누구보다도 명확하게 꿰뚫었을 뿐만 아니라 가장 시급한 현안이 무엇인지를 파악했다. 이런 것들을 두루 갖춘 사람이 바로 바울이었다.

바울은 예루살렘 총회의 결과를 발판으로 선교에 매진하여 기독교를 세계화시켜 놓았다. 바울 혼자 이방인 선교에 나선 것은 아니지만 그가 이방인 선교 신학을 정립했고 또 이방인 선교의 문을 열어 놓아서 기독교의 세계화가 가능했다. 예루살렘 총회는 바울의 선교를 뒷받침해 주었다. 누가가 그 과정을 상세히 기록해 놓고 있어서 다행이다.

물음 37 안디옥으로 보낸 편지, 어떤 내용일까?

본문 〈 15:23~41 〉

23 그 편에 편지를 부쳐 이르되 사도와 장로 된 형제들은 안디옥과 수리아와 길리기아에 있는 이방인 형제들에게 문안하노라

24 들은즉 우리 가운데서 어떤 사람들이 우리의 지시도 없이 나가서 말로 너희를 괴롭게 하고 마음을 혼란하게 한다 하기로

25 사람을 택하여 우리 주 예수 그리스도의 이름을 위하여 생명을 아끼지 아니하는 자인 우리가 사랑하는 바나바와 바울과 함께 너희에게 보내기를 만장일치로 결정하였노라

107) 예루살렘에는 BC 1세기에 힐렐(Hillel)과 샴마이(Asammai)에 의해 세워진 유명한 두 학교가 있었다. 라반(Rabban) 가말리엘(Gamaliel)은 힐렐의 손자였다. 스승이라는 뜻의 라반은 랍비보다 더 큰 영예의 칭호이며 7명이 있었는데, 가말리엘은 그 첫 번째였다.

26 (25절에 포함됨)
27 그리하여 유다와 실라를 보내니 그들도 이 일을 말로 전하리라
28 성령과 우리는 이 요긴한 것들 외에는 아무 짐도 너희에게 지우지 아니하는 것이 옳은 줄 알았노니
29 우상의 제물과 피와 목매어 죽인 것과 음행을 멀리할지니라 이에 스스로 삼가면 잘되리라 평안함을 원하노라 하였더라
30 그들이 작별하고 안디옥에 내려가 무리를 모은 후에 편지를 전하니
31 읽고 그 위로한 말을 기뻐하더라
32 유다와 실라도 선지자라 여러 말로 형제를 권면하여 굳게 하고
33 얼마 있다가 평안히 가라는 전송을 형제들에게 받고 자기를 보내던 사람들에게로 돌아가되
34 없음(서방 사본 : 그러나 실라는 그들과 함께 머무르려고 하니라)
35 바울과 바나바는 안디옥에서 유하며 수다한 다른 사람들과 함께 주의 말씀을 가르치며 전파하니라
36 며칠 후에 바울이 바나바더러 말하되 우리가 주의 말씀을 전한 각 성으로 다시 가서 형제들이 어떠한가 방문하자 하고
37 바나바는 마가라 하는 요한도 데리고 가고자 하나
38 바울은 밤빌리아에서 자기들을 떠나 함께 일하러 가지 아니한 자를 데리고 가는 것이 옳지 않다 하여
39 서로 심히 다투어 피차 갈라서니 바나바는 마가를 데리고 배 타고 구브로로 가고
40 바울은 실라를 택한 후에 형제들에게 주의 은혜에 부탁함을 받고 떠나
41 수리아와 길리기아로 다니며 교회들을 견고하게 하니라

예루살렘 총회에서는 결정 사항을 구두로나 서신으로 보내지 않고 두 대표자를 뽑아 직접 가서 전달하게 했다. 이는 사안의 중요성이 그만큼 크다는 것을 잘 인식했다는 뜻이다. 누가는 편지의 내용을 다음과 같이 요약하고 있다.

❶ 어떤 사람들이

【•】 23 그 편에 편지를 부쳐 이르되 사도와 장로 된 형제들은 안디옥

> 과 수리아와 길리기아에 있는 이방인 형제들에게 문안하노라 24 들은
> 즉 우리 가운데서 어떤 사람들이 우리의 지시도 없이 나가서 말로 너
> 희를 괴롭게 하고 마음을 혼란하게 한다 하기로

편지의 서두는 안디옥교회에 내려가 이방인이 할례를 받아야 한다고 가르친 사람들은 사도들과 예루살렘교회 장로들의 허락을 받지 않은 사람들이었음을 밝히고 있다. 할례자들은 사도 바울과 완전히 상반된 주장을 했다. 바울은 베드로와 15일 동안 같이 있으면서 그에게서 전달과 가르침을 받았고, 이방인 신학을 정립한 다음에는 다시 찾아가 예루살렘교회의 인정과 허락을 받은 후에 이방인 선교에 착수했다. 그런데 안디옥교회에 내려 온 바리새인 출신들은 자신들이 예루살렘교회를 대표하는 듯이 행동했다. 이들은 사도들의 권위를 중요하게 여기지 않았다. 이들은 예루살렘 회의의 결정 과정에서는 할 말이 없어서 침묵을 지키고 있었지만 그 후에도 회의의 결정을 무시하고 바울이 세워놓은 교회마다 찾아다니면서 온갖 훼방을 놓았다.

하나님은 질서의 하나님이시며, 그 질서는 만물의 조화를 가능하게 한다. 질서와 조화는 권위가 빚어내는 작품이다. 교회의 권위는 곧 하나님의 권위이다. 교회에서 매면 하늘에서도 매이고 교회에서 풀면 하늘에서도 풀린다.(마18:18) 마귀는 이런 권위와 질서를 무시하고 제멋대로 하며 주도권 싸움을 일삼게 한다. 성령의 법은 낮아져서 섬기는 데에 있어서 질서와 조화가 가능하지만, 악령의 법은 높아져서 다스리려는 데에 있기 때문에 분열과 혼란이 끊이지 않는다. 스스로 점검해보면 자신이 지금 성령의 지배를 받고 있는지 악령의 지배를 받는지를 알 수 있다. 마지막 날 심판대 앞에서 핑계댈 자는 아무도 없다.

❷ 만장일치

> 【•】 25 사람을 택하여 우리 주 예수 그리스도의 이름을 위하여 생명을

아끼지 아니하는 자인 우리가 사랑하는 바나바와 바울과 함께 너희에게 보내기를 만장일치로 결정하였노라

바리새인들은 자신들의 주장에 대해 포기를 모르는 사람들이다. 그들은 자신들이 백번 옳다고 확신했던 사람들이며 안디옥에서 예루살렘에 올라가 가부를 결정짓자고 먼저 제안했었다. 이들이 이런 확신을 한 것도 무리는 아니다. 예루살렘교회 교인들은 유대인들이며 유대교 율법을 다른 유대교인들과 동일하게 지키고 있었으며, 그런 시간이 자그마치 20여 년이나 되었다. 그리고 사도 야고보의 순교 이후에는 박해로 인해 사도들은 순회 선교로 떠나고 예루살렘교회는 유대인보다 율법에 더 충실한 야고보를 중심으로 유대교적인 신앙생활을 하고 있었다.

그런데 어떻게 예루살렘 총회에서 이방인은 할례를 받을 필요가 없다는 의견이 만장일치로 가결되었을까? 베드로와 야고보의 말에 반박할 여지가 없었기 때문이다. 편지에서는 또 바나바와 바울을 "우리 주 예수 그리스도를 위하여 생명을 아끼지 아니하는 자"라고 명시했는데, 이는 공식적으로 바나바와 바울의 입장을 인정해주기 위함이었다. 특히 바울에 대해서는 사도가 아니라며 그의 가르침에 의구심을 표시하는 사람들이 있었기 때문에 이 구절은 바울의 사역에 상당히 중요한 의미를 부여해 주었다.

예루살렘 총회의 결과는 바나바와 바울, 안디옥교회가 원하는 방향으로 결정되었다.

❸ 기뻐하더라

【•】 30 그들이 작별하고 안디옥에 내려가 무리를 모은 후에 편지를 전하니 31 읽고 그 위로한 말을 기뻐하더라

안디옥교회 교인들은 예루살렘교회 대표자들이 전해준 소식을 듣고 대단히 기뻐했다. 이로써 안디옥교회가 당면했던 숙원 문제가 해결되었다. 편지를 전해준 유다는 예루살렘으로 돌아갔지만 실라는 안디옥교회에 남았다. 서방 사본에 의하면 실라가 남은 이유는 아마

도 이방인 중심의 안디옥교회 모습을 보고 그곳에 남아서 이방인 선교에 동참할 일을 찾기 위함이라고 보여진다.

바울과 바나바는 당분간 안디옥교회에 머물며 교인들을 가르치는 일에 전념했다. 안디옥교회는 교사들을 많이 배출했다. 바울이 '수다한 다른 사람들과 함께' 주의 말씀을 가르쳤다고 기록되어 있기 때문이다.(35절)

❹ 다시 가서

【•】 36 며칠 후에 바울이 바나바더러 말하되 우리가 주의 말씀을 전한 각 성으로 다시 가서 형제들이 어떠한가 방문하자 하고

1차 선교여행 후 안디옥교회에 오래 머무는 중에(행14:28) 예루살렘에서 온 사람들이 할례를 주장하여 논쟁이 일어났으며 결국 예루살렘 총회에서 바울과 바나바의 주장이 받아들여졌다. 그런데 이런 소란은 안디옥교회만이 아니라 1차 선교여행에서 세워진 이방인 교회에서도 마찬가지로 발생하고 있었다. 아마도 갈라디아서는 이즈음에 기록되었을 것으로 보인다. 갈라디아 교인들은 바울과 바나바가 떠난 후 속히 다른 복음을 따르고 있었기 때문이다.(갈1:6)

안디옥교회에 머물던 바울은 1차 선교에서 세운 교회들이 걱정되어 바나바에게 그들을 다시 찾아가 돌아보자고 제안했다. 바나바도 흔쾌히 동의했다. 그런데 예기치 않은 문제가 발생했다.

❺ 피차 갈라서니

【•】 37 바나바는 마가라 하는 요한도 데리고 가고자 하나 38 바울은 밤빌리아에서 자기들을 떠나 함께 일하러 가지 아니한 자를 데리고 가는 것이 옳지 않다 하여 39 서로 심히 다투어 피차 갈라서니

바나바와 바울은 서로 뗄 수 없는 관계였다. 바울은 바나바 때문에 가능했으며, 바나바는 바울을 통하여 이방인 선교 신학에 눈을 뜨고 선교에 같이 나설 수가 있었다. 그런데 그들이 서로 심하게 다투고 피차 갈라섰다. 분열의 원인은 마가를 포용하지 못하는 바울의

편협함 때문이라고 느껴진다. 그런데 더 의아한 것은 이런 치부를 기록하고 있는 누가의 의도이다. 사실과 진실을 말하고 싶어서 이런 내용들을 기록해 놓았을까?

성경의 기록 방식 중 하나는 간접 서술이다. 직접 설명하지 않고 은폐, 함축, 암시 등과 같이 간접적인 방식으로 설명한다. 바울은 왜 마가가 1차 선교여행 때 혼자 돌아간 것을 끝까지 용납하지 못했을까? 바나바와 바울이 피차 갈라선 진짜 이유는 무엇일까?

사도 바울은 이방인 선교 신학을 정립했을 뿐만 아니라 그 신학을 전파할 구체적인 선교 전략과 방법도 세워놓았는데, 이는 그가 추진한 선교 과정에 잘 드러나 있다.

• 거점(據點) 선교

그는 안디옥교회를 중심으로 서진(西進)하여 1차는 갈라디아지역, 2차는 소아시아(에베소), 3차는 아가야(그리스), 4차는 로마, 5차는 서바나(스페인) 등으로 복음을 세계화할 구체적인 계획을 세워놓았다. 황제대로를 통하여 로마를 향해 서진하면서 대도시에 먼저 교회를 세우고 이를 거점으로 주변에 지교회를 확산시키는 방식이었다. 바울은 자기 당대에 로마를 거쳐 서바나까지 가려고 했는데 대부분 그의 계획대로 되었다. 한 사람이 이런 원대한 계획을 세워 당대에 실현시켰다는 사실은 놀라움을 넘어 경이로움을 자아낸다. 그런데 이보다 더 놀라운 게 있다.

• 노동(勞動) 선교

복음을 세계화하려는 그 원대한 계획에는 많은 선교비가 필요했다. 바울은 이를 어떻게 해결하려고 했을까? 놀랍게도 선교비를 육체노동을 통해 해결하려고 했다. 이런 사실은 사도행전을 비롯하여 그의 서신 도처에서 찾아볼 수 있다.[108] 50이 넘은 나이에 막노동

108) 여러분이 아는 바와 같이 이 손으로 나와 내 동행들이 쓰는 것을 충당하여 범사에

을 통한 선교, 바울은 왜 이런 무모해 보이는 계획을 세웠을까? 그는 서신에서 모본을 보이기 위함이라고 밝히고 있다. 무슨 모본을 보이기 위함일까?

초대교회의 가장 큰 특징은 경제공동체였다. 교인들이 서로 경제를 공유하려면 가장 중요한 것이 무엇일까? 자기 문제는 자기가 해결해야 하며, 남에게 도움을 받으려 하기보다는 도움을 주려는 자세이다. 가진 게 없는데 무엇을 줄 수 있을까? 열심히 일하면 된다. 바울은 일하기 싫으면 먹지도 말라고 누누이 강조하면서 노동으로 선교비를 마련할 뿐만 아니라 남을 돕고 있는 자신을 본받으라고 강조하고 있다. 당시에 할 수 있는 막노동은 어떤 게 있었을까? 항구의 부두에서 하는 노동, 즉 배에서 물건을 내리고 싣는 일이었다. 대도시들은 대부분 항구에 있어서 막노동하기에 용이했다. 그러나 물건을 짊어지고 나르는 일은 노동 중에서도 매우 힘든 노동에 해당되었다. 그런데 상류층 출신인 바울은 이를 마다하지 않았다. 그는 스스로 비천과 풍부, 배부름과 배고픔에 대처하는 일체의 비결을 배웠다며(빌4:12), 자기에게 배우고, 받고, 듣고, 본 바를 행하라고

여러분에게 모본을 보여준 바와 같이 수고하여 약한 사람들을 돕고 또 주 예수께서 친히 말씀하신 바 주는 것이 받는 것보다 복이 있다 하심을 기억하여야 할지니라(행20:34~35)

어찌 나와 바나바만 일하지 아니할 권리가 없겠느냐(고전9:6)

또 수고하여 친히 손으로 일을 하며 후욕을 당한즉 축복하고 핍박을 당한즉 참고(고전4:12)

그러므로 내가 너희에게 권하노니 너희는 나를 본받는 자 되라(고전4:16)

형제들아 우리의 수고와 애쓴 것을 너희가 기억하리니 너희 아무에게도 누를 끼치지 아니하려고 밤과 낮으로 일하면서 너희에게 하나님의 복음을 전파하였노라(살전2:9)

어떻게 우리를 본받아야 할 것을 너희가 스스로 아나니 우리가 너희 가운데서 규모 없이 행하지 아니하며 누구에게서든지 양식을 값없이 먹지 않고 오직 수고하고 애써 주야로 일함은 너희 아무에게도 누를 끼치지 아니하려 함이니 우리에게 권리가 없는 것이 아니요 오직 스스로 너희에게 본을 보여 우리를 본받게 하려 함이니라 우리가 너희와 함께 있을 때에도 너희에게 명하기를 누구든지 일하기 싫어하거든 먹지도 말게 하라 하였더니 우리가 들은즉 너희 가운데 규모 없이 행하여 도무지 일하지 아니하고 일만 만드는 자들이 있다 하니 이런 자들에게 우리가 명하고 주 예수 그리스도 안에서 권하기를 조용히 일하여 자기 양식을 먹으라 하노라(살후3:7~12)

말했다.(빌4:9)

바울의 이런 선교 방법을 이해하고 나면 바울이 왜 마가를 데리고 가는 것을 끝까지 반대했는지를 알게 된다. 아직 청년인 마가는 예루살렘의 부유한 가정 출신이어서 험한 일을 해본 적도 없었고, 또 할 자신도, 의지도 없었다. 지난번 1차 선교여행에서 중도에 포기한 것도 이 때문이었다. 그런데 아직 뭐하나 바뀐 게 없는 마가를 또 데리고 간다는 것을 바울은 용납할 수 없었다. 바나바와 바울이 갈라선 원인은 마가의 동행 여부가 아니라 결국 선교 방식의 문제였다. 그러나 후일 바나바도 바울의 선교 방식을 따랐으며(고전9:6), 마가가 바울과 화해하고 바울의 선교에 동참한 것을 보면[109] 마가도 후일 바울의 선교 방식을 이해하고 따랐다고 볼 수 있다.

바울은 포용력이 대단히 넓은 사람이었다. 그러나 복음의 핵심과 관련된 문제에서는 결코 양보도 포기도 일절 없었다. 상대가 바나바, 베드로인 경우에도 마찬가지였다.(갈2:11~14)

❻ 바울과 실라

【•】 바나바는 마가를 데리고 배 타고 구브로로 가고 40 바울은 실라를 택한 후에 형제들에게 주의 은혜에 부탁함을 받고 떠나 41 수리아와 길리기아로 다니며 교회들을 견고하게 하니라

바나바는 마가를 데리고 구브로로 가고, 바울은 실라와 함께 출발했다. 실라는 예루살렘 총회에서 결정된 사항을 전달하기 위하여 안디옥교회에 왔다가 이방인 선교를 목적으로 머물렀었다. 그런데 이제 바울과 같이 선교여행을 떠나게 되었다. 실라도 디아스포라 유대인이었다.

이즈음에는 안디옥을 중심으로 주변에 많은 교회들이 생겨나서 바울과 실라는 수리아와 길리기아의 여러 교회들을 방문하면서 1차 선교 때와 역방향으로 육로를 이용하여 2차 선교를 시작했다.

109) 골4:10, 몬24, 딤후4:11.

물음 38 바울, 왜 디모데를 데리고 갔을까?

본문 〈 16:1~5 〉

1 바울이 더베와 루스드라에도 이르매 거기 디모데라 하는 제자가 있으니 그 어머니는 믿는 유대 여자요 아버지는 헬라인이라
2 디모데는 루스드라와 이고니온에 있는 형제들에게 칭찬 받는 자니
3 바울이 그를 데리고 떠나고자 할새 그 지역에 있는 유대인으로 말미암아 그를 데려다가 할례를 행하니 이는 그 사람들이 그의 아버지는 헬라인인 줄 다 앎이러라
4 여러 성으로 다녀 갈 때에 예루살렘에 있는 사도와 장로들이 작정한 규례를 그들에게 주어 지키게 하니
5 이에 여러 교회가 믿음이 더 굳건해지고 수가 날마다 늘어가니라

수리아에서 출발한 바울은 길리기아를 거쳐 타우르스(Taurus) 산맥을 넘고 더베를 거쳐 루스드라에 도착했다. 이곳은 3년 전 유대인들에게 돌에 맞아 죽었다가 다시 살아났던 곳이었다. 그런데 몇 년 사이에 그때 죽어가면서 뿌려놓은 복음의 씨앗이 열매를 맺어 놓고 바울을 맞이하고 있었다. 그 열매는 바울이 찾던 바로 그 열매였다. 어떤 열매였을까?

❶ 후계자

【•】 3 바울이 그를 데리고 떠나고자 할새 그 지역에 있는 유대인으로 말미암아 그를 데려다가 할례를 행하니 이는 그 사람들이 그의 아버지는 헬라인인 줄 다 앎이러라

청년 마가를 선교 동역자로 데려가길 거부했던 바울, 그러나 그는 진정한 선교 동역자, 아니 후계자 발굴에 지대한 관심이 있었다. 기독교의 세계를 꿈꾸는 그에게 후계자 양성은 가장 중요한 문제였

기 때문이다. 그런데 루스드라에서 그런 젊은이가 눈에 띄었다. 유대인 여자 유니게는 그의 어머니에게서 훌륭한 신앙을 물려받았다.(딤후1:5) 유니게는 지난 번 1차 선교 때에 바울을 통하여 복음을 접했는데, 어머니로부터 물려받은 그의 훌륭한 신앙은 아직 십대 후반인 그의 아들에게 이어져서 디모데는 루스드라는 물론 이고니온에까지 소문이 나 있었다. 바울은 많은 공력을 들여 그를 선교 대열에 합류시키기로 했다.

하지만 디모데의 아버지는 이방인이었다. 엄격한 유대인들은 이방인과의 결혼을 인정하지 않았으며, 이방인과 결혼한 경우 그를 죽은 자로 여겨 장례식까지 치르는 경우도 있었다. 그러나 바울은 이런 편견을 개의치 않았다. 단지 어머니가 유대인인 경우 그 자식들은 유대인으로 인정하기 때문에 디모데가 유대인들로부터 곤경에 처하지 않도록 할례를 받게 했다. 그러나 순수한 이방인이었던 디도에게는 할례를 주지 않았다.(갈2:3) 바울은 할례를 유대인에게도 거부한 게 아니다. 단지 이방인에게 줄 필요가 없다고 했을 뿐이다.

이로써 바울의 2차 선교 대원은 세 명이 되었다.

❷ 총회결과 통지

【•】 4 여러 성으로 다녀 갈 때에 예루살렘에 있는 사도와 장로들이 작정한 규례를 그들에게 주어 지키게 하니

드센 유대인들에게 시달리던 갈라디아 교인들은 바울이 떠난 후 할례를 받고 유대교 율법을 지켜야 한다는 거짓 가르침에 많이 흔들리고 있었다. 바울은 그들에게 예루살렘 총회의 결과를 알려 주며 자신이 가르쳐 준 복음에 충실하도록 권했다. 바울은 이방인과 유대인의 차별을 없애는 문제가 기독교의 사활과 직결되었다고 확신했기 때문에 이 부분을 대단히 중요하게 여기고 강조했다.

❸ 네 번째 요약문

【•】 5 이에 여러 교회가 믿음이 더 굳건해지고 수가 날마다 늘어가니라

사도행전에는 교회가 크게 성장하고 있다는 요약문이 여섯 번 나오는데, 네 번째 요약문이 여기 나오고 있다. 예루살렘 총회의 규정을 들은 이방인 교회들은 큰 위로를 받았고 그 결과 교회들이 크게 성장하게 되었다. 그러나 아직 장애물은 남아 있었다. 어떤 장애물일까?

갈라디아서에서 그 장애물을 만나게 된다.

제2부 : 갈라디아서

물음 39~49

갈라디아서

물음 39 바울서신, 어떻게 해석해야 할까?

〈 사도행전과 바울서신 〉

바울서신들은 선교의 과정에서 어떤 목적 때문에 쓰였다. 따라서 바울 서신을 이해하려면 그 서신이 쓰인 배경과 동기를 이해하는 게 무엇보다도 중요하다. 그 배경과 상관없이 본문 위주로 해석하면 자칫 저자의 의도와는 상관없는 결론에 도달할 위험성이 높다. 대표적인 경우가 신앙 의인론이다. 바울은 행위가 아닌 믿음으로 구원을 받는다고 말했다고 생각한다. 그러나 실제는 그와 전혀 다르다.[110)]이 문제는 대단히 중요하므로 관련된 본문에서 상세히 다루고자 한다. 다시 강조하거니와 바울 서신은 선교 과정을 다루는 사도행전 속에서 그 상황을 염두에 두면서 쓰여진 순서대로 해석되어야 한다.

---

110) 이런 위험성을 김창락은 다음과 같이 지적하고 있다.
이른바 바울의 칭의론은 중세교회 이래로 오늘에 이르기까지 거의 모든 주석가가 갈라디아서의 중심 주제요 바울 신학의 핵심이요 정수(精髓)로 중요하게 취급했다. 그렇지만 그들의 주석은 거의 모두 칭의론이 말해진 원래의 역사적 상황과 유리해서 그것을 교리논쟁으로만 해석하는 관념론적 성서해석의 극치를 이루었다. 바울이 칭의론을 말하던 자리에는 그가 옹호하려는 집단과 공격하려는 집단이 극명하게 대립되어 있었다. 그러나 관념론적 해석에서는 칭의론의 바탕에 깔려있는 이러한 대립 구도가 송두리째 사라져버리고 칭의 사건은 오로지 하나님과 단독자 인간 사이에서 일어나는 일로만 다루어졌다. 이 경우의 단독자 인간은 사회적 관계의 무풍지대, 삶의 모든 구체적 요소가 제거된 역사의 진공상태에 서 있는 추상적 · 실존적 존재로서의 개체일 뿐이다. 이 경우에 칭의론의 공격대상이 있다면 그것은 하나님의 은총을 거부하는 자연적 · 육신적 측면의 이른바 '죄인'으로서의 인간 존재이며, 칭의론의 옹호대상이 있다면 그것은 하나님의 은총에 순복하는 신앙적 · 영적 측면의 거듭난 인간존재일 따름이다. 이 양자 사이의 대립은 인간의 실존 안에서 일어나는 대립 관계이다. 이러한 관념론적 주석가들은 모두 한결같이 칭의론을 지지하며 예찬한다.(김창락, 「갈라디아서」, 대한기독교서회, 1999, 서문)

바울의 첫 번째 서신에 대해서는 논란이 거듭되고 있는데, 갈라디아서와 데살로니가서가 그 대상이다. 여기서는 갈라디아서를 먼저 다루고자 한다. 그 이유는 예루살렘회의에서 다룬 주제와 갈라디아서에서 다루는 주제가 비슷하고, 1차 선교지를 다시 방문하면서 바울은 예루살렘 총회에서 결정된 사항을 알려주고 있으므로(행 16:4) 2차 선교를 시작하는 이즈음에서 갈라디아서를 해석하는 것이 사도행전의 흐름과 바울의 신학을 이해하는 데에 도움이 되기 때문이다.

갈라디아서의 본문으로 들어가기에 앞서 몇 가지 짚어볼 사항들이 있다.

갈라디아서의 특징

기독교 대헌장(Magna Charta), 바울의 대헌장, 간략한 로마서, 영적인 폭탄, 투쟁의 서신, 검객의 손에 들려진 검 ….

갈라디아서에 붙여진 다양한 이름들이다. 왜 이런 다양한 이름들이 붙여졌을까? 갈라디아서는 유대교로부터 기독교의 독립을 선언하기 때문이다. 바울이 아니었다면, 갈라디아서와 로마서가 아니었다면, 기독교는 유대교의 울타리를 벗어나지 못하고 말았으리라는 것이 일반적인 평가이다. 갈라디아서는 로마서와 더불어 후일 마르틴 루터와 종교개혁에도 지대한 영향을 주었다. 갈라디아서가 왜 기독교의 독립을 선언한 대헌장인지에 대해서는 관련된 본문에서 간략히 살피고자 한다.

2. 수신자

대부분의 바울 서신은 수신자가 명확하다. 그런데 갈라디아서 수신자 갈라디아인이[111] 누구인지에 대하여 많은 연구가 거듭되고 있지만 아직 결론이 나지 않고 있다. 그 이유는 갈라디아인들이 살고 있던 갈라디아의 독특한 역사 때문이다.[112] 바울의 1차 선교지인 비시디아 안디옥, 이고니온, 루스드라, 더베 등은 남갈라디아에 속하며 북갈라디아에 대한 선교는 기록되어 있지 않다. 그러나 2차 선교 당시 "성령이 아시아에서 말씀을 전하지 못하게 하시거늘 그들이 브루기아와 갈라디아 땅으로 다녀가"(행16:6)에서 갈라디아 땅으로 다녀갔다는 언급이 북갈라디아 선교였다는 해석이 가능하다. 이에 기초하여 갈라디아서는 북갈라디아인들에게 보낸 서신이라고 주장하는 학자들도 다수 있다.

3. 기록 시기

수신자를 누구로 보느냐에 따라 기록 시기가 달라진다. 남갈라디아로 보는 이들은 AD 49년경을, 북갈라디아로 보는 이들은 AD 56년경을 기록 시기로 본다. 근래에는 전자로 보는 추세이며, 여기서도 이를 따르고자 한다. 그 이유는 예루살렘 총회의 결정과 갈라디아서의 주제가 직접 관련있고, 사도행전의 1차 선교 대상이 남갈라디아 지역이고, 바울이 떠난 지 얼마 되지 않아 다른 복음이 들어왔으며(갈1:6), 바울이 2차 선교 당시 남갈라디아 지역의 교회들에게 예루살렘 총회의 내용을 전달하고 있기 때문이다.(행16:4) 갈라디아서는 예루살렘 총회 직전인 AD 49년경에 안디옥에서 쓰여졌다고 보는 것이 적절하다고 생각한다.

---

111) 헬라어로 갈라디아인들을 뜻하는 '갈라타이'(Galatai)는 같은 헬라어 '켈타이'(Κελται) 또는 '켈토이'(Κελτοι)의 변형이며, 영어로 켈트(the Celts)이며, 라틴어로는 갈리(galli)이다.

112) 갈라디아인들은 BC 278년 중앙 유럽에서 소아시아 북동쪽으로 이주하여 200여 년 동안 소왕국을 이루고 있었다. 주요 도시는 페시누스(Pessinus)와 앙키라(Ancyra)와 타비움(Tavium)이다. 갈라디아는 BC 25년 로마 제국에 병합되었다. 이 지역을 북갈라디아라고 한다. 이후 소아시아의 남부에 있는 비시디아(Pisidia) 지방 전체와 루가오니아(Lycaonia) 지방과 브루기아(Phrygia) 지방 및 이사우리아(Issauria) 지방의 일부분을 여기에 편입시키고 이 행정구역을 일컬어 갈라디아라 했다. 이로써 갈라디아는 2~3배 늘어났다. 후에 추가된 지역을 남갈라디아라고 한다.

물음 40 바울, 왜 그렇게 고집을 피웠을까?

본문 〈 1:1~10 〉

1 사람들에게서 난 것도 아니요 사람으로 말미암은 것도 아니요 오직 예수 그리스도와 그를 죽은 자 가운데서 살리신 하나님 아버지로 말미암아 사도 된 바울은
2 함께 있는 모든 형제와 더불어 갈라디아 여러 교회들에게
3 우리 하나님 아버지와 주 예수 그리스도로부터 은혜와 평강이 있기를 원하노라
4 그리스도께서 하나님 곧 우리 아버지의 뜻을 따라 이 악한 세대에서 우리를 건지시려고 우리 죄를 대속하기 위하여 자기 몸을 주셨으니
5 영광이 그에게 세세토록 있을지어다 아멘
6 그리스도의 은혜로 너희를 부르신 이를 이같이 속히 떠나 다른 복음을 따르는 것을 내가 이상하게 여기노라
7 다른 복음은 없나니 다만 어떤 사람들이 너희를 교란하여 그리스도의 복음을 변하게 하려 함이라
8 그러나 우리나 혹은 하늘로부터 온 천사라도 우리가 너희에게 전한 복음 외에 다른 복음을 전하면 저주를 받을지어다
9 우리가 전에 말하였거니와 내가 지금 다시 말하노니 만일 누구든지 너희가 받은 것 외에 다른 복음을 전하면 저주를 받을지어다
10 이제 내가 사람들에게 좋게 하랴 하나님께 좋게 하랴 사람들에게 기쁨을 구하랴 내가 지금까지 사람들의 기쁨을 구하였다면 그리스도의 종이 아니니라

바울 서신 중에서 갈라디아서는 독특하게 시작하고 있다. 바울은 그 서두에서 자신이 사도라는 사실을 특별히 강변할 뿐만 아니라 다른 복음을 전하는 자들에게 저주를 운운하며 자신이 전한 복음을 방어하고 있다. 왜 이런 표현들을 사용하고 있을까?

❶ 사도 된 (나) 바울은

【•】 1 사람들에게서 난 것도 아니요 사람으로 말미암은 것도 아니요 오직 예수 그리스도와 그를 죽은 자 가운데서 살리신 하나님 아버지로 말미암아 사도 된 바울은

바울이 안디옥에서 사역을 시작하여 비로소 '그리스도인'들이라 불리기 시작했는데 이는 교회사에서 대단히 중요하다. 그 이전까지는 교회가 유대교의 한 분파에 불과하다가 이제 기독교로 독립하게 된 사건이기 때문이다. 그러나 이와 동시에 바울에게는 적대 그룹이 하나 더 생겨났다. 지금까지는 교회 밖의 유대인들이 바울을 죽이려고 했다. 그런데 이제부터는 교회 내에서 바울을 거부하거나 심지어 이단시하는 사람들이 생겨났다. 도대체 그들은 어떤 사람들이었을까?

• 유대적 그리스도인

본래 바리새인이었거나 정통 유대교인이었던 교인 중에 많은 이들이 바울의 이방인 신학을 받아들이지 못했다. 이방인이 온전한 교인이 되기 위해서는 먼저 할례를 받고 유대인이 지키는 율법을 지켜야 한다고 생각했기 때문이다. 이들은 이방인들은 할례를 받을 필요가 없고 유대교 율법 조항을 지키지 않아도 된다는 바울의 이방인 신학은 복음을 너무 쉽게 믿게 하는 인간적인 방편에 불과하다고 주장을 굽히지 않았다. 이 문제는 이미 예루살렘 총회에서 결정이 난 사안이었다. 그러나 이들은 총회 이후에도 바울이 세운 교회들을 찾아다니며 자신들의 주장을 늘어놓아서 교회를 어지럽혔다. 이 사람들을 유대주의자라고 한다.[113] 이 용어가 어려우므로 여기서는 편의상 '유대적 그리스도인'이라는 말을 사용하고자 한다.

113) '유대주의'(Judaismus)는 '유대교'(Judentum)와 다르다. 유대교는 유대민족의 전통적 종교를 뜻하며, 유대주의는 유대인 그리스도인들 중에서 이방인들이 교인이 되려면 할례를 받고 유대인으로 귀화하여 모세의 율법과 유대인의 종교적 관습을 준수해야만 구원을 받을 수 있다고 주장하는 극보수주의자들을 가리킨다.

• 사도권 시비

유대적 그리스도인들은 바울이 세운 교회를 찾아다니며 먼저 바울의 사도권을 문제 삼았다. 사도행전에 의하면 사도의 기준이 지극히 제한되어 있다.[114] 예수님께서 직접 임명하여 예수님의 사역 초기부터 부활 이후까지 동행한 사람이어야 했다. 그런데 바울은 생전의 예수님을 뵈온 적도 없었다. 이 부분은 유대적 그리스도인들이 바울을 공격하기 위한 첫 번째 표적이었다. 그들은 바울이 세운 갈라디아 교회들을 찾아다니며, 바울은 사도가 아니기 때문에 사도들처럼 복음을 가르치고 교회를 세울 자격이 없을 뿐만 아니라 그의 가르침에는 문제가 많다고 주장했다.

이에 바울은 무엇보다도 먼저 자신의 사도권을 강조해야 했다. "사람들에게서 난 것도 아니요 사람으로 말미암은 것도 아니요"라는 이중 부정어를 사용하며, 또 "오직 예수 그리스도와 그를 죽은 자 가운데서 살리신 하나님 아버지로 말미암아 사도 된"에서 '말미암아'라는 대비 용어로 사도권을 특별히 강조하면서 갈라디아서를 시작하는 이유는 여기에 있다.

바울이 하나님을 표현할 때 "그를 죽은 자 가운데서 살리신 하나님"이라고 한 이유는 자신도 부활하신 예수님을 직접 뵈었다는 것을 강조하기 위함이다.(고전15:8) 바울은 다메섹 도상에서의 회심의 경험과(행9장), 아라비아(?)에서의 영적인 경험들을 기초로(갈1:13~17, 고후12:1~4) 예수님과 하나님으로부터 세워지고 보내심을 받은 사도라고 주장했다. 그는 '사도 된 (나) 바울'이라는 표현을 사용하여 사도라는 직함과 바울이라는 이름을 동일시하고 있다.

---

114) 이러하므로 요한의 세례로부터 우리 가운데서 올려져 가신 날까지 주 예수께서 우리 가운데 출입하실 때에 항상 우리와 함께 다니던 사람 중에 하나를 세워 우리와 더불어 예수께서 부활하심을 증언할 사람이 되게 하여야 하리라 하거늘(행1:21~22)

이런 이유는 자신이 추진하는 이방인 사역에 대한 정당성을 강조하기 위함이다.

❷ 더불어

【•】 2 함께 있는 모든 형제와 더불어 갈라디아 여러 교회들에게

다른 서신들과 달리[115] 갈라디아서의 발신자는 바울과 '함께 있는 모든 형제와 더불어'이다. 왜 발신자를 이렇게 썼을까? 당면한 문제가 심각하고 중요하기 때문이다. 안디옥에 있을 때 갈라디아서를 썼다고 가정한다면 바울은 자신의 입장이 선교 동역자들은 물론이고 교회의 모든 교인들의 입장이라는 것을 강조하기 위하여 '함께 있는 모든 형제와 더불어'라는 표현을 사용했다.

또 수신자도 다른 서신처럼 어느 한 교회나 개인이 아니라 갈라디아의 여러 교회들이다. 그 이유는 유대적 그리스도인들이 바울이 세운 갈라디아지역의 여러 교회들을 찾아다니며 혼란을 일으키고 있기 때문이다.

❸ 은혜와 평강

【•】 3 우리 하나님 아버지와 주 예수 그리스도로부터 은혜와 평강이 있기를 원하노라

'은혜'는 헬라인들의 인사법이며, '평화'는 히브리인의 인사법이다. 바울이 두 인사법을 통합한 이유는 갈라디아의 교회에는 유대인과 이방인이 같이 있었기 때문이다.

❹ 대속하기 위하여

【•】 4 그리스도께서 하나님 곧 우리 아버지의 뜻을 따라 이 악한 세대에서 우리를 건지시려고 우리 죄를 대속하기 위하여 자기 몸을 주셨으니 5 영광이 그에게 세세토록 있을지어다 아멘

바울은 그의 서신에서 예수님의 대속을 많이 언급하는데 그 이유

115) 로마서는 발신인이 바울 혼자이며, 고린도전서는 바울과 소스데네, 고린도후서와 빌립보서와 빌레몬서는 바울과 디모데, 데살로니가전서는 바울과 실라와 디모데가 공동 발신인이다.

는 유대인들의 공로주의 때문이다. 그들은 율법의 조항을 실천한 공로로 의롭다함을 얻을 수 있다고 믿었다. 바울이 예수님의 대속과 십자가를 강조하는 이유는 유대인의 이런 공로주의를 배제하기 위함이다. 구원론 때문에 대속을 강조하는 게 아니라 공로주의를 거부하기 위하여 예수님의 대속을 특별히 강조했다. 바울이 무엇을 말했는가를 올바르게 이해하려면 누구에게 왜 그 말을 하고 있는지를 먼저 알아야 한다. 이를 놓치면 본래 말하려는 의도와 어긋나는 경우가 허다하다.

❺ 속히 떠나

【•】 6 그리스도의 은혜로 너희를 부르신 이를 이같이 속히 떠나 다른 복음을 따르는 것을 내가 이상하게 여기노라

이 구절을 보면 바울이 갈라디아 지역에 복음을 전하여 교회를 세워 놓은 직후에 유대적 그리스도인들이 찾아와 훼방을 놓았으며, 많은 교인들이 그들의 가르침에 넘어갔음을 알 수 있다. 유대적 그스도인들이 갈라디아 교회에 찾아온 시기는 바울이 1차 선교를 마치고 안디옥교회에 오래(행14:28) 머물고 있을 때였다고 보여진다.

갈라디아 교인들은 왜 그토록 쉽게 속히 바울의 복음을 떠났을까? 그 이유는 크게 두 가지로 생각해 볼 수 있다.

첫째, 바울은 사도가 아니며 복음에 대하여 잘 모르고 있다는 유대적 그리스도인들의 말이 설득력 있게 들렸을 수 있다. 특히 예루살렘 출신의 유대적 그리스도인들이 자신들은 사도들로부터 보내심을 받았음을 내세웠기 때문에 이들의 말이 더 먹혀들어 갔을 것이다.

둘째, 현실적인 필요 때문이었다. 오늘날과 달리 고대의 다신교 시대에는 신앙 생활과 현실 생활이 밀접하게 직결되어 있었다. 한 사람이 국가신, 부족신, 가족신, 개인 수호신을 동시에 다 믿고 있었기에 다신교 시대라고 한다. 또 매사에 신에게 제사를 드렸기 때

문에 누구와 어떤 거래나 교제를 하려면 상대방이 믿는 신을 같이 믿고 그들의 제사 의식에 같이 참여하고 제물을 같이 먹어야 했다. 이런 시대에 다른 신을 섬기는 행위와 제사음식을 먹는 것을 일절 금지하는 복음을 받아들인다는 것은 대단히 어려웠다. 단순한 신앙의 문제가 아니라 그동안 관계를 맺고 있던 사람들과의 교제는 물론 사업 관계 등이 다 단절되기 때문이다. 복음을 받아들인 후에 일체의 생활 기반을 상실한 갈라디아 교인들은 바울이 떠난 후에 고립무원에 빠져서 먹고살 길이 막막해지고 말았다. 그런데 그 당시 유대인들은 각 지역에서 서로 뭉쳐서 자신들만의 삶의 기반을 확보하고 있었으며, 상당한 영향력을 행사하고 있었다. 하지만 갈라디아 교인들은 일반인과의 관계도 끊어지고 유대인과도 관계를 맺을 수가 없었다. 삶의 기반을 상실하고 암담하던 차에 유대적 그리스도인들이 찾아와서 방법을 알려 주었다. 예수님을 믿으면서도 유대인처럼 할례를 받고 그들의 율법을 지키면 유대인들과의 관계는 유지될 수 있다는 것이었다. 실제로 당시 예루살렘에서는 교인들이 그렇게 살고 있었다. 이런 말을 들은 갈라디아 교인들은 흔들릴 수밖에 없었을 것이다.

이런 소식을 접한 바울은 이에 대한 대책을 세우기 위하여 긴급히 붓을 잡고 편지를 써야 했다. 바울의 서신들은 모두 이와 같은 어떤 필요 때문에 쓰였다. 따라서 서신의 각 구절들을 해석하려면 그 말을 그렇게 말할 수 밖에 없었던 상황을 반드시 먼저 염두에 두어야 한다. 이는 기본 중에서도 기본이다. 이를 무시하고 이런저런 구절만 따다가 연결해 놓으면 본래의 의미와는 멀어질 뿐만 아니라 심지어 정반대가 되는 경우도 허다하다. 마귀는 이런 방식으로 자기 입맛에 맞도록 성경을 해석하게 한다. 이단들은 이런 해석에 치중하고 있다. 그런데 안타깝게도 일반 교회의 성경해석도 이들과 별반 다르지 않으면서도 그 위험성을 전혀 모르고 있다. 참으로 통탄할 노릇이다.

여기까지는 서두에 불과하고 이제부터 바울이 말하고자 하는 핵심을 접하게 된다.

❻ 바울의 복음과 다른 복음

【•】 7 다른 복음은 없나니 다만 어떤 사람들이 너희를 교란하여 그리스도의 복음을 변하게 하려 함이라 8 그러나 우리나 혹은 하늘로부터 온 천사라도 우리가 너희에게 전한 복음 외에 다른 복음을 전하면 저주를 받을지어다 9 우리가 전에 말하였거니와 내가 지금 다시 말하노니 만일 누구든지 너희가 받은 것 외에 다른 복음을 전하면 저주를 받을지어다

이 구절을 읽을 때마다 이런 말을 해야 하는 바울의 심정이 어떠했을지를 먼저 생각해보지 않을 수 없다. 아마도 참담함과 실망 그 자체였을 것이다. 그러나 그는 그대로 주저앉아 있을 수만은 없었다. 바울은 자신이 전한 복음과 유대적 그리스도인들이 전한 다른 복음을 구별하면서, 다른 복음을 전하는 자들에게 저주를 선언하며 포문을 열었다. 꼭 저주까지 퍼부을 필요가 있었을까? 너무 심하지 않을까? 왜 바울은 두 번씩이나 반복하며 저주까지 퍼부었을까? 바울은 이 문제에 기독교의 사활이 걸려 있다고 생각했기 때문이다. 이즈음의 교인들 가운데 바울처럼 이 문제를 심각하게 받아들인 사람은 아무도 없었다. 바나바와 베드로도 바울의 주장이 옳다고 인정했지만 여기에 기독교의 사활이 걸려있다고까지는 생각하지 않았다.(갈2:12~14) 바울은 혼자서 외로운 싸움을 해야 했으며, 끝까지 포기하지 않았다. 바울의 판단은 옳았으며, 그의 외로운 싸움 때문에 기독교는 유대교의 울타리를 벗어나서 세계화의 길로 나갈 수가 있었다.

바울은 왜 이 문제에 기독교의 사활이 걸려 있다고 생각했을까? 그 이유는 두 가지이다.

첫째, 교회가 유대교의 한 분파로 전락할 위험 때문이다. 이방인

이 기독교인이 되려면 할례를 받고 유대교에서 지키는 율법 조항들을 지켜야 한다고 주장하는 유대적 그리스도인들의 다른 복음을 인정하면 교회와 유대교는 구분이 없어지며, 그 결과 교회는 유대교에 갇히게 된다. 바울은 무엇보다도 이를 우려했다.

둘째, 율법 조항으로 의롭다함을 얻는다고 주장하는 유대교 자체가 잘못되었기 때문이다. 포로귀환 이후 헬라문화와의 대응 과정에서 생겨난 유대교 율법 조항들은, 그 당시에는 유대교가 헬라문화에 동화되지 않도록 막아 주는 방패 역할을 했지만 이제는 본래의 율법정신에서 크게 벗어나 버리고 말았다. 바리새인이었던 바울은 유대교의 이런 조항율법으로 의로워지려는 노력을 하다가 한계에 도달했었다. 헬라화 과정에서 생겨난 율법 조항들은 본래 의로워지려는 데에 초점이 맞추어져 있지 않았다. 그런데 수백 여 년이 지나면서 본래의 취지와는 달리 전혀 빗나가 버리고 말았다.

바울은 유대교 오류의 핵심이 율법조항을 실천한 공로로 의로워지려는 공로주의에 있다고 보고 이와 대비되는 예수님의 대속을 강조했다. 바울은 기독교의 구원론을 말하기 위하여 이신칭의(신앙의인)를 말한 게 아니었다. 바울의 이신칭의를 이해하려면 이 부분을 놓치지 말아야 한다.

바울,

그는 진정한 사도였다. 우리는 그에게 빚진 바가 너무 크다. 그런데 많은 이들이 그를 너무 모를 뿐만 아니라 잘못 알고 있다.

❼ 그리스도의 종

【•】 10 이제 내가 사람들에게 좋게 하랴 하나님께 좋게 하랴 사람들에게 기쁨을 구하랴 내가 지금까지 사람들의 기쁨을 구하였다면 그리스도의 종이 아니니라

교회 박해에 앞장섰던 바울은 기독교로 전향함으로써 유대교인들

로부터 죽음의 위협에 시달렸다. 그런데 이제는 교회 내에서 유대교 율법의 한계를 지적하고 이방인 교인들에게는 유대교 율법을 지키게 할 필요가 없다고 말함으로써 유대적 그리스도인들에게 시달려야 했다. 바울은 적을 안팎에 두고 있었다. 바울은 조금만 타협하면 이런 사면초가에서 벗어날 수 있었다. 그는 이런 상황에서 “이제 내가 사람들에게 좋게 하랴 하나님께 좋게 하랴?”라고 갈라디아 교인들을 향하여 반문하고 있다. 바울의 이런 말들은 포기할 수 없는, 포기해서도 안 되는 싸움을 혼자 힘겹게, 외롭게 치르면서 울부짖는 처절한 절규였다.

바울은 끝까지 사람들과 타협하지 않고 예수님의 뜻을 따르는 종의 길을 가려고 온갖 수난을 기꺼이 감수했다. 바울이 파악한 예수님의 뜻은 복음의 순수성을 지키는 것이었으며, 그 첫 단추가 유대교 의인론에 대한 철저한 거부였다. 그러나 유대교 율법의 한계를 인식하지 못한 유대적 그리스도인들은 자신들이 무슨 일을 하는지도 모른 채 이방인들에게 유대교 율법을 요구함으로써 복음을 변질시키고 있었다. 그들은 유대교 율법을 철저히 지키는 것이 오히려 복음에 충실하는 것이라고 반대로 생각했다. 이런 오류는 조상 대대로 물려받은 유대교 교리가 옳다는 확신 때문이었다. 오늘 우리도 우리가 물려받은 기독교 전통과 교리에 대하여 그 근원에서부터 잘 살펴보아야 한다. 이를 소홀히 하면 유대교인들과 유대적 그리스도인들의 오류를 또 반복하게 된다. 아니 이미 오래전부터 반복하고 있다. 무슨 일을 하는지도 모른 채, 그 파멸의 길을 구원의 길이라고 믿으며 열심히 달려가고 있다.

이 노릇을 어찌할꼬!

물음 41

바울, 그에게 계시와 전승, 어떤 관계인가?

본문 〈 1:11~24 〉

11 형제들아 내가 너희에게 알게 하노니 내가 전한 복음은 사람의 뜻을 따라 된 것이 아니니라

12 이는 내가 사람에게서 받은 것도 아니요 배운 것도 아니요 오직 예수 그리스도의 계시로 말미암은 것이라

13 내가 이전에 유대교에 있을 때에 행한 일을 너희가 들었거니와 하나님의 교회를 심히 박해하여 멸하고

14 내가 내 동족 중 여러 연갑자보다 유대교를 지나치게 믿어 내 조상의 전통에 대하여 더욱 열심이 있었으나

15 그러나 내 어머니의 태로부터 나를 택정하시고 그의 은혜로 나를 부르신 이가

16 그의 아들을 이방에 전하기 위하여 그를 내 속에 나타내시기를 기뻐하셨을 때에 내가 곧 혈육과 의논하지 아니하고

17 또 나보다 먼저 사도 된 자들을 만나려고 예루살렘으로 가지 아니하고 아라비아로 갔다가 다시 다메섹으로 돌아갔노라

18 그 후 삼 년 만에 내가 게바를 방문하려고 예루살렘에 올라가서 그와 함께 십오 일을 머무는 동안

19 주의 형제 야고보 외에 다른 사도들을 보지 못하였노라

20 보라 내가 너희에게 쓰는 것은 하나님 앞에서 거짓말이 아니로다

21 그 후에 내가 수리아와 길리기아 지방에 이르렀으나

22 그리스도 안에 있는 유대의 교회들이 나를 얼굴로는 알지 못하고

23 다만 우리를 박해하던 자가 전에 멸하려던 그 믿음을 지금 전한다 함을 듣고

24 나로 말미암아 하나님께 영광을 돌리니라

이어서 바울은 자신이 복음을 깨닫게 된 과정을 설명하고 있다. 바울은 어떤 과정을 거쳐서 복음의 핵심을 올바르게 깨우쳤을까?

❶ 예수님의 계시로

【•】 11 형제들아 내가 너희에게 알게 하노니 내가 전한 복음은 사람의 뜻을 따라 된 것이 아니니라 12 이는 내가 사람에게서 받은 것도 아니요 배운 것도 아니요 오직 예수 그리스도의 계시로 말미암은 것이라

바울은 자신의 복음은 예수님의 계시로 말미암았다고 말하고 있다. 그런데 계시란 도대체 무엇일까? 계시를 뜻하는 헬라어 단어의 의미를 이해하기는 어렵지 않다. 계시에 해당되는 아포칼륍시스(ἀποκάλυψις)는 가려진 덮개를 벗긴다는 뜻이다. 그런데 계시를 이렇게 사전적인 의미로 이해하고 계시란 우리가 알지 못하는 것을 하나님께서 알려 주시는 신비한 지식이라고 이해하면 큰 오류에 빠지기 쉽다. 성경에 계시라는 단어가 많이 나오고 또 자주 접하기 때문에 계시를 이해하고 있다고 생각할 수 있지만 이해하기 가장 어려운 단어 중의 하나가 계시와 영감이다. 계시는 직접 경험하지 않으면 이해하기가 쉽지 않다.

그러나 직접 경험해 보면 지극히 단순하다. 하나님께서는 꼭 필요한 경우 이외에는 직접 알려주지 않으신다. 대신 성경을 올바르게 이해하는 데에 필요한 경험을 하게 하시고 그 경험을 바탕으로 스스로 깨달아가게 하신다. 깨달아가는 과정에는 많은 시간이 필요하며, 일반적으로 다음의 과정을 거치게 하신다.

첫째, 영적인 세계를 알되 그 원리와 이치를 알게 하신다. 이런 경험 가운데에는 여러 신비체험이 포함된다. 하나님과 마귀, 그리고 나를 영적인 세계에서 다시 만나게 된다. 신비체험 가운데 있을 때에는 마치 안갯속이나 또는 캄캄한 밤처럼 영적인 세계가 보이지 않지만, 차츰 그 윤곽이 드러나면서 영적인 세계의 원리와 이치를 터득하게 된다.

둘째, 영적인 세계와 물적인 세계를 지배하는 원리와 이치가 동일함을 알게 하신다. 이런 경험은 사고방식에 영향을 미쳐서 이원론적

인 직선적 사고를 버리고 일원론적인 곡선적 사고를 가능하게 한다.

셋째, 이런 사고방식의 변화는 창조주 하나님, 역사의 주관자이신 하나님, 창조주와 피조물의 관계 등을 다시 이해하게 한다. 그 결과 창조세계의 자연은 물론 성경의 역사와 세계사 등을 새롭게 보게 된다.

넷째, 성경을 하나님의 말씀으로 다시 만나게 된다. 특히 구약과 신약을 두 계약법으로 다시 정리하게 된다. 그 이유는 하나님과 피조물, 하나님과 인간의 관계가 계약 관계이기 때문이다. 또 성경에 등장하는 하나님의 사람들을 그 마음으로 만나게 된다.

성경에서 말하는 계시는 신비한 직접 지식의 전달이 아니라 신비한 경험을 통한 깨달음이다. 이런 이유로 요한복음에서는 성령을 진리를 깨닫도록 도와주시는 보혜사로 말하고 있다.(요14:26)[116] 이런 과정을 거치면 매사를 쉽게 결론짓지 않고 사람들이나 책을 통하여 끊임없이 배우려는 자세를 가진다. 다시 말하면 어떤 고정관념이나 확신에 머물지 않고 열린 마음을 가지게 된다.

이를 기초로 바울이 자신이 전한 복음은 계시로 말미암았다고 하는 말이 무슨 뜻인지를 미루어 살펴 보고자 한다.

• 사람의 뜻을 따라 된 것이 아니니라

이 말은 사람들에게 배우고 전해 받은 것이 없다는 뜻이 결코 아니다. 그는 다메섹 도상에서 예수님을 만난 후 다메섹의 아나니아로부터 많은 것을 배웠다. 그 후 다시 아라비아로 가서(17절) 3년여 동안 하나님을 깊이 경험하고(고후12:1~3) 성경을 다시 정리하는 시간을 가졌다. 그 후 다시 다메섹으로 가서 아나니아를 만나 그간 자신이 정리한 것들을 같이 나누었다.(17절) 그리고 예루살렘에 올라가 사도 중 베드로를 만나 15일을 같이 있으면서 자신의 경험과 정리를 말하고 베드로로부터 예수님의 사역과 말씀에 대하여 전해

116) 저자의 졸저들은 이런 과정을 거쳐 쓰게 되었다.

받았다.(고전15:3) 그다음에는 고향 다소로 돌아가(행9:30) 다시 정리하는 시간을 10여 년 동안이나 가졌다. 14년 후 바나바와 함께 다시 예루살렘에 올라가 베드로와 요한, 주의 형제 야고보 등과 충분한 이야기를 나누며 자신이 정리한 이방인의 복음을 말하고 인정받았다.(갈2:1~10) 그 후에도 바울은 매번 선교여행이 끝날 때마다 예루살렘에 올라가 사도들에게 결과를 보고했으며(행15:4, 18:22, 21:19), 안디옥교회에도 보고했다. 바울은 사람들에게 전해 받고 배우는 것을 결코 소홀히 하지 않았으며, 또 사도들의 권위에 순복하고 그들에게 허락을 받고 또 빠짐없이 보고했다.

그렇다면 사람의 뜻을 따라 된 것이 아니라는 바울의 말은 무슨 뜻일까?

• 오직 예수 그리스도의 계시로 말미암은 것이라

사람에게서, 책으로 배우고 깨우치는 데에는 한계가 있다. 특히 하나님과 영적인 세계에 대해서는 그러하다. 그런데 경험을 통하여 영적인 세계의 원리를 깨우치면 사람에게서 배운 것들도 다시 보이게 된다. 하나님과 성경, 교리와 신학, 전통 등이 그 원리와 이치에서 다시 정리하게 된다. 이를 경험하게 되면 이런 것들을 깨닫게 된 것은 전적으로 하나님의 은혜이며 계시로 말미암았다고 고백하게 된다. 영감과 계시가 신비하게 전달된 지식이 아니라 깨닫게 하시는 지식이라는 말은 이런 뜻이다. 바울은 이런 과정을 통해 무엇을 다시 깨닫고 정리하게 되었을까?

•율법(계약법)

유대인들은 율법이 자신들에게만 주어졌다고 했다. 그런데 바울은 이방인들에게 주어진 양심은 유대인들에게 주어진 율법과 다름없으며(롬2:14~15), 하나님을 알 수 있는 자연 계시가 만물에 들어있다고 했다.(롬1:19~20) 유대인들에게 주어진 특별 계시인 율법은 특권(特權)이 아니라 특별한 책임(特任)일 뿐이다.

• 선민(選民)

유대인들은 아브라함의 혈통을 지닌 자신들만이 선택받았다는 독특한 선민의식을 가지고 있었다. 그런데 바울은 아브라함의 혈통이 아닌 아브라함과 같은 믿음을 가진 사람이 아브라함의 후손이라고 했다.(롬4:12~16)

• 할례

유대인들은 육체의 할례를 선민의 표식이라고 생각했다. 그런데 바울은 할례를 육체가 아닌 마음에 받아야 한다고 했다.(롬2:29) 신명기와 예언서에서도 마음의 할례에 대하여 이미 언급했었다.[117]

• 구원

인과율은 만물의 원리이므로 바울은 심는 대로 거두는 원리로 영생에 이르는 길을 설명했다. 흔히 행위가 아닌 믿음으로 구원을 받는다며 바울의 서신을 언급한다. 그러나 바울은 갈라디아서와 로마서에서 구원 방법을 그렇게 말하지 않는다.

> 스스로 속이지 말라 하나님은 업신여김을 받지 아니하시나니 사람이 무엇으로 심든지 그대로 거두리라 자기의 육체를 위하여 심는 자는 육체로부터 썩어질 것을 거두고 성령을 위하여 심는 자는 성령으로부터 **영생**을 거두리라(갈6:7~8)

> 하나님께서 각 사람에게 그 행한 대로 보응하시되 참고 선을 행하여 영광과 존귀와 썩지 아니함을 구하는 자에게는 **영생**으로 하시고 오직 당을 지어 진리를 따르지 아니하고 불의를 따르는 자에게는 진노와 분노로 하시리라(롬2:6~8)

바울의 신앙 의인론은 유대인들의 유대교 율법 의인론의 공로주의를 배제하기 위함이다. 이를 구원론으로 혼동하지 말아야 한다.

바울은 양심의 율법, 믿음의 후손, 마음의 할례, 인과율 등의 원리에 기초하여 유대인과 이방인을 구별하지 않고 동일시했다. 그 결과 이방인들에게는 할례를 비롯한 유대교 율법을 지키라고 강요할

117) 신10:16, 30:6, 렘4:4, 9:26, 겔44:7,9.

필요가 없다는 결론에 도달했다. 바울의 이와 같은 깨달음은 어느 누구에게 배우거나 전달받지 않고 오직 예수님의 가르치심으로 말미암아 가능했다고 고백했으며 이는 명백한 사실이다.

❷ 아라비아로

【•】 17 또 나보다 먼저 사도 된 자들을 만나려고 예루살렘으로 가지 아니하고 아라비아로 갔다가 다시 다메섹으로 돌아갔노라
18 그 후 삼 년 만에 내가 게바를 방문하려고 예루살렘에 올라가서 그와 함께 십오 일을 머무는 동안
19 주의 형제 야고보 외에 다른 사도들을 보지 못하였노라

시내산 계약법을 입안한 모세에게는 미디안 광야의 40년이 있었다. 기독교 신학의 기초를 놓은 바울에게는 아라비아 광야와 다소에서의 14년이 있었다. 이와 더불어 바울에게는 다소에서의 학문 수련과 예루살렘의 가말리엘 문하에서의 율법 수련이 뒷받침되었다. 동시에 다메섹의 아나니아와 사도 베드로로부터의 가르침과 바나바의 후원이 있었다. 이 모든 것이 어우러져서 기독교 신학의 기초, 이방인 선교 신학, 세계화 신학이 가능했다.

바울에게는 계시로서의 복음(갈1:12)과 전승으로서의 복음(고전15:3)이 분리되지 않고 조화를 이루고 있다.

물음 42 바울, 왜 다시 예루살렘에 올라갔을까?

본문 〈 2:1~10 〉

1 십사 년 후에 내가 바나바와 함께 디도를 데리고 다시 예루살렘에 올라갔나니

2 계시를 따라 올라가 내가 이방 가운데서 전파하는 복음을 그들에게 제시하되 유력한 자들에게 사사로이 한 것은 내가 달음질하는 것이나 달음질한 것이 헛되지 않게 하려 함이라

3 그러나 나와 함께 있는 헬라인 디도까지도 억지로 할례를 받게 하지 아니하였으니
4 이는 가만히 들어온 거짓 형제들 때문이라 그들이 가만히 들어온 것은 그리스도 예수 안에서 우리가 가진 자유를 엿보고 우리를 종으로 삼고자 함이로되
5 그들에게 우리가 한시도 복종하지 아니하였으니 이는 복음의 진리가 항상 너희 가운데 있게 하려 함이라
6 유력하다는 이들 중에 (본래 어떤 이들이든지 내게 상관이 없으며 하나님은 사람을 외모로 취하지 아니하시나니) 저 유력한 이들은 내게 의무를 더하여 준 것이 없고
7 도리어 그들은 내가 무할례자에게 복음 전함을 맡은 것이 베드로가 할례자에게 맡음과 같은 것을 보았고
8 베드로에게 역사하사 그를 할례자의 사도로 삼으신 이가 또한 내게 역사하사 나를 이방인의 사도로 삼으셨느니라
9 또 기둥 같이 여기는 야고보와 게바와 요한도 내게 주신 은혜를 알므로 나와 바나바에게 친교의 악수를 하였으니 우리는 이방인에게로, 그들은 할례자에게로 가게 하려 함이라
10 다만 우리에게 가난한 자들을 기억하도록 부탁하였으니 이것은 나도 본래부터 힘써 행하여 왔노라

본문은 바울이 14년 후에 다시 예루살렘을 방문한 기록인데, 사도행전 15장의 총회와 동일한 방문인지에 대하여 의견이 분분하다. 예루살렘 총회는 바울의 1차 선교 이후 안디옥교회에 찾아온 유대적 그리스도인들로 말미암아 일어난 논쟁 때문에 열려서 그 문제들을 다뤘지만 본문은 바울이 계시에 따라 올라가 자신이 정리한 내용을 베드로와 요한, 주의 형제 야고보 등에게 설명하고 동의를 얻고 있다. 따라서 두 이야기를 하나로 보기에는 곤란한 문제가 많이 있다. 본문에서 말하는 바울의 예루살렘 방문은 사도행전 11장의 방문으로 보는 것이 더 자연스럽다고 보인다. 정확히 알기는 어렵다. 그러나 중요한 것은 그 내용이다.

❶ 헛되지 않게 하려 함이라

【•】 2 계시를 따라 올라가 내가 이방 가운데서 전파하는 복음을 그들에게 제시하되 유력한 자들에게 사사로이 한 것은 내가 달음질하는 것이나 달음질한 것이 헛되지 않게 하려 함이라

여기서 바울은 예루살렘의 방문 목적을 명확히 밝히고 있는데, 그 이유는 갈라디아 교인들에게 자신이 전하고 있는 복음은 사도들에게 충분히 설명하고 동의를 구했다는 것을 말하기 위함이다. 첫 번째 방문에서는 회심 후 3년 뒤에 베드로를 만나 15일 동안 같이 있으면서 전승을 전달받고 많은 이야기를 나누었으며(갈1:18), 두 번째 방문은 14년 뒤에 다시 베드로와 요한, 주의 형제 야고보를 만나 자신이 정리한 복음을 설명하고 동의를 받기 위함이었다.

바울은 사도들의 권위를 결코 무시하지 않았다. 다메섹의 아나니아는 물론 베드로로부터 전승을 전달받았고, 그것을 기초로 이방인 선교 신학을 정립한 후 바나바와 디도를 데리고 다시 사도들을 만나 자신이 정리한 내용을 설명하고 동의를 받았다. 바울은 사도들에게 동의를 얻기 위한 방문이 하나님의 계시에 따른 것이었음을 밝히고 있다. 하나님께서는 결코 사람들 간의 질서와 권위를 무시하지 않으신다. 바울의 이런 자세는 신앙적인 측면에서도 당연히 지켜야 할 도리이지만 현실적으로도 필요했다. 사도들을 무시하고서는 설 자리를 잃기 때문이다.

❷ 바나바와 디도 동행

【•】 3 그러나 나와 함께 있는 헬라인 디도까지도 억지로 할례를 받게 하지 아니하였으니 4 이는 가만히 들어온 거짓 형제들 때문이라 그들이 가만히 들어온 것은 그리스도 예수 안에서 우리가 가진 자유를 엿보고 우리를 종으로 삼고자 함이로되 5 그들에게 우리가 한시도 복종하지 아니하였으니 이는 복음의 진리가 항상 너희 가운데 있게 하려 함이라

바울은 대단히 현실적인 사람이어서 할례를 받지 않은 헬라인 디도를 데리고 갔다. 그 이유는 유대적 그리스도인들이 이방인은 할례

를 받아야 한다고 주장했기 때문에 이 문제를 명확히 해결하기 위함이었다. 그러나 사도들은 이방인 디도가 할례를 받아야 한다고 말하지 않았다. '가만히 들어온 형제들은' 누구일까? 이방인이 교인이 되기 위해서는 할례를 받아야 한다고 주장하는 유대적 그리스도인들이다. 그들은 어찌하든지 이방인 교인들로 하여금 유대교의 율법을 준수하게 하려고 혈안이 되어 있었다. 그들은 온전한 교인이 되기 위해서는 율법을 지켜야만 한다고 생각했으며, 바울의 주장은 인간의 편리에 맞추어 복음의 정신을 흐리게 하는 것이라고 생각하여 극력 반대했다.

바울이 말하는 '복음의 진리'란 유대인은 자기들의 전통과 관습대로 율법을 지키지만 이방인은 유대교 율법 조항들과 상관없이 예수님을 믿으며 그 율법의 멍에로부터 자유로워지는 삶을 말한다. 바울은 갈라디아 교인들이 이렇게 살기를 바랐다.

❸ 더하여 준 것이 없고

【•】 6 유력하다는 이들 중에 (본래 어떤 이들이든지 내게 상관이 없으며 하나님은 사람을 외모로 취하지 아니하시나니) 저 유력한 이들은 내게 의무를 더하여 준 것이 없고 7 도리어 그들은 내가 무할례자에게 복음 전함을 맡은 것이 베드로가 할례자에게 맡음과 같은 것을 보았고 8 베드로에게 역사하사 그를 할례자의 사도로 삼으신 이가 또한 내게 역사하사 나를 이방인의 사도로 삼으셨느니라

바울은 사도들과 만나서 이야기를 나눈 결과 무엇을 지적당하거나 또는 보완해 준 것이 없음을 밝히고 있다. 참 진리의 특징은 자명성에 있다. 누가 들어도 납득할 수 있고, 뭘 더 물어보고 확인해 볼 필요가 없어야 진리이다. 특히 구원과 관련된 진리는 그러해야 한다. 진리의 특징은 보편성이므로 진리이신 하나님을 알만한 것이 만물에 들어 있어야 한다.(롬1:20) 바울의 이방인 신학은 이런 자명한 진리에 기초했기 때문에 뭘 더 보태거나 뺄 필요가 없었다.

사도들은 본토 유대인인 자신들에게는 할례자인 유대인들에게 복음을 전할 사명이 주어졌고, 디아스포라 유대인인 바울에게는 무할례자인 이방인들에게 복음을 전할 사명이 주어졌음을 인정했다.

❹ 친교의 악수

【•】 9 또 기둥 같이 여기는 야고보와 게바와 요한도 내게 주신 은혜를 알므로 나와 바나바에게 친교의 악수를 하였으니 우리는 이방인에게로, 그들은 할례자에게로 가게 하려 함이라 10 다만 우리에게 가난한 자들을 기억하도록 부탁하였으니 이것은 나도 본래부터 힘써 행하여 왔노라

바울의 설명을 들은 베드로와 요한, 주의 형제 야고보는 바울과 바나바와 친교의 악수를 함으로써 이방인 선교에 대한 신학적인 문제는 일단락되었다. 이로써 바울은 이방인 선교를 할 수 있는 당위성을 확보하게 되었고 이를 발판으로 안디옥교회에서 갈라디아선교를 추진할 수 있었다. 바울은 선교를 시작하기 전에 이미 그에 필요한 절차들을 다 밟아 놓았다.

마지막으로 사도들은 바울에게 가난한 자들을 기억해 달라고 했고 바울은 또 흔쾌히 받아들였다. 무슨 뜻일까? 예루살렘교회의 가난한 자들을 도와달라는 뜻일까 아니면 이방인 선교를 할 때 가난한 자들을 잘 돌봐주라는 뜻일까? 이런저런 설명이 있을 수 있으나 성경은 두 계약의 책이라는 측면에서 접근해야 한다. 계약법에 의하면 복음이란 곧 가난한 자들의 문제를 해결하는 것을 그 핵심으로 한다. 누가복음에 의하면 예수님께서는 가난한 자들에게 복음을 전하여 가난한 자들이 없게 하는 희년을 실현하러 오셨다.(눅4:18~19) 베드로의 당부는 복음을 전하는 것은 곧 가난한 자들의 문제를 근본적으로 해결해 주어야 한다는 뜻이었다. 그리고 바울은 이를 충실히 지켰다. 그가 노동을 하면서 선교비를 충당한 이유는 가난한 자들의 문제를 해결하기 위한 구체적인 방법을 먼저 실천하며 본을 보이기 위함이었다.

물음 43 바울, 베드로를 책망한 이야기를 왜 썼을까?

본문 〈 2:11~21 〉

11 게바가 안디옥에 이르렀을 때에 책망 받을 일이 있기로 내가 그를 대
면하여 책망하였노라
12 야고보에게서 온 어떤 이들이 이르기 전에 게바가 이방인과 함께 먹
다가 그들이 오매 그가 할례자들을 두려워하여 떠나 물러가매
13 남은 유대인들도 그와 같이 외식하므로 바나바도 그들의 외식에 유혹
되었느니라
14 그러므로 나는 그들이 복음의 진리를 따라 바르게 행하지 아니함을
보고 모든 자 앞에서 게바에게 이르되 네가 유대인으로서 이방인을 따
르고 유대인답게 살지 아니하면서 어찌하여 억지로 이방인을 유대인답
게 살게 하려느냐 하였노라
15 우리는 본래 유대인이요 이방 죄인이 아니로되
16 사람이 의롭게 되는 것은 율법의 행위로 말미암음이 아니요 오직 예
수 그리스도를 믿음으로 말미암는 줄 알므로 우리도 그리스도 예수를
믿나니 이는 우리가 율법의 행위로써가 아니고 그리스도를 믿음으로써
의롭다 함을 얻으려 함이라 율법의 행위로써는 의롭다 함을 얻을 육체
가 없느니라
17 만일 우리가 그리스도 안에서 의롭게 되려 하다가 죄인으로 드러나면
그리스도께서 죄를 짓게 하는 자냐 결코 그럴 수 없느니라
18 만일 내가 헐었던 것을 다시 세우면 내가 나를 범법한 자로 만드는
것이라
19 내가 율법으로 말미암아 율법에 대하여 죽었나니 이는 하나님에 대하
여 살려 함이라
20 내가 그리스도와 함께 십자가에 못 박혔나니 그런즉 이제는 내가 사
는 것이 아니요 오직 내 안에 그리스도께서 사시는 것이라 이제 내가
육체 가운데 사는 것은 나를 사랑하사 나를 위하여 자기 자신을 버리
신 하나님의 아들을 믿는 믿음 안에서 사는 것이라
21 내가 하나님의 은혜를 폐하지 아니하노니 만일 의롭게 되는 것이 율
법으로 말미암으면 그리스도께서 헛되이 죽으셨느니라

본문을 읽다 보면 놀라움을 금할 길이 없다. 베드로는 예수님을 대신하는 사도들의 수장이며, 명실공히 교회의 대표자였다. 그런데 그런 베드로를 많은 사람들이 있는 면전에서 바울이 대놓고 책망했기 때문이다. 더 놀라운 것은 그런 이야기를 바울은 문서로 기록하여 서신에 남겨 놓았다는 사실이다. 도대체 바울은 왜 이토록 무모한 일들을 서슴지 않았으며 또 기록으로 남겨놓고 있을까?

이 문제에 교회의 존폐가 걸려 있다고 보았기 때문이다. 이런 까닭에 다른 복음을 전하는 유대적 그리스도인들에게 연거푸 저주를 선언했으며(갈1:8~9), 책망의 대상에서 베드로도 예외가 될 수 없었다. 문제의 핵심을 꿰뚫어 보는 통찰력과 물러설 줄 모르는 단호함, 상대방이 누구든지 가리지 않는 공평성과 도무지 타협할 줄 모르는 고집, 포기할 줄 모르는 추진력을 지닌 바울 때문에 오늘의 기독교가 가능했다.

베드로는 무엇 때문에 바울로부터 책망을 받아야 했을까?

❶ 할례자들을 두려워하여

【●】 12 야고보에게서 온 어떤 이들이 이르기 전에 게바가 이방인과 함께 먹다가 그들이 오매 그가 할례자들을 두려워하여 떠나 물러가매 13 남은 유대인들도 그와 같이 외식하므로 바나바도 그들의 외식에 유혹되었느니라

안디옥교회에는 유대인들로서는 상상할 수 없는 파격적인 일이 벌어지고 있었는데, 유대인과 이방인이 같이 식사하는 것이었다. 이는 유대인에게 엄격히 금지되어 있었지만 안디옥교회에서는 이를 실행하고 있었다. 바울이 이 문제 때문에 베드로를 책망한 것을 보면 아마도 바울이 안디옥교회에서 가르치면서부터 시작되었을 것으로 보인다. 무슨 일인지는 알 수 없지만 베드로가 안디옥교회를 방문했다. 교회에서는 귀한 손님이 왔다고 성대하게 준비하여 소수의

유대인과 다수의 이방인으로 구성된 교인들이 함께 모여 식사하며 즐거운 시간을 보내고 있었다. 베드로도 이방인들과 같이 아무 거리낌 없이 식사하고 있었다. 오래전 고넬료의 집에서 이미 이방인들과 식사한 경험이 있었기 때문이다. 그런데 이때 곤란한 문제가 발생했다.

식사 중에 예루살렘교회에서 유대적 교인들이 어떤 일로 찾아왔기 때문이다. 당시 예루살렘교회는 유대인보다 더 엄격하게 유대교 율법을 지키고 있는 주의 형제 야고보가 지도자로 있었으며, 교인들이 유대교 관습을 충실히 따르고 있었다. 그런 교인들이 와서 베드로를 비롯한 유대인들이 이방인과 같이 식사하는 것을 보면 큰 소란이 일어날 것을 잘 알기에 베드로는 일어나서 식사 자리를 피했고, 이를 본 유대인들과 바나바까지도 이에 동참했다. 베드로가 할례자 교인들을 두려워했다는 구절을 보면 이런 문제에 대한 당시 예루살렘교회의 분위기가 어떠했는지를 짐작할 수 있다.

흥겹던 식사 분위기는 일순간 얼어붙고 말았다. 이런 일이 벌어지자 바울은 모두가 지켜보는 자리에서 베드로의 이중적인 행동을 심하게 책망했다. 바울은 왜 이 문제를 그토록 심각하게 받아들였을까?

❷ 복음의 진리

【•】 14 그러므로 나는 그들이 복음의 진리를 따라 바르게 행하지 아니함을 보고 모든 자 앞에서 게바에게 이르되 네가 유대인으로서 이방인을 따르고 유대인답게 살지 아니하면서 어찌하여 억지로 이방인을 유대인답게 살게 하려느냐 하였노라

사도행전 11:26에 의하면 바울이 안디옥교회에서 일 년 동안 가르친 이후에 비로소 교인들이 유대교인이 아닌 기독교인이라고 불렸다고 기록되어 있다. 이는 다른 사람들이 안디옥교인들은 일반 유대인들과는 다르다고 느꼈다는 뜻이다. 무엇 때문에 그렇게 느꼈을까? 당시 유대인들은 지중해 세계 도처에 흩어져 살고 있었다. 그런데 유대인들은 이방인들과 가장 두드러지게 다른 점이 있었다. 무엇

이었을까? 식사였다. 유대인들은 율법에 정해진 것들만 먹었을 뿐만 아니라 이방인과는 결코 식사를 같이하지 않았다. 이 부분이 이방인 세계에서 유대인들만 지닌 가장 큰 특징이었다.

그런데 바울은 안디옥교회에서 가르치면서 이 벽을 허물어 버렸다. 그 과정은 결코 쉽지 않아서 일 년이나 걸렸다. 이런 우여곡절을 겪으면서 안디옥교회에서는 유대인과 이방인이 같이 식사를 할 수 있었고, 이를 지켜본 교회 밖의 사람들은 안디옥 교인들을 그리스도인이라고 부르기 시작했다. 그런데 베드로가 이방인들과 같이 식사를 하다가 유대교 관습에 젖어있는 예루살렘의 교인들이 도착하자 식사를 하지 않은 것처럼 이중적인 행동을 함으로써 그동안 바울이 애써 쌓아 놓은 공든 탑이 한순간에 무너질 위기에 처하고 말았다. 이에 바울은 예루살렘에서 온 교인들과 베드로, 안디옥의 교인들이 지켜보는 앞에서 이 문제를 명확하게 짚고 넘어가지 않을 수 없었다. 바울이 이 문제를 심각하게 받아들인 이유는 이는 단순히 식사의 문제가 아니라 기독교의 사활과 직결된 문제였기 때문이다. 그런데 그 당시에 이 문제에 들어있는 핵심을 본 사람은 바울 이외에는 없었던 것 같다. 바나바도 흔들린 것을 보면 바울의 입장을 따랐을 뿐 그 중요성을 바로 깨닫지는 못했었다. 베드로도 성령의 강력한 압박에 의하여 이방인 고넬료의 집에 가서 숙식을 같이 했지만 이 문제에 기독교의 사활이 걸렸다고는 생각하지 않았다. 아니 모르고 있었다. 단지 바울의 입장이 옳다고 인정했을 뿐이었다.

복음의 진리.

바울은 복음의 핵심은 인간을 가로막고 있는 일체의 벽을 허물어내는 세계주의라고 보았고 이를 삶으로 보여주는 실천을 복음의 진리라고 했다. 식사에서 보여주는 복음의 진리는 교회가 유대교의 한계를 넘어서 세계 기독교로 나아가는 첫걸음마였다.

바울
그는 진정한 사도요 주님의 종이였다.
그러나 외롭게 혼자 가야 했다.
기독교라는 큰 짐을 혼자 짊어져야 했다.
믿었던 바나바마저 흔들리던 그 날
수제자 베드로를 책망하던 그 날
바울의 심정은 어떠했을까?
혼자
혼자
혼자여야 했다.
혼자 포기하지 않고
혼자 그 길을 가야 했다

❸ 오직 믿음

【•】 16 사람이 의롭게 되는 것은 율법의 행위로 말미암음이 아니요 오직 예수 그리스도를 믿음으로 말미암는 줄 알므로 우리도 그리스도 예수를 믿나니 이는 우리가 율법의 행위로써가 아니고 그리스도를 믿음으로써 의롭다 함을 얻으려 함이라 율법의 행위로써는 의롭다 함을 얻을 육체가 없느니라

3:11 또 하나님 앞에서 아무도 율법으로 말미암아 의롭게 되지 못할 것이 분명하니 이는 의인은 믿음으로 살리라 하였음이라

바울의 이신칭의(以信稱義), 신앙의인(信仰義認), 기독교 역사 내내 특히 종교개혁 이후 개신교에서 바울신학의 핵심이며, 기독교 구원론의 기초를 형성하고 있다. 바울은 이런 칭의론을 갈라디아서와 로마서에서 다루고 있다. 그런데 바울은 왜 율법의 행위가 아니라 예수님을 그리스도로 믿는 믿음으로만 의롭다함을 얻는다고 말하고 있을까? 바울의 이런 칭의론은 어떤 의미를 지닐까?

• 14년의 결실

다메섹 도상에서 예수님을 만난 바울, 그는 아라비아로 가서 3년, 예루살렘을 거쳐 고향 다소로 돌아가서 10여 년, 이 긴 시간 동안 무엇에 골몰하며 지냈을까? 그 기간 동안 유대교에서 기독교를 분리하여 독립시키는 신학을 만들어 냈다. 무엇을 어떻게 하여 이 큰 위업을 달성했을까?

• 유대교 의인(義人) 교리

바리새인 중의 바리새인이었던 바울은 누구보다도 유대교와 그 한계를 잘 알고 있었다. 그런 그가 주목한 것은 유대교의 '의인론(義人論)'이었다. 당시의 유대인들은 할례를 비롯한 유대교 율법 조항들을 철저히 지키면 '의인'(義人)이 된다고 생각했다. 왜 이런 교리가 생겨났을까? 그 뿌리를 거슬러 올라가 보면 알렉산더 대왕의 헬라화 정책에 맞선 유대인들의 처절한 몸부림을 만나게 된다. 포로기의 쓰라린 노예생활을 경험하고 귀환한 유대인들은 거대한 헬라화 물결에 맞서서 신앙을 지키기 위한 대책을 세워야 했는데, 그 방법이 율법을 조항으로 만들어 지키게 하는 것이었다. 그 핵심은 할례와 안식일 준수, 먹거리 구별, 이방인을 접촉하지 않는 정결례 등이었다. 그러나 이런 것들을 철저히 지키기는 쉽지 않았다. 이를 독려하기 위하여 이런 조항을 지키면 율법의 모든 것을 지키는 것과 같다고 했다. 유대인들의 이런 정책은 결실을 맺어서 헬라화의 높은 파도에서 유대교는 홀로 살아 남았다. 당시 유대인들의 이런 정책은 아무리 높게 평가를 해도 지나치지 않을 것이다. 그런데 많은 시간이 지나면서 이런 유대교 율법 조항들을 지키면 의인이 된다는 교리가 등장하게 되었다. 유대교 율법 조항들이 거둔 결실이 너무 큰 나머지 누구도 이에 대하여 이의를 제기할 생각조차 할 수가 없었다.

• 유대교 의인교리의 한계

그런데 이런 의인론의 한계를 직시한 사람이 바울이었다. 그가 그 한계를 직시할 수 있었던 것은 의외로 유대교 율법 조항에 대한 불신이나 거부감 때문이 아니라 반대로 그 교리를 신뢰하고 철저히 지켜서 정말로 의인이 되려는 열심 때문이었다. 바울은 유대교 의인 교리에 동의하고 의로워졌다고 믿는 것에 만족하지 않고 한 걸음 더 나아가 유대교 율법 조항들을 지켜서 정말로 의인이 되려고 했다. 그러나 그런 노력을 하면 할수록 의인이 될 수 없다는 갈등만 깊어져 갔다.[118] 의인이 되려는 마음이 크면 클수록 이를 가로막는 다른 마음, 즉 죄의 법이 가로막기 때문이다.(롬7:15~24) 교회에 대한 박해는 유대교 수호에 더 열심을 내어 의에 이르려는 바울의 몸부림의 다른 한 측면이었다. "가시채를 뒷발질하기가 네게 고생이니라"(행26:14)라고 다메섹 도상에서 예수님께서 하신 말씀 속에는 이런 의미가 담겨 있으며, 바울의 이런 모습 때문에 예수님께서는 그를 이방인의 선교사로 부르셨다.

• 바울의 의인론(義認論)과 유대교 의인론(義人論)

의인이 되었다는 내적인 확신을 향한 목마름이 한계에 이르렀을 때에 다가온 예수님과 그 십자가는 바울에게 어떤 의미였을까? 나무에 매달려 저주의 죽음을 죽으신 예수님의 십자가는 의인이 될 수 없도록 가로막는 자신의 죄를 대신 짊어지고 죽으신 죽음이었다. 이는 전적으로 값없이 주시는 은혜였다. 이 무조건적인 은혜 앞에서는 그 어떤 행위나 그 어떤 인간의 공로도 설 자리가 없었다. 오직 예수님의 십자가 외에는, 그 십자가의 용서와 은혜 이외에는, 이것을 믿는 믿음 이외에는 의롭다함을 얻을 다른 길이 없었다. 이 믿음을 통해서 의인(義人)이 되는 것이 아니라 의롭다함을 받는, 다시 말하면 의롭다고 인정을 받는 의인(義認)이 될 뿐이다. 의롭다고 인정을 받은 죄인이기에 죄인(罪人)이면서 동시에 의인(義認)이다.[119]

---

118) 내가 행하는 것을 내가 알지 못하노니 곧 내가 원하는 것은 행하지 아니하고 도리어 미워하는 것을 행함이라(롬7:15)
오호라 나는 곤고한 사람이로다 이 사망의 몸에서 누가 나를 건져내랴(롬7:24)
기록된 바 의인은 없나니 하나도 없으며(롬3:10)

의로워진 의인(義人)이 아니라 의롭다고 인정받은 의인(義認)이라는 바울의 의인론(義認論)은 당시 유대교의 의인론(義人論)과 상반된다. 유대교는 율법의 조항들을 지키면 의로운 사람이 된다는 의인론이었다. 바울은 자신의 경험을 통하여 유대교 의인론의 한계와 불가능성을 경험하고 그 대안으로 예수님의 대속(代贖)을 통한 의인론(義認論)을 제시했다. 따라서 바울의 의인론은 전적으로 유대교의 의인론을 반박하기 위한 의인론이었다.

• 의인론(義認論)과 구원론

바울은 기독교 구원론을 말하려고 의인론을 전개한 것이 아니었다. 단지 주어진 여건 속에서 유대교와 기독교의 분기점으로 의인론을 제시했을 뿐이다. 바울은 기독교의 구원론을 정리하려고 하지 않았다. 바울은 유대교의 의인론과 대비된 의인론을 말했을 뿐이다. 유대교는 율법 조항을 지키는 칭의론을 구원론과 동일시함으로써 오류에 빠졌다. 따라서 유대교의 그 칭의론을 비판한 바울의 의인론을 기독교의 구원론과 동일시하면 오류에 빠질 수밖에 없다. 바울의 의인론, 즉 칭의론(稱義論)은 구원론과 구분되어야 한다. 교회에서 빚은 가장 큰 오류 중 하나는 바울의 칭의론을 기독교의 구원론과 동일시한 데에 있다. 어거스틴 이후 칭의를 개인적인 차원에서 내면의 윤리적인 문제로만 다루었다. 가톨릭에서는 하나님의 의가 개인의 내면에 주입되어(justitia infusa) 개인이 의로운 존재로 변화된다고 주장하며, 루터는 하나님의 의가 인간에게 전가되어(justitia imputata) 개인이 의롭다고 인정받을 뿐이라고 했다. 가톨릭과 개신교 모두 칭의 이후에는 성화를 거쳐 완전에 이른다고 구원의 과정을 설명했다. 성경에서 말하는 구원이 과연 이런 개인 내면에 국한된 윤리 도덕적인 구원일까?

기독교의 구원론은 성경의 어디에서 찾아야 하나?

---

119) … 그런즉 내 자신이 마음으로는 하나님의 법을 육신으로는 죄의 법을 섬기노라 (롬7:25)

• 복음서와 구원론

기독교의 구원론은 바울서신이 아닌 예수님의 말씀과 행적이 담긴 복음서에서 찾아야 한다. 복음서는 70년대에 기록된 공관복음과 90년대에 기록된 요한복음으로 구성되어 있다. 바울서신은 50년대에 기록되었다. 따라서 구원론을 비롯한 어떤 주제를 신약성경에서 찾으려고 할 때에는 기록된 순서대로 참고해야 한다. 바울의 의인론은 구원론과 관련된 주제를 다룬 최초의 기록이며 참고의 대상일 뿐이다. 바울의 의인론이 곧 구원론의 결론이 결코 아니며, 그렇게 되어서도 안 된다. 바울이 말한 것을 염두에 두면서 공관복음에서 말하는 구원론을 살펴보아야 한다. 그러나 여기도 끝이 아니다. 마지막으로 요한복음에서 말하는 구원론을 보고 종합하여 결론을 내야 한다. 요한복음은 구약의 신명기와 같다.[120)]

모세 5경이라 불리는 구약의 계약법인 율법서는 다섯 권으로 구성되어 있다. 그런데 마지막 책인 신명기는 그 이전의 책들에 대한 재해석이다. 모세는 신명기에서 출애굽기와 레위기, 민수기 등을 재해석해 주면서 지금 자신이 말하는 대로 가나안에 들어가 살아야 한다고 누누이 반복해서 강조하고 있다. 무슨 뜻인가? 예를 들어 설명하면 출애굽기나 레위기에는 성막이나 제사에 관한 규정들이 많이 있다. 그러나 신명기에 들어오면 그런 규정이 거의 없다. 대신 맏물, 십일조, 기타 헌금 등과 절기에 대한 규정으로 성막과 제사규정을 대체하면서 지방 성소를 중심으로 이를 지켜서 가난한 자가 없게 하라고 당부하고 있다. 그렇다면 가나안에 들어가서 제사를 어떻게 지내야 하는가? 신명기의 방식대로 고아와 과부 등 가난한 사람들의 문제를 계약법으로 해결해 주는 것이 곧 제사이다. 그런데 이스라엘은 다윗-솔로몬 이후 성전을 건축하고 제사와 각종 의식으로 하나님을 섬겼다. 그러자 예언자들은 하나같이 이는 계약법 위반이

120) 졸저 「요한복음」은 이런 관점에서 쓰여졌다.

라고 고발하며, 제사를 중단하고 성전을 당장 헐어버리라고 했으며, 이를 어기면 하나님께서 강포한 나라를 보내서 나라를 멸망시키고 성전을 헐어버리리라고 예고했다. 이는 무엇을 말하는가? 구약의 율법서에서 어떤 주제를 다룰 때에는 출애굽기나 레위기에서 결론 내지 말고 신명기에서 결론을 내야 한다는 뜻이다. 예수님께서 주로 인용하신 율법서가 신명기였던 이유는 여기에 있다.

• 기독교 구원론

그렇다면 기독교의 구원론은 무엇인가? 이를 설명하려면 많은 지면이 필요하다.[121] 단지 그 핵심만 요약하면 다음과 같다.

- 신구약 성경은 두 계약의 책이며, 계약법을 지키는 것이 곧 구원의 길이다. 예수님께서 영생에 대하여 질문하는 자들에게 구약의 계약법을 지키라고 말씀하신 이유는 여기에 있다.
- 첫 번째 계약의 대상인 이스라엘이 계약을 거듭 어김으로써 옛계약은 파기되고 말았으며, 그 결과 구원받을 길이 사라지고 말았다. 이에 하나님께서 마지막 방법으로 인간으로 오셔서 계약법을 어겨 파기된 책임과 죄를 대신 짊어지고 죽으심으로써 새로운 계약을 맺을 수 있는 길을 열어 놓으셨다.
- 따라서 예수님은 새로운 계약을 체결하러 오셨으며, 예수님께서는 십자가에서 계약법을 어긴 죄를 대신 짊어지고 죽으심으로서 새로운 계약을 체결하셨다. 예수님께서 마지막 식사에서 제자들에게 포도주를 나눠 주시며 새로운 계약의 피라고 말씀하신 이유는 여기에 있다.
- 공관복음의 마지막 책인 누가복음에 의하면 예수님께서는 계약법의 핵심인 희년을 실현하러 오셨으며, 사도행전에 의하면 예수님에게 계약법을 배우고 익힌 제자들은 예루살렘교회에서 교인들에게 이를 가르쳐 지키게 했다. 최초의 교인들은 사도들의 가르침을 따라 떡을 떼며 물건을 서로 통용하고 재산을 공유하여 저희 가운데 핍절한 사람이 없었는

121) 졸저 「마태복음」, 「마가복음」, 「누가복음」, 「요한복음」 등의 복음서 해석은 계약의 관점에서 구원을 다뤘다.

데 이는 구약의 계약법 특히 신명기에서 강조하는 "너희 가운데 가난한 자가 없으리라"라는 말씀의 실현이다. 누가는 이렇게 계약법을 실천하는 사람들을 가리켜 "주께서 구원받은 사람들을 날마다 더하게 하시니라"라고 했다. 인간이 당면한 가장 중요하고 또 실현하기 어려운 문제의 해결과 구원의 방법은 서로 일치해야 하며, 이는 자명한 이치이다. 복음서의 구원론은 곧 계약법의 구원론이다.

- 예수님을 구세주로 믿고 세례를 받은 사람들은 구원이 완성된 게 아니라 이제 새로운 계약공동체인 교회의 교인이 될 기본 자격을 갖춘 사람일 뿐이다. 이제 교회에서 계약법을 지켜 구원을 완성시켜야 한다.
- 요한복음에서는 이 계약법을 가리켜 만고의 진리라고 말하고 있으며, 새로운 계약법을 실현하시는 예수님을 만물의 근원이자 원리인 로고스이며, 진리 자체라고 선언했다. 성령은 이 진리를 깨우치고 실천하도록 돕는 보혜사이다.

- 신명기와 요한복음

신명기는 출애굽기, 레위기, 민수기를 재해석했으며, 요한복음은 공관복음을 재해석했다. 계약을 강조하는 이런 재해석은 어떤 의미를 지닐까? 계약법에 대한 재해석은 성경을 만고의 진리로 해석한다. 만고의 진리란 시대와 상관없이 누구나 인정할 수밖에 없는 진리를 말한다. 계약법은 이 세상에서 신분, 지위, 빈부의 격차가 없이 누구나 행복하고 잘살게 하는 법이며, 이를 마다할 사람은 아무도 없다. 만일 이를 거부한다면 그는 비정상적인 사람일 뿐이다. 성경에서는 계약법을 지키는 것이 곧 구원의 길이라고 말하고 있다. 만고의 진리, 가장 큰 가치, 구원의 길은 서로 연결되어 있어야 한다. 이에서 벗어나면 만고의 진리, 우주적인 진리, 영원무궁한 진리라고 할 수 없다.

그러나 행위가 아닌 믿음으로 구원받는다는 구속사 구원론은 기독교인들만 인정하는 구원론이며 기독교 진리이다. 타종교인들은 인정하지 않는다. 이는 만고의 진리가 아니라 기독교 진리일 뿐이다. 불교에는 불교인만 인정하는 불교의 진리가 있고, 유교에는 유교인만 인정하는 유교의 진리가 있으며, 동양철학에는 동양인만 인정하는 진리가 있고, 서양철학에는 서양인만 인정하는 진리가 있다. 각 종교와 문화권 등에는 그들 나름대로의 진리가 있게 마련이다.

성경을 해석할 때는 기독교 진리로 해석해야 할까? 아니면 만고의 진리로 해석해야 할까? 물을 필요도 없이 만고의 진리, 우주적인 진리, 누구나 인정하지 않을 수 없는 진리와 구원론으로 해석해야 한다. 어떻게 해야 그게 가능할까? 계약법으로 해석하면 된다. 계약법에 그 대답이 들어있다. 신명기와 요한복음은 계약법에 근거하여 성경을 만고의 진리로 재해석하고 있다. 여기에서 길을 찾아야 한다.

• 반추[反芻]

기독교 역사를 돌이켜 보면 교부시대에 접어들면서 계약법에 대한 이해가 사라지기 시작했으며, 이신칭의론이 기독교 구원론으로 정착하고 말았다.[122] 그 이후 중세기와 종교개혁기를 거쳐 지금에 이르기까지 십자가 구속사 구원론에 함몰되어 계약법은 사라지고 말았다. 이는 숲을 보지 못하고 나무만 본 까닭이다.

현대 이후를 맞은 오늘, 교회가 막다른 골목에 와 있음은 누구나 피부로 느끼고 있다. 특히 코로나 사태로 말미암아 교회는 심각한 위기를 맞고 있다. 무엇을 어떻게 해야 하나? 무엇보다도 가장 시급한 과제는 구원론을 비롯한 기독교 신학의 전반을 재조명하고 계약법의 빛으로 재해석하는 일이다. 이보다 더 급하고 중요한 과제는 없다. 이제 교회의 사활이 여기에 달려있다. 이는 자명한 사실이다.

바울은 자신의 시대에서 교회의 사활이 걸린 핵심을 보았고 그 문제를 풀어나갔다. 오늘 우리도 바울과 같은 통찰력으로 오늘 우리

122) 그 과정에 대해서는 졸저 「마가복음」에서 상세히 다뤘다.

교회가 당면한 문제의 핵심을 보고 이를 해결해 나가야 한다.

❹ 내가 죽었나니

【•】 19 내가 율법으로 말미암아 율법에 대하여 죽었나니 이는 하나님에 대하여 살려 함이라 20 내가 그리스도와 함께 십자가에 못 박혔나니 그런즉 이제는 내가 사는 것이 아니요 오직 내 안에 그리스도께서 사시는 것이라

- 율법으로 말미암아 율법에 대하여 죽었다는 것이 무슨 뜻일까?
- 그리스도와 함께 십자가에 못 박혔다는 것은 무슨 뜻일까?
- 오직 내 안에 그리스도께서 사신다는 것은 무슨 뜻일까?

알 듯하면서도 쉽지 않은 질문들이다. 루터는 "만일 수도 생활로 구원을 받은 사람이 하나라도 있다면 그는 나였을 것이다"[123]라고 말했다. 왜 이런 말을 할까? 수도를 통해서 구원에 이르려고 불철주야 무진 애를 쓰다가 그 한계를 발견했기 때문이다.[124] 수도 행위로 구원에 이르려다가 자신의 수도 부족 때문이 아니라 수도원 교리의 한계 때문에 실패한 루터는 수도 행위에 대하여 극단적인 비판을 가했다.[125] 루터는 "만일 의의 교리를 잃어버리면 기독교 교리 전체를 잃어버리는 것이다."[126] 라고 했다. 루터가 율법의 행위에 대하여 극단적인 비판을 한 이유는 당시 수도원의 수도 행위와 직접

---

123) 루터, 「갈라디아서 상」, p. 49.

124) 루터는 이렇게 고백하고 있다. "이와 같이 나도 수도사였을 때, 오늘 나를 박해하는 모든 사람들 보다 더 철야와 금식으로 큰 괴로움을 당하였다. 나는 정신착란과 미친 자의 행동을 하기까지 미신적이었다. 그리고 나의 몸과 건강이 위험에 이르기까지 하였다. 나는 무엇을 하든 대단한 열정을 가지고 하나님을 위하여 행하였다. 나는 교황을 성실히 숭배하였다. 성직자의 녹이나 부귀를 갈망해서 그리하지 않았다. 그러면서도 그리스도의 의와 비교할 때 나는 오물(σκύβαλα)을 내어 버렸다. 그러나 우리의 눈멀고 무자비한 대적자들은 나와 다른 사람들이 이같은 바리새주의를 경험한 사실을 믿지 않는다."(「갈라디아서 상」, p. 110.)

125) 그러면 이 의를 얻기 위하여 우리는 전혀 아무 일도 하지 않는다는 말인가? 나는 대답한다. "전연 하지 않는다!" 왜냐하면 이 의는 아무 일도 행하지 않고, 아무 것도 듣지 않고, 율법이나 공로에 대해 아무 것도 알지 못하고 오직 … 믿는다.(앞의 책, p.25.)

126) 앞의 책, p. 26.

관련이 있다.

바울이 율법에 대하여 죽었다는 말 역시 같은 뜻이다. 율법으로 의에 이르려고 누구보다도 더 노력하다가 자기 노력의 부족 때문이 아니라 유대교 율법 교리의 한계 때문에 실패했다. 그러면 어떻게 해야 하는가? 자기 속에는 율법을 행할 수 있는 능력이 없음을 인정하고 포기해야 한다. 이를 율법으로 말미암아 율법에 대하여 죽었다고 했다. 이 죽음은 곧 그리스도와 함께 십자가에 못 박혀 죽는 죽음이다. 왜냐하면 예수님은 바로 이 문제를 해결하시기 위하여 십자가에서 돌아가신 분이기 때문이다. 죽음으로 끝인가? 아니다. 그리스도와 함께 다시 살아나야 한다. 다시 산다는 것은 무슨 뜻인가? 부활하신 주님께서는 자신의 힘으로 율법의 요구를 지킬 수 없음을 고백하는 자들에게 그것을 지킬 수 있도록 도우신다. 이를 경험하는 사람들은 자신이 행한 것이 아니라 전적으로 내주하시는 주님이신 성령께서 도와주셔서 가능하다고 고백할 수밖에 없게 된다. 바울은 이를 "이제는 내가 사는 것이 아니요 오직 내 안에 그리스도께서 사시는 것이라"라고 했다.

바울은 갈라디아 교인들에게 자신의 경험을 언급하며 율법과 복음의 차이를 이렇게 설명했다.

물음 44 바울, 갈라디아 교인들을 어떻게 설득했는가?(1)

본문 〈 3:1~29 〉

1 어리석도다 갈라디아 사람들아 예수 그리스도께서 십자가에 못 박히신 것이 너희 눈 앞에 밝히 보이거늘 누가 너희를 꾀더냐

2 내가 너희에게서 다만 이것을 알려 하노니 너희가 성령을 받은 것이 율법의 행위로냐 혹은 듣고 믿음으로냐

3 너희가 이같이 어리석으냐 성령으로 시작하였다가 이제는 육체로 마치
겠느냐
4 너희가 이같이 많은 괴로움을 헛되이 받았느냐 과연 헛되냐
5 너희에게 성령을 주시고 너희 가운데서 능력을 행하시는 이의 일이 율
법의 행위에서냐 혹은 듣고 믿음에서냐
6 아브라함이 하나님을 믿으매 그것을 그에게 의로 정하셨다 함과 같으
니라
7 그런즉 믿음으로 말미암은 자들은 아브라함의 자손인 줄 알지어다
8 또 하나님이 이방을 믿음으로 말미암아 의로 정하실 것을 성경이 미리
알고 먼저 아브라함에게 복음을 전하되 모든 이방인이 너로 말미암아
복을 받으리라 하였느니라
9 그러므로 믿음으로 말미암은 자는 믿음이 있는 아브라함과 함께 복을
받느니라
10 무릇 율법 행위에 속한 자들은 저주 아래에 있나니 기록된 바 누구든
지 율법 책에 기록된 대로 모든 일을 항상 행하지 아니하는 자는 저주
아래에 있는 자라 하였음이라
11 또 하나님 앞에서 아무도 율법으로 말미암아 의롭게 되지 못할 것이
분명하니 이는 의인은 믿음으로 살리라 하였음이라
12 율법은 믿음에서 난 것이 아니니 율법을 행하는 자는 그 가운데서 살
리라 하였느니라
13 그리스도께서 우리를 위하여 저주를 받은 바 되사 율법의 저주에서
우리를 속량하셨으니 기록된 바 나무에 달린 자마다 저주 아래에 있는
자라 하였음이라
14 이는 그리스도 예수 안에서 아브라함의 복이 이방인에게 미치게 하고
또 우리로 하여금 믿음으로 말미암아 성령의 약속을 받게 하려 함이라
15 형제들아 내가 사람의 예대로 말하노니 사람의 언약이라도 정한 후에
는 아무도 폐하거나 더하거나 하지 못하느니라
16 이 약속들은 아브라함과 그 자손에게 말씀하신 것인데 여럿을 가리켜
그 자손들이라 하지 아니하시고 오직 한 사람을 가리켜 네 자손이라
하셨으니 곧 그리스도라
17 내가 이것을 말하노니 하나님께서 미리 정하신 언약을 사백삼십 년
후에 생긴 율법이 폐기하지 못하고 그 약속을 헛되게 하지 못하리라
18 만일 그 유업이 율법에서 난 것이면 약속에서 난 것이 아니리라 그러
나 하나님이 약속으로 말미암아 아브라함에게 주신 것이라
19 그런즉 율법은 무엇이냐 범법하므로 더하여진 것이라 천사들을 통하

여 한 중보자의 손으로 베푸신 것인데 약속하신 자손이 오시기까지 있을 것이라

20 그 중보자는 한 편만 위한 자가 아니나 하나님은 한 분이시니라

21 그러면 율법이 하나님의 약속들과 반대되는 것이냐 결코 그럴 수 없느니라 만일 능히 살게 하는 율법을 주셨더라면 의가 반드시 율법으로 말미암았으리라

22 그러나 성경이 모든 것을 죄 아래에 가두었으니 이는 예수 그리스도를 믿음으로 말미암는 약속을 믿는 자들에게 주려 함이라

23 믿음이 오기 전에 우리는 율법 아래에 매인 바 되고 계시될 믿음의 때까지 갇혔느니라

24 이같이 율법이 우리를 그리스도께로 인도하는 초등교사가 되어 우리로 하여금 믿음으로 말미암아 의롭다 함을 얻게 하려 함이라

25 믿음이 온 후로는 우리가 초등교사 아래에 있지 아니하도다

26 너희가 다 믿음으로 말미암아 그리스도 예수 안에서 하나님의 아들이 되었으니

27 누구든지 그리스도와 합하기 위하여 세례를 받은 자는 그리스도로 옷 입었느니라

28 너희는 유대인이나 헬라인이나 종이나 자유인이나 남자나 여자나 다 그리스도 예수 안에서 하나이니라

29 너희가 그리스도의 것이면 곧 아브라함의 자손이요 약속대로 유업을 이을 자니라

루터는 1535년에 발행한 갈라디아서 강해에서 3장을 해석하는데 무려 250여 쪽을 할애하고 있다. 이는 루터가 3장을 해석하는 데에 큰 비중을 두고 있음을 알 수 있다. 루터의 갈라디아 해석의 분량이 로마서보다 3배나 더 많다.[127] 이는 루터가 갈라디아서를 대단히 중요하게 여겼다는 반증이다. 도대체 갈라디아서 3장은 무슨 내용을 담고 있을까?

바울이 지금까지는 과거의 사건으로 갈라디아 교인들을 간접적으로 설득하려고 했다. 그런데 이제부터는 갈라디아 교인들을 대상으

127) 한글로 번역된 책의 분량을 보면 로마서는 280여 페이지, 갈라디아서(1535년)는 890여 페이지 이다.

로 직접 호소하며 논증을 전개한다. 3장에는 여러 논증들이 나오고 있다.

❶ 성령을 받은 것이

【•】 1 어리석도다 갈라디아 사람들아 예수 그리스도께서 십자가에 못 박히신 것이 너희 눈 앞에 밝히 보이거늘 누가 너희를 꾀더냐 2 내가 너희에게서 다만 이것을 알려 하노니 너희가 성령을 받은 것이 율법의 행위로냐 혹은 듣고 믿음으로냐

앞에서 어떻게 의로워질 수 있느냐를 신학적으로 다룬 바울은 이제 여기서는 갈라디아 교인들이 성령을 어떻게 받았느냐의 문제를 경험으로 말하고 있다. 왜냐하면 그들은 유대교의 할례나 정결례 등 율법 조항을 지키는 것과 상관없이 성령을 받았으며, 성령을 받았다는 것은 하나님께서 그들을 받아주셨다는 증거이기 때문이다. 갈라디아 교인들이 성령을 받을 수 있었던 것은 구세주이신 예수님께서 그들의 허물과 죄를 대신 짊어지시고 십자가에서 돌아가셨다는 사실을 믿었기 때문이었다. 바울은 이렇게 그들의 경험을 기초로 논증을 전개하고 있다.

다른 복음을 전하는 유대적 그리스도인들도 예수님의 대신 죽으심을 통하여 성령을 받고 의롭다함을 얻는다는 사실에는 동의했다. 그들도 예수님을 그리스도로 믿는 교인들이었기 때문이다. 그런데 문제는 칭의를 얻는 방법이 아니라 칭의를 적용하는 방법이었다. 다른 복음을 전하는 자들은 이방인이 온전한 그리스도인이 되기 위해서는 유대인이 지키는 율법을 지켜야 한다는 주장을 굽히지 않았다. 사도들을 비롯한 예루살렘의 교인들은 다 유대교 율법을 지키고 있기 때문에 이방인도 온전한 교인이 되기 위해서는 이를 지켜야 한다는 논리였다.

그러나 바울은 이를 극력 반대했다. 유대인들은 그들의 종교문화

와 관습대로 유대교 율법을 지켜야 하지만 이방인에게 적용시킬 필요가 없다는 논리였다. 그의 논증은 계속된다.

❷ 아브라함이 하나님을 믿으매

【•】 6 아브라함이 하나님을 믿으매 그것을 그에게 의로 정하셨다 함과 같으니라 7 그런즉 믿음으로 말미암은 자들은 아브라함의 자손인 줄 알지어다

바울은 경험에 이어 이번에는 성경의 사례를 들어 논증을 전개한다. 아브라함이 의롭다함을 얻은 것은 율법이 생기기 이전이었으며, 본토와 친척, 아비의 집을 떠나라는 하나님의 말씀과 약속을 믿는 믿음으로 떠났으며(창12:4), 100여 살이 되도록 아직 아들이 없을 때 후손이 하늘에 별처럼 많아지리라는 말씀을 믿음으로써 의롭다함을 받았다.(창15:6) 바울이 말하는 아브라함의 후손은 아브라함처럼 하나님을 믿는 사람들이라고 했는데, 이는 혈통을 중시하여 유대인만 아브라함의 후손이라는 사실을 강조하는 유대교와 정면으로 대치된다. 바울은 이방인도 믿음만으로 유대인과 동등하게 아브라함의 자손이 될 수 있다고 말함으로써 유대인과 이방인의 차별을 철폐했으며, 유대교와 다른 독자적인 신학을 전개해 나갔다.

❸ 모든 민족이 복을 받으리라

【•】 8 또 하나님이 이방을 믿음으로 말미암아 의로 정하실 것을 성경이 미리 알고 먼저 아브라함에게 복음을 전하되 모든 이방인이 너로 말미암아 복을 받으리라 하였느니라 9 그러므로 믿음으로 말미암은 자는 믿음이 있는 아브라함과 함께 복을 받느니라

하나님께서는 아브라함에게 세상의 모든 민족이 그로 말미암아 복을 받으리라고 말씀하셨다.(창12:3, 18:18) 그런데 바울은 이 말씀을 이방인들도 믿음으로 아브라함에게 약속하신 복에 참여하리라는 예언의 말씀이었다고 해석했다. 이로써 유대인과 이방인을 구별짓던 담은 허물어지고 말았다. 그런데 바울의 이런 입장이 당시에는 신앙적인 의미보다는 사회적인 의미가 더 컸다. 지중해 각지에서 이

방인들 틈에서 소수로 살아가야 하는 디아스포라 유대인들은 이방인과 담을 쌓고서는 살아가기가 대단히 버거웠다. 유대인의 정체성을 지키기 위하여 이방인과 일체의 관계를 단절해야 한다고 생각한 것이다. 이런 배타적인 태도는 알렉산더 대왕의 헬라화 초기 단계에서 필요했을 뿐이었다.

이방인과 유대인의 담을 헐어내는 문제는 디아스포라 유대인들에게는 현실적으로 시급한 문제였다. 헬라인들에게 복음을 전하는 일에 앞장선 사람들이 디아스포라 교인이었던 이유는 여기에 있었다. 그러나 이런 문제와 직접 상관이 없는 예루살렘의 본토 유대인들은 끝까지 이방인에 대한 배타적인 태도를 포기하지 않았다.

이방인에 대한 바울의 개방적이고 포용적인 해석은 율법과 예수님의 역할에 대한 독특한 해석으로 이어진다.

❹ 율법의 역할

【•】 10 무릇 율법 행위에 속한 자들은 저주 아래에 있나니 기록된 바 누구든지 율법 책에 기록된 대로 모든 일을 항상 행하지 아니하는 자는 저주 아래에 있는 자라 하였음이라 11 또 하나님 앞에서 아무도 율법으로 말미암아 의롭게 되지 못할 것이 분명하니 이는 의인은 믿음으로 살리라 하였음이라 12 율법은 믿음에서 난 것이 아니니 율법을 행하는 자는 그 가운데서 살리라 하였느니라

신명기에 의하면 율법으로 의로워지려면 율법의 모든 조항들을 다 지켜야 하며 이를 지키지 못하면 저주를 받는다.[128] 그런데 율법의 역할은 죄를 깨닫게 할 뿐이다.(롬7:7) 인간은 율법의 요청을 완전하게 지킬 수가 없으므로 율법으로는 의로워질 수가 없다. 율법의 기능이 죄를 깨닫게 하기만 할 뿐이라면 율법의 요청을 지키지 못한 부분은 어떻게 해결해야 하는가? 그 해결 방법이 믿음이다. 이런 이유로 바울은 의인은 믿음으로 말미암아 살리라고 했다.(롬1:17, 합2:4) 그렇다면 믿음이란 무엇을 어떻게 믿는 것이며, 행함

128) 이 율법의 말씀을 실행하지 아니하는 자는 저주를 받을 것이라 할 것이요 모든 백성은 아멘 할지니라(신27:26)

의 문제는 어떻게 되는 것인가?

바울은 이 문제에 대하여 다음과 같이 말하고 있다.

❺ 예수님의 역할

【●】 13 그리스도께서 우리를 위하여 저주를 받은 바 되사 율법의 저주에서 우리를 속량하셨으니 기록된 바 나무에 달린 자마다 저주 아래에 있는 자라 하였음이라 14 이는 그리스도 예수 안에서 아브라함의 복이 이방인에게 미치게 하고 또 우리로 하여금 믿음으로 말미암아 성령의 약속을 받게 하려 함이라

예수님께서는 율법을 행하지 못하여 받을 수밖에 없는 저주를 해결하기 위하여 나무에 달려 저주의 죽음을 대신 죽으셨다. 예수님의 십자가는 율법을 지키지 못한 저주를 해결하는 하나님의 방법, 즉 하나님의 의였다. 그 결과 이제는 이방인들도 율법을 지키지 않고도 아브라함에게 약속하신 복을 받게 되었다. 바울은 이방인들은 믿음만으로 의롭다함을 얻고 하나님의 자녀가 될 뿐만 아니라 아브라함에게 약속한 복을 받을 수 있다고 해석했다.

이어서 바울은 예수님의 대속으로 말미암아 성령이 주어짐을 말하고 있다. 성령은 우리 가운데 오셔서 도와주는 역할을 하는데, 성경과 하나님, 신앙과 관련된 일들을 올바르게 깨닫도록 도와줌과 동시에 인간의 힘으로는 도무지 실천할 수 없었던 율법의 요청들을 조항은 물론이고 그 정신을 실천하게 하신다.(롬8:1~4) 예수님의 십자가로 말미암아 율법이 폐하여지는 것이 아니라 완성되는 이유는 여기에 있다.(갈3:21, 롬3:31) 성령의 역할로 말미암아 인간의 의가 공로주의에 빠지지 않으면서 동시에 용서하시는 은혜인 하나님의 의를 완성시킨다.

하나님의 의를 강조하는 바울의 이런 칭의론은 전적으로 인간의 의가 공로로 치우치는 유대교의 칭의론을 배격하기 위함이었다. 바울의 칭의론을 구원론과 동일시하지 말아야 할 이유는 여기에 있다.

❻ 오직 한 사람

【•】 16 이 약속들은 아브라함과 그 자손에게 말씀하신 것인데 여럿을 가리켜 그 자손들이라 하지 아니하시고 오직 한 사람을 가리켜 네 자손이라 하셨으니 곧 그리스도라 17 내가 이것을 말하노니 하나님께서 미리 정하신 언약을 사백삼십 년 후에 생긴 율법이 폐기하지 못하고 그 약속을 헛되게 하지 못하리라

지금까지는 아브라함의 믿음을 통하여 모든 민족이 하나님의 자녀가 될 수 있다는 논리를 전개한 바울은 이제 다시 아브라함에게로 돌아가서 아브라함에게 주어진 약속을 주제로 논증을 전개한다. 바울은 창세기(창22:18)의 "또 네 씨로 말미암아 천하 만민이 복을 받으리니…"라는 말씀에서 단수로 쓰인 '씨'(זֶרַע)를 예수님에게 적용하여 아브라함에게 모든 민족이 복을 받으리라는 하나님의 약속이 예수님으로 말미암아 실현되었다는 논리를 전개한다.

사람끼리 맺은 약속도 함부로 어길 수 없다. 그런데 율법이 주어지기 430년 전에 하나님께서 아브라함과 맺으신 계약이 파기될 리가 없다. 아브라함과의 약속은 예수 그리스도에게서 실현되었으며, 모든 이방인들은 믿음을 통하여 아브라함에게 약속한 복에 참여하여 하나님의 자녀가 될 수 있다.

바울은 이방인들도 유대교 율법을 지키지 않고 믿음으로 하나님의 자녀가 될 수 있다는 사실을 설득력 있게 전달하기 위하여 할 수 있는 여러 방법으로 논증을 전개하고 있다.

❼ 초등교사

【•】 23 믿음이 오기 전에 우리는 율법 아래에 매인 바 되고 계시될 믿음의 때까지 갇혔느니라 24 이같이 율법이 우리를 그리스도께로 인도하는 초등교사가 되어 우리로 하여금 믿음으로 말미암아 의롭다 함을 얻게 하려 함이라 25 믿음이 온 후로는 우리가 초등교사 아래에 있지 아니하도다

바울은 율법의 기능과 목적을 예수님께로 인도하는 초등교사와 같다고 설명한다. 율법의 역할과 기능은 예수님께서 오시기 이전까

지이며, 예수님께서 오신 이후에는 예수님을 믿는 믿음으로 말미암아 의롭다함을 얻어야 한다. 이제는 더 이상 초등교사인 율법에 매일 필요가 없다. 예수님을 믿는 믿음을 전제로 하는 새로운 계약법인 복음에는 옛계약법의 요청이 배제된 것이 아니라 완성적으로 포함되어 있기 때문이다.

❽ 세례를 받은 자

【•】 26 너희가 다 믿음으로 말미암아 그리스도 예수 안에서 하나님의 아들이 되었으니 27 누구든지 그리스도와 합하기 위하여 세례를 받은 자는 그리스도로 옷 입었느니라

갈라디아서에서 유일하게 세례를 언급하고 있은 본문은 이곳이다. 세례받을 자격은 믿음을 통해서 하나님의 아들이 된 사람들에게 주어진다. 세례를 통하여 그리스도와 연합된다는 말은 무슨 뜻일까? 이제 새로운 계약공동체인 교회의 회원이 된다는 뜻이다. 교회는 그리스도의 몸이기 때문이다.(엡1:23, 골1:18) 계약공동체의 회원이 되어 계약법을 지키려면 예수님을 그리스도로 믿는 믿음을 통하여 거듭나야 가능하다. 세례를 받은 자는 그리스도로 옷을 입었다는 말은 무슨 뜻일까? 지금까지는 옛사람이라는 옷을 입고 세상에 속하였지만 이제는 그리스도로 거듭난 새사람이 되어 새로운 계약공동체에 속해야 한다는 뜻이다.

새로운 계약공동체인 교회는 어떤 곳일까?

❾ 예수님 안에서 하나

【•】 28 너희는 유대인이나 헬라인이나 종이나 자유인이나 남자나 여자나 다 그리스도 예수 안에서 하나이니라 29 너희가 그리스도의 것이면 곧 아브라함의 자손이요 약속대로 유업을 이을 자니라

28절은 바울의 신학에서 대단히 중요한 비중을 차지한다. 그 이유는 인간을 가로막는 모든 장벽을 허물고 있기 때문이다. 당시 유대인 남자들에게는 감사할 조건이 세 가지가 있었는데, 이방인이 아니라 유대인으로 태어난 것, 노예가 아니라 자유인으로 태어난 것,

여자가 아니라 남자로 태어난 것 등이 그것이다. 그런데 바울은 유대인의 이런 우월주의적인 가치관을 완전히 뒤집어 놓았다. 교회는 유대인과 이방인, 노예와 자유인, 남자와 여자 등의 차별과 장벽이 다 무너진 곳이다. 지금은 이런 것들이 당연시되지만 그 당시에는 이런 평등 개념 자체가 아직 없었다.

바울은 어떻게 이런 생각을 할 수 있었을까? 그는 구약의 계약법의 핵심에 정통했기 때문에 가능했다고 할 수 있다. 계약법에 의하면 하나님께서는 계약공동체에게 "내가 거룩하니 너희도 거룩하라!"고 누누이 당부하신다.[129] 무엇이 거룩함일까? 자칫 세속으로부터의 초월이나 윤리적인 완벽함으로 오해하기 쉽다. 그런데 계약법에서는 신분, 지위, 빈부의 격차가 없는 평등한 삶을 거룩함이라고 한다. 신명기와 포로기 이전에 활동했던 예언자들은 거룩함을 평등으로 이해하고 이를 저버린 왕과 고위관리, 제사장들을 향하여 계약위반이라고 고발했다.

예수님을 믿는 사람들은 아브라함의 후손이며, 하나님께서 아브라함에게 하신 약속, 즉 "세상 모든 민족이 너와 네 자손으로 말미암아 복을 받으리라"는 약속을 상속받는다. 유대인만 아브라함의 자손이라는 특권은 이제 더이상 존재하지 않으며, 아브라함에게 주어진 약속의 대상도 유대인만이 아니라 세상 모든 사람들이다. 유대인이었던 바울, 바리새인 중의 바리새인이었던 바울, 교회를 박해하는 일에 앞장섰던 바울, 그런데 그는 어떻게 이런 말을 할 수가 있었을까? 다메섹 도상에서 예수님을 그리스도로 만나면서 바울은 이렇게 바뀌고 말았다.

갈라디아 교인들을 설득하기 위한 바울의 논증은 계속 이어진다.

---

129) 레위기의 성결법전(17~26장)의 주제이다.

물음 45 바울, 갈라디아 교인들을 어떻게 설득했는가?(2)

본문 〈 4:1~31 〉

1 내가 또 말하노니 유업을 이을 자가 모든 것의 주인이나 어렸을 동안
에는 종과 다름이 없어서
2 그 아버지가 정한 때까지 후견인과 청지기 아래에 있나니
3 이와 같이 우리도 어렸을 때에 이 세상의 초등학문 아래에 있어서 종
노릇 하였더니
4 때가 차매 하나님이 그 아들을 보내사 여자에게서 나게 하시고 율법
아래에 나게 하신 것은
5 율법 아래에 있는 자들을 속량하시고 우리로 아들의 명분을 얻게 하려
하심이라
6 너희가 아들이므로 하나님이 그 아들의 영을 우리 마음 가운데 보내사
아빠 아버지라 부르게 하셨느니라
7 그러므로 네가 이 후로는 종이 아니요 아들이니 아들이면 하나님으로
말미암아 유업을 받을 자니라
8 그러나 너희가 그 때에는 하나님을 알지 못하여 본질상 하나님이 아닌
자들에게 종 노릇 하였더니
9 이제는 너희가 하나님을 알 뿐 아니라 더욱이 하나님이 아신 바 되었
거늘 어찌하여 다시 약하고 천박한 초등학문으로 돌아가서 다시 그들
에게 종 노릇 하려 하느냐
10 너희가 날과 달과 절기와 해를 삼가 지키니
11 내가 너희를 위하여 수고한 것이 헛될까 두려워하노라
12 형제들아 내가 너희와 같이 되었은즉 너희도 나와 같이 되기를 구하
노라 너희가 내게 해롭게 하지 아니하였느니라
13 내가 처음에 육체의 약함으로 말미암아 너희에게 복음을 전한 것을
너희가 아는 바라
14 너희를 시험하는 것이 내 육체에 있으되 이것을 너희가 업신여기지도
아니하며 버리지도 아니하고 오직 나를 하나님의 천사와 같이 또는 그

리스도 예수와 같이 영접하였도다
15 너희의 복이 지금 어디 있느냐 내가 너희에게 증언하노니 너희가 할 수만 있었더라면 너희의 눈이라도 빼어 나에게 주었으리라
16 그런즉 내가 너희에게 참된 말을 하므로 원수가 되었느냐
17 그들이 너희에게 대하여 열심 내는 것은 좋은 뜻이 아니요 오직 너희를 이간시켜 너희로 그들에게 대하여 열심을 내게 하려 함이라
18 좋은 일에 대하여 열심으로 사모함을 받음은 내가 너희를 대하였을 때뿐 아니라 언제든지 좋으니라
19 나의 자녀들아 너희 속에 그리스도의 형상을 이루기까지 다시 너희를 위하여 해산하는 수고를 하노니
20 내가 이제라도 너희와 함께 있어 내 언성을 높이려 함은 너희에 대하여 의혹이 있음이라
21 내게 말하라 율법 아래에 있고자 하는 자들아 율법을 듣지 못하였느냐
22 기록된 바 아브라함에게 두 아들이 있으니 하나는 여종에게서, 하나는 자유 있는 여자에게서 났다 하였으며
23 여종에게서는 육체를 따라 났고 자유 있는 여자에게서는 약속으로 말미암았느니라
24 이것은 비유니 이 여자들은 두 언약이라 하나는 시내 산으로부터 종을 낳은 자니 곧 하갈이라
25 이 하갈은 아라비아에 있는 시내 산으로서 지금 있는 예루살렘과 같은 곳이니 그가 그 자녀들과 더불어 종 노릇 하고
26 오직 위에 있는 예루살렘은 자유자니 곧 우리 어머니라
27 기록된 바 잉태하지 못한 자여 즐거워하라 산고를 모르는 자여 소리 질러 외치라 이는 홀로 사는 자의 자녀가 남편 있는 자의 자녀보다 많음이라 하였으니
28 형제들아 너희는 이삭과 같이 약속의 자녀라
29 그러나 그 때에 육체를 따라 난 자가 성령을 따라 난 자를 박해한 것 같이 이제도 그러하도다
30 그러나 성경이 무엇을 말하느냐 여종과 그 아들을 내쫓으라 여종의 아들이 자유 있는 여자의 아들과 더불어 유업을 얻지 못하리라 하였느니라
31 그런즉 형제들아 우리는 여종의 자녀가 아니요 자유 있는 여자의 자녀니라

바울은 3장에 이어 4장에서도 갈라디아 교인들을 설득하기 위하여 누구나 알 수 있는 이야기로 논증을 전개한다.

❶ 어렸을 동안에는

【•】 1 내가 또 말하노니 유업을 이을 자가 모든 것의 주인이나 어렸을 동안에는 종과 다름이 없어서 2 그 아버지가 정한 때까지 후견인과 청지기 아래에 있나니 3 이와 같이 우리도 어렸을 때에 이 세상의 초등학문 아래에 있어서 종 노릇 하였더니

바울은 어린아이가 어른이 되는 과정을 통해서 율법과 복음의 관계를 설명하고 있다. 고대에는 지금보다 소년이 어른이 되는 과정이 뚜렷하였다. 유대와 헬라와 로마의 문화권에서 각기 어른이 되는 과정은 다음과 같다.

- 유대 세계에서는, 소년이 12세의 생일을 지나면, 바로 돌아오는 안식일에 아버지가 그 소년을 회당으로 데리고 갔으며, 거기에서 그 소년은 율법의 아들이 되었다. 그러면 아버지는 "오 하나님 감사합니다. 당신은 나에게서 이 아이에 대한 책임을 거두어 가셨나이다."라고 감사의 기도를 드렸다. 그 소년은 한편 이러한 기도를 드렸다. "나의 하나님! 그리고 나의 조상의 하나님이시여! 나를 어린이로부터 어른이 되게 하시는 이 엄숙하고도 거룩한 날에, 나는 겸손히 눈을 들어 당신을 보오며, 이후로 나는 당신의 계명을 지키며, 당신께 대한 나의 행위에 대하여 책임을 지며 의무를 다할 것을 성실과 진실함을 가지고 선언합니다." 거기에는 어린이의 생활에서 구분시키는 분명한 줄이 있었다. 하룻밤 사이에 소년은 장년이 되었다.[130)]
- 헬라세계에서 소년은 일곱 살에서 열여덟 살이 되기까지 아버지의 보호하에 있었다. 열여덟 살이 되면 에페보스(ephebos)가 되는데, 그 말은 후보생(cadet)이라고 번역할 수 있다. 그리하여 2년 동안 국가의 관리하에 있게 된다. 아덴 시민들은 열 프라트리아이(phratriai), 즉 열 씨족으

130) 바클레이, 「갈라디아」, p. 65.

로 나뉘어져 있었다. 젊은이는 에페보스가 되기 전에 아파투리아(Apatouria)라는 축제에서, 어느 한 씨족에 속하게 되는데, 그 의식에서 그 젊은이는 그의 긴 머리카락을 잘라 신들에게 바쳤다. 헬라에서도 유대와 마찬가지로 장년이 되는 과정이 매우 뚜렷하였다.[131)]

- 로마법에서는 소년이 장년이 되는 나이를 뚜렷하게 고정해 놓지 않고 있다. 그러나 대개 열네 살에서 열일곱 살 사이이다. 리베랄리아(Liberalia)라고 하는 가족 내의 거룩한 의식에서 소년은 자색의 띠가 아랫단에 둘려진 긴 겉옷인 토가 프래텍스타(toga prætexta)를 벗고, 어른들이 입는 아무 장식이 없는 긴 겉옷인 토가 비릴리스(toga virilis)를 입는다. 그리고서 그는 친구들이나 친척들에게 이끌려 광장으로 가서 공적인 생활에 들어가도록 정식으로 소개받는다. 그것은 본질적으로는 종교적 의식이었다. 여기서도 마찬가지로 소년이 성인이 되는 뚜렷한 날이 있었던 것이다. 로마의 관습에 보면 소년이나 소녀가 자라서 어른이 되는 날에, 소년은 공을, 소녀는 인형을 아폴로신에게 바쳤는데 그것은 자기들의 어렸을 때의 것들을 버린다는 것을 의미했다. 법률의 견지에서 볼 때 소년이 아직 미성년이며, 실제로는 막대한 재산을 가졌다 하더라도 법적으로는 아무런 권리도 행사할 수 없었다. 자신의 생활도 관리할 수 없었으며, 모든 일에 있어서 그는 간섭을 받아야만 했다. 따라서 구체적인 문제에 대해서는 아무런 자유가 없었으며 오히려 노예와 같았다. 그러나 어른이 되는 날에는 모든 재산을 관리할 수 있었으며 인간으로서의 자유를 향유할 수 있었다.[132)]

바울은 율법 조항을 지키는 신앙을 종과 미성년자와 초등학문으로 비유했다. 미성년자는 부모의 보호를 받아야 하며 자신이 재량껏 할 수 있는 일이 없다. 또 초등학문(στοιχεῖον)은 영어를 배울 때 ABC에 해당된다. 따라서 율법 조항에 매인 종과 미성년자는 아직 하나님의 아들로서의 역할도 하지 못할 뿐만 아니라 그 수준이 아직 문맹에서 벗어나지 못한 상태에 불과하다.

---

131) 앞의 책, p.65.

132) 앞의 책, p.66.

❷ 종과 자녀

【•】 4 때가 차매 하나님이 그 아들을 보내사 여자에게서 나게 하시고 율법 아래에 나게 하신 것은 5 율법 아래에 있는 자들을 속량하시고 우리로 아들의 명분을 얻게 하려 하심이라 6 너희가 아들이므로 하나님이 그 아들의 영을 우리 마음 가운데 보내사 아빠 아버지라 부르게 하셨느니라 7 그러므로 네가 이 후로는 종이 아니요 아들이니 아들이면 하나님으로 말미암아 유업을 받을 자니라

하나님의 아드님이신 예수님께서 인간으로 오신 목적은 율법조항 신앙에서 벗어나 하나님의 아들이 되게 하기 위함이었다. 이제 믿음으로 하나님의 아들이 된 사람들에게는 성령을 보내주셔서 하나님을 아빠 아버지라 부르게 하신다. '아빠'(Ἀββᾶ)는 예수님께서 사용하신 아람어를 그대로 옮긴 것인데, 하나님의 아들임을 강조하기 위함이다. 따라서 이제는 종이나 미성년자가 아니기 때문에 하나님의 유업을 이어받을 자, 바꾸어 말하면 이 세상에서 하나님의 일을 대신할 자이다.

계약공동체인 교회는 이 세상에서 하나님의 일을 대행하는 기관이다. 하나님께서는 교회가 그 역할을 하기를 기대하신다. 코로나 사태로 교회의 예배와 활동이 중지된 것은 결코 우연이 아니다. 교회가 교회로서의 역할을 못하고 있어서 하나님께서 교회를 폐기 처분하시는 중이다. 하나님의 음성은 신비한 계시를 통해서만 들려오지 않는다. 그보다는 역사의 정황 속에 하나님의 말씀이 들어있다. 예수님께서는 일기는 보면서 시대를 볼 줄 모르는 서기관들을 소경된 인도자라고 책망하시며 저주를 선언하셨다. 코로나 사태와 환경파괴로 말미암은 대멸종 위기 등을 통해서 들려오는 하나님의 음성에 귀를 기울여야 한다. 이를 듣고 대안을 고민하는 사람은 하나님의 아들이요, 이를 듣지 못하고 구습에 젖어 주님 오실 날이나 기다리는 사람은 아직 종에 불과하다.

고대로부터 신정론(神正論 Deodicy)[133]이라는 물음이 있었다.

이 물음은 하나님이 전능하고 선하다면 왜 이 세상에서는 악인이 흥하며 선한 자들이 고통을 당하는가, 바꾸어 말하면 하나님이 하나님 노릇 제대로 하고 있는가 하는 주제를 대상으로 한다. 그런데 그 결론은 하나님은 옳은데 우리가 이해하지 못하고 있다는 식으로 결론을 내린다. 악인이 잠시 흥하지만 곧 망하며 그들은 현세나 혹은 내세에 심판을 받는다는 말이 대표적인 신정론의 대답이지만 의문이 완전히 해소되지 않은 채로 남는다. 이런 이유로 신정론은 불가지론(不可知論)이나 무신론(無神論)으로 이어지기도 한다. 이 문제를 직접 다루는 성경은 하박국과 욥기이다. 신정론은 영원히 풀 수 없는 수수께끼로 남아 있다.

이런 신정론을 계약법으로 해석하면 어떻게 될까? 계약법에 의하면 이 세상의 악과 불의, 온갖 고통의 문제들은 하나님께서 혼자 알아서 처리하셔야 할 대상이 아니라, 하나님과 계약을 맺은 계약공동체가 하나님을 대신하여 해결해야 한다. 그런데 계약공동체였던 유대인들은 신정론적인 신앙에 빠져서 메시아가 오면 다 해결한다는 식으로 생각하며 메시아가 오시기만을 기다렸다. 기독교도 다르지 않았다. 예수님께서 다시 오시면 세상의 모든 악을 심판하시고 믿는 자들을 하늘나라로 데려간다고 믿으며 또 메시아 기다림의 신앙에 빠져버리고 말았다. 그 결과 어떻게 되었는가? 계약공동체인 교회는 이제 필요가 없어져서 지금 폐기되는 중이다.

현세를 등지고 내세 천국과 영혼 구원에 치중하며, 의심하지 않고 믿음으로 기다리는 것만이 능사가 아니다. 세상을 등지지 말고 직시하며 하나님을 대신하여 세상의 악의 문제를 해결해 나가야 한다. 하나님께서는 그런 공동체에 함께하셔서 계약법을 실현하겠다고 약속하셨다. 구약성경의 초자연적인 기적이나 거룩한 전쟁의 이야기들은 다 이런 약속의 실현과 관련되어 있다. 바울은 하나님의

133) 신의론(神義論), 변신론(辯神論), 호신론(護神論)이라고도 한다.

아들이 하나님의 상속자라는 말로 계약법 신앙을 설명했다. 세상 만물이 탄식하며 하나님의 아들들이 나타나서 세상의 온갖 문제들을 해결해 주기를 기다리고 있다.(롬8:19~23)

❸ 초등학문

【•】 9 이제는 너희가 하나님을 알 뿐 아니라 더욱이 하나님이 아신 바 되었거늘 어찌하여 다시 약하고 천박한 초등학문으로 돌아가서 다시 그들에게 종 노릇 하려 하느냐 10 너희가 날과 달과 절기와 해를 삼가 지키니 11 내가 너희를 위하여 수고한 것이 헛될까 두려워하노라

유대교는 초하루, 월삭(月朔), 안식일, 특별행사가 있는 달, 절기, 안식년 등을 지키는 형식에 매여 있었다. 본래 안식일, 안식년, 절기 등에는 계약법의 핵심이 들어있었으나 그 정신은 사라지고 형식에 치우쳤기 때문이다. 갈라디아 교인들은 다른 복음을 전하는 자들의 설득에 넘어가서 이런 형식을 따르고 있었다. 이에 바울은 유대교 율법 조항에 매인 종의 신앙에서 벗어나 상속자 아들의 신앙을 가지도록 무진 애를 썼는데, 이제 그 수고가 물거품이 되게 생겼음을 안타깝게 여기며, 종 노릇과 천박한 초등학문으로 다시 돌아가지 말라고 호소하고 있다.

❹ 형제들아

【•】 12 형제들아 내가 너희와 같이 되었은즉 너희도 나와 같이 되기를 구하노라 너희가 내게 해롭게 하지 아니하였느니라 13 내가 처음에 육체의 약함으로 말미암아 너희에게 복음을 전한 것을 너희가 아는 바라 … 15 너희의 복이 지금 어디 있느냐 내가 너희에게 증언하노니 너희가 할 수만 있었더라면 너희의 눈이라도 빼어 나에게 주었으리라

1차 선교할 때 바울이 밤빌리아에서 비시디아 안디옥으로 가는 길은 멀고도 대단히 험난했다. 몸이 약한 바울은 이곳을 지나다가 풍토병에 걸려 많은 고생을 했고, 갈라디아 지역에 도착했을 때에는 환자였다. 그러나 갈라디아인들은 바울을 극진히 대해 주었었다. 바울은 이런 경험담을 기초로 갈라디아 교인들을 "형제들아!"라고 부르며 다른 복음에 미혹되지 말고 바른 복음으로 돌아오라고 호소하고 있다. 갈라디아서를 읽어보면 바울은 할 수 있는 모든 논증과 방법을 다 끌어들여 끝까지 포기하지 않고 설득하고 있음을 알 수있다. 그는 포기를 모르는

사람이었다. 바울의 이런 설득은 끝을 모르고 계속된다.

❺ 나의 자녀들아

【•】 19 나의 자녀들아 너희 속에 그리스도의 형상을 이루기까지 다시 너희를 위하여 해산하는 수고를 하노니 … 22 기록된 바 아브라함에게 두 아들이 있으니 하나는 여종에게서, 하나는 자유 있는 여자에게서 났다 하였으며 … 28 형제들아 너희는 이삭과 같이 약속의 자녀라 … 31 그런즉 형제들아 우리는 여종의 자녀가 아니요 자유 있는 여자의 자녀니라

바울은 '형제들아!' 라는 호칭에 이어 '나의 자녀들아!'라는 말을 쓰고 있는데, 이 구절은 그의 서신에서 이곳에만 나오고 있다. 그만큼 바울은 최선을 다하고 있다. 이어서 바울은 아브라함의 두 아들에 대하여 설명하는데, 본처와 후처, 종의 아들과 자유인의 아들을 차별하는 듯하여 오늘 우리가 듣기에는 좀 거북할 수 있다. 그런데 이런 해석은 당시 유대교 랍비들이 주로 쓰던 방식이다. 랍비들은 오랫동안 성경을 해석하면서 나름대로 해석학을 발전시켰다.[134] 그런데 그중에서 은유적인 해석이 가장 높은 단계의 해석이었다. 바울은 가말리엘 문하에서 공부한 랍비여서 이런 방법에 익숙했었다. 지금 여기서 아브라함, 사라, 하갈, 이스마엘 그리고 이삭의 이야기 등에 대한 해석은 랍비들이 사용하는 은유적인 해석이어서 이 본문을 다룰 때는 문자대로 해석하지 말고 이를 염두에 두어야 한다. 종인 하갈과 이스마엘은 율법으로, 자유인인 사라와 이삭은 복음으로 해석한 것은 랍비들이 사용하는 은유이다.

바울은 갈라디아 교인들이 다시 율법으로 돌아가 노예 신앙에 머물지 말고 복음으로 돌아와 아들의 믿음을 가지라는 것을 강조하기 위하여 이런 은유까지 동원했다고 생각하면 무리가 없으리라고 생각된다. 지금까지는 갈라디아서의 전반부에 해당되는데, 여기서는

134) •페샷(Peshat) : 단순한 축어적인 의미, •레마즈(Remaz) : 암시적인 의미, •데루슈(Derush) : 연구에 의해 전개되며, 연역되어지는 의미, •소드(Sod) : 은유적인 의미 등이다.(바클레이, p.75.)

다양한 신학적인 논증을 통하여 갈라디아 교인들을 설득했다.

그런데 후반부에서는 무엇을 말할까?

물음 46 갈라디아서 후반부, 논증의 결론은 무엇일까?

본문 〈 5:1~12 〉

1 그리스도께서 우리를 자유롭게 하려고 자유를 주셨으니 그러므로 굳건하게 서서 다시는 종의 멍에를 메지 말라

2 보라 나 바울은 너희에게 말하노니 너희가 만일 할례를 받으면 그리스도께서 너희에게 아무 유익이 없으리라

3 내가 할례를 받는 각 사람에게 다시 증언하노니 그는 율법 전체를 행할 의무를 가진 자라

4 율법 안에서 의롭다 함을 얻으려 하는 너희는 그리스도에게서 끊어지고 은혜에서 떨어진 자로다

5 우리가 성령으로 믿음을 따라 의의 소망을 기다리노니

6 그리스도 예수 안에서는 할례나 무할례나 효력이 없으되 사랑으로써 역사하는 믿음뿐이니라

7 너희가 달음질을 잘 하더니 누가 너희를 막아 진리를 순종하지 못하게 하더냐

8 그 권면은 너희를 부르신 이에게서 난 것이 아니니라

9 적은 누룩이 온 덩이에 퍼지느니라

10 나는 너희가 아무 다른 마음을 품지 아니할 줄을 주 안에서 확신하노라 그러나 너희를 요동하게 하는 자는 누구든지 심판을 받으리라

11 형제들아 내가 지금까지 할례를 전한다면 어찌하여 지금까지 박해를 받으리요 그리하였으면 십자가의 걸림돌이 제거되었으리니

12 너희를 어지럽게 하는 자들은 스스로 베어 버리기를 원하노라

바울은 그의 서신을 마무리할 때 늘 윤리적인 권고를 하고 있

다.[135] 윤리와 실천은 모든 사상에서 가장 큰 비중을 차지한다. 윤리와 실천으로 이어지지 않는다면 아무리 위대한 사상이라 해도 아무짝에도 쓸모가 없다. 바울은 이제 갈라디아서에서 어떤 윤리와 어떤 실천을 제시하고 있을까?

❶ 자유를 잃지 마라

【•】 1 그리스도께서 우리를 자유롭게 하려고 자유를 주셨으니 그러므로 굳건하게 서서 다시는 종의 멍에를 메지 말라

바울은 무엇보다도 먼저 자유하라고 권하고 있다. 왜 자유를 먼저 언급했을까? 그 시대에는 인간을 얽어매는 요소가 너무 많았다. 우상 종교의 구속, 악한 세력, 문화적인 차이, 신분과 지위, 남녀의 차별, 빈부의 격차, 정치적인 억압 등이 일반화되어 있었고, 유대교에서는 율법 조항들이 자유를 억압하고 있었다. 예수님께서 오신 목적 중에는 이런 모든 억압에서 벗어나 진정한 자유를 주시기 위함이 들어있다. 복음의 특징 중 하나는 진정한 자유함이다.

바울은 구체적으로 어떤 자유함을 언급하고 있을까?

❷ 할례를 받지 말라

【•】 2 보라 나 바울은 너희에게 말하노니 너희가 만일 할례를 받으면 그리스도께서 너희에게 아무 유익이 없으리라 … 11 형제들아 내가 지금까지 할례를 전한다면 어찌하여 지금까지 박해를 받으리요 그리하였으면 십자가의 걸림돌이 제거되었으리니

바울은 앞에서 누차 할례를 언급했는데, 왜 또 할례를 받지 말라고 권고하고 있을까? 할례를 받으면 율법 전체를 지킬 의무를 져야 하므로(5:3) 자유함을 잃게된다. 다른 복음을 전하는 자들은 갈라디아 교인들에게 할례를 받아야 한다고 강조했다. 할례가 유대인들에게는 그들의 정체성과 직결되어 있어서 포기할 수 없는 중대사였다. 유대적 기독교인을 사도행전(11:2)에서는 할례자라고 부르고 있으

135) 로마서의 경우도 11장까지는 신학적인 논증이지만 12장 부터는 윤리와 실천을 다루고 있다.

며, 바울은 이방인과 유대인을 무할례자와 할례자로 구분하고 있다.(갈2:7)

바울은 더 강하게 권고하기 위하여 할례 문제 때문에 자신이 박해받고 있음을 말하고 있다. 그 당시의 교회 지도자 중에서 바울이 유독 박해의 대상이 된 이유는 바울은 이방인들에게는 할례를 비롯한 유대교 율법을 지키라고 해서는 안 된다는 주장을 굽히지 않았기 때문이다. 그 이유는 바울은 이 문제에 기독교의 사활이 걸려있다는 사실을 확신했기 때문이다. 마찬가지로 유대인들은 할례에 유대교의 정체성이 달려있다고 믿어 의심하지 않았다. 바울은 할례 문제 때문에 교회 밖에서는 유대인들로부터 여러 번 죽을 고비를 넘겼고, 교회 안에서는 유대적 그리스도인들에게서 이단으로 취급받았으며 선교에 많은 어려움을 겪어야 했다. 바울은 자신이 이런 어려움에 처한 이유가 할례 문제 때문이며, 이를 고집하지 않으면 아무런 비난도 받을 일이 없다는 것을 누구보다 잘 알고 있었다. 그럼에도 불구하고 바울은 소신을 굽히지 않았고 그 결과 기독교는 유대교로부터 독립할 수 있었다.

❸ 스스로 베어버리라

【●】 12 너희를 어지럽게 하는 자들은 스스로 베어 버리기를 원하노라

브루기아와 인접해 있는 갈라디아에서 당시 가장 널리 알려진 신은 시빌리(Cybele) 여신이었는데, 그 신을 섬기는 제사장이나 신앙에 심취한 성도들 중에는 스스로 거세하는 자들이 있었다. 당시 갈라디아 사람들은 이런 사실을 잘 알고 있었다. 이를 염두에 둔 바울은 할례를 끝까지 포기하지 못하는 자들에게 스스로 베어 버리는 게 좋겠다고 말하고 있다. 바울이 이렇게 말한 이유는 할례를 고집하는 것은 마치 이방신을 섬기는 자들과 다를 바 없다는 것을 우회적으로 지적하기 위함이었다. 바울은 할례나 유대교 율법 실천을 이방인들에게 요구하는 것은 복음의 핵심을 그르칠 뿐만 아니라 종국에 가서

는 복음을 사장(死藏)시킨다고 확신했기 때문에 온갖 어려움을 겪으면서도 끝까지 소신을 굽히지 않고 고군분투했다. 바울의 통찰력과 결단력에 놀랄 뿐이다. 누가는 바울의 이런 활동을 기록으로 남겨서 오늘 우리에게 전해주고 있다.

물음 47 성령의 열매, 무엇을 말하고 있을까?

본문 〈 5:13~26 〉

13 형제들아 너희가 자유를 위하여 부르심을 입었으나 그러나 그 자유로 육체의 기회를 삼지 말고 오직 사랑으로 서로 종 노릇 하라

14 온 율법은 네 이웃 사랑하기를 네 자신 같이 하라 하신 한 말씀에서 이루어졌나니

15 만일 서로 물고 먹으면 피차 멸망할까 조심하라

16 내가 이르노니 너희는 성령을 따라 행하라 그리하면 육체의 욕심을 이루지 아니하리라

17 육체의 소욕은 성령을 거스르고 성령은 육체를 거스르나니 이 둘이 서로 대적함으로 너희가 원하는 것을 하지 못하게 하려 함이니라

18 너희가 만일 성령의 인도하시는 바가 되면 율법 아래에 있지 아니하리라

19 육체의 일은 분명하니 곧 음행과 더러운 것과 호색과

20 우상 숭배와 주술과 원수 맺는 것과 분쟁과 시기와 분냄과 당 짓는 것과 분열함과 이단과

21 투기와 술 취함과 방탕함과 또 그와 같은 것들이라 전에 너희에게 경계한 것 같이 경계하노니 이런 일을 하는 자들은 하나님의 나라를 유업으로 받지 못할 것이요

22 오직 성령의 열매는 사랑과 희락과 화평과 오래 참음과 자비와 양선과 충성과

23 온유와 절제니 이같은 것을 금지할 법이 없느니라

24 그리스도 예수의 사람들은 육체와 함께 그 정욕과 탐심을 십자가에

못 박았느니라
25 만일 우리가 성령으로 살면 또한 성령으로 행할지니
26 헛된 영광을 구하여 서로 노엽게 하거나 서로 투기하지 말지니라

바울은 갈라디아서뿐만 아니라 그의 서신에서 육체의 소욕과 성령의 열매를 구분하여 윤리적인 영육 이원론을 전개하고 있다. 근원에서는 영육 일원론의 입장이지만 윤리와 실천에서는 영육 이원론을 적극 활용한다. 이를 혼동하지 말아야 한다. 윤리적인 권고에서는 선과 악을, 육체의 소욕과 성령의 열매를 구분할 수밖에 없다. 근원적인 이원론과 윤리적인 이원론은 엄연히 다르므로 구분할 필요가 있다. 헬라문화나 영지주의자들의 영육 이원론은 근원적인 이원론에 기초하고 있다.

❶ 서로 종노릇 하라

【•】 13 형제들아 너희가 자유를 위하여 부르심을 입었으나 그러나 그 자유로 육체의 기회를 삼지 말고 오직 사랑으로 서로 종 노릇 하라 14 온 율법은 네 이웃 사랑하기를 네 자신 같이 하라 하신 한 말씀에서 이루어졌나니

"사랑으로 서로 종노릇 하라", "네 이웃 사랑하기를 네 자신 같이 하라"는 말씀은 구체적으로 무엇을 어떻게 하라는 뜻일까? 마태복음에서는 이렇게 말하고 있다.

나는 너희에게 이르노니 악한 자를 대적하지 말라 누구든지 네 오른편 뺨을 치거든 왼편도 돌려 대며 또 너를 고발하여 속옷을 가지고자 하는 자에게 겉옷까지도 가지게 하며 또 누구든지 너로 억지로 오 리를 가게 하거든 그 사람과 십 리를 동행하고 네게 구하는 자에게 주며 네게 꾸고자 하는 자에게 거절하지 말라(마5:39~42)

이런 말씀을 읽다 보면 "과연 실천가능하며 현실성이 있을까?"하는 생각을 금할 길이 없으며, 누구도 이 말씀을 실천하라고 설교하지 않는다. 그런데 마태는 왜 이런 말씀을 기록해 놓았을까? 실천가능성은 없지만 하늘나라의 윤리를 보여주기 위해서 기록한 것일

까?

이 말씀은 세상 모든 사람들을 대상으로 실천하라는 윤리가 아니라 계약공동체 내에서 실천하라는 윤리이다. 그렇다면 계약공동체 내에서는 이 말씀을 어떻게 실천해야 하는가? 이 말씀은 일종의 반어법이다. 누구도 악한 자가 되지 말며, 오른 뺨을 맞을 일을 하지 말며, 아무 것도 요구하거나 부담을 주지 말며, 경제적인 문제에서 스스로 해결할 뿐만 아니라 스스로 해결할 수 없는 사람들의 문제를 자기 문제로 여기고 도우라는 뜻이다. 바울은 이런 자세를 몸소 보여주기 위하여 육체노동을 통한 자력선교를 실천하고 가난한 자를 도우면서 주는 자가 받는 자 보다 복되다고 가르쳤다. 바울이야 말로 신학적인 문제에서뿐만 아니라 윤리적인 측면에서도 복음의 핵심을 누구보다 정확하게 이해했고 실천했으며 "나를 본받으라!"고 당당하게 말했다. 바울과 같이 말할 수 있는 사람이 또 있을지 의문이다.

성경의 기록들을 문자로만 보지 말고 그 전체에서 통합적으로 보아야 한다. 바울은 이를 의문은 죽이는 것이요 영은 살리는 것이라고 했다.(고후3:6)

❷ 육체와 성령

【•】 17 육체의 소욕은 성령을 거스르고 성령은 육체를 거스르나니 이 둘이 서로 대적함으로 너희가 원하는 것을 하지 못하게 하려 함이니라

바울은 무엇을 말하기 위하여 육체와 성령을 대비하고 있을까? 단순히 인간의 내면과 윤리의 일반적인 문제를 다루기 위함일까? 아니다. 할례와 율법 조항에 치중한 유대교와 성령의 인도하심을 받는 기독교의 윤리를 대비하고 있다. 그가 이런 방식으로 윤리를 전개할 수 있는 이유는 유대교의 바리새인 중의 바리새인으로서 율법 조항의 정신을 실천하려고 부단히 노력하다가 결국 실패한 경험 때문이다. 바울은 자신의 이런 내면의 실패에 대하여 로마서(7장)에서

솔직하게 고백하고 있다. 동시에 바울은 성령의 도우심으로 내면의 문제가 해결되었음을 경험으로 확인했다.(롬8장) 이런 이유로 바울은 육체(유대교)와 성령(기독교)를 대비시키고 있다.

이제 바울이 이 둘을 어떻게 대비시키는지 살펴보고자 한다.

❸ 육체의 소욕

【•】 19 육체의 일은 분명하니 곧 음행과 더러운 것과 호색과 20 우상숭배와 주술과 원수 맺는 것과 분쟁과 시기와 분냄과 당 짓는 것과 분열함과 이단과 21 투기와 술 취함과 방탕함과 또 그와 같은 것들이라 전에 너희에게 경계한 것 같이 경계하노니 이런 일을 하는 자들은 하나님의 나라를 유업으로 받지 못할 것이요

바울이 열거한 육체의 소욕들이 무슨 뜻이냐에 앞서 어떻게 열여섯이나 되는 이 많은 항목들을 열거할 수 있는지가 의문이다. 반대로 성령의 열매도 아홉 가지로 구분하여 열거하고 있다. 이런 본문들은 무엇을 말하는가? 바울은 자기의 내면 성찰에 충실하며 육체의 소욕들을 극복하려고 무진 애를 썼을 뿐만 아니라 관련된 여러 문제들을 상세하고 치밀하게 분석하고 연구했음을 보여주고 있다.

바울은 바리새인으로 있으면서 이런 소욕들을 이겨내려고 했으나 결국 실패하고 말았다. 이제 더 이상 해결할 방법이 없어서 절망의 한복판에 있을 때 새로운 길이 그에게 열렸다. 다메섹 도상의 회심은 이런 배경에서 가능했다. 물극필반(物極必反)의 원리는 신앙의 세계에서도 물질세계와 마찬가지로 적용된다. 바울은 이렇게 고백한다.

너희가 만일 성령의 인도하시는 바가 되면 율법 아래에 있지 아니하리라

흔히 바울은 행위와 상관없이 믿음만으로의 구원을 말했다고 한다. 그렇게 말하는 듯한 구절들이 있다. 그러나 그와 정반대되는 구절들도 있다. 위의 본문에서는 육체의 소욕에서 벗어나지 못한 자들은 하늘나라를 유업으로 받지 못한다고 분명하게 못박고 있다. 행위

와 실천을 부정하고 믿음만으로 구원받는다는 말은 그 자체가 모순이다.

육체의 소욕 항목 하나하나에 대해서는 관련 서적들에서 충분히 다루고 있으므로 생략하고자 한다.

❹ 성령의 열매

【•】 22 오직 성령의 열매는 사랑과 희락과 화평과 오래 참음과 자비와 양선과 충성과 23 온유와 절제니 이같은 것을 금지할 법이 없느니라

바울에 의하면 인간의 노력으로 유대교 율법 조항을 철저히 실천하려고 하면 육체의 소욕으로부터 벗어날 길이 없을 뿐만 아니라 오히려 반대로 더 솟구친다. 그러나 이제 성령의 지배를 받으면 육체의 소욕을 이겨낼 뿐만 아니라 도무지 인간의 노력으로서는 도달할 수 없는 윤리가 내면에서 솟아 오른다. 이를 위해서는 무엇을 어떻게 해야 하는가?

내가 그리스도와 함께 십자가에 못 박혀 죽어야 한다. 어떻게 내가 십자가에 못 박힐 수 있는가? 자기 극복의 노력을 게을리하지 말고 극단에 이르러 자기 포기에 도달해야 한다. 자기 긍정에서 출발하여 자기 부정에 이르렀을 때 하나님의 긍정을 경험하게 된다. 이를 바울은 "그리스도 예수의 사람들은 육체와 함께 그 정욕과 탐심을 십자가에 못 박았느니라"라고 했다.

❺ 투기하지 말지니라

【•】 26 헛된 영광을 구하여 서로 노엽게 하거나 서로 투기하지 말지니라

인간이 극복하기 가장 어려운 내면의 문제가 무엇일까? 높아지려는 마음이다. 이는 타락한 인간의 속성이며, 악마의 본성이다. 악령은 올라가는 원리이고 반면에 성령은 내려가는 원리이다. 물질세계를 지배하는 기본 원리는 중력, 즉 내려가는 원리다. 중력의 지배를 받기 때문에 모든 천체와 물질의 구성요소인 분자가 공처럼 둥글며, 우주도 구의 형태를 띄고 있다. 왜 모든 물질이 중력의 지배를 받으며

내려갈까? 만물을 지으신 하나님의 속성이 반영되어 있기 때문이다.

민수기는 출애굽한 이스라엘이 광야에서 40년 머물다 실패하며 죽어가는 이야기이다. 왜 여호수아와 갈렙 이외에는 가나안에 들어가지 못했을까? 높아지려는 마음, 자기 생각대로 하려는 마음, 자기들의 기대대로 되어지기를 바라는 마음 때문이었다. 이런 마음을 버리지 않는 한 악령의 지배로부터 결코 벗어나지 못한다.

하나님께로 가는 길은
죽음으로써 살고
버림으로써 얻고
낮아짐으로써 높아지고
비움으로써 채워지고
부정으로써 긍정에 이르는
자기비움의 길입니다

물음 48 바울의 마지막 권고, 무엇일까?

본문 〈 6:1~10 〉

1 형제들아 사람이 만일 무슨 범죄한 일이 드러나거든 신령한 너희는 온유
한 심령으로 그러한 자를 바로잡고 너 자신을 살펴보아 너도 시험을 받
을까 두려워하라
2 너희가 짐을 서로 지라 그리하여 그리스도의 법을 성취하라
3 만일 누가 아무 것도 되지 못하고 된 줄로 생각하면 스스로 속임이라
4 각각 자기의 일을 살피라 그리하면 자랑할 것이 자기에게는 있어도 남

에게는 있지 아니하리니
5 각각 자기의 짐을 질 것이라
6 가르침을 받는 자는 말씀을 가르치는 자와 모든 좋은 것을 함께 하라
7 스스로 속이지 말라 하나님은 업신여김을 받지 아니하시나니 사람이 무엇으로 심든지 그대로 거두리라
8 자기의 육체를 위하여 심는 자는 육체로부터 썩어질 것을 거두고 성령을 위하여 심는 자는 성령으로부터 영생을 거두리라
9 우리가 선을 행하되 낙심하지 말지니 포기하지 아니하면 때가 이르매 거두리라
10 그러므로 우리는 기회 있는 대로 모든 이에게 착한 일을 하되 더욱 믿음의 가정들에게 할지니라

갈라디아서는 마치 독립선언서, 선전포고와 같은 격문이었다. 그런데 이제 마무리에 접어들었다. 바울은 갈라디아서를 어떻게 마무리 짓고 있을까?

❶ 그리스도의 법

【•】 2 … 그리하여 그리스도의 법을 성취하라

바울은 갈라디아서를 마무리 지으면서 '그리스도의 법'(νόμος τοῦ Χριστοῦ)이라는 용어를 쓰고 있는데, 그리스도의 법이라는 용어는 본문에만 나오고 있다.[136] 무슨 뜻일까? 예수님으로 말미암아 맺어진 새계약법을 말한다. 예수님께서 오신 목적은 이스라엘과 맺은 옛계약법을 폐지하고 이를 대신할 새로운 계약을 체결하기 위함이었다. 갈라디아서 6:1~10은 새로운 계약법을 지켜야 할 새로운 계약공동체 생활규칙에 해당된다. 바울은 어떤 규칙들을 제시하고 있을까?

❷ 길동무

【•】 1 형제들아 사람이 만일 무슨 범죄한 일이 드러나거든 신령한 너희는 온유한 심령으로 그러한 자를 바로잡고 너 자신을 살펴보아 너도 시험을 받을까 두려워하라

136) 바울은 로마서에서는 성령의 법(8:2)이라는 용어를 사용한다.

하나님께로 가는 길, 영성의 길은 혼자 가는 길이 아니다. 함께 가는 길이며 서로 길동무가 되어주어야 한다. 바울은 계약공동체에서 같이 거룩한 길을 가다가 지치고 힘들어, 또는 실수하여 넘어지는 동무가 있을 때에는 서로 붙들어 주고 격려하는 길동무가 되라고 권고하고 있다. 영성의 길은 자기 내면속에서 가장 큰 문제와 허물을 보기 때문에 남의 허물을 비난하거나 탓하지 않고 타산지석으로 삼으며 가는 길이다.

❸ 내가 먼저

【•】 2 너희가 짐을 서로 지라 … 5 각각 자기의 짐을 질 것이라

이상적인 공동체 생활을 하는 대표적인 곤충은 꿀벌이다. 벌통 하나에는 수만 마리의 벌이 어울려 살아가는데, 궂은 일, 힘든 일, 위험한 일을 보면 결코 피하거나 주저하지 않고 서로 '내가 먼저'이다. 말벌과 같은 천적이 나타나면 조금도 도망가거나 물러서지 않고 먼저 본 순서대로 방어하다가 죽어간다. 그리고 누가 시키지 않아도 태어난 나이(一齡) 순서대로 각자가 맡은 일에 문자 그대로 최선을 다한다. 늙고 힘이 없어서 일을 할 수가 없게되면 문 앞에서 문지기를 하다가 죽을 때는 짐이 되지 않으려고 벌통 밖으로 나가서 죽는다. 꿀벌은 본능적으로 나보다 우리를 먼저 생각하기 때문에 이상적인 공동체가 가능해진다. 또 꿀벌은 화분 매개를 통하여 농작물의 결실을 가능하게 한다. 꿀벌이 사라지면 인간도 사라질 수밖에 없을 만큼 사람에게 없어서는 안 되는 유익한 곤충이다. 꿀벌을 기르다 보면 사람으로서 배울 점이 너무 많다. 무거운 짐, 힘든 일, 궂은 일, 험한 일, 위험한 일을 기꺼워할 사람은 아무도 없다. 사실 우리는 꿀벌만도 못하다.

교회에서 계약공동체의 삶을 살아가는 이들이여!

구원을 받으려는 이들이여!

꿀벌에게로 가서 그 사는 모습을 보고 길을 찾으라.

바울은 자기의 짐, 자기의 문제를 누군가가 해결해 주기를 바라지 말고 자기가 해결하며, 스스로 해결할 수 없는 사람의 무거운 짐을 서로 지라고 말하고 있다.

❹ 가르치는 자

【•】 6 가르침을 받는 자는 말씀을 가르치는 자와 모든 좋은 것을 함께 하라

계약공동체인 이스라엘은 왜 계약이 파기되어 바벨론으로 유배를 가야 했을까? 또 천신만고 끝에 귀환한 유대인들은 왜 또 계약이 파기되고 비참하게 버림받았을까? 계약공동체로서의 본분을 잃고 정체성을 상실했기 때문이다. 왜 그랬을까? 지도자인 서기관과 바리새인이 계약법에 무지하여 잘못 가르쳤기 때문이다. 사도시대 이후, 특별히 밀란칙령 이후 교회에는 왜 계약법에 대한 이해가 사라졌을까? 마찬가지로 지도자들이 구속사에만 치중하고 계약법에 대하여 무지했기 때문이다.

계약공동체에서 가르치는 자의 중요성은 아무리 강조해도 지나치지 않다. 계약법에 대한 올바른 이해와 더불어 갈 방향을 제시하기 때문이다. 바울은 계약공동체에서 가르치는 자의 중요성을 강조하며 그들을 귀하게 여기라고 마지막으로 권고하고 있다. 바울 자신은 모범을 보이기 위하여 노동을 통해 선교비를 충당하는 방법을 선택했다. 그러나 바울은 모든 교회의 지도자들이 다 자신처럼 해야 한다고 말하지 않았다. 성경을 해석하는 일은 생각보다 쉽지 않으며, 많은 연구와 준비가 필요하다. 이를 위해서는 설교자가 경제적으로 쪼들리지 않아야 영성수련과 성경연구 등에 전념할 수가 있다. 바울은 결코 이상주의자가 아니었으며, 현실의 문제에 대하여 현실적으로 대처하도록 권면하고 있다.

가르침을 받는 자는 말씀을 가르치는 자와 모든 좋은 것을 함께 하라는 권고는 반대로 가르치는 자는 똑바로 가르치라는 경고가 같

이 들어있다. 성경을 가르치기 위해서는 학문적인 연구와 더불어 영성 체험 양면이 반드시 필요하다. 어느 한쪽에 치우치거나 양면이 다 결여된 채 신앙생활에 열심을 내도록 가르치면 잘못된 방향으로 가기가 십상이다. 성경을 가르치는 자는 예수님께서 저주를 선언하신 유일한 대상이 성경을 잘못 가르치던 서기관과 바리새인이었음을 늘 명심해야 한다. 가르치는 자는 학문연구와 영성 경험을 통하여 사실로 확인된 것만을 가르쳐야 한다. 그 어떤 경우에도 성경을 잘못 가르친 죄는 용납되지 않으며, 하나님의 저주와 심판을 면치 못한다. "그렇게 배워서…", , "알려 주는 사람이 없어서…", "다 그렇게 가르치니까…" 등의 변명은 결코 용납되지 않는다. 지난 역사를 돌이켜 보건대 사람이 선택할 수 있는 일 가운데 가장 중요하고, 가장 어려운 길이 성경을 가르치는 설교자라고 생각된다.

❺ 구원의 법과 자연의 법

【•】 7 스스로 속이지 말라 하나님은 업신여김을 받지 아니하시나니 사람이 무엇으로 심든지 그대로 거두리라 8 자기의 육체를 위하여 심는 자는 육체로부터 썩어질 것을 거두고 성령을 위하여 심는 자는 성령으로부터 영생을 거두리라

물성(物性)의 원리와 영성(靈性)의 원리, 과학의 원리와 신학의 원리, 자연과학의 원리와 인문학의 원리, 자연의 법과 구원의 법은 서로 다르지 않다. 다 같은 하나님에게서 비롯되었기 때문이며, 서로 다르다고 말하면 모순을 피할 수 없다. 바울은 자연의 원리와 법칙을 기반으로 신학을 전개했기 때문에 하나님을 알만한 것이 자연만물에 들어있으며, 율법과 양심을 동일시하며, 아브라함의 자손은 혈통이 아닌 믿음의 후손이며, 육체의 할례가 아닌 마음의 할례 등을 강조할 수 있었다.

바울은 자연의 법으로 구원의 법을 설명하며 스스로 속이지 말라고 3절에 이어 거듭 경고하고 있다. 행위는 상관없이 믿음으로만 구

원받는다고 말하면 이는 심지 않고 거두겠다는 말과 다름이 없어 모순이며, 스스로 속이는 것이다. 앞에서 누누이 지적한 바와 같이 육체를 위하여 심는 자는 유대교 율법 조항을 실천하는 자이며, 성령을 위하여 심는 자는 계약법 정신을 실천하는 자를 말한다.

바울이 행위가 아닌 믿음으로 의롭다함을 얻는다고 한 말을 기독교 구원론으로 받아들이면 이는 큰 오해이다. 바울은 율법조항 실천에 기초한 유대교의 잘못된 의인론(義人論)을 염두에 두면서 십자가의 은혜와 용서를 강조하는 기독교의 의인론(義認論)을 말했을 뿐이다. 이는 구원론과 구분되어야 한다. 기독교 구원론은 바울의 의인론을 염두에 두면서 공관복음과 요한복음 등을 통하여 최종적으로 정리되어야 한다. 대략 70년대에 쓰여진 공관복음서와 90년대에 쓰여진 요한복음을 제쳐두고 50년대에 최초로 쓰여진 바울의 의인론을 기독교의 구원론으로 받아들이는 것은 기본과 상식에 맞지 않는다. 시급히 시정해야 할 현안이다.

❻ 착한 일

【•】 9 우리가 선을 행하되 낙심하지 말지니 포기하지 아니하면 때가 이르매 거두리라 10 그러므로 우리는 기회 있는 대로 모든 이에게 착한 일을 하되 더욱 믿음의 가정들에게 할지니라

성경에서 말하는 착함과 의로움, 거룩함, 믿음 등은 독특한 의미를 가지기 때문에 자칫 오해하기 쉽다. 성경은 두 계약의 책이므로 성경을 해석할 때는 무엇보다도 계약을 염두에 두어야 한다. 따라서 성경에서 말하는 착한 일은 계약을 실천하는 것이며, 이 세상에 하나님 나라를 실현하려는 계약법을 실천하는 것보다 더 착하고 더 의로운 일은 없다. 모든 이에게 착하게 대해야 하지만 계약공동체원끼리는 특별히 계약법을 실천해야 한다. 계약공동체는 이 땅에서 하나님 나라를 보여주어야 하기 때문이다.

계약법을 실천하는 공동체에는 하나님께서 함께하시며, 계약공동

체를 통하여 하나님의 뜻을 실현하신다. 계약법을 바르게 이해하고 실천하기만 하면 반드시 그 결과가 맺혀지게 마련이다. 이는 콩 심은 데 콩 나고 팥 심은 데 팥 나는 이치와 같다. 심는 대로 거두는 이치는 만고의 진리이다. 그러나 씨앗에 따라서는 오랜 시간이 지나야 싹이 나는 경우도 있다. 신앙생활을 하다 보면 우리의 기대와 바램과는 어긋나는 경우가 흔히 있다. 이는 결코 실망할 일이 아니다. 하나님께서 더 좋은 길로 인도하실 때 나타나는 현상일 뿐이다.

이로써 갈라디아서의 주요 내용은 마무리가 되었다. 이제부터는 갈라디아서의 마무리 작업이 남았을 뿐이다.

물음 49 바울, 친필로 쓴 마지막 당부는 무엇이었을까?

본문 〈 6:11~18 〉

11 내 손으로 너희에게 이렇게 큰 글자로 쓴 것을 보라

12 무릇 육체의 모양을 내려 하는 자들이 억지로 너희에게 할례를 받게 함은 그들이 그리스도의 십자가로 말미암아 박해를 면하려 함뿐이라

13 할례를 받은 그들이라도 스스로 율법은 지키지 아니하고 너희에게 할례를 받게 하려 하는 것은 그들이 너희의 육체로 자랑하려 함이라

14 그러나 내게는 우리 주 예수 그리스도의 십자가 외에 결코 자랑할 것이 없으니 그리스도로 말미암아 세상이 나를 대하여 십자가에 못 박히고 내가 또한 세상을 대하여 그러하니라

15 할례나 무할례가 아무 것도 아니로되 오직 새로 지으심을 받는 것만이 중요하니라

16 무릇 이 규례를 행하는 자에게와 하나님의 이스라엘에게 평강과 긍휼이 있을지어다

17 이 후로는 누구든지 나를 괴롭게 하지 말라 내가 내 몸에 예수의 흔적을 지니고 있노라

18 형제들아 우리 주 예수 그리스도의 은혜가 너희 심령에 있을지어다 아멘

바울은 6:11~18절의 마무리를 직접 친필로 크게 써서 구별했다. 이는 지금까지는 누군가가 대필을 했다는 뜻이다. 당시에는 편지를 쓸 때 대필하는 경우가 흔히 있었다. 밀랍으로 만든 판에 철필로 빠르게 받아 써 놓고 다시 옮겨 쓰는 방식을 주로 사용했다고 한다. 바울은 친필로 무엇을 썼을까?

❶ 할례

【•】 12 무릇 육체의 모양을 내려 하는 자들이 억지로 너희에게 할례를 받게 함은 그들이 그리스도의 십자가로 말미암아 박해를 면하려 함뿐이라 … 15 할례나 무할례가 아무 것도 아니로되 오직 새로 지으심을 받는 것만이 중요하니라

바울은 친필로 할례 문제를 다시 언급하고 있다. 바울은 이방인들에게 할례를 비롯한 유대교 율법 조항을 지키게 하느냐의 여부에 기독교의 사활이 걸렸다고 생각했기에 자신의 주장을 결코 포기하지 않고 생명의 위협을 받으면서도 끝까지 물러서지 않았다. 그 결과 오늘의 기독교가 가능했다.

오늘 우리가 결코 물러서서는 안 될 문제는 무엇일까? 바울서신, 특히 바울의 의인론을 다시 해석하고 헬레니즘 철학에 기반한 기독교 신학에서 헬라적인 요소를 걷어내고 헤브라이즘 영성에 기초한 기독교, 계약법에 기초한 기독교를 재건하는 일이다. 계약법은 이 땅에 이상적인 하나님 나라를 현실적으로 가능하게 하는 일에 초점을 맞추고 있다. 영원한 하나님 나라에서의 영생은 이 땅에서 하나님 나라를 꿈꾸며 실현하려고 한 사람에게 주어져야 이치와 상식에 맞는다. 이와 상관없이 예수님이 그리스도라고 믿기만 하면 영원한 나라에 들어간다고 말하는 것은 이미 그 자체가 모순이다. 이 세상에서 하나님 나라를 실현하는 데에 관심이 없는 사람에게 어떻게 영원한 하나님 나라가 주어진다는 말인가? 이런 사고방식과 신앙은

이 세상과 저 세상을 구분하는 헬라 사상에서 비롯되었다. 그러나 히브리 사상에서는 이 세상과 저 세상을 구분하지 않는다. 헬레니즘의 가장 큰 특징은 이원론이요, 히브리 사상의 가장 큰 특징은 일원론이다. 이제 우리는 이원론 기독교 신학에서 벗어나 일원론 기독교 신학으로 돌아가야 한다.

❷ 오직 십자가

【•】 14 그러나 내게는 우리 주 예수 그리스도의 십자가 외에 결코 자랑할 것이 없으니 그리스도로 말미암아 세상이 나를 대하여 십자가에 못 박히고 내가 또한 세상을 대하여 그러하니라 … 17 이 후로는 누구든지 나를 괴롭게 하지 말라 내가 내 몸에 예수의 흔적을 지니고 있노라

바울은 예수님의 십자가 외에는 결코 자랑할 것이 없다고 서신에서 누누이 강조하고 있는데, 이는 유대교 의인론의 공로주의를 염두에 둔 표현이다. 유대인들은 율법 조항을 지킨 실천의 행위로 구원을 받는다고 생각했다. 이에 대하여 바울은 율법 조항을 지킨 인간의 공로가 아니라 십자가를 통한 예수님의 공로를 강조했다. 인간의 공로와 하나님의 공로, 인간의 의와 하나님의 의를 대비하는 방식으로 바울은 칭의론을 이끌어 갔다.

바울은 이로 말미암아 숱한 박해와 고난을 받아서 그의 몸에는 고난으로 인한 상처와 흔적(στίγμα)이 고스란히 남아 있었다.[137] 바울은 자신의 업적을 자랑하기 위해서가 아니라 숱한 고난을 겪으면서 복음의 핵심을 지키려는 자신의 노력을 헛되이 하지 말라고 자신의 상처를 열거하며 마지막으로 당부하고 있다.

137) …내가 수고를 넘치도록 하고 옥에 갇히기도 더 많이 하고 매도 수없이 맞고 여러 번 죽을 뻔하였으니 유대인들에게 사십에서 하나 감한 매를 다섯 번 맞았으며 세 번 태장으로 맞고 한 번 돌로 맞고 세 번 파선하고 일 주야를 깊은 바다에서 지냈으며 여러 번 여행하면서 강의 위험과 강도의 위험과 동족의 위험과 이방인의 위험과 시내의 위험과 광야의 위험과 바다의 위험과 거짓 형제 중의 위험을 당하고 또 수고하며 애쓰고 여러 번 자지 못하고 주리며 목마르고 여러 번 굶고 춥고 헐벗었노라 이 외의 일은 고사하고 아직도 날마다 내 속에 눌리는 일이 있으니 곧 모든 교회를 위하여 염려하는 것이라(고후11:23~28)

❸ 하나님의 이스라엘

【•】 16 무릇 이 규례를 행하는 자에게와 하나님의 이스라엘에게 평강과 긍휼이 있을지어다

바울은 자신이 말하는 복음을 지키는 자들을 '하나님의 이스라엘'이라고 표현하고 있다. '이스라엘'은 옛계약공동체의 이름이다. 바울은 자신이 전하는 복음을 받아들이는 사람들을 새로운 계약공동체라고 생각하여 하나님의 이스라엘이라고 불렀다. 비록 바울이 유대교 의인론 때문에 믿음 의인론을 앞세우고 있지만 그 밑바탕에는 계약신학이 자리 잡고 있음을 알 수 있다. 바울은 갈리디아서를 마치면서 친필로 계약공동체를 언급하고 있다. 바울서신과 바울 신학은 계약법을 염두에 두면서 해석해야 한다.

성경을 계약법으로 해석하는 자들에게 평강과 긍휼이 있을지어다!

아멘

케노시스영성원 안내

새로운 패러다임을 요구하는 2천 년대의 시대적 요청을 직시하면서 케노시스 영성원은 다음과 같은 목표를 추구합니다.

- 계약의 관점에서 성경과 역사와 영성 해석
- 보여주는 선교를 위한 새로운 신명기운동
- 대멸종 위기를 기회로 바꾸기 위한 실천운동

주소 : 경기도 군포시 둔대로 11번길 16(둔대동 433-2)
Homepage www.kenosis.or.kr/ www.kenosis.kr
Email kenosis@hanmail.net

세미나 안내

15주 세미나(년 2회) : 매주 수요일 오전 9시 ~ 오후 3시
2박3일 세미나(년 2회) : 동계(1월), 하계(8월)

도서/DVD안내

도서 : 영성의 시각으로 본 성경, 역사, 교리, 신학
하비루의 길(구약/이스라엘 역사)　죄인의 길(신약/교회사)
비움의 길(수도원영성 재해석), 창세기,
마태복음, 마가복음, 누가복음, 요한복음, 요한계시록,
복음서신학 用 대조서, 십계명 & 주기도문, 사도신경 다시 고백하기,
성서로 본 우리역사, 3.1운동과 한국사 재조명

DVD : 녹화/녹음
자기비움의 길(1,2,3부), 창세기, 율법서, 사무엘상하(다윗재해석)
열왕기상하(솔로몬~엘리사), 역대기, 역사서&예언서, 소예언서,
지혜서(욥기 잠언 전도서), 시편, 복음서, 요한복음,
사도행전 & 바울서신, 요한계시록, 역사/헤브라이즘에 길을 묻다

구입방법

구입안내 홈페이지 : www.kenosis.or.kr
전화 : 0502-111-1937/ 010-3311-1937
계좌 : **농협** 211044-51-040266 **케노시스영성원**